la creación literaria

taller de la escritura
(conversaciones, encuentros, entrevistas)

*

julio ortega

siglo veintiuno editores

siglo veintiuno editores, s.a. de c.v.
CERRO DEL AGUA 248, DELEGACIÓN COYOACÁN, 04310 MÉXICO, D.F.

siglo veintiuno de españa editores, s.a.
PRÍNCIPE DE VERGARA 78 2º DCHA. MADRID, ESPAÑA

primera edición, 2000
© siglo xxi editores, s. a. de c. v.
isbn 968-23-2214-6

derechos reservados conforme a la ley
impreso y hecho en méxico / printed and made in mexico

ÍNDICE

NOTICIA, *por* JULIO ORTEGA	ix
AUTORES DEL TALLER	xi
HAROLDO DE CAMPOS: LA PASIÓN INNOVATIVA	1
BORGES EN AUSTIN	21
JUAN GOYTISOLO: LA OTRA ORILLA	24
GONZALO ROJAS: JUICIO DE RESIDENCIA	55
ALFREDO BRYCE ECHENIQUE: VIDA ESCRITA	89
JORGE EDWARDS: LA NOVELA POLÍTICA	124
OCTAVIO PAZ EN ESTADOS UNIDOS	132
SERGIO PITOL: EL VERDADERO REGRESO	135
OSWALDO TREJO: EXPLORACIONES	144
MARGO GLANTZ: ANTES Y DESPUÉS DE LOS NAUFRAGIOS	161
LUIS RAFAEL SÁNCHEZ: EL GOZO REDENTOR	173
PABLO GUEVARA: LA CASA PERUANA	179
GARCÍA MÁRQUEZ EN MÉXICO	208
MARCO ANTONIO MONTES DE OCA: OFRENDAS	211
LUIS GOYTISOLO: PRIMER RECUENTO	221

JUAN SÁNCHEZ PELÁEZ EN CARACAS	240
SEVERO SARDUY: ESCRIBIR CON COLORES	244
JAVIER RUIZ: LA IMAGINACIÓN CREADORA	252
ROSARIO FERRÉ: EL CORAZÓN EN LA MANO	272
NICANOR PARRA EN PROVIDENCE	279
ANTONIO CISNEROS: CONFESIONES	282
EDGARDO RODRÍGUEZ JULIÁ: EL ESPEJO BARROCO	320
RODOLFO HINOSTROZA: ADIÓS A LACAN (Y VUELTA A MALLARMÉ)	331
DIAMELA ELTIT: RESISTENCIA Y SUJETO FEMENINO	342
ANTONIO MARTORELL EN PUERTO RICO	355
MIRKO LAUER: TRANSCRIPCIÓN DE UNA DANZA	358
JULIÁN RÍOS: ALGARABÍA DE UNA NOCHE DE SAN JUAN	375
ALGUNAS HORAS CON MARIO	381
MARÍA ZAMBRANO EN MADRID	385
JOSÉ EMILIO PACHECO: DESPEDIDAS	388
CARLOS FUENTES: LA TRADICIÓN DE LA MANCHA	392

NOTICIA

Estas conversaciones con escritores latinoamericanos y españoles exploran, en primer lugar, las posibles lecturas de su trabajo literario. Se proponen, por eso, el asedio crítico desde el modelo del diálogo. Ese modelo favorece el análisis de los procesos de composición, la historia interna de los textos, el cotejo de las ideas del autor. El diálogo excede el formato informativo de la entrevista y se demora en dilucidar la relación del autor y su obra.

Por eso, en segundo lugar estas conversaciones son una suerte de biografía literaria sumaria. Al reunirlas, me ha parecido que discurre en ellas una parte del vivir nuestra literatura como una celebración crítica. Esa biografía corresponde a la noción privilegiada por nuestra literatura más contemporánea: la idea de que la lectura es un espacio utópico de rehacer lo dado y hacer lo nuevo.

De allí que se me impusiera la imagen de un taller de la escritura. Porque el diálogo sobre la obra descubría el "taller" interno del autor, ese espacio de la elaboración formal donde los temas y materias son un lenguaje fluido y tramado. De por sí, seguir el proceso de la obra en ese taller me ha parecido fascinante y revelador, más allá de las opiniones del autor. Pero, además, el diálogo descubría el taller mayor, el espacio de una escritura resuelta en la lectura, en esa fuerza que desbasa y reconstruye, disuelve y ensaya, reparte y comparte.

Esta escritura que se configura como lectura demostraba, por tanto, el proceso mismo de su tránsito, inscripción y convocación. Al reunir estos documentos he creído que el lector encontrará aquí algunas instancias válidas de ese proceso. Es decir, algunas muestras de la trama poética en que nos hemos afirmado como lectores capaces de dar cuenta de la fecundidad de su lectura. Al final, la biografía de esta escritura es parte de nuestra propia biografía de leer.

He sumado a esas conversaciones algunas notas breves sobre encuentros con escritores. Estas notas son, más bien, de circunstancia pero me ha parecido que llevan la sensación de su hora, por breve que sea. Son apuntes, así, en los alrededores del taller. Apuntes literarios que tal vez prolonguen el diálogo aquí expuesto.

Me gustaría comprobar que esta compilación, por último, logra tener una función didáctica, ya que apuesta por la reflexión y la elaboración, por la conciencia formal y el asedio indagatorio. Está, por ello, muy lejos de las tendencias de última hora, que facilitan el desmontaje del "taller" y favorecen el montaje de la escena mediática. En ese sentido, estas conversaciones son de largo aliento y pasión minuciosa. En esos ejemplos de artesanía poética, confío que el lector reconocerá la medida de sus propias demandas.

Tratándose de un taller de escritura donde se procesa la biografía literaria de una época, se trata también de una aventura compartida, puesta a prueba, y una y otra vez celebrada. Es, para fortuna nuestra, una época privilegiada: los tres últimos decenios del siglo XX, que le devolvieron la palabra al lector.

JULIO ORTEGA

AUTORES DEL TALLER

HAROLDO DE CAMPOS. Poeta, traductor y ensayista brasileño, nacido en San Pablo en 1929, todo su trabajo puede concebirse como un sistemático e inspirado taller de "hacer lo nuevo". Es uno de los fundadores del movimiento concretista, que renovó la teoría y práctica del poema como grafismo visual y acto contra-discursivo. El grupo Noigrandes promovió junto a la "poesía concreta" una lectura instrumental de la vanguardia internacional desde el margen latinoamericano; para De Campos, por ello, la práctica innovadora se desdobla en la teoría cultural de un barroco no menos hacedor, de dinámica incorporativa. Entre sus libros se cuentan *Galaxias* (1984), *A educação dos cinco sentidos* (1985), *Metalinguagem e outras metas* (1995) y *Transblanco* (1994).

JUAN GOYTISOLO. Narrador y ensayista español, nacido en Barcelona en 1931. Su obra adelantó la innovación formal en España pero también la crítica del esencialismo hispanista y la tradición autoritaria. Desde *Juan sin tierra* y *Reivindicación del Conde Don Julián* hasta *Paisajes después de la batalla*, *Las virtudes del pájaro solitario* y *La cuarentena*, Goytisolo ha explorado registros y lenguajes de subversión, reescrituras de la historia oficial, tradiciones sufíes y mitologías contemporáneas. Sus memorias, *Coto vedado* (1985) son un documento fundamental de una vida española contra la corriente. Su taller de escritura es transfronterizo y nomádico: excede la cartografía oficial, el archivo normativo, y abre espacios de incertidumbre propicia.

GONZALO ROJAS. Poeta chileno de obra auscultadora y recóndita, hecha de brillos y entrañamientos. Se ha dicho que Chile es un taller literario, y sin duda Gonzalo Rojas ha sido uno de sus grandes operadores. Ha dedicado al poema la noción tanto de una hechura despojadora del discurso "natural" como la práctica de las sumas y síntesis de asombro de los bordes. Ambos movimientos demuestran el trabajo decantador de su taller artesanal, allí donde la materia es forjada por una forma inédita. Entre sus libros están *Contra la muerte* (1964), *Oscuro* (1977) y *Del relámpago* (1981).

ALFREDO BRYCE ECHENIQUE. Narrador peruano, nacido en 1939, de amplia obra multibiografista, humor antiheroico y oralidad dialogante. Su narrativa acontece como un acto recurrente de la voz dialógica, y por ello mismo entrevistarlo es prolongar las líneas de fuerza de esas novelas habladas. En ese entramado, se destejen la emotividad, la nostalgia, la crónica del tiempo compartido y el amor episódico. Bryce escribe con las más sabias y dúctiles estrategias del acto de contar y recontar, desde el espacio encantado de un lenguaje que se hace en la aventura de su permanente renacer. Sus novelas más conocidas son *Un mundo para Julius* (1973), *La vida exagerada de Martín Romaña* (1981), *No me esperen en abril* (1995) y *La amigdalitis de Tarzán* (1999).

JORGE EDWARDS. Novelista y cronista chileno, que ha recorrido en sus libros la palpitación histórica de su país, tanto en su pasión política como en su mitología irónica. Edwards se ha planteado resolver con humor y sentido crítico, pero también con simpatía, la cotidianidad urbana, las paradojas generacionales, las aventuras ideológicas de frustración; esto es, la comedia humana chilena y latinoamericana hecha saga de grandes proyectos y prontos exilios, regresos retóricos y balances irónicos. Entre sus libros se cuentan *El peso de la noche* (1981), *El anfitrión* (1987), *La mujer imaginaria* (1985) y *Persona non grata* (1976).

SERGIO PITOL. Narrador y escritor mexicano, nacido en 1934. Uno de los narradores actuales más influyentes en las exploraciones del nuevo relato mexicano, Pitol ha desarrollado una obra hecha en el placer de narrar con empatía, sabor del recuento y gusto por las excepciones que repasa con ironía. Narrador, así, de la intimidad y lo episódico, cuyo estilo terso se mueve con soltura y pasión por el cuento. También practicante del taller para nuevos narradores, Pitol revela su propio taller entre viajes y retornos, sin nostalgias del centro nacional o cultural, y más bien con apetito por la fábrica edificada en el móvil dibujo de la trama. Obtuvo en 1999 el Premio de Literatura Juan Rulfo de la Universidad de Guadalajara. Entre sus libros se cuentan *El tañido de una flauta*(1972), *El desfile del amor* (1984), *Domar a la divina garza*

(1988), *La vida conyugal*(1991); estas tres últimas novelas están reunidas como *Tríptico* (1999). Sus ensayos están compilados en *El arte de la fuga* (1996).

OSWALDO TREJO. Narrador venezolano nacido en 1924 y muerto en 1998. De amplia obra enigmática y hermética, cuya voluntad exploratoria y poética fue única y fiel. Su novela más lograda es probablemente *Andén lejano* (1968); sus textos reunidos en *Al trajo trejo troja truja traje trajo* (1980) demuestran el humor de su proyecto poético. Fue, él mismo, un animador de la idea del "taller literario," que en los años 70/80 convirtió a Caracas en un espacio colectivo reescrito.

MARGO GLANTZ. Escritora mexicana nacida en 1930. Fue una de las fundadoras y promotoras del "taller literario" en México, dentro de la Universidad Nacional Autónoma de México, cuyo espacio tallerístico dirigió desde fines de los años sesenta. Esa frecuentación de lo nuevo le permitió hacer la muestra de escritura mexicana más innovativa de la época, *Onda y escritura en México* (1971). Su talento narrativo, humor mundano, sentido crítico de la comedia social y gusto por las formas libres se hizo evidente en la serie de relatos fragmentarios que reunió en tomos como *Las genealogías* (1981), *La lengua en la mano* (1983) y *Síndrome de naufragios* (1984). Más reciente es su novela erótico/mística *Apariciones* (1966).

LUIS RAFAEL SÁNCHEZ. Puertorriqueño nacido en 1936, autor de una de las obras maestras de la posmodernidad latinoamericana, *La guaracha del Macho Camacho* (1976), donde la cultura popular, la lengua callejera y la crítica de la violencia se conjuran festivamente. El taller de Sánchez proviene del teatro, de la teatralidad caribeña, de rango popular y voluntad cuestionadora, capaz de sumas sincréticas y heteróclitas. Después ha publicado *La importancia de llamarse Daniel Santos* (1988), una reescritura apologética de la letra y la saga del bolero.

PABLO GUEVARA. Poeta peruano nacido en 1930, autor de una amplia obra de vocación innovadora y sensibilidad histórica, capaz de empatía por las formas épicas y por las sagas populares y emotivas. Ha sido director de talleres de escritura, más recientemente en la Universidad de San Marcos. Es el poeta más influyente en las nuevas generaciones, tanto por su ejemplo radical de orfebre a cargo de una obra vasta y mitológica, hecha en la fragua de una escritura resolutiva; como por su lección de fidelidad, hecha en el debate y la fe en el diálogo. Su empresa reconstructora tiene un aliento utópico, la noción de retramar el tejido cultural colectivo. En 1999 aparecieron, finalmente, cinco tomos de su obra madura, concebida como actos de posesión, editados por COPE en Lima.

MARCO ANTONIO MONTES DE OCA. Nacido en 1932, en México, es autor de una amplia obra de celebración irrestricta. Desde su memorable libro *Ruina de la infame Babilonia* hasta sus poemas de la madurez gozosa, Montes de Oca ha ejercido las tareas del demiurgo verbal, y con capacidad cierta para la imagen visual ha construido un espacio lujoso de brío verbal. Su poesía también se puede leer como un ejercicio de suscitamiento epifánico, a través de la imagen, la asociación y el pensamiento figurativo. Su obra está en *Poesía reunida, 1953-1970* (1971).

LUIS GOYTISOLO. Nacido en Barcelona en 1935, su talento narrativo ha cuajado en distintos registros a lo largo de una obra de aliento epocal y testimonio de libertad interior. Su obra mayor, *Antagonía*, es una saga hecha de cuatro novelas independientes, el centro de la cual es *Recuento*. Estas novelas son también una suerte de taller del relato moderno en español: desarrollan una poética sistemática de prácticas y estrategias narrativas, forjando así un verdadero tratado de la ficción, una narratología plena de ejemplos felices. Es autor, además, de las novelas *Estatua con palomas* (1992), *Placer licuante* (1977) y *Escalera hacia el cielo* (1999).

SEVERO SARDUY. Cuba, 1937-París, 1993. Uno de los grandes cultores del laboratorio del *ars combinatoria* latinoamericano. Tanto desde la imagen, como en el emblema, la metáfora y la hipérbole, Sarduy desarrolló un audaz y feliz ejercicio de combinaciones y alternancias, simetrías y variaciones, que deben al barroco su contextualidad y a la teoría del texto aleatorio su espiral lúdica. Su obra incluye *De dónde son los cantantes* (1976), *Cobra* (1978), *Cocuyo* (1990) y *Pájaros de la playa* (1993).

JAVIER RUIZ. Estudioso y editor español, especialista en la cultura árabe. Su trabajo como director de colecciones, desde la mítica serie de Heterodoxos que publicó la Editora Nacional en Madrid, hasta las exquisitas ediciones de poesía y de arte a su cargo, hacen de Ruiz uno de los animadores claves del diálogo entre la tradición poética española y la actual exploración visual del poema. Todo su trabajo se puede concebir como un taller de suscitamientos, uno de cuyos ejes fecundos es la convergencia hispanolatinoamericana. Actualmente trabaja para el Instituto Cervantes en Beirut.

ROSARIO FERRÉ. Puerto Rico, 1942. Poeta de imaginación veraz, Rosario Ferré es también cuentista y novelista de grandes frescos sociales que se inscriben en el debate nacional como romances familiares y alegorías del proceso de configuración social. Pero, antes que eso, son agudos análisis de los discursos que sostienen a las opciones personales, en la trama en que unos se hacen frente a los otros. Más recientemente su narrativa se ha dedicado a historiar el linaje nacional a través del relato biográfico. Su novela *Maldito amor* es de 1998.

ANTONIO CISNEROS. Perú, 1942. Su amplia y rica obra está hecha de las opciones críticas de los años sesenta, animadas por el placer de las formas y las opciones de la individualidad frente a la violencia y la hipocresía contemporáneas. Ese arte de la sobrevida se convierte en esta obra en una poética de la ironía, el escepticismo y lo fronterizo. Cisneros es especialmente hábil en la factura del canto, el contrapunto, y la dicción recortada entre decires actuales y resonancias tradicionales. Reflexiva y vivencial, esta poesía es una de las más presentes en la evolución poética latinoamericana este fin de siglo. Sus libros están recogidos en *Por la noche los gatos* (1898) y *Poesía reunida, 1961-1992* (1996).

EDGARDO RODRÍGUEZ JULIÁ. Puertorriqueño nacido en 1946. Autor de una amplia saga narrativa, que empieza como un diálogo relativista frente a la historia, prosigue como una historia generacional desmitificadora de las consolaciones nacionales, y adelanta un apocalipsis cierto de la mitología caribeña. Es autor de *La noche oscura del Niño Avilés* (1984). Es también alerta cronista de la vida cotidiana como espectáculo melancólico y colorido. Su novela más importante de estos años es *Sol de medianoche* (1995).

RODOLFO HINOSTROZA. Perú, 1941. Escribió uno de los poemarios más significativos de los años sesenta, *Consejero del lobo*, mientras vivía en La Habana; y, luego, uno de los más abiertos e innovativos, *Contra natura* (1969). Es también narrador, de cuentos de intriga mundana y de una novela erótica, *Fata morgana*. Ha llevado la idea del taller a la astrología computarizada y a la cocina laboriosa.

DIAMELA ELTIT. Santiago de Chile, 1948. La más importante figura literaria de su país, es autora de una obra de transgresiones genéricas y poéticas, con inspiración política antiautoritaria y de imprenta analítica. Se trata de una narrativa hecha en el taller chileno de las resistencias, las opciones, las alternativas, de un ciclo que pasa de la dictadura a la transición, entre desgarramientos y denuncias. Obra, así, de debate, que busca dilucidar su espacio en la tensión entre la literatura y la época, es una seria propuesta por resustantivar la práctica de la poética. Entre sus libros están *El cuarto mundo* (1988), *Los vigilantes* (1994) y *Los trabajadores de la muerte* (1998).

MIRKO LAUER. Poeta y ensayista peruano, nacido en 1947. Es también crítico de arte y ha publicado estudios sobre la artesanía y la pintura peruana. Con Abelardo Oquendo dirige *Hueso Húmero*, una de las mejores revistas literarias peruanas. Es cronista político del diario *La República*. Su obra poética más importante a la fecha es *Sobre vivir* (1986).

JULIÁN RÍOS. Narrador español, nacido en 1941. Su vasta obra narrativa incluye *Larva* (1983), una provocación al sistema narrativo español, desde la práctica (joyceana) de la subversión de las formas y el ejercicio (rabelesiano) de la carnavalización irónica. Después ha publicado *Poundemonium* (1985), *La vida sexual de las palabras* (1991) *Amores que atan* (1995) y *Monstruario* (1999), así como tomos sobre arte actual y ensayos de apuesta renovadora. Sus libros son talleres de pasión verbal y regusto por el arte y el artificio del relato que no cesa de decir su nombre.

CARLOS FUENTES. Nacido en México en 1928. Fuentes es seguramente el intelectual latinoamericano más representativo de la causa poética latinoamericana de este siglo. No sólo por su pasión de narrar irrestrictamente la historia y el presente, el debate nacional y el lugar contemporáneo de lo latinoamericano; sino también por su compromiso con las formas renovadoras, con el arte de narrar cervantino, que cede al lector las iniciativas y que no se complace en una fórmula sancionada. Por lo demás, Fuentes le ha dado a este medio siglo nuestro la temperatura y la demanda de un relato capaz de rehacer la escena internacional literaria, y abrir en ella un espacio distintivo nuestro. Su taller cambiante y siempre actual refrenda una lección típicamente novelesca: el acto de escribir, devorador e inclusivo, es el principio mismo de la ficción que nos testimonia. [J. O.]

HAROLDO DE CAMPOS:
LA PASIÓN INNOVATIVA

Julio Ortega: *El diálogo que hemos venido sosteniendo en tu estadía en Austin probablemente ilustra algunas líneas de tu exploración de la escritura. Básicamente, has participado en la mesa redonda que organicé sobre* Blanco *con tu traducción de ese poema de Octavio Paz; hemos intentado también una probable traducción de* Trilce; *y en este simposio reciente sobre la "transcreación" has podido desarrollar tu teoría y práctica de la traducción. Todo esto lleva a pensar que en este momento te encuentras en una situación de proliferante creatividad, y también en contacto fecundo con tus propios centros generadores. Podríamos empezar esta conversación a partir de un balance previo de tu actual experiencia con la escritura.*

Haroldo de Campos: Tú puntualizaste muy bien este problema de mi relación con la traducción, que es un dispositivo textual que entiendo mejor como "transcreación", como una "transcripturación", con su sentido, con su ámbito transcultural siempre presente. Y para hablar de mi trabajo, incluso retrospectivamente, la mejor manera de hacerlo es directamente desde el punto de vista de la traducción. Es como si para mí el problema de la traducción fuera el dispositivo fundamental, básico, de toda mi actividad escritural. Por un lado, tenemos el periodo que nosotros llamamos "periodo heroico" de la poesía concreta de los años cincuenta, cuando un grupo de tres jóvenes brasileños se propuso hacer una poesía que fuera válida y nueva en términos nacionales y de vanguardia en el ámbito internacional, y lo hizo muy programáticamente; la cuestión era: ¿es posible en el contexto latinoamericano hacer poesía que no esté en retraso respecto a los rumbos de la poesía internacional? ¿Cómo hacerlo, qué reducción, qué devoración, qué asimilación y que reposición tiene uno que hacer para que un dispositivo como éste verdaderamente funcione, en un nivel que no sea una presunción sin praxis posible? Entonces, para nosotros, ese dispositivo maestro ha sido la traducción; esto es, apropiarse por medio de la traducción de toda

[1]

la tradición universal. En este sentido, para nosotros ha sido muy importante la lección de Ezra Pound en aquel momento; porque Pound, exactamente por no haber sido jamás profesor en Estados Unidos, sino que lo ha sido extraterritorialmente, en el Ecumene, se desubicó, y se creó una nueva universidad –una contrauniversidad singularísima– en el nivel ecuménico; y en este nivel poético-propedéutico para mi generación, o por lo menos para el grupo de poetas que creó en Brasil el movimiento de poesía concreta, Pound ha sido un "alma mater" de la poética. Por ejemplo, es curioso que un poeta brasileño, un poeta de una lengua románica al fin y al cabo, empezara a traducir a los provenzales o a Dante incitado por Pound y no por los provenzalistas o los dantólogos. Ése es el dispositivo de donde yo creo que nosotros procedemos. Porque Pound es americano, y americano significa de América, no solamente de América del Norte, sino de América *tout court*; y a nosotros latinoamericanos nos tocaría quizás un sentido cultural más radical, porque en relación con Europa Estados Unidos tiene cada vez más relaciones "céntricas", y nosotros somos "excéntricos", como los terceros excluidos en la lógica logocéntrica del poder (del "saber"). A nosotros nos cabe esta posición antisilogística del "tercero excluido". Es, súbitamente, el excluido que resuelve apropiarse de la tradición e intervenir directamente en los medios de producción de lo nuevo.

Entonces, desde el comienzo de nuestra actividad, al mismo tiempo que empezamos a crear la teoría y la práctica de la poesía concreta en los años cincuenta –ésta es una forma muy curiosa de evolución que a veces la crítica no observa– jamás cortamos las vinculaciones con la tradición. Porque datan de estos mismos años nuestras primeras traducciones; esto es, la poesía concreta empezó en los años 1950-1953 con el trabajo textual, ya definitivamente concreto, de los poemas de la serie "Poetamenos" de Augusto de Campos, y luego en 1956 hemos lanzado esa nueva poesía como movimiento internacional, después del contacto de Décio Pignatari en Ulm, Alemania, con el poeta suizo Eugen Gomringer; pero desde la misma fecha viene nuestro trabajo de traductores, empezamos a traducir los *Cantos* de Pound. Décio estaba en Europa, a fines de 1954 y mediados de 1955, y mientras progresaba el trabajo nuestro en el nivel de la experimentación poética, en el desarrollo de la poesía concreta, por carteo hacíamos nuestras traducciones "trialógicas" de Pound.

La traducción es como la diacronía al lado de la sincronía, dos caminos complementarios. Curiosamente, algunos nos vieron desde una óptica muchas veces europea, donde la vanguardia no tiene ninguna vinculación con la historia –desde la óptica predominantemente iconoclasta del futurismo, del dadaísmo–, olvidando que nosotros todo el tiempo continuamos como traductores, y a la vez haciendo nuestra poesía; y luego la poesía concreta se desarrolló hasta transformarse en el año 1958, cuando publicamos el número cuatro de nuestra revista-libro *Noigandres*, en una poesía colectiva y anónima; esto es, fuimos cuatro autores distintos con la inclusión en el grupo de Ronaldo Azeredo, pero los poemas-carteles de *Noigandres-4* no tienen firma; todos nosotros, que teníamos estilos personales e ideas diferentes, habíamos llegado a una especie de unanimidad "blanca". Éste es el punto cumbre en nuestra experiencia: el poema reducido a su mínimo común múltiplo, anónimo y colectivo. En la poesía concreta éste es su punto límite; y esta praxis se derivaba de la idea de Mallarmé de la desaparición elocutoria del yo. La poesía anónima, colectiva y al mismo tiempo como mínimo múltiplo del lenguaje se plantea en nuestro "plan-piloto", en nuestro manifiesto programático del año 1958. Nosotros jamás nos hemos preocupado por una poesía solamente fónica; para nosotros ha sido siempre fundamental el problema de la significación, de la semántica, incluso cuando la semántica fuera relativa a una sola palabra, como en el cinepoema "LIFE", de Décio Pignatari, donde la palabra que tiene que surgir necesariamente del juego de letras, por fuerza de su misma coherencia estructural –I-L-F-E– es "LIFE", no puede ser otra. Para nosotros, llegado este momento básico de nuestra práctica poética –el momento de la "minimal poetry" anónima y colectiva–, la poesía concreta pasó a constituir un caso límite de toda la poesía de Occidente, porque en este momento la poesía gráfico-alfabética como que se confronta con el ideograma chino y llega a su punto de máxima depuración, y casi es una poesía monadológica, una poesía que tiene algo que ver con una mónada, una tensión que se repliega sobre sí misma; no es estática, es dinámica porque, en general, los poemas permiten múltiples lecturas, y ésta es otra cosa importante que tiene que ver con la experiencia de la música nueva, la música de vanguardia. Pero no se puede ir más allá, allí está el limite monadológico y después el silencio. En este momento se produce un cambio muy interesante;

cada uno de nosotros tiene una respuesta: yo mismo, mi hermano Augusto de Campos, Décio Pignatari y otros poetas que han trabajado la poesía concreta, cada uno tendrá su respuesta personal a esta situación límite. Mi respuesta es hoy la siguiente: desde el momento en que empecé a escribir en 1963 mi largo texto *Galaxias* para mí se dio un cambio dialéctico; es como si las dos líneas, la línea diacrónica de la traducción y la sincrónica de la praxis de vanguardia escritural hubieran convergido para una integración dialéctica donde lo concreto del poema como caso límite, monadológico, de la experiencia poética universal –el agotamiento del campo de lo posible– se convirtiera en un punto de vista sobre la "concretud" de la poesía o del lenguaje. Esto es, yo buscaba hasta cierto punto un poema concreto y llegado al poema concreto he podido volver a la literatura como un problema del lenguaje concreto. Desde este nuevo punto de vista, mucho más globalizador, para mí Dante o Camões pueden ser considerados poetas concretos en el sentido de que trabajan con lo concreto del lenguaje. ¿Qué es lo concreto del lenguaje? Aquello en lo cual toda la poesía, todos los poetas convergen al fin y al cabo; esto es, la materialidad del signo. La materialización de la función poética de Jakobson. Esto existe en un poema de Camões como existe en un poema de cummings, como en un poema nombradamente "concretista", en grados distintos de actualización; pero la experiencia radical de la poesía concreta me ha hecho poder repensar la poesía como un proceso general de concreción. Desde este horizonte más amplio incluso se abrió la posibilidad de reincorporar a mis propios textos elementos de una poética anterior que se quedaron provisoriamente en suspensión. Para llegar al centro mismo del Omega, como dije en un poema del año 1956, para llegar a este centro fenomenológico del poema ha sido necesario poner entre paréntesis muchísimas cosas, hacer una "reducción eidética", pero después de llegar a este centro yo puedo, hoy, mirar hacia el corpus general de la poesía y verlo todo como algo concreto. El "Aleph" de la poesía concreta me permite ver a la poesía en general como un fenómeno de concreción del lenguaje, en diferentes estilos de época. Entonces, desde esta nueva posición, yo puedo reincorporar ahora (bajo la disciplina de una experiencia técnica escritural que ha sido informada y ha sido formada por esta fase ejemplarmente rigurosa de reducción, de comprensión, de materialización del lenguaje) todo un repertorio, toda una cantidad muy grande de elementos que se quedaron en suspensión. "Galaxias", que es un texto donde me propongo una abolición de los límites entre poesía y prosa, reincorpora, por ejemplo, la metáfora, que estaba presente en mi primera poesía, anterior a la poesía concreta, pero la reincorpora bajo la forma de conglomerados casi cerrados, de cadenas metafóricas, casi como concreciones metaforizantes donde la fonía y la semántica están como compactas bajo la presión textual. El discurso, el elemento discursivo, ya no puede más entrar pasivamente en el texto; es un discurso ya fracturado por un dispositivo antilogocéntrico que opera desde el interior del texto mismo. Para resumirlo todo, son como dos tiempos de un balance dialéctico en el cual ha sido necesaria una sístole, una compresión, para una distensión, una diástole; como dos tiempos de un corazón poético del lenguaje.

J. O.: *Haroldo, si volvemos al paradigma Pound y a la amplitud de sus exploraciones, probablemente podríamos deducir un punto articulador en la poesía ideogramática, donde seguramente cuaja esta indagación. Ahora, si pensamos en el paradigma Mallarmé y la* mise-en-page *mallarmeana, ¿dirías tú que esas dos exploraciones que cuajan en el ideograma y en la espacialización convergen en el poema concreto?*

H. C.: Bueno, éste es otro punto muy interesante, porque tiene que ver incluso con nuestra manera de considerar el trabajo de Pound. Normalmente la crítica no pone en relación a Pound y Mallarmé. Incluso porque Pound aparentemente estaba contra Mallarmé. Pero Pound no estaba contra Mallarmé, estaba contra la "dilución" del simbolismo de tipo mallarmeano. Nosotros, en los años cincuenta tuvimos un carteo con Pound muy curioso, y en una de nuestras cartas le preguntamos directamente si él había leído el *Coup de dés*; él nos contestó con una carta enigmática en la cual no nos da una respuesta directa, pero cuenta –como si lo hiciera en un pasaje de sus *Cantares*– la historia de un tío de su mujer que en el año en que salió la edición Cosmopolis del *Coup de dés*, en 1897, se paseaba por una calle de Londres, creo, con el ejemplar de la revista, y esto es como si Pound lo hubiera leído ya por transmisión hereditaria, metafóricamente. Después él dice: "que yo y Mallarmé hayamos llegado al mismo tiempo a São Paulo es una cosa verdaderamente significativa: muestra cómo un pequeño segmento de la raza organiza su *Kulchur*..." Entonces, aparentemente, Pound sí había leído al último Mallarmé; no hay ninguna indicación de esto en otros puntos de los textos de Pound, esta carta nuestra creo que es la única donde verdaderamente puntualiza expresamente esto, y al poema-constelación le llama el *Jeu de dés* incluso. A pesar de que Eliot, por ejemplo, refiere una presunta incompatibilidad entre Pound y Mallarmé, en verdad a nuestro parecer no la hay, en especial entre el Pound de los *Cantares* y el Mallarmé del *Coup de dés*. En la crítica americana le tocó a Hugh Kenner en su libro pionero sobre Pound, en una nota donde habla del método ideogramático, hacer una indicación hacia el *Coup de dés*. Es algo que estaba en el aire y que no había sido desarrollado. Nosotros en la práctica de la poesía hemos desarrollado esta convergencia. Esto es, para nosotros no había una incompatibilidad entre el Pound del método ideogramático y el Mallarmé del poema-constelación. Y en el orden de la poesía concreta la doble influencia de los dos ocurrió en la praxis; y lo mismo ahora en esta fase nueva de mi poesía personal. En uno de mis últimos poemas, un poema largo que se llama *Nékuia –Esbozos para una Nékuia–*, un poema que tiene una estructura musical y se despliega en tres partes utilizando la página doble mallarmeana, saco partido, al mismo tiempo, de la técnica ideogramática poundiana, y todo esto trabajado desde el punto de vista de una compactación, de una concreción del texto; la idea de *Nékuia* temáticamente tiene que ver con el primer canto de Pound, el descenso al infierno por invocar a Tiresias y profetizar sobre el destino de la poesía. Es como si Mallarmé volviera vía Pound, pero barroquizado: hay toda una experiencia del lenguaje barroco allí, desde el manierismo camoniano hasta la poesía gongorina, porque de todo esto dejé que se contaminase mi lenguaje. Este poema, por ejemplo, es en la práctica de mi trabajo actual el *locus* de convergencia de Pound y Mallarmé, soplados quizá por un viento de sublevación que viene desde el trasfondo manierista y barroco de nuestra literatura. Curiosamente, Pound no ha comprendido el barroco...

J. O.: *Es probable que la exploración fragmentarista de Pound se articulara también sobre un eje histórico-poético, y la espacialización de Mallarmé sobre una exploración poética de liberación de eje simbolista. Ahora, esa especie de síntesis que ustedes han hecho, y particularmente tú, ¿sobre qué paisaje crees que se articula? Has mencionado el barroco, ¿podría ser esa tradición del barroco lo que funciona como un eje móvil de tus exploraciones?*

H. C.: Es curiosa la relación que Pound tiene no solamente con la poesía sino con la prosa. Yo creo que por primera vez he leído una observación sobre este punto en un texto de Michel Butor sobre Pound, donde Butor dice que el *epos* poundiano es quizá más importante para los prosistas que para los poetas; incluso el mismo Butor tiene una influencia muy neta de Pound, sobre todo en la fase que empieza con *Mobile*, donde él hace un montaje estilístico de tipo ideogramático; la prosa se transforma en una épica ideográmica. Y, por otro lado, Mallarmé también en el *Coup de dés* parece como salir de la poesía para entrar en la crítica, porque su poema es metalingüístico, es un poema crítico, un poema sobre la poesía. Entonces, hay una doble relación. Primero, la idea hegeliana de la muerte del arte, de la poesía; esto es, en la modernidad es más importante la reflexión sobre la poesía que la poesía misma, porque en la modernidad no cabe más la épica griega; y después Marx toma de Hegel la idea cuando dice que la musa de los griegos no puede sobrevivir más frente al rumor de la prensa. Esto es, no hay más posibilidad de poesía épica en la modernidad. La respuesta a esto la dio Mallarmé: si no es más posible el poema, si es más interesante la reflexión sobre la poesía que la poesía misma, él hace la reflexión sobre la poesía en la propia poesía, en el interior del poema. Es una respuesta no épica pero crítica. Y Pound a este mismo problema le dio una respuesta épica; no es posible la épica de los griegos pero sí es posible la fragmentación de la épica, la épica fragmentaria, la épica que no puede existir como discurso con comienzo, medio y fin, pero que puede existir como fragmentos de una épica imposible. Tienes de un lado el repensamiento de la épica por vía del fragmento; y ésta es una tradición que viene de los románticos alemanes, porque Pound (vía Fenollosa) tiene que ver con los trascendentalistas, que tienen que ver con los románticos alemanes. Y el otro camino es el poema crítico y metalingüístico. Ahora, claro, lo que hace falta en este "paideuma", para usar la expresión poundiana, es el barroco, porque Pound estaba contra el barroco, contra Góngora; y Mallarmé sólo desde un enfoque sincrónico (por una lectura operacional que reduzca las diferencias epocales) tiene que ver con Góngora, porque su poesía implica un dispositivo de "clarté", de concisión, que viene de la estructura del francés.

Quizás en lengua francesa lo que tiene más que ver con Góngora y con Quevedo, y con todos los dispositivos barrocos, es la revolución rabelesiana. Esto sí por lo que hay de proliferación, de carnavalización, lo que Sarduy muy bien puntualiza al hablar del barroco, de la proliferación, del desperdicio. Ahora, exactamente este aspecto nos interesaba a nosotros desde hace mucho tiempo. En mi primer trabajo teórico, que se llama exactamente *A obra de arte aberta*, publicado en 1955, varios años antes del libro de Umberto Eco, termino por señalar que a nosotros no nos interesaba la obra perfecta del tipo "diamante", sino la obra abierta; y hablo de un posible "neobarroco", uso esta expresión "neobarroco" al final de mi artículo. Este neobarroco estuvo siempre presente, de algún modo, en nuestra poesía concreta; cuando uno compara la poesía concreta brasileña –que envuelve una múltiple posibilidad de lectura, emplea muchos colores en su tipografía, tiene una semántica polifacética y calambúrica, llena de erotismo y humor, una semática que se puede decir caleidoscópica–, con la poesía, por ejemplo, de Gomringer, que tiene directamente que ver con la pintura concreta de Max Bill y de la Escuela de Zurich, totalmente escueta, totalmente antiséptica y aséptica, "ascética" incluso, vemos cómo es diferente el caso brasileño; incluso en un poema como "Velocidad", de Ronaldo Azeredo, que es un poema de una única palabra, vibra el movimiento carnavalizado de una letra –la letra v de VELOCIDAD– en dispersión de vértigo barroquista.

En la fase actual de mi poesía –en un poema como *Nékuia*, por ejemplo– lo barroco tiene que ver con el movimiento de la escritura en el nivel del significante. Yo trabajo, sintácticamente, con técnicas de montaje ideográmicas y técnicas espaciales mallarmeanas, revisadas por la poesía concreta, pero incorporo a esto otro tipo de trabajo, una labor minuciosa sobre el significante que tiene que ver con el juego barroco de la fonía y de la paronomasia, con sublevaciones barroquistas de palabras, pero compactamente controladas bajo la disciplina de una escritura que se puede aún llamar concreta. Yo creo que la presencia del barroco en mi poesía es quizá la insurrección de lo excéntrico entre estos dos centros, Pound y Mallarmé.

J. O.: *Siguiendo con esta antológica, poco lógica, quizá, diríamos que este proceso de incorporaciones parece llevarnos a una suerte de tradición brasileña de la ruptura que ustedes amplían y que se* remonta probablemente a la *Semana modernista*. *¿Cuál es la lectura que ustedes han hecho de esa tradición y cómo es tu recuperación de Oswald y Mário de Andrade en este proceso?*

H. C.: Para hablar en este sentido, haciendo broma, de la "antilógica antológica" de nuestra charla, está muy bien proseguir nuestra conversación con el modernismo brasileño. Porque nosotros tenemos una posición muy neta, muy clara y precisa en relación con este problema, que es muy polémico en Brasil. Para nosotros la figura más importante del modernismo (nuestra vanguardia de los años veinte) es Oswald de Andrade. Es el más "extremado", el más polémico, el que ha estado más directamente determinado a hacer una revolución en la poesía y en la prosa. Su poesía ha sido la más radical poesía brasileña antes de la poesía concreta. Por ejemplo, él escribió en 1927 el más breve poema de la lengua portuguesa, un poema que tiene dos palabras solamente: *Amor*/humor. "Amor" es el título, compuesto tipográficamente en un cuerpo distinto, luego el blanco de la página, y abajo: "humor". Casi un poema concreto *avant la lettre*. En su "Manifiesto antropófago", el manifiesto caníbal de 1928, cuando se proclamaba contra las abstracciones, contra las cosas vagas, Oswald decía "somos concretistas". Es como si, por casualidad deseada, nosotros de *Noigandres* hubiéramos encontrado un abolengo concretista retrospectivo... En su prosa de invención Oswald es ejemplar en la canibalización de la tradición: es capaz de integrar la revolución cubista europea a la tradición viva de la prosa brasileña elíptica que ya venía de Machado de Assis, nuestro Borges del siglo pasado. No es simple casualidad que el primer libro de "prosa de invención" de Oswald de Andrade se llame *Memórias sentimentáis de João Miramar* (1923-1924); y el primer libro de la fase final, la fase decisiva de Machado de Assis, *Memorias póstumas de Bras Cubas* (1881); hay un personaje paródico en *João Miramar* –un personaje que escribe el prefacio, el seudoprefacio del libro: Machado Penumbra– en el que Oswald identifica a su maestro y al mismo tiempo se burla "antropofágicamente" de la figura de Machado de Assis, que había sido un escritor de vanguardia en su época y que había fundado la conservadora Academia Brasileña de Letras, una contradicción llena de ironía... Mário de Andrade, la otra figura muy importante del modernismo brasileño, era todavía una figura vinculada a cosas del pasado; tenía un lado sentimental, nostálgico en su personalidad, un lado intimista, un psicologismo muchas veces exagerado que ha sido señalado por la crítica. No estaba tan directamente empeñado en la renovación del lenguaje como Oswald. Lo verdaderamente importante de Mário, lo verdaderamente genial de Mário, para mí, es *Macunaíma*, que fue publicado entre *Memórias sentimentáis de João Miramar* (1924) y *Serafim Ponte Grande* (1933), las dos novelas de Oswald. Entonces, en el nivel textual, tenemos como una trilogía escrita por dos autores, que coincidían en el mismo nombre de familia, Andrade, pero que no eran parientes, y que desde los años treinta, más o menos, se separaron, se pelearon y jamás se reconciliaron en el nivel biográfico, pero están reconciliados por el texto, por la escritura. Esto es como si el texto en el nivel de su praxis hubiera procedido a una convergencia que la vida misma no hubiera podido conseguir; lo que más me emociona del modernismo brasileño es el hecho mismo de esta trilogía fundamental, heroica, de la prosa modernista; una trilogía que exhibe a nivel textual una convergencia tan grande que, por ejemplo, el crítico Antonio Candido ha podido definir a *Serafim*, la segunda novela de Oswald, como un *Macunaíma* urbano; por su parte, Mário de Andrade, en la época en que todavía no estaba reñido con Oswald, en el año de la publicación del *Miramar*, escribió una reseña muy favorable al libro, en el cual señala la importancia de la parodia en la novela oswaldiana; y luego, en carta al poeta Manuel Bandeira, hablando de *Macunaíma*, reconoce la influencia de Oswald en ciertos momentos pronunciadamente paródicos de su propia escritura (los momentos que hoy llamaríamos, bajtinianamente, "carnavalizados"). Me parece muy curioso este hecho del grafema rectificando a la vida, en la bio-grafía...

J. O.: *Haroldo, es fascinante esa suerte de espacio suplementario y raigal que es la teoría cultural, si puede decirse así, de la antropofagia, que tú últimamente has estado también recuperando y probablemente reelaborando. ¿Cómo percibes esta postulación teórica de la antropofagia?*

H. C.: Verdaderamente Oswald, a pesar de no ser una persona tan erudita como Mário, y de no tener una labor ensayística tan extensa como la de Mário, ha sido el único que pensó el modernismo, la revolución modernista, como una suerte de cosmovisión. El primer modernismo de los años veinte se concretó, en el caso de Oswald, en la poesía llamada *Pau-Brasil* y también en las novelas–"invenciones" que él, al mismo tiempo, produjo, entre las que se puede ubicar *Macunaíma* de Mário por esta especie de convergencia textual ya mencionada; y después, en los años treinta y cuarenta, en una fase *engagé* de su vida, Oswald ingresó al Partido Comunista y empezó a publicar su teatro de agitación y su novela–río *Marco Zero*, inspirada en los murales mexicanos, novela que se quedó incompleta porque él no tenía la inclinación retórica para las cosas largas sino el genio para las síntesis fulgurantes. Es la fase en la que Oswald estuvo casado con una gran mujer revolucionaria brasileña, *Pagú* (Patricia Galvão), escritora también. Después Oswald, en los años cincuenta, se separa del Partido Comunista y hace la crítica del marxismo dogmático sin dejar de mantener determinados elementos filosóficos marxistas en su concepción del mundo. Su manifiesto caníbal, el manifiesto antropofágico de 1928, precedido en el año 1924 por el "manifiesto de la poesía *Pau-Brasil*", se despliega en una secuencia dialéctica que en los años cincuenta va a culminar en una tesis, una tesis que él provocativamente iba a presentar a un concurso de cátedra universitario, al cual no pudo concurrir porque no tenía el título académico exigido para eso; pero en 1953 publicó la tesis, que se llama *La crisis de la filosofía mesiánica*, donde hace una revisión del marxismo institucionalizado desde un punto de vista que se podría llamar "existencial"; es el momento de Sartre y Camus. Luego, el punto de vista de la "cultura caníbal" implicaría más o menos un principio utópico: la postulación utópica de un "principio-esperanza"; el hombre natural, rescatado de los mecanismos de la sociedad patriarcal represiva, desplazado de estos mecanismos y reubicado socialmente bajo el signo libertario del matriarcado; este hombre natural, un salvaje tecnizado, por medio de la utilización humanizadora de los recursos tecnológicos, hubiera podido reconquistar el ocio lúdico, propicio a la poesía, a las artes, y al mismo tiempo hubiera podido escapar de las cadenas de la sociedad de clases y del estado patriarcal. El "Manifiesto antropófago" propone la devoración crítica de lo europeo y la reelaboración de esta herencia en condiciones brasileñas. La tesis propone, además, la revisión de todas las filosofías mesiánicas, "patriarcales", esto es, el marxismo, la religión, etc. Es como si Oswald-caníbal procediera a una "desconstrucción" de la herencia europea (hoy se diría del *logocentrismo*) desde el punto de vista de los excéntricos, de los marginales, los salvajes que devoraron a los extranjeros. La primera efeméride de la historia brasileña para él era la fecha de la devoración del obispo Sardinha (*Sardina*, tenía nombre de pescado el pobre), por los indios brasileños, un obispo-catequista empeñado en cristianizarlos; no dejaron que él los catequizara, se lo comieron. Ésta es la primera fecha de la historia brasileña de la era antropofágica de Oswald. Luego, toda esta visión que tenía un aspecto polémico, iconoclástico, en 1928 se convirtió en un instrumento crítico para remeditar la tradición de Occidente, incluso la ideología de Occidente, en los últimos trabajos oswaldianos. Los jóvenes brasileños hoy están redescubriendo a Oswald, después de un largo interdicto de silencio que sólo fue roto por el Grupo Concreto con su "Plan Piloto" de 1958 y sus reediciones de la poesía y la prosa oswaldianas. El hecho es que en Oswald uno puede encontrar no solamente la reflexión del ensayista erudito, bien informado y de buen gusto como era Mário, o las preocupaciones que tiene Mário con el problema de la función social del escritor (Oswald llegó a militar activamente en el Partido Comunista Brasileño), sino, además, un planteamiento nuevo de una "utopía concreta" –utopía animada por un "principio-esperanza" a la manera de Ernst Bloch (como lo reconoció el ensayista Pierre Furter, estudioso del filósofo alemán)–; una utopía que busca un horizonte concreto por medio de los cambios sociales y económicos, y que al mismo tiempo plantea una nueva posibilidad para el juego artístico. Esto es, la versión antropofágica de los años veinte quedó como un instrumento crítico, como herencia, y a este instrumento crítico yo lo llamo la *razón antropofágica*. Lo que nosotros heredamos de Oswald es la razón antropofágica, la lógica del tercero excluido (una antilógica...). Nosotros no tenemos necesidad de otro instrumento desconstructor porque ya lo tenemos, incluso podemos empezar a desconstruir, a devorar a los desconstructores porque no sufrimos el peso cartesiano que ellos soportan... No tenemos remordimientos logocéntricos: somos gente más "brutalista". Nosotros ya por naturaleza hemos devorado al obispo Sardinha. No solamente yo, tú, por ejemplo, con Guaman Poma, que es un devorador, un desconstructor, y no es necesario esperar a las sutilezas de Derrida y de los desconstructores galiparlas de Yale, ya estaba Guaman con sus lenguas, dragomán de la diferencia, Guaman digéstico...

J. O.: *Haciendo un balance de algunos paradigmas de la modernidad en su relación con la escritura del grupo de poesía concreta, y específicamente con tu propia aventura escritural, parece ahora necesario moverse hacia la otra figura terciaria en estos modelos, que es, claro, Joyce, quien gravita –y no sólo por la traducción vuestra– en el grupo* Noigandres, *tanto como en la ubicación misma de tu trabajo dentro de este "post-wake" de la escritura, como lo llama David Hayman, ya que si se me ocurre pensar en un término de referencia, en una relación intertextual de las exploraciones de* Galaxias, *que después discutiremos con más detalle, parecería que el* Finnegans Wake *de algún modo está como paisaje de fondo, como horizonte de escritura de esas constelaciones tuyas. Por eso me gustaría saber cuál es la significación que tú das a la variación joyceana.*

H. C.: Bueno, Julio, nuestro contacto con Joyce ha sido un contacto muy temprano en los años cincuenta, exactamente en el momento en que estábamos preparando los caminos de lo que sería después la poesía concreta. Y yo tengo, por ejemplo, un poema fechado en 1952, que trae un epígrafe del *Ulises*. Es un poema largo, "Ciropedia o la Educación del Príncipe", un *Bildugsgedicht*, un poema de formación, de aprendizaje. El epígrafe dice, más o menos: "*You find my words dark. Darkness is in our souls, do you not think?*" En este texto de 1952 yo empezaba a practicar la aglutinación de las palabras ya bajo la influencia del trabajo del *Ulises* y después, sistemáticamente, del *Finnegans Wake*; y luego en los años inmediatamente posteriores mi hermano y yo organizamos una antología bajo el título *Panaroma del Finnegans Wake*, tomando una frase del mismo Joyce que define su obra como "Panaroma of all flowers of speech"; se publicó en libro en Brasil, si yo me acuerdo bien, en el año 1962, pero se empezó a publicar fragmentariamente en periódicos desde 1957, más o menos, en la época de la discusión pública de los primeros manifiestos de la poesía concreta. Esta antología nuestra ha sido, en su tiempo, la más amplia selección de fragmentos del *Finnegans Wake* en traducción; incluso la versión francesa, que había sido publicada más o menos en la misma época con una introducción de Michel Butor, no tenía tantos fragmentos y no se proponía un recorrido tan amplio y diversificado del *Finnegans Wake* como la nuestra. Aun recientemente aquí, en nuestro simpósium, David Hayman confirmó en público este aspecto abarcante y diversificado de nuestro florilegio "panaromático", a pesar de que es una antología cuantitativamente pequeña en relación con el volumen del *Wake*. Y es una traducción creativa, esto es, una *transcreación*, que hace en el portugués una recreación de todos los efectos fónicos y semánticos y lúdicos del original. Eso desde el punto de vista del trabajo que se podría decir de reconstitución o de reintegración crítica de Joyce en la tradición, en el paideuma de una vanguardia brasileña. Paralelamente a esto, el trabajo creativo nuestro tuvo siempre mucha vinculación con la lección joyceana. Nuestra originalidad química estaba quizás en la manera de combinar los ingredientes. Esto es, Joyce, al mismo tiempo que Pound, al mismo tiempo que cummings, al mismo tiempo que Oswald de Andrade y João Cabral de Melo Neto, todo esto en una amalgama diferente, en donde la diversidad surgía exactamente del juego de los elementos en oposición y en contraste, en colaboración o conglutinación textual. Luego, esto que Hayman llama "The *Wake's* Wake", es decir, la posteridad del *Finnegans Wake*; los franceses, en una importante exposición joyceana que se presentó en la librería La Hune de París en 1949, lo llamaron "le rayonnement Joyce". Bueno, yo escribí un artículo para la revista *Tri-Quartely* (número 38, invierno 1977) organizada sobre este tema precisamente por Hayman. En el título de mi artículo hay una alusión a un juego que a Joyce le gustaba hacer con las palabras *sánscrito* y *sans creed*, esto es, un, por así decirlo, "esperanto desesperanzado": "El sanscredo latinizado: el *Wake* en Brasil e Hispanoamérica". Hablo exactamente de este "rayonnement" Joyce en América Latina. Y, desde luego, por ejemplo, en América hispánica uno no podría dejar de hablar de Vallejo y de Huidobro; las palabras que funcionan en un montaje empiezan ya en *Trilce*, en el mismo título enigmático de este libro pionero. Yo no sé si sería una influencia directa (ciertamente que no), pero era una empatía con el espíritu del tiempo por lo menos. Estaba en el aire, y en 1922 el libro de Vallejo, *Trilce*, tiene que ver con este furor neológico joyceano, como tienen que ver con él muchos pasajes de *Altazor*. En el caso de Huidobro me parece que la influencia sería exactamente más o menos directa por el ámbito de trabajo suyo en las revistas donde Joyce también comparecía. Pero de todas maneras en Brasil tenemos esto también en una tradición que va hasta Guimarães Rosa, a pesar de la opinión de algunos críticos convencionales que se imaginan que para recibir una influencia de *Finnegans Wake* uno debería haberlo leído todo, y argumentan que Guimarães Rosa confesaba no haber llegado siquiera a la mitad del *Ulises*; esto no significa nada porque con una página de *Ulises*, incluso después de leer una página de una crítica sobre el *Ulises*, uno se contamina; es una cosa irresistible, como una radiactividad. Entonces, ésta es una influencia que se puede muy bien retrazar en nuestra literatura. Y esto es muy importante, por ejemplo, por las consecuencias que propone. Hoy se habla mucho de la escritura; y yo me doy cuenta de que la nueva generación en Brasil, en América Latina, cuando hablan de escritura piensan en los franceses, porque su memoria es muy reciente. Empiezan a pensar en esto con la difusión del estructuralismo por vías francesas a fines de los años sesenta y se olvidan de que estas cosas tienen raíces latinoamericanas muy profundas. Por ejemplo, si uno mira hacia la situación de la literatura francesa, uno se da cuenta inmediatamente de que la influencia joyceana en los textos es muy reciente. En 1966, el único libro de la nueva escritura francesa que tenía verdaderamente un trabajo en el texto, en la invención de palabras y se reclamaba de una tradición al mismo tiempo joyceana y rabelesiana era *Compact* de Maurice Roche. Phillip Sollers, por ejemplo, tenía una escritura muy convencional; las invenciones estaban en la organización sintagmática general del texto, y en la abstracción semántica, pero en el trabajo sobre las palabras, trabajo morfológico, era la vieja gramática; la "Grand-mère" francesa quedaba muy respetada con todos los honores de la Academia. Y luego, ya en mi caso personal, el primer fragmento de mis *Galaxias* tiene como fecha 1963, y se publicó en el primer número de *Invención* en 1964, esto es, se puede decir que en una época en la que en Francia la escritura era muy antijoyceana; yo he tenido ocasión de dialogar una vez en Brasil con Nathalie Sarraute, y ella me dijo directamente que no creía que el francés fuera una lengua asequible o adaptable a las invenciones de palabras de tipo joyceano. Yo le contesté: Pero ¿usted no cree que Rabelais sea un escritor francés? Luego, yo creo, por ejemplo, que una influencia que no está bien caracterizada es la presencia de Severo Sarduy en el grupo *Tel Quel*. Si es verdad que Severo Sarduy recibió del grupo *Tel Quel* incluso en el terreno teórico un bagaje metalingüístico que él no tenía antes para enfrentarse teóricamente con problemas de intertextualidad, etc., no es menos cierto que él ha sido la persona que en la revista *Tel Quel* escribió por primera vez sobre Góngora. Se puede decir que barroquizó a *Tel Quel*, que era un grupo muy cartesiano, muy valeryano. *Tel Quel* no era tanto mallarmeano como valeryano. Y Valéry es el clásico de Mallarmé. Valéry como poeta parece el abuelo de Mallarmé, y no el hijo. Valéry era un gran poeta y un gran crítico, pero yo hablo de la radicalización de la experiencia en el lenguaje. La barroquización que se puede hoy verificar en un texto como *Paradis* de Sollers (que es muy reciente, por ejemplo, en relación con mis *Galaxias*, que empiezan en 1963, mientras Sollers sólo en 1972 inicia la publicación de su texto "paradisiaco"), nos hace pensar que si la Kristeva bajtinizó a Severo Sarduy, él a su vez barroquizó a *Tel Quel*. Y mis *Galaxias*, publicadas fragmentariamente en la revista rival *Change*, en versión francesa, en 1970, contribuyeron sin duda a esta *solerte* "perversión" del *logos* cartesiano... Las cuentas están hechas, y América barroca está ahí. Y esto significa también la congenialidad de lo barroco latinoamericano que tiene arcanamente que ver con Góngora y Quevedo, y con toda esa tradición de proliferación del significante, y modernamente con la revolución de la palabra joyceana. Yo diría que en la dimensión de lo barroco escritural, del trabajo sobre el significante, hay una convivencia, una congenialidad, una complicidad entre el mundo textual de un latinoamericano, con sus matrices gongorinas y quevedianas, su hibridismo generalizado, y el mundo irlandés de las iluminaciones de los libros de los monjes, de estos libros manuscritos como el *Book of Kells*, que son como cosas alejandrinas, con influencias orientales (egipcias, coptas), y es de donde viene Joyce. Joyce viene de este trasfondo medieval, laberíntico, hieroglífico, de los monjes irlandeses; de los libros de iluminación y de una polifonía multilingüe concertada alrededor del latín y del inglés. Para nosotros esta tradición es la tradición de lo barroco, "de la gran lepra creadora del barroco nuestro" (como dice Lezama), que procede, por transformismo exasperado, del momento gongorino y quevediano, y que en la literatura portuguesa tiene que ver con el Camões manierista.

J. O.: *Ahora bien, si volvemos a la ruptura joyceana, parecería que en esta experiencia de fractura de la lógica discursiva el mayor interés tuyo está en el nivel lexical, y también en el ejercicio joyceano de desconstruir el paisaje cultural y usarlo libérrimamente, casi como un solo texto fuera de sus museos. ¿Tú sientes que esa relación con el texto joyceano es más inmediata en estos planos lexical y de textualización de la cultura?*

H. C.: Bueno, yo creo que no es posible repetir a Joyce; la experiencia de Joyce se me hace que es una experiencia enciclopédica, de un libro ómnibus, de un libro que sufre de elefantiasis. Mi relación con Joyce no era repetir a Joyce o reproducirlo en el dominio de la lengua portuguesa. Yo creo que uno de los peligros, por ejemplo, de la posteridad joyceana es la transposición del modelo joyceano sin un distanciamiento crítico suficiente. Un reproche que yo hago, por ejemplo, al escritor alemán tan importante Arno Schmidt es que él tiende también como Joyce a los libros "elefantiásicos", a los libros ómnibus, a los libros enciclopédicos, y cuando uno elige esta dirección hay diferencia, claro, porque el panorama lingüístico siempre cambia, pero la diferencia no es tan fundamental. Esto es, uno no va a leer diez *Finnegans Wake*, ya un solo *Finnegans* casi no se lo puede leer en toda una vida. Entonces, si un escritor se propone hacer otro *Finnegans Wake* en alemán, esto es muy interesante como experiencia idiomática, en el ámbito alemán, pero no me parece que sea la superación dialéctica que cabría proponer respecto a Joyce. Mi idea de un trabajo con Joyce era preocuparme con algunos operadores textuales precisos, como tú lo planteaste muy bien; el trabajo sobre el significante, el trabajo paródico sobre la proliferación de las culturas, pero yo quería además aplicar sobre Joyce un antidispositivo joyceano, esto es, el contradispositivo de la síntesis. Y esto lo recogí de la experiencia brasileña de Oswald Andrade, la prosa cubista, de las novelas escuetas hechas de fragmentos. Del *João Miramar* de Oswald dijo la crítica contemporánea, sorprendida ante el libro, que era un libro que parecía la antología de sí mismo, donde cada fragmento era como una pieza autoantológica que el libro mismo producía. Una antología que se armara en el espíritu del lector. Era ya el planteamiento de una obra abierta. La preocupación por la obra no conclusa yo la tengo también muy netamente desde un artículo teórico de 1955, donde hablo de un barroco moderno y de la posibilidad de una obra abierta. Entonces, mis *Galaxias* son hechas de páginas compacta, el libro entero está en cada página. Yo no preciso escribir mil páginas, cada página es mil páginas. Parafraseando a Borges, me gustaría decir que hay en mis *Galaxias* un dispositivo "aléphico", esto es, el *Finnegans Wake* mirado desde el punto de vista del Aleph. La posibilidad de compactarlo en una mónada. Mi escritura es en este sentido el reverso de la escritura joyceana, porque tiene la concentración monadológica. Si yo escribo cincuenta páginas, yo no preciso escribir quinientas; cada una de estas páginas es igual a la otra y al mismo tiempo distinta, y todas juntas producen una combinatoria aún más vertiginosa. Cada una de estas páginas puede ser leída en relación con la otra en distintas configuraciones aleatorias. Cada página tiene más o menos un número determinado de líneas, treinta o treinta y dos. Yo no me propongo hacer un nuevo libro enciclopédico en portugués. Esto sería la traducción literal de Joyce; pero mi libro personal –mi incunable latinoamargo– tiene la preocupación de imponer al mundo joyceano dispositivos antijoyceanos, como éste de la síntesis. El otro es la técnica ideogramática, poundiana, del montaje ubicuo; pero de un montaje hecho en un nivel que se puede decir muy despojado, muy reducido a algo esencial, casi taquigráfico. Porque Joyce tiene una pasión filológica que frecuentemente lo hace caminar en dirección a una mitología personalísima, recargada y casi enigmática, ya no más transmitible. No, yo quería trabajar no con el "monólogo interior", sino con algo que yo llamé *monólogo exterior*, la "ostensión" de la materialidad de la lengua. Sus formas en morfosis. Éstas son quizá las diferencias. Es una dialéctica de amor y odio en relación con Joyce. Y de amor y humor.

J. O.: *También hay otra diferencia importante en la misma noción del texto galáctico, que es espacial, en movimiento y en autogeneración. Y que va en otra dirección, fuera del modelo constructivista y articulado en diseños formalizados que tenía Joyce, llenos, además, de referencias. Lo que hace a veces parcial nuestro conocimiento de lo que realmente estaba dibujado, y de allí los muchos diccionarios para descodificar el* Finnegans Wake.

H. C.: Esto es muy exacto. Porque Joyce trabaja a lo mejor con una temática histórico-mitológica y preorganiza su material. Pero lo lleva a una profundidad de detalles y accidentes de erudición que a veces no llegan a rebasar el nivel de elucubración criptográfica, exclusivísima, idiosincrática. En mi texto yo no tengo una propuesta temática y mitológica *a priori*. El texto tiene solamente dos puntos de referencia. El viaje como libro y el libro como viaje. Desde esos dos puntos de vista temáticos, el viaje se puede comprender en muchos sentidos: el viaje cultural, el periplo interior, el viaje psicodélico, la aventura de la imaginación. Como tengo estos dos *leitmotiv* que de una cierta manera crean límites, trabajo con la proliferación galáctica de estos elementos pero dentro de un marco textual que se queda siempre manifiesto en el nivel de la lectura; porque hay siempre el movimiento del viaje, en uno de los sentidos amplios de esta connotación que la palabra tiene. Y no hay un modelo mítico o un paradigma temático-enciclopédico que preorganice el libro y que obligue al lector a meterse en esta misma necesidad de información erudita, por ejemplo, sobre historia de Irlanda o sobre una guerra en Crimea. Yo trabajo con los significantes en el ámbito de su historia. La historia no es anterior a los significantes: ellos mismos generan (y gestionan) su gesta. Quizá se podría decir, mejor, que Joyce trabaja con el *epos* en un nivel propio, de la historia, de la epopeya; yo trabajo con el *epos* en el nivel de la epifanía. Es un *epos* epifánico que se produce en el nivel de los significantes. Joyce trabaja en el nivel de los significantes, pero su epopeya es una que pre-existe a la saga de sus signos. Es una visión monumental de la historia del mundo y de la humanidad, la que tiene Joyce, una cosmovisión sistemática que él proyecta después en su texto. Yo soy un escéptico de monumentos, un miniaturista de momentos... Un fragmemorialista...

J. O.: *Es muy interesante eso y llegamos a un punto que cabría desarrollar. Si pensamos en el texto galáctico tuyo en comparación con el texto enciclopédico joyceano, evidentemente lo que cambia es el lugar del texto en el espacio que la escritura va abriendo; porque incluso en escala "micro", diríamos, el juego filológico de Joyce supone la presencia total del lenguaje en el libro: la noción del Libro como totalidad. En cambio, los juegos fónicos, paranomásicos, en tus* Galaxias *no suponen el Libro como totalidad, sino el libro haciéndose. Entonces, hay no sólo los varios viajes que tú dices, en efecto, sino ese viaje que no tiene fin, que es un libro que no tendrá término, me imagino; que sigue en proceso y autogeneración. Es como si la escritura cambiara sus referencias y las tuviera ahora en la noción misma del espacio textual que ocupa.*

H. C.: Sí, yo creo que ahora puntualizaste una cosa muy importante en esta experiencia mía. Yo me acuerdo incluso en este mismo sentido de una antigua conversación que tuve con un gran crítico brasileño, no nacido en Brasil, judío alemán, que murió hace algunos años, un gran maestro de mi generación, Anatol Rosenfeld, discípulo de Nicolai Hartmann, un gran pensador y ensayista que en Brasil ha tenido un papel muy importante en el estudio de la literatura alemana y de la filosofía. Bueno, cuando Max Bense, en 1966, quiso publicar una selección de mis *Galaxias* en alemán, Rosenfeld, invitado por mí, hizo la traducción de dos fragmentos. Y me dijo que mi texto le producía la impresión de una "novela policiaca", por el continuo (y jamás resuelto) *suspense* de los signos... Más tarde, inspirado tal vez por esa sugerencia de Rosenfeld –y después de haber escrito *Morfología del Macunaíma* (1972), un análisis del libro de Mário de Andrade según los criterios narratológicos derivados de Propp–, concebí un fragmento galáctico que tiene el esquema de la búsqueda de algo, pero no de un talismán, sino del mismo texto: lo que se busca es el texto. Y empleo varias fórmulas, varios módulos de cuentos maravillosos y de leyendas donde se presentan las situaciones típicas del esquema proppiano: la carencia, la búsqueda, las pruebas que se repiten, etc. Y todo se reduce a la persecución del texto mismo. Y quien lo busca es una criatura inventada por los propios signos que ella persigue; el héroe que busca gnoseológicamente su texto –su fábula– es un producto del texto, y finalmente el texto se queda solo con su enigma irresoluble y da vueltas y vueltas sobre su evolución infinita ...Este fragmento ha sido traducido al inglés por Christopher Middleton y Norman Potter, y quedó muy bien en esa lengua porque hay los mismos elementos estándar que yo utilizo, y que pertenecen al repertorio general de los cuentos maravillosos. Esto es casi como escribir un Propp compacto, el *eidos* de la narrativa miniaturizado en una sola página, como hacían los cabalistas con los textos sagrados, inscribiéndolos en un grano de trigo...

BORGES EN AUSTIN

Encontrarse con Borges es como volver a encontrarse con la mejor parte de uno mismo: aquella parte gratuita que apostó por un riesgo sin cálculo en un mundo hecho por las sumas y restas del mercado que nos consume. Ésta es la primera emoción que el encuentro con Borges (o, para el caso, con la obra de Lezama) nos depara: la certidumbre de que la literatura, la verdadera, es un objeto sin precio.

Borges ha hecho de la fama una forma prolongada de la conversación, y, de alguna manera, en el centro de la muchedumbre que lo aplaude, está solo y a salvo. Pienso ahora que quizá su ceguera lo protegió. No ha podido verse convertido en un ídolo, y, como el peor testimonio de sí mismo, se ha transformado, felizmente, en el mejor testigo de su obra. Lo han salvado de los espejismos de la fama, de ese afantasmamiento que a los Chocanos de hoy día dan las prisas de mañana, su inteligencia y su ironía, que él ejercita en primer lugar de sí mismo. Es excepcional el hecho de que Borges se haya salvado en un mundo literario en el que casi todo nombre ha sido atrapado, convertido y procesado. Supongo que las muchedumbres que van a escucharlo celebran el mismo ritual: reconocer en ese maestro frágil y ciego el habla oficiante de una remota certidumbre.

Borges se ha declarado ciudadano de Austin en algún poema y guarda buena memoria de la Universidad de Texas, donde lo reencuentro. Ésta es la primera universidad norteamericana donde enseñó, en 1961; estuvo aquí con su madre y, según cuenta en su ensayo autobiográfico, ésa fue una época feliz (para) de su vida. Había vuelto en otra ocasión, pero ésta, a los veinte años, es una simetría; y, a su edad, valora más las virtudes de la memoria y el gesto, en efecto, nostálgico, de las cosas que logran repetirse.

Caminamos hacia la oficina que ocupó en 1961 en el segundo piso de Batts Hall, donde está el Departamento de Español. Iba él del brazo de María Kodama, su secretaria, escritora ella misma, con quien uno establece la inmediata complicidad que dan las estimaciones compartidas; y pocas son tan libres como ésta de la lectura. La pequeña oficina la ocupa ahora un profesor de literatura medieval alemana. Borges avanzó hacia la ventana mientras íbamos diciendo los nombres de una y otra cosa, reconociendo sus propios pasos. La ventana da al jardín central, y recordó con claridad que la torre principal está a la derecha y la fuente de los caballos de bronce a la izquierda. Nombró las estatuas del parque. Después de bromear con la imposibilidad de una estatua de Lincoln en el sur (su madre, dijo, había preguntado por Lincoln, pero una señora de Buenos Aires no podría haber escandalizado a los sureños con esa pregunta inocente), quiso sentarse en su viejo escritorio. Palpó la textura de la madera y preguntó por su color. Es un sepia claro, dije; es un arena dorado, dijo María. Qué liviana es, dijo él. Estaba feliz, y emocionado. Casi un objeto platónico, dije. Sí, exclamó, un arquetipo.

Por hacer un eco de estilo, le informé que los estantes estaban llenos de filología indudablemente alemana. Peor sería si fuese irreparablemente alemana, dijo. Reímos aliviados. Pero le debo tanto a Alemania, se corrigió, y recitó una estrofa de Goethe. Con ella, Borges se despedía de su antiguo refugio académico.

Después habló, con estimación, del Perú. De Junín, de Eguren. Le asombró saber que con Luis Loayza pagué una visita al colegio Calvino, en Ginebra, donde Borges estudió durante los años de la primera guerra mundial. ¿Verdad que es lindo?, dice; y añade: Me gustaría vivir en Ginebra, pero también me gustaría vivir en Austin. La gente se equivoca, insiste, cuando dice que Ginebra es aburrida. Le estaban tomando fotos para el diario de la universidad, y él ensayaba bromas con el fotógrafo. Me dijo que sí era cierta la anécdota según la cual en una librería de Buenos Aires él y Sábato firmaron tantos ejemplares en la presentación de sus últimos libros, que al final le dijo: "Sábato, ¿se da usted cuenta lo valiosos que serán en el futuro los libros que *no* hemos firmado?" De pronto, me pasó su bastón. Mire, dijo, ¿verdad que es liviano? En efcto, era un bastón casi sin peso, de una fibra oscura y pulida. Otra vez, casi la idea del objeto.

"Borges y yo: una experiencia literaria" era el título de su conferencia anunciada para esa noche. Me hubiera gustado preguntarle más sobre el tema, pero sí pude decirle que si aquel "yo" es, al final, una categoría gramatical, muchos sujetos pueden ocupar ese pronombre. y, en efecto, es en ese sentido que "Borges y yo" es una experiencia literaria. Para él, en primer lugar, se trata de un cambio de entonación en una figura de la tradición literaria. Una figura que supone al doble, o a la dualidad de la persona. Hay un lado público en los individuos, y hay un lado privado; y el contraste, donde empieza el relato, es ético. Stevenson, Hugo, Dostoievski, Kipling y Whitman intentaron ser si no todos los hombres al menos otros hombres. De aquí uno deriva hacia una hipótesis de la lectura, prevista por Borges desde sus primeros libros. Aquel que escribe y aquel que lee no difieren: son distintas entonaciones del lenguaje.

La pérdida de la integridad en la literatura, dijo en su charla, está relacionada con la decadencia social más amplia. Su escepticismo elegante sólo nos deja esta salida: "Cada uno de nosotros debería tratar de salvarse a sí mismo." Pero también esta propuesta es un objeto liviano, casi arquetípico. Tiene la forma irónica de las cosas ciertas que se han vuelto improbables.

JUAN GOYTISOLO:
LA OTRA ORILLA

I

Julio Ortega: En *Señas de identidad el personaje central es un español extrañado de su medio.* En Reivindicación del conde don Julián *ese extrañamiento es más radical: don Julián es directamente un desterrado. Tu trabajo más reciente sobre Blanco White recupera a un intelectual español del siglo XIX cuya marginación fue también un ejercicio crítico. Es tentador correlacionar este proceso de tu trabajo con tu propia actitud de exiliado: ¿acaso has requerido una tradición que reajuste la soledad del exilio y la obsesión por España? Sería interesante, pienso, establecer una correlación crítica entre tu propia persona literaria y esas otras personas que de alguna manera amplían tu propio discurso en la ficción y en la crítica. ¿Cómo describirías el proceso, o los caminos, que te llevaron a asumir estos dos personajes históricos?*

Juan Goytisolo: Existe, en efecto, un denominador común en los tres textos que mencionas: las dos novelas y la presentación crítica de Blanco White en la que he trabajado los dos últimos años; y este denominador común radica probablemente, como tú dices, en el problema del exilio. Señas de identidad es, entre otras cosas, la expresión literaria del proceso de extrañamiento de un intelectual de hoy con respecto a su propio país: la exposición de la herida moral de un hombre de mi generación –al que le ha tocado vivir uno de los periodos de paz sepulcral más largos de la historia de España–, la situación anómala de envejecer sin haber conocido juventud ni responsabilidades (como tú sabes, el pueblo español vive en una perpetua minoría de edad desde el 1 de abril de 1939). En *Don Julián*, el proceso de desposesión y ruptura del narrador con su patria se ha consumado ya. Sansueña o la Madrastra –así denominaba Cernuda a su país– está vista desde fuera: la herida moral ha cedido el paso a una imprecación vengadora. Como ha visto muy bien Vicente Llorens –el crítico español que ha contribuido más eficazmente a resucitar la obra de Blanco–, el expatriado vive por lo general en un estado de aislamiento angustioso; pero esta misma situación marginal suele ser favorable a la afirmación de ideas propias, liberadas de las hipnosis, tabúes y chantajes de la sociedad intelectual en la que anteriormente vivía. Un país no es sólo un pedazo de tierra: es, en primer término, un conjunto de factores socioculturales e históricos que cobran sentido y se ordenan a través de la escritura. El narrador de *Don Julián* ha renunciado al espacio material de su patria (paisaje, suelo) pero no al discurso (literario, ideológico, etc.) en el que se compendia su identidad actual, su evolución histórica. Con la libertad omnímoda de quien no posee nada y no tiene, por lo tanto, nada que perder, vaga, como un nómada, por ocho siglos de cultura española, deteniéndose al azar de su propia inspiración y escogiendo su alimento intelectual donde le place: los hechos, frases, palabras así extraídos al discurso colectivo hispano revisten una función activa, dinámica, se integran en un nuevo discurso libre e independiente. Su agresión a la sociedad en la que le ha tocado vivir comienza con una agresión a su historia y a su lenguaje. Todo ello es posible en razón de su extrañamiento, porque se trata de una visión tangerina o africana, una visión desde fuera. Naturalmente, debe ser tentador para el crítico establecer una relación entre mi persona y las otras "personas" que amplían mi propio discurso en la ficción o la crítica. No es una simple casualidad si los dos escritores españoles que más me han interesado, y cuya obra ha influido más profundamente en mí durante los últimos tiempos son dos escritores exiliados, dos parias, dos malditos: Blanco White y Cernuda. Mientras vivía en España y en mis primeros años de exilio mis guías eran los mismos de la mayor parte de los hombres de mi generación: Larra, Machado. Cuando a comienzos de la pasada década comencé a desprenderme de los tabúes y mitos que siguen moldeando en España la llamada inteliguentsia de izquierda, mi aislamiento se volvió angustioso: no sólo vivía alejado físicamente del país nativo, sino que los criterios, valores y juicios de la gente más próxima a mí me resultaban cada vez más extraños. A medida que entraba en posesión de mi verdad y me esforzaba en cernerla, me sentía más ajeno a la que profesaban o decían profesar mis compañeros. Mi exilio no era sólo físico, ni motivado exclusivamente por razones políticas: era un exilio moral, social, ideológico, sexual. Y cada día transcurrido abría más la brecha, acentuaba mi aislamiento. En tal situación, el descubrimiento de que mi experiencia no era única, de que otros intelectuales habían pasado por un proceso idéntico era muy importante para mí. Cuando comencé a penetrar en la obra de Blanco White tuve la impresión de releer algo que había escrito yo mismo –mi familiaridad con ella fue instantánea–. También en él la fuerza centrífuga había vencido la ley de la gravedad nacional. Sus palabras ampliaban, como tú dices, mi propio discurso –el registro era distinto, pero la voz se relacionaba tan íntimamente con la mía como la del ficticio don Julián–. Y es que una serie de elementos de la vida española operan hoy del mismo modo que en tiempos de Blanco White: mi parentesco con éste es posible porque nuestra relación con España es idéntica.

J. O.: *Lo más notable en* Don Julián *me parece la voluntad formal y expresiva que cuestiona por cierto la noción del género y también el lenguaje hablado en España. Hay una pluralidad crítica (desde una persuasión poética), en la novela, mucho más radical que en* Señas de identidad. *Esta invención de un lenguaje plural me parece que parte precisamente de la unidad de crítica y ficción en el texto, desde el apasionamiento de una escritura obsesiva. Me gustaría que cuentes cómo escribiste esta novela, cómo se te impuso, cómo se hizo a sí misma.*

J. G.: En mi opinión, las obras literarias más significativas del siglo XX son las que se sustraen a la tiranía conceptual de los géneros: son a la vez poesía, crítica, narrativa, teatro, etc. El propósito fundamental de una novela como *Don Julián* es lograr la unidad del objeto y el medio de representación, la fusión de la traición-tema y la traición-lenguaje. *Don Julián* es a un tiempo obra de crítica y ficción o, si prefieres, praxis crítica. La utilización libre de diferentes formas expresivas y estilos literarios como elementos constructivos al servicio de una nueva arquitectura es un reflejo de la aspiración actual a un arte totalizador, a un arte que refleje la situación del hombre del siglo XX enfrentado a una herencia cultural de decenas de siglos, obligado a tener en cuenta la existencia e influjo de ese *musée imaginaire* del que habla Malraux.

La interpretación mítica, justificativa de la historia de España me obsesionaba desde hacía años. Es difícil vivir en una ciudad como Tánger, enfrentado a la presencia cercana de la costa española, sin evocar la figura legendaria de don Julián y soñar en una "traición" grandiosa como la suya. Mi despego de los valores oficiales del país había llegado a tal extremo que la idea de su profanación, de su destrucción simbólica, me acompañaba día y noche. El único problema que se me planteaba era el del lenguaje mediante el cual debía llevar a cabo mi "traición". Para violar la leyenda, y los mitos y valores hispánicos, tenía que violar asimismo el lenguaje, disolver uno y otros en una misma agresión violenta. Cuando llegué a esta conclusión todo fue relativamente fácil: el texto comenzó a proliferar por sí solo.

J. O.: *Me interesa mucho otro plano de* Don Julián: *su parentesco cercano con la nueva narrativa hispanoamericana. Diría que es la novela más española que has escrito pero que también es la más latinoamericana, por su libertad formal y su diversidad expresiva que te permiten, incluso, la franca glosa del habla oral hispanoamericana a través de algunas de estas novelas. ¿Qué importancia ha tenido para ti esa narrativa?*

J. G.: Desde luego, *Don Julián* es la obra más española que he escrito, y ello por una razón muy simple: porque su materia misma, en un nivel puramente verbal, es el discurso literario hispano, desde su origen hasta la fecha. Reivindicar la traición de don Julián es impugnar varios siglos de historia hostil mediante una agresión vandálica a la palabra escrita de nuestros cronistas, poetas y narradores. La lista de "plagios" que figura al final del libro puede resolver para el erudito el problema de las "fuentes"; pero el problema real no es un problema de fuentes sino el de las funciones que les atribuyo, del empleo libérrimo que hago de ellas. Mi enfoque me permite entablar un diálogo intertextual con autores que admiro o parodiar e infectar el estilo de quienes me parecen poco respetables, etc. Todo lo cual nos lleva a la segunda parte de lo que tú dices: este nomadismo intelectual o trashumancia de ideas me emparenta sin duda con la nueva narrativa hispanoamericana, mucho más libre que la española en sus relaciones con el pasado –no sólo con el pasado español sino con el de otras culturas y lenguas–. En mi opinión, el gran pionero de dicha actitud es Borges. Sin él, ni la nueva novela hispanoamericana ni una obra como *Don Julián* habrían sido posibles.

J. O.: *En alguna parte has declarado que en España incluso los choferes de taxi hablan como Unamuno. Hay como una zona sobrenominativa en esa lengua oral, que parecería un derroche expresivo pero que quizá podría operar como un encubrimiento. Evidentemente tú escribes en contra de esa norma, y una actitud crítica similar es visible en algunos otros autores españoles de hoy. En esto, por cierto, tus libros suponen una fundación y una exploración decisivas. ¿Cómo has enfrentado tú mismo esta situación verbal de España?*

J. G.: Al explicar las razones que le condujeron a escribir en inglés, Blanco White señala una que me parece fundamental: el obstáculo que representa el expresar un pensamiento libre en un idioma que, por su textura misma, se adapta difícilmente al ejercicio de dicha libertad. Durante siglos, todo español se ha visto obligado a pensar o cuando menos a hablar y escribir conforme a ciertas fórmulas y estereotipos, y la consecuencia de dicho sistema, dice Blanco, se traduce en un entorpecimiento de las facultades mentales y un miedo continuo a ejercerlas. De ahí la zona sobrenominativa de la que tú hablas y su función real de encubrimiento. Pues los esquemas mentales, elipsis y clisés son comunes al señor rector y al chofer de taxi de Salamanca. Ambos emplean, en distintos niveles, claro está, un mismo idioma codificado por varios siglos de estática social y monolitismo ideológico. Por eso, en *Don Julián* y en mi ensayo sobre Blanco White he denunciado un fenómeno que este último había advertido con gran agudeza: la inercia de un lenguaje estancado, lleno de clisés inhibidores –un lenguaje ocupado por una casa omnímoda que ha frustrado siglo tras siglo sus posibilidades creadoras ejerciendo una violencia solapada sobre sus significaciones virtuales–. Existen idiomas ocupados como existen países ocupados, y la ocupación del nuestro en nombre de la pureza de la fe y el monolitismo ideológico es directamente responsable de su escasa aptitud para servir de vehículo transmisor del pensamiento, de la sensibilidad modernas. En Hispanoamérica, como en España, la labor de nuestros mejores escritores ha de ser, ante todo, liberadora y destructiva: una labor transgresora y crítica con respecto a los estereotipos y esquemas que paralizan aún nuestro idioma.

J. O.: *Aunque las relaciones de la literatura latinoamericana y la española han sido muy pobres en los últimos años, yo diría que em-*

pieza a percibirse una nueva relación coincidente. ¿Crees que una tradición más moderna estaría ahora modificando la nueva literatura española? ¿O tú ves un momento de ruptura anterior, más decisivo?

J. G.: Esta pobreza de relaciones no existe tan sólo entre la literatura peninsular y la hispanoamericana: si el Atlántico separa a los escritores y lectores de Barcelona y Madrid de los de México, Buenos Aires o Lima, entre estos últimos se alza todavía una serie de Andes políticos, psicológicos, patrióticos, etc., que favorecen la actual compartimentación y hacen el juego al imperialismo. Levantar los bloqueos culturales, fomentar un intercambio libre de ideas, combatir todo tipo de monolitismo puede contribuir decisivamente a la creación de una literatura en lengua castellana sin aduanas ni fronteras.

Dicho esto, creo que la relación coincidente que tú señalas es un hecho irreversible, cuyas consecuencias serían favorables para ambas partes: una característica de la literatura española ha sido su ensimismamiento y escasa permeabilidad a las ideas y corrientes ajenas –defecto exactamente contrario al de las letras hispanoamericanas, que tan a menudo incurren en el extremo opuesto–. Hoy día estas dos tendencias comienzan a corregirse y compensarse, y resulta interesante observar que el más europeo de nuestros poetas –me refiero a Cernuda– es quien más influencia ejerce sobre las nuevas generaciones peninsulares. El culto asfixiante a los autores del 98 y sus epígonos no estorba ya el paso de éstas, como estorbó el nuestro. El "castellanismo" paralizante, de vía estrecha, ha perdido su anterior prestigio y los jóvenes se sienten más internacionalistas. Al fin y al cabo el mundo no se detiene en el Guadarrama, la sierra de Gredos o las murallas de Ávila. El *generational gap* y las nuevas formas de vida han abolido muchas fronteras.

J. O.: *En tu propia obra es fundamental ese momento de ruptura que supondría una reformulación esencial de tu trabajo creativo. ¿Qué importancia tienen en ese proceso las nuevas corrientes de la crítica? ¿En qué niveles crees tú que puede actuar un pensamiento crítico dentro de la ruptura formal de la ficción?*

J. G.: Toda exploración creadora va indisolublemente ligada al ejercicio de un pensamiento crítico. *Don Julián* es, simultáneamente, una obra de ficción y una obra crítica, que escapa de modo deliberado a la tiranía conceptual de los géneros. La novela-novela (con personajes de "espesor" psicológico, acciones verosímiles, motivación "realista", etc.) ha dejado de interesarme y no creo que en lo futuro vuelva a escribir ninguna (lo cual no quiere decir que reniegue de las que publiqué antes). La única literatura que me interesa actualmente es la que se sitúa fuera de las etiquetas de "novela", "ensayo", "poema", etc.: al redactar mi trabajo sobre Blanco White he trazado, por ejemplo, una especie de autobiografía, me he apropiado de él, lo he fundido en mi propio mito. En *Don Julián* me propuse hacer simplemente un texto que me permitiera diversos niveles de lectura. Mi enfoque es el resultado natural de una serie de reflexiones críticas alimentadas en parte por la lectura de los formalistas rusos, Benveniste, Jakobson, el Círculo de Praga, etc. Un escritor ajeno al desenvolvimiento de la poética y la lingüística es un anacronismo en el mundo de hoy: el escritor no puede abandonarse a la inspiración y fingir inocencia frente al lenguaje, porque el lenguaje no es jamás inocente.

II

J. O.: *Como es notorio, tu persona literaria está hecha también por un discurso político, de cuya valencia crítica todos somos testigos. Ese discurso ha ido de la denuncia y el documento a la reflexión cultural, mostrando –en el contexto ideológico de una generación internacional, por lo demás– la raíz "comprometida" de tu trabajo literario. Pero ¿no tiene el compromiso su propio registro y evolución? ¿Qué balance puedes establecer ahora de esa fase de tu trabajo?*
J. G.: Si analizamos la historia literaria, advertiremos una alternancia de los periodos en los que predomina la expresión individual del artista o poeta con la de aquellos en que las obras de los escritores reflejan de modo unánime lo que Lukács ha denominado con gran acierto el "encargo social" de la época. En las etapas de fe y esperanza –religiosa o política– el escritor, el artista vibra al unísono con la colectividad y expresa los sentimientos, creencias y anhelos de ésta, plenamente integrado en ella. Así sucedió durante toda la Edad Media, cuando nadie ponía en duda la fe cristiana o, para tomar ejemplos más próximos, en los grandes momentos

de lucha revolucionaria, ya sea 1789, 1848, 1871, 1917, etc. Al estallar la guerra civil española, casi todos los intelectuales y escritores más valiosos arrinconaron sus obsesiones y problemas personales y pusieron espontáneamente su pluma al servicio de la causa republicana. Lo mismo ocurrió en Cuba, recuerdo, durante las horas dramáticas de Playa Girón y la crisis de los cohetes. Pero cuando esa fe y esperanza colectivas se debilitan o desaparecen –por haber cambiado las circunstancias, por falta de perspectivas o, pura y simplemente, por cansancio– y el escritor no experimenta ya la urgencia y sinceridad del encargo social, la expresión de los problemas de dimensión social, colectiva, tienden a ceder el paso a la problemática individual del artista (combatiendo este fenómeno, los regímenes sociales suelen imponer por decreto a los escritores una temática social adaptada a las conveniencias del día, pero el mecanismo de tal expediente explica el fracaso del llamado realismo socialista, la extrema pobreza de sus resultados. La fe y entusiasmo del poeta no pueden ser dictados desde arriba. Cuando la cristianidad no era una palabra vacía, los maestros de obras y arquitectos alzaban esas maravillosas catedrales románicas o góticas que nos llenan de admiración; en el universo sin Dios de hoy, un arte religioso de tal calidad es absolutamente impensable).

En la Europa creada por la segunda guerra mundial, dividida en dos bloques tan necesitados uno como otro de una revolución que acabe con los abusos e injusticias del capital y los privilegios de la casta burocrática, la fe colectiva no existe y ante la dificultad de captar y manifestar el descontento, a menudo informe, y las aspiraciones, a menudo confusas, de las masas, los escritores y artistas más valiosos optan por la expresión de su propia psique: la rebeldía, a veces alienada, a veces esquizofrénica, contra una época que les repugna en su totalidad.

Esta oscilación entre encargo social y expresión individual actúa igualmente en el interior de la obra del pintor, novelista o poeta, según los accidentes del momento histórico que le ha tocado vivir (Picasso y Alberti nos ofrecen buenos ejemplos de ello). En lo que a mi trabajo literario se refiere, la alternancia es clara. Después de una etapa inicial (la de *Juegos de manos*, *Duelo en el Paraíso* y *Fiestas*) en la que de un modo bastante oscuro, incluso para mí, intenté exponer mis obsesiones y angustias personales, mi propia visión del mundo (oprimido, como me sentía, por una educación rígida y unos valores tradicionales caducos), mi toma de conciencia política, el descubrimiento de las injusticias brutales de la sociedad en la que me había criado, me condujo durante unos años a expresar, como muchos otros escritores de mi generación, el apremio y necesidad del cambio político-social del país y a adoptar la forma literaria adecuada a los propósitos revolucionario-didácticos que guiaban mi pluma (novela de tesis social: *La resaca*; reportajes: *Campos de Níjar, La Chanca, Pueblo en marcha*; relato destinado al cine de masas: *La isla*; artículos políticos, etc.). Esta etapa "comprometida" duró tanto cuanto la realidad pareció plegarse a la medida de nuestros deseos y creímos la revolución al alcance de la mano; pero cuando resultó evidente para mí que España se modernizaba y americanizaba bajo el régimen actual y éste amenazaba prolongarse y sobrevivir incluso a la muerte del dictador, mi entusiasmo se enfrió y el "encargo social" que por espacio de unos años había sentido dejó de operar gradualmente. A partir de entonces, no he cesado de experimentar la necesidad de despejar la atmósfera que me rodea, de aclarar mi modo de ser real ante los demás y ante mí mismo, sin tener en cuenta ninguna clase de inconvenientes u obstáculos. *Señas de identidad, Don Julián*, mi ensayo y traducción de Blanco White forman parte de esta tentativa de expresión individual, indispensable para vivir en paz conmigo mismo. El libro que estoy escribiendo debe completar, de modo definitivo, espero, esta etapa. Durante varios años me he abstenido, haciéndome a veces violencia, de participar de modo activo en una serie de causas políticas que personalmente me afectan. Quería, quiero aún despejar mi posición artística y humana del todo, para que mi compromiso no se funde como antes sobre equívocos, inhibiciones, censuras. Siendo quien soy, y reconocido de todos por tal, podré intervenir sin reservas a favor de toda causa que me conmueva y estime justa. Confío en que entonces podré entregarme de nuevo a una actividad que no será forzosamente "literaria". En los últimos tiempos el deseo de hacer algo por los palestinos y, en general, por la independencia política y económica de los pueblos árabes, me acomete con una fuerza y apremio que no había experimentado desde hace más de diez años.

J. O.: *Mucho se ha especulado –y a veces con no oculto entusiasmo– sobre la carta de los 62 intelectuales a Fidel Castro, carta que incluye tu nombre. Es claro que esta ruptura –que no podemos sino lamentar por ambas partes– debería posibilitar una discusión seria sobre la incidencia del intelectual en los procesos revolucionarios, incluso a partir de su posición privilegiada y más allá de su destino, al parecer, burocrático autojustificativo. ¿Cuáles son tus conclusiones sobre este punto?*

J. G.: En efecto, fui uno de los promotores de la famosa carta de los 62 a Fidel Castro, pero, sinceramente, no creo que mi firma obedeciera a un reflejo de defensa, de solidaridad de casta. En los últimos tiempos he oído atacar a menudo la situación privilegiada de los intelectuales, y los argumentos empleados por algunos críticos me parecen (es lo menos que se puede decir) bastante discutibles. No cabe duda de que en la mayoría de los países los escritores e intelectuales ocupan una situación privilegiada, bajo el concepto de que pueden permitirse decir y hacer una serie de cosas que no están al alcance de la totalidad del pueblo (los ejemplos de Sartre, encabezando la agitación maoísta en Francia, y Sajarov, defendiendo la libertad de crítica y creación en la URSS, están en la mente de todos). Pero la forma razonable y justa de eliminar dicho privilegio consiste en extenderlo al pueblo entero, no en retirarlo de las manos de los pocos que lo poseen y se sirven de él para sacudir las aguas quietas en las que todo poder, por legítimo y recto que sea en sus comienzos, acaba por degenerar y corromperse. Pues en verdad (y con profunda tristeza debemos reconocerlo) Cuba no es una excepción a la regla y sufre de la misma enfermedad que la URSS y los países del Este europeo. Allí también ha operado el fatídico círculo de sustituciones mágicas que transforma la dictadura del proletariado (y no olvidemos que ésta, según Lenin, debía ser temporal) en dictadura del partido, la dictadura del partido en dictadura del comité central, y ésta en la de su secretario general (casi siempre vitalicio); esto es, en el gobierno absoluto de un solo hombre, síntesis y encarnación prodigiosas del pueblo entero. Todas las personas interesadas en la supresión de los regímenes capitalistas y el establecimiento de sociedades más justas deberían tener en cuenta las palabras clarividentes de Rosa Luxemburgo a Lenin, anticipando lo que iba a suceder en la URSS: "La libertad para los que apoyan al gobierno, sólo para los miembros de un partido –por más numerosos que sean–, no es libertad [...] Sin elecciones generales, sin libertad ilimitada de prensa y de reunión, sin una lucha libre de opiniones, la vida se muere en toda institución pública, se convierte en una mera semblanza de vida, en la cual sólo permanece la burocracia como elemento activo. La vida pública se adormece gradualmente [...] una docena de jefes sobresalientes se encargan de la dirección y una élite de la clase trabajadora es invitada de vez en cuando a reuniones en las cuales deben aplaudir los discursos de los jefes y aprobar por unanimidad las resoluciones propuestas –en el fondo, pues, un asunto de camarillas, una dictadura, en efecto, pero no la dictadura del proletariado, sino sólo de un puñado de políticos."

El resultado de la eliminación del derecho de crítica en la URSS lo medimos ahora: junto al imperialismo americano que bombardea salvajemente a Vietnam, bloquea a Cuba, interviene militarmente en Santo Domingo, etc., ha surgido un "socialimperialismo" tan injusto y opresor como él (las áreas geográficas en las que opera son distintas, pero en ellas su brutalidad es idéntica). Cuando los chinos denuncian la colusión de ambos, los hechos, desgraciadamente, les dan razón. Como dijo Sartre, cuando lo entrevistaba para *Libre*, los intelectuales revolucionarios deben combatir simultáneamente a los dos sistemas.

J. O.: *En efecto. Pero este combate, esta perspectiva moral, ¿se consume acaso en el positivismo de la crítica? ¿No habría otras respuestas en otros niveles? A un orden de la crítica pertenece el pensamiento de Sartre, y probablemente a otro orden la reflexión desmitificante de Bataille. ¿Cómo se sitúa tu propio pensamiento crítico?*

J. G.: Confieso que el papel del intelectual desfacedor de entuertos frente a todas las injusticias del mundo me seduce cada vez menos. Me parece un residuo laico de la religión cristiana, una especie de ejercicio de "santidad cívica" tan autosatisfecho como ineficaz. A la verdad, toda mi actual experimentación literaria va acompañada de un deseo o propósito de descalificación moral: de decir lo "indecible", de desautorizarme a ojos del intelectual humanista clásico. De exponerme, como se expone, por ejemplo, Estebanillo González en su extraordinaria autobiografía picaresca. Claro está que esta antimoral constituye una forma de moral a la inversa, con lo que no puedo escapar del círculo vicioso. Pero, moral por moral, prefiero esta última. Tal vez Genet sea a fin de cuentas el único moralista serio de nuestros días. Su reivindicación de la "traición" ha influido mucho sin duda en el proyecto y realización de mi empresa julianesca. Volviendo al tema: la función crítico-moral del intelectual humanista me parece no sólo útil, sino necesaria. Lo único que pongo en duda es el hecho de poseer yo las cualidades de respetabilidad requeridas para ejercitarla.

J. O.: *Y en este deslinde, ¿cómo situarías ahora tu enfrentamiento crítico al tema de España? No cabe reseñarlo ahora, pero me consta que tu disidencia es un sentimiento agudo en la vida intelectual española, precisamente porque provoca diversas reacciones: desde el intento de asimilar tu crítica tratándola de "obsesiva", hasta la necesidad más genuina de asumirla como una identidad problemática y marginal en la que el lector se reconoce. Creo que sería interesante conocer tu propio recuento de estas relaciones.*

J. G.: La tragedia española –esa conciencia de desdicha nacional que tan agudamente han experimentado nuestros mejores intelectuales desde mediados del siglo XVIII– alcanzó su paroxismo durante la guerra civil de 1936-1939, en unos términos que conmovieron y movilizaron a toda la inteliguentsia liberal y progresista del mundo entero. Cuando leo o medito sobre lo ocurrido aquellos años, me es difícil retener la emoción al pensar en lo que España significó para tantos y tantos escritores e intelectuales admirables (y para millares y millares de personas de diferentes medios, ideología, raza, religión y lengua) que abandonaron patria, trabajo, familia, amigos, para luchar y morir por nuestro pueblo. Pues es evidente que la causa española sacudió la conciencia universal –y la abrupta claridad del dilema que entonces se ventilaba explica tal pasión y el sacrificio generoso de tantas vidas.

Pero la España que emerge a partir de 1960 a raíz del despegue económico ocasionado sobre todo por la invasión turística no puede suscitar ya, y suscitará cada vez menos, la pasión amorosa de sus intelectuales, por no hablar de los intelectuales extranjeros. Ello no quiere decir en absoluto que aquéllos dejen de interesarse, de un modo razonable y práctico, en el destino de su país: lo que digo es que su pasión, cuando exista, se proyectará hacia otros ámbitos. Tomemos el ejemplo de Inglaterra a principios del siglo XIX: obtenidas las libertades políticas, resueltos los conflictos religiosos, lanzado el país por las vías de la revolución industrial (llena de horribles injusticias, sí, pero cuya necesidad nadie ponía en duda), el problema nacional dejó de apasionar a sus intelectuales y artistas. Éstos intervenían, naturalmente, en la vida política inglesa, pero su corazón estaba en Grecia, en Italia o en España. Todo el mundo recuerda la muerte de lord Byron defendiendo la libertad helénica; pues bien, aunque el episodio sea menos conocido, la causa liberal española tuvo también sus mártires. Vicente Llorens ha descrito muy bien la participación, tan abnegada como ilusa, de jóvenes como Robert Boyd y el poeta Richard Trench en la malhadada expedición de Torrijos. En las páginas finales de *The Face of Spain*, Brenan ha pintado también, con gran fidelidad y precisión, ese nomadismo sentimental que aqueja con tanta frecuencia a sus compatriotas, acampados desde hace más de un siglo en un paisaje progresivamente devastado por la revolución industrial.

Lo que sucedió en el siglo XIX en Inglaterra está acaeciendo en la actualidad en España, aunque muchos intelectuales de mi generación y, en especial, de las generaciones anteriores se obstinan en no darse cuenta (quienes sí lo han visto muy claro son los modernos caballeros de la industria, esos tecnócratas del Opus Dei que han desculpabilizado del todo al catolicismo hispano en sus relaciones, un tanto vergonzantes hasta ahora, con los valores mercantiles y el dinero. En cierto modo, puede decirse que son nuestros calvinistas, y ello explica la buena acogida que obtienen en los países protestantes). Como observaba en un artículo de 1964, España ha perdido los caracteres dramáticos y el "atractivo" de los países subdesarrollados (rasgos que encontramos aún hoy, por ejemplo, en México o Marruecos), sin adquirir por eso las ventajas materiales y morales de las naciones más ricas. La lucha por aquéllas debe continuar: por las libertades políticas y sindicales, la abolición de la censura, la eliminación de las injusticias sociales, etc., pero este combate puede suscitar difícilmente una pasión y entrega ilimitadas como promueven hoy, digamos, la causa vietnamita o palestina. La imagen actual de España se aproxima cada vez más a la de los restantes países europeos, y del mismo modo que ningún intelectual de izquierda francés puede apasionarse por Francia, un inglés por Inglaterra o un holandés por Holanda, la pasión amorosa por España resulta a mis ojos totalmente anacrónica. En mi ensayo sobre Blanco White he procurado puntualizar mis ideas al respecto: el patriotismo de izquierda, decía, va ligado al subdesarrollo y a la necesidad (y posibilidad) de un cambio violento. A todas luces, éste no es el caso de España. Hasta cierto punto puedo decir que he sido uno de los primeros en ver el problema con una sensibilidad moderna. Como los escritores ingleses desde hace siglo y medio, me sigo interesando en la causa de la libertad y democracia de mi país (como me intereso en la de cualquier otro país europeo); pero mi pasión (no sólo intelectual sino "física, fisiológica, anatómica, funcional, circulatoria, respiratoria, etc.", como la concebía Artaud) va a la lucha nacional de los pueblos árabes. La exaltación española que sentí durante la década de los cincuenta, en función de mis recuerdos infantiles de 1936-1939 y el asfixiante clima represivo de la posguerra, no creo que actúe ya sobre las nuevas generaciones peninsulares, para quienes la guerra civil no evoca ningún recuerdo y se han educado en un país convertido en el paraíso turístico anual de veinte millones de europeos.

J. O.: *Lo que dices no deja de ser otra forma de la crítica en tu enfrentamiento del tema español: y no sería nada inoportuno empezar ya entre nosotros una reflexión cultural que contradiga la apuesta dichosa por el desarrollismo. Al parecer, el exilio es en tu perspectiva no sólo una separación física sino sobre todo la búsqueda de otras aprehensiones. Cuando parecía que representabas la conciencia de exilio de una España negada, ahora revocas toda identidad representativa.*

J. G.: Como es obvio, el exilio ha desempeñado un papel importante en este proceso de des-identificación, y ello por una razón muy simple: si uno vive en el extranjero, tiende a ser identificado por la gente con el país de origen y recíprocamente, a veces de manera inconsciente, asume ante los demás el absurdo papel de portavoz de los suyos. Cuando el país es España, dicha identificación resulta no sólo dolorosa, sino ofensiva. Como Blanco White, he conocido el temor y vergüenza de ser confundido con la España oficial –y de ahí la necesidad casi enfermiza que siempre he sentido de justificarme, de exponer mi disidencia–. Desde que mis ideas y sentimientos con respecto al país evolucionaron y he empezado a preocuparme intelectual y afectivamente por causas ajenas, he dejado paulatinamente de sentirme español y de reaccionar como tal. Lo único que me sigue uniendo visceralmente a

España es mi instrumento de trabajo, la lengua. En cierto modo podría decir que mi única patria es ésta.

J. O.: *Señas de identidad* y *Don Julián son (naturalmente) obras independientes de ficción, pero al mismo tiempo (y también por ello) deducen un proceso que no sólo supone una "destrucción" de tu narrativa anterior, sino que desencadena su propio sistema, en este caso un sistema disolutivo del género. ¿Adónde te lleva ahora mismo ese proceso?*

J. G.: Desde hace algún tiempo estoy trabajando en una obra que será a su manera una continuación de *Don Julián* y cerrará el ciclo que inicié con *Señas*. No se trata, desde luego, de la prolongación de un mundo novelesco con personajes, sucesos, acciones, ambientes, etc., sino de un discurso que en cada uno de los tres libros opera sobre estratos lingüísticos diferentes. Si en *Señas de identidad* buscaba una integración de distintos procedimientos narrativos en el molde de una concepción artística ecléctica (en el sentido que da Broch a este término), y en *Don Julián* la consecución de una obra circular, unitaria y hermética (que no dejara ningún cabo suelto), el libro en el que ahora me ocupo aspira a ser una obra abierta, desplegada en múltiples direcciones como las varillas de un abanico, y cuya fuerza centrípeta, el vértice de las diversas líneas narrativas, será simplemente la unidad del murmullo discursivo que empleo. El Álvaro que se expresaba en *Señas de identidad* se metamorfoseó luego en el mítico don Julián, y ahora vagabundea por el tiempo y espacio igual que un alma en pena, como el Judío Errante de la leyenda. España no desempeña ya un papel capital como en *Don Julián*. El discurso fantasmal que produce el texto no tiene "patria" en el sentido material ni espiritual (en la *Reivindicación*, el narrador había renunciado a la tierra hispana, pero no a su historia y cultura). Su proceso de desposesión continúa: unas veces se expresa en nombre del personaje que quiso ser y no fue, otras adopta la voz de un cura esclavista o se tranforma en King Kong o Lawrence de Arabia. La trashumancia de significaciones actúa sin tener en cuenta barrera alguna: brinca de Cuba a Estambul, de Nueva York al Sahara; salta del pasado al presente y de éste al futuro, a la utopía. Todo lo expuesto es inverosímil y aberrante pero, como Shklovski vio muy bien, cuanto más remota es la posibilidad de justificar una posición moral o artística, "con tanto más placer desarrolla el escritor las demostraciones". El productor del discurso muda de voz, y con ello muda de piel, con el desparpajo de un Frégoli: es un mero "personaje lingüístico", un auténtico Juan sin Tierra, y por esta razón he puesto este título a la novela (cuando Blanco White se refugia en Londres y publica sus crónicas políticas en *El Español*, lo hace con el seudónimo de "Juan sin Tierra").

Como puedes suponer, utilizo la etiqueta de "novela" por razones de comodidad, ya que, como he dicho antes, la única escritura que me interesa es la que se sitúa fuera de las formas literarias canonizadas. Mi propia praxis (y no sólo la reflexión crítica) me ha mostrado la exactitud de aquella célebre observación de Barthes en *Le degré zéro de l'écriture*: todo escritor que nace abre en sí el proceso a la literatura. Mi verdadero nacimiento de escritor coincide, en efecto, con la destrucción de mi literatura, de los moldes novelescos que, rutinariamente, tomaba prestados a la tradición.

J. O.: *Todo indicaría, así, que el desencadenamiento que este ciclo desarrolla posee su propio código en el texto que ahora escribes: una construcción que se destruye a sí misma, al parecer. Pero antes de aproximarnos a ese "grado cero" del proceso narrativo debo preguntarte todavía por el "correlato objetivo" como ingrediente (¿generador?) en las dos novelas de este ciclo.*

J. G.: Cuando escribo, no invento situaciones, personajes o acciones, sino estructuras y formas discursivas, agrupaciones textuales que se combinan conforme a afinidades electivas secretas, como en la arquitectura y las artes plásticas. De hecho, las únicas obras "novelescas" que me seducen son las que obedecen a una elaboración nueva y audaz: aquellas en las que la imaginación creadora del escritor no se manifiesta solamente si se toma como punto de referencia la realidad exterior, sino, sobre todo, el lenguaje.

Mirándolo bien, no hay contradicción entre el afán de expresión personal que he mencionado antes y el propósito de construir una textura discursiva que aspire a ser juzgada por sí misma. Como sabes, toda obra literaria propone gran variedad de lecturas: es, a la vez, ilustración de ciertas ideas (políticas, artísticas, filosóficas, etc.), imagen o reflejo de la sociedad en la que se produce, expresión del autor que la crea. Los críticos tradicionales suelen poner el acento sobre uno de estos tres factores (a veces sobre los tres), pero la obra es algo más que esto. El deseo de expresión personal es también manifiesto en *Don Julián*; no obstante, la lectura que favorezco en un nivel crítico es la del texto en sí y sus relaciones con el *corpus* literario de la lengua. Sólo un análisis de esta índole puede revelar su peso específico y originalidad, sus innovaciones y vínculos, su arquitectura secreta.

J. O.: *En efecto, tanto* Señas *como* Don Julián *implican los planos, y otros seguramente, que señalas.* Don Julián *puede ser leído incluso como una respuesta al tratamiento romántico del tema (en la perspectiva de la España legendaria y suntuosa de los románticos ingleses que también escribieron uno o dos* Don Julián*). Pero esta desintegración de formas y temas que parece culminar en* Juan sin Tierra *¿no implicaría en su propio "grado cero" un espacio en blanco, un silencio?: ¿hasta qué punto has avanzado?*

J. G.: No sé cuándo lo tendré listo: en cualquier caso no antes de dos o tres años. A diferencia de la época en que sacaba a la calle casi un libro por año, ahora escribo con gran lentitud y no tengo ninguna prisa en publicar. En estos últimos tiempos he conseguido lo que me proponía (y que por razones de todo tipo es bastante difícil): desaparecer poco a poco del mundo de la edición, dejar de ser una mercancía rentable en el interior del circuito. Antes, cuando escribía novelas que me costaban unos pocos meses de trabajo, éstas eran traducidas inmediatamente a más de diez idiomas y podía vivir exclusivamente de mis derechos de autor. Era muy fácil caer en la tentación de seguir produciendo a tal ritmo y asegurarme así el pequeño lugar que ocupaba en el mercado editorial. Pero me daba perfectamente cuenta del peligro que ello entraña para quien aspira a penetrar en algo más que en el mundo de la edición. Ahora paso unos cuantos meses al año en universidades de Estados Unidos o Canadá, y puedo trabajar sin prisas, a mi propio ritmo. Cuando el texto cese de proliferar y su arquitectura me satisfaga, lo sacaré a la calle. Pero no puedo ni quiero prever la fecha.

Si los escritores que ahora comienzan me pidieran un consejo, el primero que les daría sería que renunciaran desde el principio a vivir de la pluma, que buscaran y ejercieran actividades paralelas. Las razones económicas explican en gran parte todo ese magma monstruoso de obras reiterativas, de escritura irresponsable, que inunda el mercado editorial, convirtiendo de paso a los novelistas en gallinas ponedoras (algunos incuban con una rapidez pasmosa). El escritor debe tener también el derecho de callarse y no producir. Bajo este concepto, el silencio de Sánchez Ferlosio después de una obra extraordinaria como *El Jarama* debería servir de lección a todos. Es, en verdad, mucho más significativo que toda la garrulería "realista objetiva" de los novelistas que, durante un tiempo, seguimos sus huellas. Confío en que el día en que no tenga nada por decir, o no desee decir nada, tendré el valor y buen sentido de callarme igualmente.

J. O.: *Lo que dices indica hasta qué punto tu nueva relación con el instrumento expresivo ha deducido también un cuestionamiento del contexto literario y de la persona literaria en el mismo. Sobre esto: ¿en qué tipo de reflexión crítica se está desarrollando* Juan sin Tierra? *¿Qué escribes paralelamente?*

J. G.: Paralelamente al desarrollo textual de *Juan sin Tierra* preparo una serie de ensayos que se relacionan de algún modo con mi propio discurso: sobre Genet, Joaquín Belda, Rojas y Sade, sobre Ibn Turmeda, sobre *Tristram Shandy*. Los cursillos que doy en universidades norteamericanas me resultan muy útiles en la medida en que me permiten ocuparme en temas que, de otro modo, tal vez nunca habría tenido el ocio y ocasión de abordar. Por otra parte, el contacto con el mundo estadunidense, y los nuevos fenómenos y formas de vida que está segregando (absolutamente fascinantes en su horror y ferocidad), me ha abierto los ojos respecto a la situación estancada, casi de museo de figuras de cera, en que vegetan la vida y cultura europeas. A decir verdad, Francia está hoy tan deslumbrada como España por el modelo del *American way of life* y lo copia con la misma desvergüenza: si una diferencia hay entre los dos países es en el adelanto y profundidad de la copia, y nada más. Tal vez Europa entera ha perdido para siempre su estímulo y atractivo. No es vanguardia, ni sirve ya de refugio a las aberraciones, cada vez más suicidas, del "progreso" (a lo menos, de lo que en Estados Unidos se entiende por tal). Por eso, el salto de Nueva York al Sáhara vuelve anodino y quita todo sabor al viejo encanto de Venecia, París o Roma. Mi sensibilidad se orienta en cualquier caso hacia los dos polos. Como decía una vez André Gide, "los extremos *me* tocan".

III

J. O.: *Lezama Lima explica agudamente en* La expresión americana *que nuestra visión del pasado cultural no es ya historicista sino mitopoética. Desde la ruptura del naturalismo en los años veinte parece claro que el "desgarramiento de la escritura" implica también una lectura crítica y creativa de la tradición. Me gustaría que habláramos ahora un poco sobre estas relaciones de cambio y tradición. Creería que en la literatura española actual la poca valencia de la noción de cambio tiene que ver también con la pérdida de los clásicos convertidos en ediciones de lujo o en retórica profesional. En Borges, en Lezama, en Paz, es visible una lectura creativa de la tradición; y, evidentemente, es visible también en tu actual proceso literario. ¿Cómo lees tú a nuestros clásicos mayores y menores? Tus nuevos ensayos, ¿siguen las perspectivas planteadas en tus trabajos de* El furgón de cola?

J. G.: La visión del pasado cultural de Borges, Paz, Lezama Lima, ha contribuido decisivamente a ese "desgarramiento de la escritura" que caracteriza a la vanguardia literaria latinoamericana de los últimos años. A diferencia de los escritores españoles, estos tres autores se han enfrentado a los clásicos de una manera libre y creadora, sin ese falso "respeto" que ha paralizado casi siempre la crítica peninsular, y por ello mismo los han desenterrado del sepulcro historicista de los eruditos y han actualizado su verdadera lección. Tomemos el caso de *Don Quijote*. Desde el comienzo mismo de la obra, Cervantes nos invita a que la contemplemos no como un "trozo de vida o realidad", sino ante todo como un objeto literario. La lectura de *Don Quijote* nos introduce en una auténtica galería de espejos, en una complejísima relación de signos que corresponden a realidades literarias y extraliterarias extremadamente diversas. Pues, como vio muy bien Américo Castro (uno de los rarísimos españoles capaces de una lectura activa de los clásicos), la novela cervantina no responde tan sólo a las exageraciones y extravagancias del género caballeresco: enlaza, en realidad, con la totalidad del *corpus* literario de la época (novela pastoril, novela italianizante, relato morisco, comedia lopesca, etc.). En el *Quijote* Cervantes nos presenta un catálogo completo de los diferentes códigos literarios de su tiempo, con todo el arsenal de recursos propio de cada uno de ellos, y a continuación, con el mayor desparpajo y frescura del mundo, se entrega al divertidisimo juego de mezclarlos, barajarlos y destruirlos en nombre de la nueva realidad literaria que crea. Por ejemplo, la famosa discusión sobre lo verosímil entre el cura y el ventero que figura en la primera parte se desenvuelve en presencia de Cardenio y Dorotea (protagonistas o más bien "agentes" de un género novelesco distinto), y más tarde, Don Quijote y Sancho (hidalgo y escudero manchegos, pero también personajes de novela de caballerías), Cardenio y Dorotea (simples actores del relato de tipo italianizante) y el cura y el ventero (personajes del nivel "realista" de la obra), asisten juntos a la lectura de *El curioso impertinente* (manuscrito, dicho sea de paso, "hallado" en una maleta e inserto a su vez en el texto de una obra traducida de unos cartapacios en lengua arábiga y que el segundo autor compró por medio real, según la técnica especular, infinitamente inclusiva de las muñecas rusas o cajitas japonesas). Para calibrar la audacia libérrima del juego cervantino de mezclar en una misma escena personajes que corresponden a verosímiles opuestos, habría que imaginar –como sugerí recientemente a mis estudiantes en un cursillo que di en Nueva York University– una película en la que un héroe típico del Far-West (John Wayne) tropezara, digamos, con Dillinger o Al Capone (James Cagney) y fueran a ver juntos una película de Frankenstein protagonizada por Boris Karloff.

La lectura creativa de la tradición literaria a la que nos convida Cervantes no despertó ningún eco en su propio país –la meseta peninsular resultó una vez más un amazacotado ladrillo en el que la semilla de la libre invención quijotesca no pudo arraigar–, pero sí lo halló, en cambio, en Francia e Inglaterra, permitiendo la creación de obras tan dispares como *Le neveu de Rameau, Jacques le Fataliste, Tristram Shandy, Pickwick Papers* o *Bouvard et Pécuchet*, novelas cuyo único común denominador es su deuda manifiesta con Cervantes. Durante tres siglos el *Quijote* permaneció, entre nosotros, en manos de los necrófagos de la erudición a lo Rodríguez Marín o de los lectores involuntariamente esperpénticos del tipo de Unamuno. Borges fue el primero en abandonar, como tú dices, la visión historicista del pasado, común a la mayoría de los escritores del 98, en favor de una visión infinitamente más nueva y sugerente. Para Borges, como para el autor del *Quijote*, la literatura es un juego de espejos, una sucesión dialéctica de formas, una creación ininterrumpida: en nuestro museo imaginario, nos dice, no hay obras-fetiche, sacralizadas de una vez para siempre; el tiempo y las obras posteriores las modifican. Dicha hipótesis resulta en la práctica extraordinariamente fecunda. Siguiendo las huellas de Cervantes, Borges nos enseña que el influjo y la relación entre obras pertenecientes a épocas distintas no operan de modo unilateral sino que son recíprocos en la medida en que la obra posterior puede inyectar a su vez nueva savia en las obras que la preceden, entablar diálogo con ellas y enlazar así, más allá de los límites de una y otra, con un nuevo texto general, común y más vasto: el de la totalidad del museo imaginario. Las magníficas páginas de Lezama sobre Góngora y de Octavio Paz sobre este último y Quevedo nos llevan asimismo por esta dirección.

En lo que a mí respecta, estimo que los planteamientos de *El furgón de cola* adolecen aún, a pesar (o en virtud) de su carácter polémico, con la visión cultural del 98, de algunos resabios historicistas. Hoy día, mi lectura de Rojas, Cervantes o Góngora se aproxima mucho más a la de los tres autores que has citado (y a la de Fuentes y Sarduy): en mi cursillo sobre el análisis estructural del relato de que te he hablado enfoqué así la obra cervantina. Pero el mejor ejemplo de mi posición lo hallarás fácilmente a lo largo y a lo ancho de *Don Julián*.

J. O.: *Con el* Quijote *Borges escribió su memorable "Pierre Menard"; Lezama, como dice Vitier, le ha desfruncido el ceño a don Luis de Góngora. En* Don Julián *hay amplias referencias y parodias al museo de la lengua. ¿Es la parodia el mecanismo más inmediato de tu tratamiento de los clásicos?*

J. G.: Yo diría más bien que las numerosas parodias insertas en el texto del discurso juliano se dirigen menos a los clásicos que a la perspectiva de los mismos a través del prisma mezquino y reductor del 98. Era, entre otras cosas, un modo de protestar contra un curioso fenómeno de apropiación que en el caso de Unamuno, respecto a Cervantes, lleva la deformación a límites increíbles; toda esta visión del Siglo de Oro está embebida, además, de los mitos cristianoviejos que ocasionaron el derrumbe del país, es como un eco desvaído y un tanto grotesco de unos valores retrógrados que el mundo burgués barrió ya del resto de Europa hace más de tres siglos... Aun en el caso de autores por quienes tengo escasa admiración, como Lope, el blanco de la burla, como ha advertido Gonzalo Sobejano en su estudio sobre el tema, apunta no tanto a ellos como a su utilización interesada y reaccionaria por parte de Unamuno, Ganivet o Azorín.

Dicho esto, la relación paródica con los clásicos cuenta con precedentes tan ilustres como Cervantes o Valle-Inclán, y no agota ni mucho menos la visión del pasado cultural que aparece a lo largo de la novela. En realidad, el diálogo intertextual no paródico desempeña un papel predominante, por cuanto actúa en niveles muy distintos. Los cuatro autores cuya sombra planea constantemente sobre el libro –Rojas, Cervantes, Fray Luis, Góngora– corresponden a diferentes propósitos y estratos de la estructura novelesca: la relación con Fray Luis es, por ejemplo, temática, a través de la *Profecía del Tajo* y la leyenda de la destrucción de España; con Rojas, moral, por el mismo ánimo subversivo con que don Julián arremete contra los valores de su tiempo; con Cervantes, de estructura, fundada en el propósito de forjar como él una obra que sea a la vez crítica y creación, literatura y discurso sobre literatura (el episodio de las moscas ejerce, *toutes proportions gardées*, una función similar a la del examen de la biblioteca de don Quijote por el cura y el barbero: la de introducir la discusión literaria en el cuerpo mismo de la novela); con Góngora, lingüística, mediante el empleo de una terminología y sintaxis barrocas que eligen siempre el discurso contra el referente y centran la atención en el signo de preferencia a la cosa designada...

En *Juan sin Tierra* la relación intertextual no se limita a la literatura y a los autores de nuestra lengua, y se extiende a otros idiomas y universos culturales, desde los escritos del renegado mallorquín Ibn Turmeda a las obras del Père de Foucauld o Lawrence de Arabia. Esto es, las referencias son mucho más amplias: el mundo de los clásicos es sustituido por el del cine, la literatura de masas y algunas obras marginales de escritores-aventureros fascinados como yo por el mundo musulmán.

J. O.: *Si te parece, me gustaría que sigamos con el tema del cambio en el discurso narrativo nuestro. Junto a las novelas totalizantes* (Rayuela, El Jarama, Paradiso, La Casa Verde, Cien años...) *contamos con otra familia de textos, a los que cabría llamar "disolutivos" por su libre apertura expresiva* (Tres tristes tigres, Cambio de piel, Siberia blues, Cobra...), *y que me parece que una parte de nuestras letras explora esta dirección. Todo indica que* Don Julián *es una novela totalizadora y que* Juan sin Tierra *se orienta en otra dirección. ¿Querrías comentar tu propio diálogo con este proceso?*

J. G.: *Don Julián* es una obra cerrada, circular, totalizante, que no deja, o aspira a no dejar, ningún cabo suelto y obliga al lector a volver a cada paso sobre una serie de elementos que aparentemente habían cumplido ya su misión de información. Este tipo de construcción lo hallamos en una serie de novelas por las que siento gran admiración, como *La Casa Verde* o *Bajo el volcán*. En ellas, el juego constante del enlace entre las partes y el todo, entre el lenguaje y la estructura de la obra, adopta, como dice Iuri Lotman, la forma de una espiral, "en la que el número de espiras es proporcional a la complejidad del sistema". Por ello, los críticos que analizan estas novelas emplean a menudo una terminología musical y nos hablan, por ejemplo, de una orquestación temática que adopta a veces las formas o movimientos canónicos de las obras clásicas. La gran variedad de elementos que el novelista baraja conforme a las reglas de un *ars combinatoria* propia, desconocida por el lector, no impide el hecho de que exista un núcleo unificador –unidad de lugar, de tiempo, etc.– en torno al cual el novelista teje y desteje laboriosamente los hilos de la trama. Ese núcleo central (aun en los casos en que adopte la forma de un vacío) ejerce un poder de atracción superior a lo que podríamos denominar fuerza centrífuga de los elementos. En *Don Julián* tienes, por ejemplo, una unidad de lugar (Tánger), de tiempo (toda la acción transcurre entre el momento en que el protagonista se despierta y el momento en que vuelve a la habitación para acostarse) y hasta de personaje (pese a sus continuas metamorfosis), y el enlace entre los diferentes temas, si nos atenemos a un símil musical, obedece a una estructura que Manuel Durán ha calificado con acierto de "sinfónica".

En *Juan sin Tierra* el problema es distinto. No hay unidad de tiempo, ni de lugar, ni de personaje (aunque al principio del texto pueda parecer lo contrario). No hay un centro fijo, bien que oculto, como en *Don Julián*: el centro es nómada, varía en cada secuencia. En lugar de afán totalizador, juego libre de los elementos. El lector deberá internarse en la novela como quien se adentra en un sueño, enfrentado a un universo móvil y escurridizo, que se forma y deshace sin cesar ante sus propios ojos. Los pronombres personales del discurso narrativo no expresan una voz individual, sino todas las voces o ninguna. Como señaló Benveniste, los yo, tú, nosotros, no se refieren a una realidad objetiva, como la mayoría de los signos nominales, sino a una realidad de discurso, a un mero proceso de enunciación. Ni el tú interpelado ni el yo interpelador poseen una identidad precisa y concreta, y el lector no sabe a ciencia cierta quién es el sujeto emisor y quién el receptor. Las agrupaciones textuales distribuidas en los diferentes capítulos del libro obedecen a una única fuerza centrípeta, distinta de las unidades de la perspectiva clásica: al núcleo organizador de la propia escritura, a la fuente de producción textual. Ello no quiere decir que haya un lenguaje único en todo el libro ni mucho menos. El centro lingüístico a que me refiero debe crear la unidad de la novela en la medida en que no se sitúa en ninguno de los estratos lingüísticos sino en el punto en donde convergen sus diferentes intersecciones. Todo esto puede parecer bastante abstracto, pues estoy pasando de la música a la geometría. Pero sólo el orden espacial expresa con fidelidad lo que quiero decir y, bajo este concepto, la construcción de *Juan sin Tierra* se acerca mucho a la de la poesía. Pues mientras la novela (aun las del tipo de obras como *La Casa Verde, Bajo el volcán* o *Don Julián*) se funda sobre un conjunto de relaciones de orden lógico (causalidad) y temporal (sucesión), la poesía se basa predominantemente en un orden espacial, en virtud de una combinación de repeticiones y juegos simétricos que se llevan a cabo sobre el blanco de la página. En *Juan sin Tierra* el orden lógico y el temporal son sistemáticamente destruidos y la estructura de la obra, como la de un poema, se desarrolla en el plano espacial. El lector deberá "leerla" como un móvil de Calder.

J. O.: *A propósito del "grado cero" de la escritura, que antes mencionamos, me pregunto si* Juan sin Tierra *no sólo te plantea las dos situaciones que precisas: la descodificación de la literatura (la tuya incluida) y la posibilidad del silencio al final de un ciclo. Me pregunto si, más bien, en ese "vaciado" de la tradición y en ese final del ciclo, el "grado cero" disolutivo no será al mismo tiempo un nuevo centro generador, cuyas posibilidades sean imprevisibles, y otra vez proliferantes. ¿O es que, al contrario, tú encuentras ya que al suscitar la disolución del género de texto lo consume todo, como una apuesta final que no tiene otro desenlace que su propia formulación?*

J. G.: La respuesta es difícil y, ahora mismo, no sabría contestarte con una seguridad total. Pero mi impresión actual es ésta:

concibo *Juan sin Tierra* como una obra última, el *finis terrae* de mi propia escritura en términos de comunicación, de coloquio. O, si prefieres, de "discurso" tal y como lo concibe Benveniste. En cualquier caso, trabajo en ella como si en adelante no hubiera de volver a escribir más, dinamitando detrás todos los puentes y cortándome todos los caminos de retirada. Cuando publiqué *Don Julián* varios críticos opinaron que había llegado al final del trayecto, a un punto a partir del cual no me sería posible avanzar; pero yo sabía que sí, que a pesar de las dificultades que implicaba el hecho de comenzar a escribir después de un libro como *Don Julián*, podía llevar aún más lejos mi proceso personal a la literatura, la disolución del lenguaje y de las formas narrativas tradicionales. En el periodo entre el que terminé *Don Julián* y comencé *Juan sin Tierra* (mientras traducía y prologaba la obra inglesa de Blanco White), redacté una serie de textos que son en cierto modo el germen de mi trabajo actual y ello me convenció de que tenía todavía por delante un margen de maniobra experimental bastante amplio sobre el que fundar la arquitectura del libro. Ahora me propongo ocupar la totalidad de ese "campo de maniobras" y por eso creo que *Juan sin Tierra* cerrará el ciclo que inicié con *Señas de identidad*, sin abrir nuevos centros generadores de posibilidades imprevisibles o, como tú dices, "proliferantes". Esta actitud es sin duda suicida; pero todos los caminos de la vanguardia de hoy abocan fatalmente a una especie de suicidio ejemplar, a un harakiri de las posibilidades expresivas. El escritor se encuentra en un callejón sin salida y no puede hacer otra cosa que darse de cabeza contra el muro o bien saltar por encima de él con el riesgo de romperse igualmente la crisma. En este aspecto, vivimos una época literaria bastante parecida a la que conocieron autores españoles de la primera mitad del siglo XVII como Quevedo y, sobre todo, Góngora. Los grandes poemas de éste, como ha observado Octavio Paz, son suntuosos monumentos fúnebres, ceremonias destructivas que clausuran definitivamente un ciclo poético de nuestra lengua y que de hecho sirvieron de mausoleo al propio Góngora, puesto que lo enterraron durante tres siglos hasta su resurrección de 1927. La poesía de Mallarmé y Pound, la novelística de Joyce, convergen hacia un grado cero disolutivo, hacia una reabsorción final en el silencio, y, puestos a buscar modelos más próximos y menos elevados, la crisis actual de la vanguardia francesa refleja también claramente el mismo proceso. Piensa, por ejemplo, en la evolución disgregadora de Beckett o de Michel Butor, o en la novelística y obra dramática de Genet. El *Journal du voleur, Le balcon, Les nègres* no son más que ceremonias mortuorias, verdaderos mausoleos de un fausto verbal totalmente fúnebre. Si el erotismo llevado hasta el límite conduce a la destrucción del cuerpo amado y la aniquilación de uno mismo, la escritura lúdica y experimental, voluntariamente despojada de toda coartada ideológica y finalidad productiva, desemboca también en otra muerte: el silencio, el homicidio deliberado de la literatura. Ejecución que en algunos casos implica una resurrección: ave fénix genial de Picasso en pintura, de Stravinski en música. Pero en términos generales Roland Barthes tiene razón cuando señala que el escritor europeo de hoy se halla enfrentado a una alternativa excesiva: la de refugiarse en un mandarinato, producto de la extenuación de la cultura burguesa, o en la idea utópica de una cultura surgida de una revolución radicalmente distinta de las que hasta hoy conocemos. Es decir, el dilema que se plantea al escritor de hoy puede resumirse en estos términos: garrulería o silencio. Avanzar, llevar a cabo el proceso personal a la literatura conduce a una apuesta final que cierra todas las salidas; no avanzar, repetirse, a la garrulería en la que caen el 99% de los escritores y de la que no se salvan muchos que, en un momento dado, pusieron en tela de juicio su propia praxis, pero que se detuvieron, asustados, a mitad de camino, al advertir que su trayecto desembocaba en el cero, en la nada. Probablemente en Latinoamérica las cosas se presenten de modo distinto.

J. O.: *Al parecer, las rupturas de los narradores del* boom *hispanoamericano se han constituido también como un repertorio técnico cuya probada eficacia expresiva permite, justamente, que no se consuman en sí mismas, que posibiliten nuevas y válidas novelas. Pero todo indica que en el cuestionamiento de la escritura las técnicas dejan de ser mediaciones y se disuelven en un texto irrepetible y suficiente. Las técnicas de García Márquez pueden producir excelentemente una nueva novela, pero es difícil imaginar una nueva novela de Cabrera Infante con las mismas técnicas de* Tres tristes tigres; *no es casual, por eso, que los textos de Severo Sarduy y Néstor Sánchez tengan, cada texto, formulaciones distintas.*

J. G.: *Tres tristes tigres*, como *Tristram Shandy*, es, desde luego, un texto irrepetible, que lleva la lógica de su proceso, a la vez disolutivo y creador, hasta las últimas consecuencias. Pero tampoco creo que la obra de García Márquez pueda repetirse con éxito: prueba de ello es esa monstruosa proliferación de manuscritos con coroneles chiflados, alquimistas, personajes que vuelan, etc., que desde hace cuatro o cinco años aflige a los desdichados jurados de los concursos de novela. La antinomia dialéctica fundamental de una obra es la que opone la subjetividad del escritor a la objetividad de la estructura literaria, y por ello mismo, aunque la obra individual se limite a actualizar una serie de posibilidades latentes en el discurso narrativo, la combinación que nos propone es, a fin de cuentas, única e irrepetible. No obstante, concuerdo contigo en que la experiencia de *Tres tristes tigres* y la de *Cien años de soledad* son de orden distinto. Después de tres siglos y pico de esa "apatía imaginativa" de que se lamentaba Blanco White en su estupenda defensa de las "imaginaciones inverosímiles", García Márquez ha dado al mundo de habla castellana una obra maestra que entronca directamente con el universo creador de Cervantes. Esto es, *Cien años de soledad* ha venido a colmar un vacío imaginativo de más de tres siglos, y esta función histórica clave explica a mi entender su reconocimiento universal e inmediato, pues es a la vez una obra clásica y revolucionaria: revolucionaria, si tomamos como punto de referencia el mundo real, en la medida en que nos presenta hechos y situaciones totalmente inverosímiles; clásica, en relación con lo que podríamos denominar gramática del relato y a las estructuras narrativas. En el caso de *Tres tristes tigres*, como en *Aura* y *Cambio de piel*, de Fuentes, o en las dos últimas novelas de Sarduy, la subversión que descubrimos no es la del orden real sino la del lenguaje narrativo. Pese a su diversidad aparente, todas estas obras han sido creadas a partir de un proceso disolutivo irreversible, como ceremonias destructivas autosuficientes. Lo que sus autores nos están diciendo es que el novelista no forja este objeto literario que conocemos con el nombre de novela escuchando tan sólo sus voces interiores o reproduciendo las cosas reales, sino trabajando sobre un lenguaje y una estructura narrativa que poseen sus propias leyes, una complejísima red de convergencias, armonías y exclusiones. Esto, claro está, es bastante aproximativo, pues todas las novelas son simultáneamente expresión de sus autores, reflejo (no necesariamente realista) del mundo y combinación de elementos en el marco de un código narrativo autónomo. Pero el grado de la expresión personal, la representación del mundo y de la atención centrada en la propia estructura y sus reglas de cons(des)trucción no es el mismo, por ejemplo, en Vargas Llosa, García Márquez, Donoso o Cabrera Infante. Todo ello no implica en absoluto un juicio de valor, ya que es obvio que la importancia de obras tan dispares como *Cien años de soledad, La Casa Verde, Paradiso, El obsceno pájaro de la noche* o *Tres tristes tigres* no puede medirse con el mismo rasero.

J. O.: *También en algunos novelistas españoles se observa esta crítica radical al género. En las novelas de Juan Benet creo ver previamente una interesante versión de las relaciones de cambio y tradición, una escritura autónoma que convierte al mundo en rumor, a la secuencia narrativa en un lenguaje neutro. Y ya sabemos que* Recuento, *la nueva novela de Luis Goytisolo, a punto de aparecer, propone y consume una diversidad de normas expresivas en una estructura discontinua y circular. Tu trabajo coincide con estas experiencias, así como se relaciona con la última novela hispanoamericana. A distintos grados, este movimiento prolonga, por cierto, una ruptura más amplia, y no en vano nuestras letras deducen un debate estético en un marco literario internacional. Por eso, quiero preguntarte ahora por esas relaciones. ¿Qué autores, qué textos te han resultado más decisivos en esta evolución del cambio? Aparte de la nueva crítica francesa, ¿cómo ves las experiencias de Roche, Ricardou, Sollers?*

J. G.: Vayamos por partes. Por lo que toca a España no puedo hablar con gran autoridad, ya que vivo alejado física, moral e intelectualmente del país y no estoy muy al tanto de lo que allí sucede. Con todo, mi impresión es que, salvo contadas excepciones, los escritores españoles no han salido aún del marasmo creador que cundió entre nosotros hace diez o doce años, a raíz del agotamiento de las posibilidades expresivas del objetivismo y la novela testimonial. *Tiempo de silencio* fue un primer y muy afortunado intento de ruptura con ese estado de cosas que, en razón de la muerte de Martín-Santos, no tuvo el impacto y desarrollo que cabía esperar. De Benet aprecio sobre todo *Volverás a Región*, una obra realmente insólita en el campo de nuestras letras. *Recuento*, de mi hermano Luis, es una de las novelas capitales de la posguerra y espero poder ocuparme algún día en ella con la seriedad que merece: en cualquier caso, la lectura de *Ojo, círculos, búhos* me convence de que Luis ha roto definitivamente los grillos y trabas que paralizaban aún la narrativa española y está creando un orden expresivo nuevo, absolutamente descondicionado. (Entre paréntesis, este libro, al salir, topó con el silencio unánime de la mal llamada crítica española, probando una vez más la verdad de lo que dijo en una ocasión José Ángel Valente: en España sólo el silencio es significativo, puesto que la locuacidad de la "crítica" carece de todo significado.) De los escritores más jóvenes no puedo opinar: la reciente operación "nueva novela" me parece más editorial que literaria y cualquier juicio sería, hoy por hoy, prematuro. Con todo, te citaré dos nombres: Joaquín Leyva, autor de *La circuncisión del señor solo*, y, sobre todo, Julián Ríos, por el fragmento de *Larva* que apareció en *Plural*.

Respecto a Francia, estimo que la crítica actual es mucho más interesante que la creación. O, si lo prefieres, que la creatividad de lo que tradicionalmente llamamos "críticos" es mucho más convincente que el autoproceso crítico de los "creadores". La convergencia de Benveniste y el formalismo y estructuralismo eslavos que se manifiesta en autores como Barthes, Genette, Todorov y, en general, en el grupo *Tel Quel*, ha influido igualmente en el camino de ruptura que inicié con *Señas*, aunque creo que mi proceso personal a la literatura no encaja en ninguna de las escuelas que actualmente se disputan la escena parisiense. *Grosso modo*, creo que algunas obras de creación que he leído recientemente sacrifican una serie de niveles de percepción textual en beneficio de una lectura unilateral, conforme a ciertos principios claves de la poética (en el sentido que da Jakobson a este término) y sin conseguir evitar del todo las trampas de lo que podríamos llamar una "estética estructuralista". La única obra (entre las que he leído) que me satisface del todo es *Lois*, de Philippe Sollers, pues contiene una gran variedad de elementos y matices rabelesianos –directamente opuestos a la tradición tan francesa del Buen Decir– que convierten la operación de leer la obra en una aventura incitante y, a menudo, extraordinariamente cómica. En otros autores, el murmullo discursivo se expresa mediante un lenguaje reiterativo y neutro que personalmente me aburre: cuando leo un texto, no quiero limitarme a una lectura "poética" o "lingüística"; mi placer de lector aspira a ser ubicuo, total.

J. O.: *Me gustaría que conversáramos sobre el papel de la poesía en este proceso expresivo. Blanchot parte de Mallarmé al hablar del nuevo espacio literario y del relato abolido por un lenguaje que no narra sino que se muestra. Pound y Breton habían coincidido reveladoramente al criticar el lenguaje descriptivo en nombre de una autonomía de la expresión poética. El fragmentarismo espacial, ideogramático de Pound y el habla abismada y neutral de René Char parecen otras aperturas en aquel espacio literario de un libro impersonal que remite a sí mismo. No hay distancia interna entre los géneros, como has dicho, pero quizás haya una correlación técnica y expresiva en la que algunos poetas te importen especialmente.*

J. G.: Lo que ocurre es que los poetas descubrieron antes que los novelistas que el texto literario no se escribe con ideas, sentimientos o emociones sino con palabras, y obraron en consecuencia. A lo largo del siglo XIX, mientras la descripción desertaba del campo de la mejor poesía cediendo el paso a una exploración cada vez más intensa de los diferentes campos de la expresión poética, la novela seguía aferrada a la reproducción ilusoria del mundo exterior, a su encarnizada "concurrencia al estado civil". Hoy, por el contrario, el proceso emancipador de una y otra corren paralelos, con lo que la diferencia de géneros tiende a borrarse y desaparecer. En realidad yo no veo gran distancia entre la metapoesía de Pound y la metanovela de Joyce. Los *Cantos Pisanos* o *Finnegans wake* carecen igualmente de argumento, no pueden resumirse: su formulación se agota en el espacio textual. Es el mismo proceso desintegrador de la pintura, de la música, que marca con su sello todo el arte de nuestra época. Todo eso no quiere decir, claro está, que la relación entre el signo y la cosa no exista. La función referencial del lenguaje opera siempre. Lo que el arte de vanguardia subraya es la existencia de niveles semánticos diferentes.

J. O.: *Para terminar (¿para empezar?) quiero todavía preguntarte por tu experiencia del cine. He visto hace poco* El discreto encanto de la burguesía, *y esta pregunta tendría que ser un homenaje a Buñuel, uno de nuestros grandes creadores modernos, como bien dice Carlos Fuentes; ¿te gustó esa película?*

J. G.: Como Fuentes y Max Aub, soy un gran admirador de Buñuel e incluso sus películas menos logradas me suelen interesar más que la mayoría de los filmes conseguidos de otros directores.

El discreto encanto de la burguesía me sedujo por muchas razones; pero la que me impresionó quizá más fue su utilización habilísima de esa técnica del engaste, tan común en la narrativa precervantina, que suspende el desarrollo de la acción del modo más arbitrario e inmoviliza a los personajes como estatuas de sal, convirtiéndolos en simples receptores de la palabra del "hombre-relato". El episodio de los militares que irrumpen en la cena y aplazan su retorno a las maniobras a fin de oír referir el sueño de uno de sus camaradas reúne todas las características de lo que la poética denomina hoy "relato inmotivado": inverosimilitud, personajes "intransitivos", carentes de espesor psicológico, etc. Es muy interesante ver cómo Buñuel incorpora a su obra una gran variedad de técnicas narrativas (piensa, por ejemplo, en el ritmo acelerado del duelo ideológico, a punta de espada, entre el jesuita y el jansenista en *La Vía Láctea*) en el momento mismo en que varios novelistas jóvenes, como Manuel Puig, aplican a sus novelas todo un conjunto de recursos y procedimientos cinematográficos. Recuerdo que cuando leí el manuscrito de *La traición de Rita Hayworth* (creo que fui su primer o segundo lector, y el título lo escogí yo entre la lista de los que proponía el autor) lo que me llamó más la atención fue el hecho de hallarme ante una obra novelesca cuyo *background* era casi exclusivamente cinematográfico. Desde entonces, el fenómeno se ha divulgado mucho y se ha convertido en una moda que muchos novelistas y poetas jóvenes cultivan con muy poco discernimiento; pero la existencia de generaciones cuya única experiencia vital y cultural se relaciona con el cine o la televisión, es una realidad universal que hay que tener en cuenta. Yo mismo, aunque mi formación sea mucho más literaria que cinematográfica, he incluido en el repertorio de referencias culturales de mis últimos libros algunas películas: cuando don Julián prepara cuidadosamente su traición y la destrucción de la España Sagrada se identifica con el invulnerable James Bond de *Operación Trueno*; en *Juan sin Tierra*, las referencias cinematográficas desempeñan, como te dije, un papel muy importante en la medida en que el tú interpelado se confunde sucesivamente con los protagonistas de *King-Kong, Locura de amor* y *Lawrence de Arabia*. Y, por cierto, al atravesar el territorio sirio, Lawrence sueña en el personaje del Estilita que Buñuel retrató en *Simón del desierto*.

GONZALO ROJAS:
JUICIO DE RESIDENCIA

Julio Ortega: *Gonzalo, releyendo ahora* Del Relámpago, *que es una nueva propuesta de lectura de tus poemas, realizada por ti para esta edición magnífica del Fondo de Cultura Económica de México, me planteo una vez más el hecho previo de un acceso que corresponda a las muchas modulaciones de tu palabra poética. Pensaba mientras leía que el conjunto de tu obra poética por un lado traza un mapa muy amplio y que cartografiarlo sería tal vez una manera de acceder a ella; pero que curiosamente al mismo tiempo esta obra levanta lo que podríamos llamar el espacio de la morada; y entre la amplitud del "mapa" y la fundación de la "casa" –entre esos viajes abiertos y esos arraigos esenciales– la lectura se convierte en una especie de arco tendido que invita probablemente a nuevas correlaciones entre uno y otro texto. Quizá para empezar podríamos, entonces, situarnos en este primer nivel de acceso, empezar por esta noción del mapa y la cartografía misma del espacio poético.*

Gonzalo Rojas: Mapa y morada. Conforme. La verdad es que esto –y tú lo dices muy bien– se aviene con la lectura de esta palabra poética que es un viaje al fondo de lo desconocido (¿lo nuevo?), o quiere darse con la fisonomía, con el aire del viaje. De un viaje raro, por supuesto, como todos los viajes en la poesía, o como muchos de los viajes de los poetas, que asumimos la realidad como un gran viaje. Fosforescencia y permanencia: relámpago. La mudanza en la permanencia, como decía Valéry. Alguna vez me dije, en algún texto por ahí: "el viaje mismo es un absurdo". ¿No te pasa a ti también, Julio, que de golpe se te impone la evidencia de que no había para qué ir tan lejos? Soy un sagitariano, y, por sagitariano, condenado al viaje, como la flecha al espacio, al vuelo. Entonces no he podido sino jugar este juego del gran desplazamiento, de la movilidad sin fin, y ahí empieza, acaso, esta suerte de vertiginosidad más que velocidad, que suele darse en esta palabra. Esto para ajustar la conjetura del "mapa" y a la vez la profundización en la "morada". Desde muy pequeño fui movedizo. Me desplacé temprano por ese país longilíneo que es Chile y, mucho antes de conocer Santiago –montado en mi litera de tercera–, vi los puertos del norte y los de más al norte de mi norte. Bajé al sur de ese país de tantos sures, Arauco abajo, desde donde yo mismo venía, hasta entrar por último, a los 18 años, en la órbita un tanto estable de eso que llaman "capital" santiaguina, a la que he llamado con irreverencia, Santiago capital-de-no-sé-qué. Pero lo curioso también es que paralelamente a estos desplazamientos que se me dieron desde la infancia y en la mocedad crecientemente, y en la juventud para qué decir y de adulto increíblemente y de viejo también increíblemente, paralelamente a eso fui haciendo no sólo la morada sino la "des-morada", hasta la mismísima intemperie. –"Soy un habitante", dijo una vez Antonio Porchia, "pero de dónde?" ¿Qué será esto? No entiendo bien lo que estoy diciendo. ¿Tendrá que ver con el encuentro-desencuentro? Estoy pensando surrealísticamente. Los surrealistas hablaban –tú lo sabes muy bien– del encuentro que es desencuentro a la par: encuentro-desencuentro. La verdad es que a mí también se me da como un conflicto; pero no como un conflicto irremediable, sino como una dualidad, y ya en el primer texto de *La miseria del hombre* (Valparaíso, 1948), se propone la escisión:

> Hay dos lenguas adentro de mi boca,
> hay dos cabezas dentro de mi cráneo:
> dos hombres en mi cuerpo sin cesar se devoran,
> dos esqueletos luchan por ser una columna.

Así la lectura de mi poesía-viaje-extensión-abierta (espacio) y así también la lectura *otra* en profundidad, en verticalidad como el barranco del que habla el Tao para aludir a la intramorada. Tarde, tardísimo en mi vida, cuando ya pensaba que había visto suficientemente –"Habiendo viajado lo suficiente", como dice con tanta gracia Apollinaire en "La Jolie Rousse"–, "Habiendo visto (dice también) la guerra en la artillería y en la infantería"– *por los lados que tú sabes*, no creí jamás que iría a reencontrarme con un espacio –y ahora volvemos sobre la idea del intraespacio– con un espacio que era como el punto en el cual yo tenía que entrar y que me estaba aguardando, espacio físico –se entiende– para que yo allí mismo me volviera a ver hasta lo hondo de mi ser, doblado como el gusano, que se *ve* cuando se dobla.

Uno se dobla para verse. Entiendo que el gusano se dobla para verse. Yo mismo, doblándome –no arqueándome en el sentido sucio de entregar el espinazo–; pero doblándome en mí mismo, sobre mí mismo, entré en trato con un espacio muy precioso que está en las cordilleras de Chillán de Chile, en los bordes cordilleranos, con la nieve sin embargo ahí mismo y un río mágico: El Renegado. Ése es hoy mi ámbito en el que vivo y por cierto *desvivo*, un paraje cortado en piedra, portentoso. El aprendizaje del vacío –geológico y esencial– que es como se me ha dado siempre la palabra. Casi –cómo decírtelo, Julio– en la órbita de lo sagrado; del báratro al empíreo.

J. O.: *La noción de viaje tal como aparece en tu obra poética supone evidentemente ese desplazamiento de una geografía, que no aparece nunca como una "poesía de viaje", sino como un desplazamiento en un espacio diverso que va atando un mundo, y al mismo tiempo estableciendo una geografía poética que, diríamos, va desatando una palabra. Interesante, pues, ver cómo al mismo tiempo, frente a un mundo atado, hay esta palabra llena de espacio. Yo me preguntaba si esta parte tiene que ver quizá con la transformación que tu palabra poética hace de la misma experiencia en el espacio abierto de la geografía recorrida por ti. Si esto no es ya un indicio sobre cómo la poesía tuya va a correlacionar mundo y palabra de una manera tan peculiar, de una manera hecha de aperturas permanentes. Después iremos a una mayor concreción de esas correlaciones, pero ésta sería una manera de acceder a un recorrido primero, inicial, de la poesía tuya.*

G. R.: Me entusiasma ese rigor que me exige respuesta acaso más parca. O más coherente.

J. O.: *¿Cómo empezaste tú a ver, si es que la imagen de un proceso o de una visión pueden ser cartografiadas, esas correlaciones entre la geografía y el mundo atado: la geografía poética y la palabra inserta en él? ¿Cómo es tu diálogo con esa materia recorrida?*

G. R.: Materia recorrida. Me gusta eso. Es que los poetas de América Hispana somos primordialmente "reístas", atados acaso al viejo *pensamiento cosal*, el de los presocráticos: movimiento y crecimiento. Y me gustaría responderte con un libro que no tengo en esta habitación. Un minuto y te lo traigo. Tenía yo 25 años, o tal vez 24, cuando escribí un texto que forma parte de mi primerísimo libro *La miseria del hombre*, de ya difícil acceso. La edición más fea del mundo en 500 ejemplares. Pero libro caudaloso, con unas ciento cuarenta páginas. Allí se lee, en la página 91, "La vuelta al mundo", pieza de 100 líneas de las que te quiero leer únicamente seis:

> Que un viaje es un motivo para hablar
> de Hombre a Mujer, mientras las calles
> suben y bajan al compás de las venas;
> ¡tantas calles tan bellas en que todo
> el mundo grita y pregunta por qué
> hay un cadáver dormido en el aire!

Fue la primera vez en que vi esto del viaje sobre lo cual tú me estás consultando ahora. Por cierto que hay muchos otros textos posteriores, desde los cuales se puede responder más vivamente, más intensamente. Como por ejemplo en "Uno escribe en el viento" de *Contra la muerte* (Santiago de Chile, 1964) o en el poema "Fragmentos" de mi libro *Oscuro* (Caracas, 1977).

J. O.: *Gonzalo, quizás esto plantea una primera, más que conclusión, sospecha, acerca de las grandes tensiones que anudan por dentro el mundo poético tuyo. Esa tensión entre mundo y palabra. ¿De qué se trata, finalmente? ¿Se trata de que la palabra transforma el mundo, de que la palabra dice el mundo y lo modifica, o se trata de que no hay otro mundo fuera de la palabra?*

G. R.: La palabra transforma el mundo parcialmente. Nunca fui un creacionista. Parcialmente. No creo por entero en esa transformación del mundo desde la palabra.

J. O.: *¿Pero tampoco es suficiente la palabra para decir el mundo?*
G. R.: Tampoco es suficiente.

J. O.: *O sea que no es ni el nombre ni la metáfora.*
G. R.: Ni el nombre ni la metáfora.

J. O.: *Qué interesante eso.*
G. R.: Ése es justamente mi juego y mi limitación y casi mi ritmo-asfixia, eso de no alcanzar. De no darle a la caza alcance. Y tal vez por eso haya ese tono de búsqueda, búsqueda, búsqueda

infinita y ese estar golpeando, golpeando kafkianamente a una puerta muy difícil y muy alta, muy dura, muy impenetrable, muy sin respuesta. Sin embargo está ahí y de algún modo –sorda y todo– te dice realidad, te dice realidad.

J. O.: *Claro, porque si fuera el lenguaje suficiente para decir el mundo, tendríamos una poesía, digamos, clásica, y si fuera la metáfora el modo de decir el mundo, tendríamos una poesía solamente barroca. Como la tuya está hecha de tantas tensiones, lo que hay es como un rastro: el lenguaje es como un rastro, como una huella del mundo, y no hay, quizás, otro modo u otra manera de asir el mundo sino como desde una red. Estas imágenes tuyas de la cuerda y de la red, por ejemplo, son reveladoras.*

G. R.: Ahí tú estás dejando una cosa muy en claro. La red es lo reticular de lo sensóreo y no la super-razón, la imago larvaria que se demora en su tela levísima y perdurable. En "No le copien a Pound", hay unas líneas que dicen: "no lo juzguen por la dispersión: había que juntar los átomos, tejerlos así, de lo visible a lo invisible, en la urdimbre de lo fugaz y las cuerdas inmóviles..."

Te decía que la red es lo reticular –así, pleonásticamente– y hace que el agua se escurra; nada perdura y sin embargo las aguas tienen que pasar por esa red cuando uno la tira y la recoge con los pescados aleteantes todavía. Entonces yo pienso que también desde algún texto, especialmente desde uno que yo llamo *Numinoso*, podría ofrecerse un grado de respuesta a este difícil *nombrar-no-nombrando* el mundo. No creo que proceda la lectura de *Numinoso*.

J. O.: *Sí, yo creo que sí. Por qué no.*

G. R.: "Numinoso." Es una palabra que yo he usado con frecuencia haciendo mío el "Das Heilige", de Rudolph Otto en su trabajo de 1917, que curiosamente es el año en que yo nazco. Creo que por aquí vendría una respuesta. Bastaría con que miráramos algo; a lo mejor a mí mismo no me queda tan claro eso:

Al mundo lo nombramos en un ejercicio de diamante,
uva a uva de su racimo,

De paso me atrevo a decirte que a mí me importa mucho lo fónico y tú habrás ya reparado en ello. Este trato con lo fónico me es decisivo para todo lo otro, para cualquier lectura, por mucha lucidez que se alcance en la lectura totalizada del discurso propiamente tal.

Al mundo lo nombramos en un ejercicio de diamante,
uva a uva de su racimo, lo besamos
soplando el número del origen,   (hay una coma y un blanco, un
                                  blanco decidor)
                       no hay azar
sino navegación y número   (porque parecería ser que puesto que no juego ni la carta del nombrar clásico, ni la carta del nombrar barroco pudiera ser yo uno más que, por mi aprendizaje surrealista, confiara demasiado en la calidad del azar, pero el hablante dice:)
                       no hay azar
sino navegación y número, carácter
y número, red en el abismo de las cosas
y número.
                                  (La reiteración de ese "número" no te la voy yo a explicar, pero supongo que desde ahí puede salir alguna luz para entender esto. Luego el texto sigue:)
                       Vamos sonámbulos
en el oficio ciego, cautelosos y silenciosos, no brilla
el orgullo en estas cuerdas, no cantamos, no
somos augures de nada, no abrimos
las vísceras de las aves para decir la suerte de nadie,
                                  (Aquí no está el poeta profético.) Repito:
                       no abrimos
las vísceras de las aves para decir la suerte de nadie, necio
sería que lloráramos.
                                  (Otra estrofa)
         Míseros los errantes... (Mira cómo se designa al poeta: "los errantes", de modo que

                    ya tu primera conjetura sobre
                    si esta palabra poética es indi-
                    cadora de mundo como viaje o
                    de viaje como mundo, está
                    aquí, respondiéndote con esos
                    "míseros los errantes", ésos son
                    los poetas)
Míseros los errantes, eso son nuestras sílabas: tiempo,
                    (Claro, lo que se dice con dila-
                    ción son las *sílabas*)
                                tiempo, no

encanto, no repetición
por la repetición, que gira y gira
sobre
sus espejos, no
la elegancia de la niebla, no el suicidio:
                tiempo,
paciencia de estrella, tiempo y más tiempo.
                            No
somos de aquí pero lo somos:
                    Aire y Tiempo
dicen santo, santo, santo.
Pienso que en "Numinoso" hay una respuesta.

J. O.: *Si quieres podemos volver al poema para ver algunas cosas pertinentes a esta primera lectura. "Al mundo lo nombramos", "red en el abismo". Se podría postular que "número" es una imagen que regula las posibilidades de la palabra y que esta nominación tuya es una que se da en el abismo. Entonces el mundo es representado en su "abismidad", diríamos.*

G. R.: Hay una frase bíblica que tú la habrás leído alguna vez y que dice: –"El abismo llama al abismo." El abismo llama al abismo. Desde pequeño me sentí yo mismo un abismo. Entonces no es raro que en este primerísimo libro –estos *libros-"levadura"* que son los primeros de uno–, llenos de defectos pero a la vez con toda la vivacidad del juego progenitor, no es raro (digo) que en este libro uno encuentre casi todas las claves. ¡Si al fondo uno no ha hecho más que un libro del gran libro del Mundo! Pero hay un texto entero –yo en ese tiempo escribía un poco más extenso que ahora– que se llama "El abismo llama al abismo" y está en la página 45 de ese mismo volumen. Y aquí está también prácticamente vuelto a presentar aquello. Yo creo que aquí están acaso las tres vertientes primordiales de mi trabajo poético, mostradas en toda su dinamicidad.

J. O.: *Volvamos a la "abismidad", el "abismamiento", que es una manera de ver y reconstruir probablemente. Tú dices:*

> *no brilla*
> *el orgullo en estas cuerdas, no cantamos, no*
> *somos augures de nada*

Aquí las "cuerdas" son las cuerdas de la canción, pero también, quizás, esas otras cuerdas que recorren tu poesía templando distintos tonos, esas cuerdas de descenso y, otra vez, "abismamiento", y también una metáfora del mismo acto poético, ¿verdad?

G. R.: Así es, Julio: una metamorfosis de lo mismo. Y gracias por la luz.

J. O.: *Una palabra, Gonzalo, sobre el papel de las sílabas. El lenguaje como sílabas. Adelantándonos diría que en tu poesía el poema es una especie que trabaja a favor del lenguaje. Tiene todo el lenguaje detrás y al mismo tiempo es un recorte estricto sobre las virtualidades del lenguaje. Quizá la imagen de sílaba sugiera eso también. Hay tantas maneras de decir eso que quieres decir y eliges una que es la menos predecible y parece la más estricta; quizá la imagen de sílaba cuaje, represente esas dos cosas, ¿no? Claridad y rigor, potencialidad y precisión. ¿Cómo ves tú este nivel silábico en el poema?*

G. R.: Muy bien. Eso no se me había dicho nunca; me encanta que tú lo toques, lo veas y me lo hagas ver. Sin embargo, yo creo haber parpadeado silábicamente. Uso el parpadeo del silabeo. Se me da parpadeante el ritmo y parpadeante se me da el mundo y parpadeante se me da la luz, la luz no sólo en su vibración física, óptica, sino la luz del pensamiento, la luz del logos, la luz de la luz. Se me da siempre parpadeante, como un centelleo, como un parpadeo, no como una iluminación totalizada. Y vuelvo, como ves, a lo que no se alcanza: ¿No lo dijo Goethe: –"Que no puedas llegar nunca..."? Ahora tú me preguntas por la sílaba, y eso me llena de interés. Pienso que realmente la sílaba me ha "asistido". ¡Y me he dejado iluminar por el juego silábico, incluso por la aparente rotura, ruptura del vocablo desde la sílaba, en la sílaba! Esta sílaba que crea, se ofrece como imagen de descuartizamiento y por otra parte de acorde. Esos dos caracteres son los que se me ofrecen cuando yo pienso en la sílaba. Te contaba yo alguna vez en privado, en conversaciones nuestras, que tarde en mi vida, el año 1977, vine a conocer por azar –desde luego que en edición bilingüe– al poeta Paul Celan, que me maravilló justamente por aquel trato suyo con la palabra cortada, escindida, separada. Abismal entonces, para hablar de esa "abismalidad" que tú mismo venías diciendo tan vivamente. Es curioso: ese poeta, muerto en 1970, supo cortar el centelleo. Lo vi en alemán y lo veo en la edición española –parece correcta la que yo tengo–; supo cortar la sílaba con una eficacia verdaderamente máxima, impresionante. Yo he visto escandir versos a muchos poetas, digo "los he visto" porque los he leído, los he intra-leído. Oigo cómo cortaba sus versos y sus sílabas el Neruda de *Residencia*, que me importa, el Neruda de las *Odas elementales*, que ya me importa menos. Separar el respiro no implica arbitrariedad, sino al revés: necesidad. Por necesidad yo silabeo. Ya te voy respondiendo. Silabeo el mundo porque necesito silabearlo para decirlo.

J. O.: *Darío sugiere que la tradición en nuestra poesía es más bien resuelta por la línea melódica y por lo tanto por la significación de la sílaba en la música. En tu poesía encontramos algo totalmente distinto, que es como si se recortara el lenguaje a nivel de la palabra y en el espacio del poema; en este precipitado silábico, la materia es reducida a nivel de sílaba. No hay que olvidar que la sílaba es la unidad de la respiración, indudablemente, y la respiración en tu poesía es absolutamente fundamental. Ahora bien, para seguir con el comienzo planteado, podemos volver a la relación entre una geografía del mundo que cuaja como una geografía poética, o sea a la correlación mundo-palabra, como hemos discutido, y al mismo tiempo, a la noción de "morada" que suscita la de pertenencia, esa ligazón al lugar, y a la vez la de habitar en la lengua, siendo la lengua, al final, como la última y gran "morada". ¿Cómo verías tú este arco que va del origen al desarraigo y esta vuelta otra vez al origen, esa gran tensión entre pertenencia y espacio abierto?*

G. R.: No te responderé a un nivel geográfico, lo que también podría ser, pero de veras ese arco de la búsqueda desde el origen hasta el desarraigo no se me da a mí como una oposición, porque el desarraigo para mí también es una búsqueda del origen; pero no es una palabra que yo esté inventando, sino que la he vivido poéticamente. Ahí mi poema "Transtierro" que está atendiendo en bisemia –como tú recuerdas– a la idea de "parir"-"partir": "parto, parto, parto", última línea de ese breve poema, con el que se puede responder en parte a la idea de ese arco que va del origen al desarraigo, para establecer mejor la así llamada "morada", la morada del poeta.

J. O.: *¿Qué es el origen en ese arco, Gonzalo? ¿Es un punto de partida o es un punto de llegada?*
G. R.: Puesto que no tengo grandes confianzas, ni grandes adhesiones, y puesto que más bien pertenezco a una raza de poetas que podrían denominarse "gnósticos", entonces no te voy a decir que yo vea el origen como una clave espiritual no más. El origen para mí es, o puede ser, casi una nebulosa. No una nebulosa alta, esa nebulosa de la cual hablan los astrónomos, sino una nebulosa donde yo no alcanzo a entenderlo todo. Porque yo no estoy más que *alentando*, como seguramente *alienta* la germinación debajo de su trigo, o la germinación debajo de ese pequeño animalito en feto que empieza a ser la criatura humana. Te estoy entonces respondiendo de una manera muy cruel: concreta-material-objetiva. Plazo proto-respirante, proto-mundo. No la palabra "proto-plasma". Soy un "plazo", ¡y fíjate que insisto en la idea de "plazo"! Quiero tocar un poco el tiempo y el no-tiempo. Entonces es así como se me ofrece ese origen, como muy movedizo. Todo es tan falso y tan hermoso.

J. O.: *Ese plazo es un espacio al mismo tiempo pre-verbal, o proto-verbal, podría decirse.*
G. R.: Proto-verbal. Mucho de lo mío y de la palabra que yo hago casi hay que leerla gesticulando, no muy alto; no moviendo las manos muy lejos ni irguiéndose como quien va a volar; pero hay un lenguaje gesticulante, hay una gesticulación también en lo mío y por ahí acaso me maraville –tú que eres tan vallejiano a fondo–; por ahí acaso mi adhesión o mi sintonía con ese que cuando decía lo suyo lo decía con un grado de "gestualidad" hacia adentro libre de todo énfasis.

J. O.: *Gonzalo, pensando en estos términos "origen"-"desarraigo", quizá se podría decir "origen"-"destino", emerge la noción de "mudanza" o "transmutación".*

G. R.: Esto que tú me vas diciendo lo tengo más o menos propuesto con el designio de "metamorfosis de lo mismo", porque me es tan difícil decir dónde está el origen y dónde el desarraigo. Ya te decía: el desarraigo yo no lo separo del origen, no lo veo como un opuesto. Así lo veo en el prodigioso desarrollo de la mariposa; tú has reparado cómo la mariposa está bastante viva en lo mío. No es la mariposa de los simbolistas, no es la mariposa de otros poetas, es una mariposa-oruga, muy claramente "animalilla" ahí. Mariposa veloz –creo que cumple lo suyo–. No sé si recuerdas un pequeño texto mío que se llama "Réquiem de la mariposa" que yo escribí con 15, 20 años de anticipación a un fenómeno social, histórico, cultural-político de mi país, es decir del ámbito en que yo estaba viviendo entonces: Chile. Claro que fundé la visión en una circunstancia bien concreta como fue el hecho de observar una mariposilla que una mañana estaba muriendo entre los automóviles ahí en el estacionamiento de la universidad donde yo trabajaba a la sazón. Eran las 7 de la mañana y la levanté del suelo como para darle mi oxígeno, para que no muriera, porque estaba muriendo, y la soplé. Le di mi pneuma, sin querer ser yo majadero en esto del "aire", del "aire sacro", pero ella de todos modos murió, lo que me estremeció los cimientos y subí muy rápido, me acuerdo, a ese tercer piso en que yo trabajaba y anoté en un calendario –como te pasará a ti en esas tareas derivadas y profesorales– anoté una línea parca: "Sucio fue el día de la mariposa muerta." Dada esa línea, construí después lo que venía y lo muy curioso es que este papel, escrito en 1960, ahora lo recuerdo bien, se anticipa con mucho a lo que vendría. Del vaticinio se habla demasiado como de un rasgo mayor de los poetas. Así alcancé a ver algo de lo que podría llegar a ser no tanto desde una visión estrictamente social, sino de una poético-moral. Tú me entiendes.

Réquiem de la mariposa.

Sucio fue el día de la mariposa muerta.
Acerquémonos
a besar la hermosura reventada y sagrada de sus pétalos
que iban volando libre, y esto es decirlo todo, cuando
soplo la Arruga,...

(¿Por qué yo puse Arruga con mayúscula? Porque no era la "arruga" común, porque no era una arruga ni siquiera metafórica, era más que eso.) Digo:

    soplo la Arruga, y nada
    sino ese precipicio que de golpe,
    y únicamente nada.

J. O.: *Otra vez el abismo.*
  G. R.: Después:
    Guárdela el pavimento salobre si la puede
    guardar,...

(Ahí, Julio, está la inseguridad de la que yo te he hablado desde mi desollamiento de poeta menesteroso.)

    Guárdela el pavimento salobre si la puede
    guardar, entre el aceite y el aullido
    de la rueda mortal.
    O esto es un juego
    que se parece a otro cuando nos echan tierra.
    Porque también la Arruga...

(Yo nunca, Julio, he puesto puntos suspensivos. Creo que fue la única vez.)

    O no la guarde nadie.

(Mira, aquí está lo que tú llamas el desollamiento, el desnacimiento, casi),

    O no la guarde nadie. O no nos guarde
    larva, y salgamos don por último del miedo:

(Aparentemente no se sabe qué es lo que se escribe. Tú que eres poeta sabes que esto no puede entenderse con "entendederas" racionales.)

    a ver qué pasa, hermosa.
            Tú que aún duermes ahí
    en el lujo de tanta belleza, dinos cómo
    o, por lo menos, cuándo.

Claro, hay varias lecturas posibles para un texto así.

J. O.: *Tal vez esto nos permite pensar que a diferencia de otros poetas que construyen la casa del idioma, o el llamado lugar del logos, en tu poesía más bien lo que prevalece es la vibración, la entonación de un desamparo en la misma nominación. Es decir, una insuficiencia y un poder al mismo tiempo de esta condición desamparada del decir. ¿Te parece esto legítimo?*

G. R.: Me parece completamente válido, de ahí esa insistencia mía para no aceptar casa, concha, protección, porque (claro) la morada es morada pero morada así totalmente abierta: morada des-morada.

J. O.: *Esto nos permite cerrar este primer acceso a tu poesía volviendo a la sílaba y a las dos grandes sílabas en que cuaje este recorrido que hemos hecho; y son dos sílabas presentes siempre en tu poesía: "no" y "sí"; esta negación que afirma y esta afirmación que condiciona juegan con una nueva tensión dentro del poema. ¿Cómo se te impone a ti este juego de afirmación y negación?*

G. R.: Yo diría que se me impone de una manera muy fresca, con una vivacidad que no tiene nada que ver con reflexión de ninguna suerte, desde la vivacidad misma. Yo respondería, por ejemplo, con cualquier texto, de los últimos, de los anteriores, de estos o de los otros. Ese texto de las moscas que te mostré el otro día, escrito un domingo de Austin. Yo no sé por qué el sí se da como tú dices como elemento que a veces condiciona, relativiza, y a veces afirma, azuzando el no.

J. O.: *Eso alienta el juego de tensiones internas en el poema y genera una dinámica propia; por ejemplo, tengo aquí tu poema "La piedra". Si quieres miramos ese texto, está en la página 15 de Del relámpago.*
G. R.:   *La Piedra*
Por culpa de nadie habrá llorado esta piedra.

J. O.: *Ya no es alguien, sino nadie. O sea, ya empezamos con un planteamiento por negación. Eso es inquietante en tu poesía. ¿Qué diferencia hay entre "alguien" y "nadie"?*
G. R.: Muy bien, ésa es una pregunta correctísima. "Alguien" es de todas maneras un ser, un ser que no es el absoluto, que es

un ser humano, un ser, una criatura, un orden de la realidad, concreto, *concreto-abstracto* también; pero no es el Absoluto. En cambio aquí se jugó con el Absoluto de golpe. Tú ves que se dejó ese blanco después del primer verso. No, porque es una afirmación, una afirmación que no afirma, como tú dices, que deja temblando, sino porque ése es el juego; el *"tembladeral"*, el tembladeral casi en el abismo. Además, para los que no sepan el aspecto verbal en nuestra lengua, ese "habrá llorado" no te lo van a traducir nunca.

"Por culpa de nadie habrá llorado esta piedra."

La designación de *piedra* va con la inmediatez de ella, *la que está aquí*, ninguna otra y sin embargo el nadie parecería hacer muy remoto la relación.

"Por culpa de nadie habrá llorado esta piedra."

Qué arco tan extenso, qué espacio tan abierto (pienso yo ahora),

"Por culpa de nadie habrá llorado esta piedra."

(Bueno. Otra estrofa.)

> Habrá dormido en lo aciago
> de su madre esta piedra
> precipicia

(Ya se le dio un nombre distinto: *precipicia*, hembra del Precipicio. Sabes muy bien que ese adjetivo se inventa porque se necesita y nada más.)

> Habrá dormido en lo aciago
> de su madre esta piedra
> precipicia por
> unimiento.

(La palabra "unimiento" no existe, pero también me era *necesaria*, porque "unión" es poca palabra para indicar lo que yo quiero atar que es la amarra *viva*, en vivo, entre la piedra y la transpiedra, la intra-piedra, mejor. Entonces yo tengo que amarrar eso con un vocablo que debo inventar y que se parece a unión carnal y por ahí se esclarece. Porque "unimiento" es una palabra más pegada, más orgánica. Cuesta mucho romper el unimiento; es más fácil desatar la unión ¿no te parece?)

> Habrá dormido en lo aciago
> de su madre esta piedra
> precipicia por
> unimiento cerebral
> al ritmo
> de donde vino llameada
> y apagada

J. O.: *Otra vez las tensiones de las antítetis.*
G. R.:   habrá visto
   lo no visto con
   los otros ojos de la música,

(Ya se hace insistente el procedimiento, sin querer llegar a ser majadero)

                              y
   así, con mansedumbre,

(para la piedra)

                              y
   así, con mansedumbre, acostándose
   en la fragilidad de lo informe, seca
   la opaca...

(Repara cómo suena: *seca* la *opaca*)

               habráse anoche sin

(Ese "anoche" es como "esta piedra": la inmediatez)

                         sin
   ruido de albatros

(Volvemos a toda la tradición del albatros)

               contra la cerrazón

(Y esto ya resulta escandaloso, ese verso que viene)
   ido.

J. O.: *Claro, es el arco de la sintaxis, que se cierra.*
G. R.: Es lo más despojado que pueda darse dentro de un juego que antes, sin embargo, parecería barroco.

J. O.: *Aquí hay otra familia de negaciones encarnadas en otra clase de imágenes como "aciago" - "no visto"; "apagada" - "otros ojos" - "opaca" - "anoche". Una determinación por ausencia, se podría decir. Luego viene la secuencia de las negaciones mismas: "Vacilado no habrá."*
G. R.: Vacilado no habrá por esta decisión
de la imperfección de su figura que por oscura no vio nunca nadie

(Apenas hay un verso que parece iluminar):

porque nadie las ve nunca a esas piedras que son de nadie
en la excrecencia de una opacidad
que más bien las enfría ahí al tacto como nubes
neutras, amorfas, sin lo airoso
del mármol ni lo lujoso
de la turquesa, ¡tan ambiguas
si se quiere pero por eso mismo tan próximas!

J. O.: *Aquí hay dos palabras clave para la materia: "opacidad" y "ambiguas", que son dos maneras de nombrar el mundo externo, otro.*
G.R: Y que consuenan en cuanto comparten lo que la piedra propone.

J. O.: *La afirmación por negación de la piedra.*
G. R.: Ahora, qué lejos sin embargo, estamos, pienso yo, sin hipervalorar lo mío, de esa piedra vista por el gran Rubén cuando dice "dichoso el árbol", "y más la piedra dura".

J. O.: *Sí, está muy lejos de eso.*
G. R.: El texto sigue así:

No, vacilado no; habrá salido
por demás intacta con su traza ferruginosa

y celestial, le habrá a lo sumo dicho al árbol: –Adiós
árbol que me diste sombra:
                                    –Adiós
árbol que me diste sombra;
(Es un solo todo)
                        al río: –Adiós
río que hablaste por mí, lluvia, adiós,
que me mojaste. Adiós,
mariposa blanca.

(Con esa *mariposa blanca* tal vez estamos volviendo sobre la idea de la metamorfosis de lo mismo.)

J. O.: *En esta sección se podría pensar que la piedra se transmuta ahora, ¿verdad? Yo diría que dialoga con los elementos del paisaje de tu propia poesía:* mariposa, río, árbol.

G. R.: Precisamente este texto está escrito después de haber regresado yo a Chile cuando fascinado por ella, por esa piedra fea que estaba allí, se me iluminó todo desde ella. Desde esa *grieta* llamada piedra alcancé a ver la cerrazón misma de Chile.

J. O.: *Gonzalo, la manera de nombrar y figurar partiendo de la negación, ¿supone también una crítica al lenguaje?, ¿al nombre?*

G. R.: Fundamentalmente yo te diría que no tengo gran confianza en esto de fundar heideggerianamente el mundo desde la palabra. "Yo soy prudente", digo en unos versos de mi primera edad; no confío. Hay una gran desconfianza. Un ánimo sí de mostrar y de decir el mundo, hasta donde pueda. Pues por otra parte sé que no alcanzo. Tal vez de ahí venga y no de otro lado esa suerte de desasimiento, mi desasimiento de la "gloriola" como decía Huidobro. Mi repudio, prácticamente a proponer mi trabajo como medida y pauta de una gran visión del mundo. Creo más bien que soy parte de un coro, y nada más que eso. Siempre lo pensé y lo sigo afirmando. Y lo sigo pensando, y no tengo ni la más leve duda. En eso no tengo duda, y por eso repudio la famosa originalidad, el "invencionismo". La invención por la invención. Con todo mi respeto a un Huidobro, con todo mi respeto a tanta gente, a tanto amigo progenitor como hubo en este siglo, en francés, en alemán, en inglés, en italiano, en todos los idiomas. Me gustan los dos rieles de los cuales habla Apollinaire, la amarra aquélla: "tradición"-"invención". No estoy muy seguro de que esté haciendo un trabajo que sea tan certero como para afirmar mi propio "non omnis moriar".

J. O.: *Pero se podría decir que en ese coro la voz tuya suena con la diferencia y la sobriedad de un canto real en el concierto. Querría ahora preguntarte sobre los modos y modelos de tu decir poético, de la dicción, del habla, de la manera como el poema toma la palabra. ¿Qué partitura has trabajado y elaborado a lo largo de tu aventura creadora? O sea, ¿cuáles serían las formas y modos que exploraste y cómo se fue produciendo una forma de hablar tuya, una voz? ¿Cómo se fue imponiendo esa voz a lo largo de esta exploración de modos de hablar que van de la elegía al himno? Se escucha en el fondo de tu poesía una especie de repertorio, diríamos, de voces que se modulan a través de esa tradición del decir poético. ¿Cómo emerges desde ese fondo de voces, desde la tradición, con una voz propia?*

G. R.: Sobre el repertorio de las voces, como tú dices, y empiezo por lo de la voz, la voz ha de ser una respuesta a la genuinidad de uno mismo, del ser que habla en uno, o desde uno. Cuchillo vibrador y tartamudeo. Creo que el tartamudeo que era una limitación fisiológica fuerte en mí durante mi infancia –y que a lo mejor respondía a alguna alteración psicológica, o como quiera explicarse eso, a alguna condición semianormal– eso influyó en mi voz. Respiro y asfixia a la par, como ocurre al asmático o al tartamudo, es decir. Estoy hablando, por favor, en un nivel no de tradición dentro del repertorio de las voces, sino de cómo a mí se me dio la voz desde lo fisiológico-espontáneo. Una modulación casi respirada más que pensada o cavilada. No me digo: voy a construir una versión de este orden de la realidad con tales y cuales instrumentos expresivos, sino que brota aquello muy frescamente, muy dinámicamente, muy directamente. Más claro: la poesía se me da como una germinación. Así, pues, no es raro que esta voz salga de este juego germinal de la imaginación misma.

J. O.: *Esa imagen de la germinación vinculada a la voz me interesa mucho, porque el poema tuyo habla con una entonación muy familiar para el lector, que entra en relación íntima con ella inmediatamente. Es una voz que está movilizada por una pasión de asedio, que interroga y afirma en un movimiento de ida y vuelta, asediando varias zonas al mismo tiempo y que no parece quedarse quieta, cómoda en lo que descubre, sino que sigue en movimiento.*

¿Cómo sientes la parte hablada del poema mientras escribes el poema? ¿Lo hablas, lo dices?
G. R.: Ésa es una pregunta "de prima ley" para nosotros los poetas. Yo creo que al poeta "le suena", aunque sea debajo de la arteria, debajo de la sien con zumbido muy real y hablo con el designio de *zumbido*, le aletea el pensamiento. De manera que lo fónico que en lo mío es tan operante, lo fónico se me da verdaderamente como necesario. Y no es que yo sea un virtuoso o que postule un virtuosismo –siempre externos, por cierto esos virtuosismos–, sino que la palabra se me da con su zumbido, de ahí que yo mismo lea o me lea –aunque no lo haga lo que se llama en alta voz– me lea mi línea o mi "numerus" mentalmente. Tienen que sonarme, zumbarme las vocales, los fonemas, las amarras de lo vocálico para que realmente, a contar de allí, empiece a surgir germinante y germinando con toda la simultaneidad y vivacidad que tú dices o crees descubrir en la palabra mía, "crezco y crezco en el árbol que va a volar / No hay libro / para escribir el sol".

J. O.: *Vamos a pensar una vez más en tu poema como un conjunto fónico, sinfónico, con esa dramaticidad que tiene el habla; porque la tuya no es un habla complaciente, no es un habla virtuosa, como tú mismo dices, pero es un habla enormemente elaborada, y tiene una lucidez y al mismo tiempo una densidad material y un cierto rumor, casi coral, que hace que el poema esté presente todo el tiempo en cada línea. ¿Cómo es la partitura de Gonzalo Rojas?*
G. R.: Esa partitura es, como apuntaste, una elaboración. Claro que es una elaboración; pero no una elaboración racional, sino la otra, la buena, la pensada por dentro, por debajo de los debajos, la intersticial del más hondo inconsciente, sin duda. Por eso yo siempre te estoy respondiendo desde dentro de una construcción determinada, desde un poema definido. Abro aquí al azar en uno de estos libros, aquí en *Oscuro*. "Escrito con L." Y pienso cómo surgió este texto. Tú me dirás: "Sí, yo sé como surgió, porque esa L es la L bretoniana, la L que se recetó Breton para el momento de la parálisis o esclerosis del pensamiento poético en ese momento definido frente al papel cuando uno queda como enmudecido y el lápiz no corre más, sanguíneamente con sangre imaginaria, y te quedas paralizado. Viene Breton y aconseja con su gracia: –"Cuando eso le ocurra, entonces reinicie con un

término, una palabra, un vocablo que empiece con L." Me acuerdo que eso influyó, pero mira tú cómo fue resuelto. No voy a leer más que la entrada, si te parece, de este texto:

> *Escrito con L*
> Mucha lectura envejece la imaginación
> del ojo, suelta todas las abejas pero mata el zumbido
> de lo invisible,

(Tengamos presente el proyecto de hacer con la voz viva, con la palabra que suena desde lo fónico, la construcción, la criatura poética)

> Mucha lectura envejece la imaginación
> del ojo,

(Como ves, Julio, esto está naciendo como un pensamiento que estuviera muy impensado, algo sin duda muy problemático. No te oculto que me harta la nomenclatura y "lectura" dentro de la teoría literaria. Me harta. Me harta aquello de *leer* el mundo, leerlo con diez lecturas, *leer* la realidad, *leer* la intra-realidad. Quise desacralizar la famosa "lectura" y la famosa "Realidad" como dijo Hegel.)

> Mucha lectura envejece la imaginación
> del ojo,

(Mira cómo se le asigna importancia desde la partida al *ojo*, al ojo para ver, al ojo huidobriano de ver. Estoy mostrando el abolengo, la dialéctica de una tradición inmediata.)

> Mucha lectura envejece la imaginación
> del ojo, suelta todas las abejas pero mata el zumbido
> de lo invisible, corre, crece
> tentacular,

(¿Quién corre, crece tentacular? Mucha lectura)

>   se arrastra, sube al vacío
> del vacío, en nombre
> del conocimiento, pulpo

de tinta, paraliza la figura del sol
que hay en nosotros, nos
viciosamente mancha.

(No sé si a esa altura de esa primera estrofa tú quisieras hacer alguna indagación.)

J. O.: *Ésta es otra muestra de cómo se mueve el sonido, ¿verdad?*

G. R.: Sí, y te digo que el proyecto es cruzar el imaginario con el pensamiento.

J. O.: *Para volver a esta imagen de la partitura tuya habría que verificar cómo el sonido no es un virtuosismo. Tampoco es un sonido de la sensorialidad, como sería el sonido de Neruda probablemente; y es más bien un poco más severo, siendo también material y sustantivo. ¿Cómo verías desde el punto de vista de la partitura, del sonido, del nivel fónico, a tus poetas favoritos? ¿Quiénes son los que sentirías más cerca?*

G. R.: Eso me importa mucho. En lengua española de veras (y eso aunque parezca abusivo) no tengo gran comunicación, creo, con algún determinado poeta, sobre todo del plazo contemporáneo actual. Tal vez, resuenan en mí mis lecturas clásicas, mis poetas de la Edad de Oro, el eterno Quevedo. En la modernidad hispanoamericana yo no sé, porque esta voz y este sonido no es el huidobriano ni otro, vamos a irnos situando, no es el nerudiano. En algún momento podría aproximarse –hasta donde me es dado– a Vallejo, en algún otro momento, no sé. No sé realmente. Sin embargo, yo diría que tiene que ver con ciertos poetas latinos que leía muy temprano. Es ahí donde está mi prosapia, en esos *viejos novísimos* –los *poeti novi* encabezados por Catulo–, que me enseñaron a decir con naturalidad y con frescura el mundo. Piensa tú en quién. En Horacio, por ejemplo, tan desacreditado como didáctico por los presuntos negadores de la tradición. Algunos hasta lo llaman con desdén poeta realista. Vamos a ejemplarizar con cuatro líneas mías, con un "collage", un montaje de latín con español. En latín va el título, que responde a un verso de Horacio.

Tempus abire tibi est. (Ése es el título de mi texto.)

(La traducción libre: tiempo es de que te vayas. Pero el poeta (yo) prefiere esta elipsis: Tiempo de que te vayas. No se dice *es tiempo de que te vayas*. El latín es elíptico, económico; ahora, concentra, dice en lo menos lo más poundianamente hablando, emplea esa vivacidad germinante que sólo los clásicos pudieron, parece, ofrecer con tanta eficacia.

J. O.: *Tempus abire tibi est.*
G. R.: Tiempo de que te vayas. *Lusisti satis.*
(Aquí no va entre comillas, está jugado. Yo estoy hablando latín, así como Horacio habló español, ¿por qué no?)
Tiempo de que te vayas. *Lusisti satis.* Jugaste bastante, comiste romanamente, y bebiste.
Tempus abire tibi est.

J. O.: *Es un epigrama.*
G. R.: Sí. Es un epigrama. Ahora, yo recuerdo que en latín esto dice así, por parte de Horacio:
Lusisti satis, edisti satis, del verbo *edere*, comer. De ahí vino *cumedere*: comer. Horacio dice: *Lusisti satis, edisti satis, atque bebisti; tempus abire tibi est.* Traducido directamente: *Edisti satis, lusisti satis* (es importante ver cómo el poeta después de comer habla de jugar bastante, *atque bebisti*, y también bebiste. ¡Tiempo de que te vayas! No nos olvidemos del epicúreo gozoso que había en el viejo Horacio. Por ahí es por donde yo empezaría a ofrecer, a tratar de mostrar mi ejercicio fónico y mi ejercicio verbal en ese estrato. Y en ese texto.

J. O.: *Es muy interesante esta partitura oral porque evidentemente suena muy natural, muy inmediata y al mismo tiempo muy elaborada, ¿no?*
G. R.: Yo creo que eso me viene, nos viene, de los maestros griegos, romanos.

J. O.: *Tu trato con la poesía latina fue profundo.*
G. R.: Fue bastante intenso, y sigue siéndolo, Julio. Yo una vez estaba allí sentado a la mesa de trabajo en Caracas, y un hijito mío, que era muy pequeño todavía, puso un disco de Armstrong. Yo estaba leyendo a Catulo, porque es mi costumbre. Los domingos otros leen su misa, yo leo a mis clásicos. Estaba tranquilamente leyéndolo en latín, de hace dos mil años, y de allí arrancó otro texto que tú recuerdas y que dice, con el frescor que yo in-

tenté darle, *Latín y jazz*. Lo escribí con una celeridad que me parece casi increíble, tal como está escrito. No hubo mudanza en él, ni una sola coma. ¿Por qué? Porque parece haber nacido en mí muy fuerte, y porque seguro el inconsciente había trabajado mucho. Claro que se me dio la circunstancia esa de estar leyendo a mi Catulo y estar oyendo a Armstrong, simultáneamente.

Latín y jazz
Leo en un mismo aire a mi Catulo y oigo a Louis Armstrong,
                                                                                 [lo reoigo
en la improvisación del cielo, vuelan los ángeles
en el latín augusto de Roma con las trompetas libérrimas,
                                                                                 [lentísimas,
en un acorde ya sin tiempo, en un zumbido
de arterias y de pétalos para irme en el torrente con las olas
que salen de esta silla, de esta mesa de tabla, de esta
                                                                                        [materia
que somos yo y mi cuerpo en el minuto de este azar
en que amarro la ventolera de estas sílabas.

(La "ventolera" misma, el término "ventolera" lo está diciendo todo.) Segunda estrofa y última.
Es el parto, ... Etc.
(Mira, repara cómo *se ve* al sonido, cómo *se ve al zumbido*, ya que de lo fónico estamos hablando, cómo *se ve* por parte de este pensamiento poético al sonido y al zumbido: como el parto).

                    Parto soy, parto seré:
                    parto, parto, parto.
            Segunda y última estrofa, Julio:
Es el parto, lo abierto de lo sonoro, el resplandor
del movimiento, loco el círculo de los sentidos, lo súbito
de este aroma áspero a sangre de sacrificio: Roma
y África, la opulencia y el látigo, la fascinación
del ocio y el golpe amargo de los remos, el frenesí
y el infortunio de los imperios, vaticinio
o estertor: éste es el jazz,
el éxtasis
antes del derrumbe, Armstrong; éste es el éxtasis,
Catulo mío,
                    ¡Tanatos!

(Y el Tanatos, claro, ilumina hacia arriba el vaticinio sombrío, casi apocalíptico. Y establece el correlato de estos dos sonidos o zumbidos: el de Catulo y el de Armstrong de los imperios. Consigue, hasta cierta medida, abolir el tiempo.)

J. O.: *"Áspero a sangre de sacrificio", ¡qué bien suena eso! Sobre estas indagaciones de la voz tuya en esta partitura del poema hay varias cosas que se me ocurren como posibles proyecciones y ampliaciones del diálogo. Antes de seguir, me gustaría introducir rápidamente una coincidencia de imágenes que es la coincidencia de la voz y la vista. Hay una línea tuya que acabo de ver ahora que dice "la partitura de la videncia", que es casi una respuesta anticipada. El movimiento de la vista y el papel de la imagen como eje articulatorio del poema en movimiento se dan a la vez en esta voz indagatoria, cuyo drama de preguntar y afirmar sostiene también la otra indagación, la del ojo. ¿Cómo harías tú coincidir estas dos familias de imágenes (el poema se llama "Para órgano", además), la voz y el ojo, que me parecen tan generativas?*

G. R.: En una edición distinta que se llama *50 poemas*, que se hizo en Santiago, pero que no corresponde a este libro, el editor –quien fue el que eligió los textos y su disposición– puso este poema como para cerrar el libro. Qué curioso. Y es que con él se puede abrir o cerrar el libro. Parecería que efectivamente los poemas dialogan y dialogan no solamente entre ellos sino desde la resonancia con la que ellos operan en los respectivos lectores. Sí, yo pienso que el "ojo" no solamente ve, sino que oye, ¿por qué no? Eso está dicho desde siempre, desde la sinestesia que está escrita y estudiada. ¿No hemos perdido algún ojo con el parto, con el oxígeno? ¿No habrá habido, fuera del pineal, otro ojo todavía? Y este proyecto de mostrar con inmediatez casi simultánea, yo diría que simultánea: ojo –tú dijiste, "vista", es lo mismo– y oreja, tiene que ver profundamente, se me ocurre, con la vivacidad de la que ya hablé antes, de la instantaneidad de la subinstantaneidad con que se me ofrece a mí el mundo. Y de ahí el que esta poesía esté siempre situada en un presente muy, muy inmediato. Si miramos este texto "Para órgano", parecería como que el poeta pensó alguna vez más en la música de lo que realmente piensa. No soy yo un músico. De veras tengo una formación escasa en eso. Disfruto con ella y me maravilla la música, hay ciertos instrumentos por ejemplo que me llegan más hondo y más lejos. Es curioso pero ciertos instrumentos de cuerda, algunos como el laúd, por ejemplo, me maravillan. Soy músico del laúd. Amo al laúd. Ahora, claro, mi laúd es la máquina de escribir y armazón tan cruel, tan terca.

Para órgano
Tan bien que estaba entrando en la escritura de mi Dios
esta mano, el telar secreto, y yo dejándola
ir, dejándola
sin más que urdiera el punto del ritmo,

(Aquí está, entiendo, la idea del texto, de la textura. Te digo, Julio, que no estuvo pensado así, como para ilustrar el designio por lo demás tan diáfano que en la nomenclatura llamamos texto, de *texere*. Todo se me dio espontáneo.)

Tan bien que estaba entrando en la escritura de mi Dios
esta mano, el telar secreto, y yo dejándola
ir, dejándola
sin más que urdiera el punto del ritmo, que tocara y tocara
el cielo en su música como cuando las nubes huyen solas
en su impulso abierto arriba,

(Vamos ganando espacio)

de un sur
a otro, porque todo es sur en el mundo, las estrellas
que no vemos

(Perdón, estoy leyendo mal, pronunciando mal, ¿sabes por qué? Porque me quedé pensando por qué había puesto las "aes". Nunca había reparado en eso y ahora que tú me lo preguntas, me conjeturas, entiendo que yo necesitaba las "aes" para abrir. Dice: el cielo en su música como cuando las nubes huyen solas en su impulso *a*bierto *a*rriba.

J. O.: *Curiosamente eso ilustra el aspecto sobre el cual estábamos hablando antes, de cómo el poema tiene, usa su propio acompañamiento musical. Sostiene ese impulso de ver y no ver las estrellas.*
G. R.: En su impulso abierto arriba, de un sur
a otro, porque todo es sur en el mundo,

(¿Arbitrariedad?)
                las estrellas
que no vemos y las que vemos, fascinación
y cerrazón, dalia y más dalia
de tinta.

(Bueno, aquí están los instrumentos y andan los recursos con los que uno escribe.)

          Tan bien que iba el ejercicio para que durara, los huesecillos
móviles, tensa
la tensión, segura
la partitura de la videncia como cuando uno
nace y está todo ahí, de encantamiento
en encantamiento, recién armado
el juego, y es cosa
de correr para verla y olfatearla
fresca a la eternidad en esos metros
de seda y alambre, nuestra pobrecilla
niñez que somos y seremos, hebra
de granizo blanco en los vidrios, Lebu abajo
por el Golfo

(Ése sí es mi espacio –geológico-geográfico-real y el golfo es el legendario golfo de Arauco.)

                y la ululación, parco en lo parco
hasta que abra limpio el día.

J. O.: *Termina el poema con una imagen muy específica,* Lebu abajo por el Golfo *y con una imagen de sonido: ululación.*
    G. R.: Sí, es el sonido del viento, el viento de Lebu. Se sostiene desde un sonido.

J. O.: *Y "limpio el día", un espacio del ojo.*
    G. R.: Y se cierra el poema:

        Tan bien todo que iba,

(Casi con lenguaje conversacional)
                    los remos
de la exactitud, el silencio con
su gaviota velocísima, lo simultáneo

(Aquí otra vez mi juego, Julio)
de desnacer y de nacer en la maravilla
de la aproximación a la ninguna costa
que soy, cuando cortándose
cortóse la mano en su transparencia de cinco
virtudes áureas, cortóse en ella
el trato de arteria y luz, el ala
cortóse en el vuelo, algún acorde que no sé
de este oficio, algún adonde
de este cuando.

J. O.: *Este poema parece una dramatización sobre la poesía misma.*
G. R.: La mano pasa a tener fundamento para "ver". Se "ve" con la mano. ¿Por qué no va a ver la mano?

J. O.: *Gonzalo, ¿por qué "para órgano"? ¿Tenías alguna imagen musical?*
G. R.: Yo creo que sí. Tacto y oído. Profundo, bajo, sereno y tormentoso a la par. En ese texto prevaleció lo músico. Aquí anda mi defensa de lo fónico que por lo demás está puesta en el prólogo del libro, que dice "NO AL LECTOR: AL OYENTE".

J. O.: *Tal vez este mismo poema nos permite ir un poco más adelante en esta reflexión sobre tu partitura. Si pensamos que el coloquio supone la presencia real o imaginaria de un interlocutor y el soliloquio la ocurrencia de la voz, seguramente a una persona dramática, ¿tú dirías que la voz que habla aquí supone un diálogo? O sea, ¿es una voz que se entona como un coloquio? ¿O supone un soliloquio, una voz que se produce en una cierta soledad?*
G. R.: Es indudable que lo que prevalece es el aire y el tono del monologante, del soliloquio.

J. O.: *Hay muchos poemas tuyos que son como un monólogo y otros muchos que son muy abiertos, muy apelativos al lector. ¿Tú sientes que cambia el tono de la voz en uno y otro?*

G. R.: Yo lo siento, lo siento porque a veces –es un modo de decir– cuando caigo en la cripticidad me doy cuenta de que estoy hablando demasiado secreto, y entonces me preocupa, no mucho, un poco, el que no vaya a tener oyente, no sólo en cuanto a la comprensión de cierto nivel de ese texto, sino que no vaya a tener oyente necesario, ¿cómo te puedo decir?, en cuanto no haya sido tan necesario haber escrito eso. Por otra parte, si lo escribí, es porque es necesario.

J. O.: *Hay una autenticidad de la voz evidentemente que mide las diferencias, sin duda.*

G. R.: No soy un poeta que está siempre en el ejercicio del diálogo. Muchas veces estoy en la cerrazón.

J. O.: *Hay una variación muy notable en tu partitura, desde los primeros poemas, que tienen un fraseo explícito, a veces baritonal, como de himno, quizás emparentados a cierta manera de decir, a veces airosa y sin duda más vital, del surrealismo.*

G. R.: Es el desenfado que me viene de haber leído –no creas tú que mucho– a los surrealistas. ¿Sabes quién me importaba en mi primer plazo de aprendiz aunque por cierto sigo siendo un aprendiz? Me importaba el Aragon de "Le Libertinage" y el Aragon de "Le Paysan de Paris". Ése era mi poeta, por mucho que escribiera en prosa. Me interesaba bastante menos Breton con "Unión libre" y todo.

J. O.: *Gonzalo, ¿y tú sientes que el lenguaje familiar, regional, sostiene también una especie de biografía o genealogía de la voz poética? Sin duda hay muchas cosas que tienen que ver con la formación misma de la voz en una región dada, en una familia, y con esa prueba que vive la voz en otras hablas.*

G. R.: También eso. A mí, por ejemplo, mi estancia en el trópico, en Cuba, o en el semitrópico venezolano me han ayudado sin duda a modular distintamente. Pero hay zonas de Chile en que especialmente me siento estimulado por el sonido de los otros. Te voy a ejemplificar bien cortito con un texto que escribí y que no está publicado en libro, se llama "Jorge Millas", que fue un filósofo nuestro, el único filósofo que ha tenido Chile, el más calificado como tal, aunque hay otros, hay algún otro como Schwartzmann. Ahora bien, él se muere de un cáncer al cerebro, con la celeridad con la que uno suele morir de esos daños tan horribles. Para mí fue trágico aquello. Yo andaba entre los alerces del sur. El alerce es un árbol que se demora dos-mil-quinientos-años en llegar a ser. Bueno, yo andaba en un bosque de alerces en ese mes de noviembre del año 1982, cuando en la radio oí que había muerto mi amigo Jorge Millas después de la peripecia fatal. Recuerdo que escribí con el habla y con el modo fresco y vivo de mis chilotes hermanos, con los cuales yo andaba vagando entre esos alerces milenarios. Los chilotes hablan el español de la Conquista, como si nada hubiera pasado desde la Conquista hasta ahora. Allí se queda –lo mismo habrá ocurrido en ciertas regiones del Perú y en otras partes del mundo español– como si nada hubiera cambiado. Ellos hablan con sus giros y sus vocablos. Te leo de una vez eso que escribí.

Jorge Millas
Seuramente el celebro vio mesmo lo
que vio el antiguo y fue acabandose

(Se parte, claro, intencionalmente con el habla del pueblo. Esto no lo había hecho yo antes; pero se me impuso como necesario. Todo lo que escribo se me impone como necesario, de otra manera no lo escribo. Está de más decirlo. Entonces este "seuramente" es el seguramente. Se perdió el fonema G y en el habla popular se dice "seuramente" y a mí me nació decírselo así a Jorge Millas.)

Seuramente el celebro vio mesmo lo
que vio el antiguo

(Esa construcción es sintáctica, como tú ves, no se trata del aspecto morfológico de los vocablos)

Seuramente el celebro vio mesmo lo
que vio el antiguo y fue acabandose
entrado que hubo al quirófano La Fiura, unos helechos
liliáceos a poco que empezaron a aparecer
nubes de caballos por todas partes, de las cortinas
a las lámparas parapléjicas, ¡y eras tú!
Jorge y tu pensamiento el
trepanado
¡que se nos moría por la cumbre!
Mejor nacer alerce,
                (Mira la reflexión de un tipo
                loco que está ahí metido con
                los árboles milenarios)
        un estirón
de dos mil quinientos años figúrate
con todo el oxígeno, y no el Pelida Aquiles
tobillo quebrado.
                (Es el descrédito total de la historia de Occidente frente a la maravilla de esa majestad arbórea. ¿Qué tanto Aquiles, hijo de Peleo, si tengo al alerce en mi progenie?)

J. O.: ¿Y cómo hablaba tu gente?

G. R.: Ah, la gente mía hablaba cansinamente, mistralianamente, porque aunque yo nací en Arauco, es decir en el sur de Chile –en uno de los sures de Chile–, mis padres procedían del norte, de un norte que en Chile llamamos "norte chico". Hay también un "norte grande". De ahí, de ese norte chico, procedían mi padre y mi madre, y fueron a parar –con sus respectivos grupos familiares–, fueron a parar por los azares de las búsquedas o para mejorar de fortuna o de suerte a ese sur al que se mudaron hacia el año 1910, y por ahí yo nací a fines de 1917. Entonces mi gente, mis tíos, mi madre, mi familia, hablaban como habla la gente del valle de Elqui. Como habla la gente de Coquimbo y Atacama, un poco en el *voseo* y hasta el registro de voces que se emplea en esa parte de Argentina que queda cerca: San Juan y Mendoza.

J. O.: *¿Eso se llamaría una entonación serrana?*
G. R.: Muy serrana. Mira que me iluminas de golpe. Acaso de ahí de esas serranías de mis antepasados venga ahora, viejo yo, mi adhesión a los cerros y a las cordilleras. Porque soy montañés ahora pese a que nací junto al mar abierto de ese golfo de Arauco, por donde anduvo alguna vez Alonso de Ercilla en su caballo.

J. O.: *Pero tu familia hablaba una norma distinta a la de la región donde naciste, ¿verdad?*
G. R.: Cómo no.

J. O.: *¿Y tú advertías el contraste de voces?*
G. R.: Siempre lo noté. Lo noté porque mi país es longilíneo y se registra una mudanza cada 400 kilómetros; se registra esa diferencia de entonación y de uso de términos, de giros, en las diferentes regiones.

J. O.: *Una vez Nicanor Parra me dijo que el pueblo chileno hablaba en octosílabos y la clase media en endecasílabos, y aparentemente él iba con una libreta a la caza de comprobaciones. ¿Tu impregnación con el idioma no requiere ese tipo de registros?*
G. R.: No, yo no he hecho ese censo tan prolijo que habrá hecho Nicanor. Pero lo he visto a él, como tú dices, con su libreta, con su libretita de Maiakowski en la mano, anotando los modos como la gente saca la frase. Sí, yo creo que tiene un grado de eficacia registrar que en el pueblo prevalece el octosílabo, o una línea que pudiera parecerse al octosílabo; pero por qué no el eneasílabo, que a mí me gusta bastante más; cada uno tiene lo suyo. El eneasílabo me fascinó siempre por parco, y llano y digno.

J. O.: *Tu poesía tiene una impregnación coloquial, un tono hablado, incluso en los ejemplos que hemos visto hoy día, familiar e inmediato; pero no es, evidentemente, una poesía coloquialista. Quizá se podría decir que tratas de que el lenguaje coloquial diga más de lo que dice.*
G. R.: Sí, siempre me gustó esa idea de Pound de ver el doble abolengo de la palabra poética en el *speech* y en el *song*, en el cántico. Ahora, mi proyecto es cruzar, hacer que se crucen estos dos vientos hasta donde pueda conseguirlo. A veces se obtiene con un mejor resultado que otras. Porque el cántico, cántico como cán-

tico tal vez alguna vez lo he propuesto, lo he hecho como en mi poema "Al silencio", que es uno de los textos míos más conocido. Pero prefiero trabajar campesinamente en esta "cruza" de animales rítmicos.

J. O.: *Se siente esto, sí. Y en la última parte de tu trabajo poético, la voz se hace mucho más compleja también y a veces diría que se hace hermética y se combina interesantemente el habla con algún contrapunteo menos explícito, más denso y cerrado sobre sí mismo. ¿Por qué esta necesidad de torcerle el cuello al discurso?*

G. R.: Qué bueno, qué bueno. ¿Por qué? No por inseguridad, Julio, no creo, sino por inconclusividad. Por lo inconcluso, porque no alcanzo a alcanzar –te lo decía en la primera conversación–, no alcanzo a llegar. Entonces se me da la vuelta el gusano, que te decía, se dobla para verse. A mí mismo se me hace problema eso que tú señalas, y mucho problema. ¿Por qué voy a tener que escribir un texto como "Críptico" –que lleva ese título intencionalmente– "non est hic, surrexit" – con una referencia tan bíblica? ¿Te acuerdas, cuando las mujeres van a su tumba, a mirarlo, y una de ellas dice, según el Evangelio: –"No está aquí, resucitó." Y éste es el caso del pobre poeta, pienso yo, o de la pobre palabra poética que no da para tanto. Non est hic. Rimbaud lo dijo –No somos de aquí.

Críptico
Non est hic: surrexit. Hubo alguna una vez
y por añadidura otro en la identidad, fálico, fos–
                        (Fíjate que yo corté intencionalmente la sílaba allí porque se imponía en ese juego aliterante, se imponía diferenciar este "llevo luz" griego de esa manera)
fórico, frenético, ¿pero qué sabe hoy nadie de frenesí
ni pensamiento salvaje? Viñedo es el nombre
de la Vía Láctea para ordeñar
uva y amor, tiempo fresquísimo de pastores
antes del cataclismo, ¿pero qué sabe
nadie hoy
de Patmos para ver
eso y escribirlo?

ni computador,

habrá. Lo
mohoso es el cuchillo.

(Yo me detendría en la neutralidad de ese *lo*. La he hecho muy mía siempre, el *lo*, el *eso*)
No habrá milenio

(Clara alusión al Apocalipsis que nos espera, según dicen las películas, la película que acabo de ver ayer aquí en Austin: *The Day After*.)
ángeles

(La hermeticidad está al cierre, sin duda.)

J. O.: *Hay varios momentos en los cuales metáforas, imágenes no explícitas aparecen. Probablemente no hay otra cosa que decir en ese momento sino que se impone esa imagen.*
G. R.: Y se impone con una *necesariedad* que no podría eludirse ni evitarse. No creo que sea arbitrariedad, pese a haber amado en mi adolescencia el ejercicio surrealista tanto como amé el expresionista. Para qué decirte que de esos dos vientos viene mucho de lo mío. Yo reconozco esa filiación: la surrealista y la expresionista.

J. O.: *Gonzalo, quizás esto nos permita cerrar la conversación de hoy con una conclusión previa. Es la siguiente: muchos proyectos poéticos, se puede decir, se plantean como una suma de voces. Se me ocurre ahora, oyéndote, que el proyecto poético tuyo llega en este momento como a una resta de voces, como a una desnudez de la voz. ¿Qué dirías sobre eso? ¿Cómo ves tú desde el poema-hoy esas voces que te acompañan?*
G. R.: Indiscutiblemente das ahí en un clavo lucidísimo, porque hay en lo mío un despojo. Voy hacia el despojo de este préstamo que es la vida y también la palabra. Entonces ¿cómo no despojarme también de las voces que me han acompañado, que me han asistido, que me han iluminado, que me han enriquecido y que han enriquecido el ejercicio mismo mío hasta tratar de tener un fundamento, el hilo de mi hilo, se podría decir para ha-

blar así en cuanto a la urdimbre fónica pero a la par semántica y por cierto simbólica y por cierto todo? Sí, yo creo profundamente en eso. *Hay una resta* y nos cuesta mucho pienso, a los humanos, conformarnos a aceptar este despojo y este desnudarnos, esta desnudez. La desnudez del hueso. Tu pregunta me ilumina. Vuelvo a decirte que como las respuestas deben ser más bien verificadas o iluminadas o mostradas desde la poesía, te sugeriría que alguna vez miraras, o algún lector mirara un texto mío que se llama "Papiro mortuorio". Recuerdo una línea: "Cuesta volver a lo líquido del pensamiento.". Es como la vuelta al agua original.

J. O.: *El último párrafo de ese texto se resuelve en la desnudez.*
G. R.: Fuera con lo fúnebre
                        (Porque "lo fúnebre" es lo aparatoso de lo funerario para mí)
Fuera con lo fúnebre; liturgia
parca para este rey que fuimos,
                    (Que *fuimos*. Todos fuimos rey)
                                    tan
oceánicos y libérrimos; quemen hojas
de violetas silvestres, vístanme con un saco
de harina o de cebada, los pies desnudos
para la desnudez
última; nada de cartas
a la parentela atroz, nada de informes
a la justicia; por favor tierra,
únicamente tierra, a ver si volamos.

J. O.: *Estupendo; esto responde por sí mismo.*

ALFREDO BRYCE ECHENIQUE:
VIDA ESCRITA

Julio Ortega: *He venido a conversar contigo en esta Barcelona todavía invernal, algo inquietado por las noticias acerca de tu salud. Precisamente en Austin, la última vez que nos vimos, a fines de 1982, parecías haber recobrado un tono vital, a pesar del accidente de auto, en Madrid, en que casi pierdes un dedo, José Esteban la vida y Marisa Torrente la calma; desde entonces te has divorciado, esta vez antes de casarte, has renunciado a tu cátedra de Montpellier, has intentado en vano instalarte en Madrid, has atravesado por lo menos dos crisis ciertas y estás saliendo de tu crisis incierta, por llamarla así, y acabas de instalarte en Barcelona. Entre tanto, y como para probar tu excelente salud, ha salido* El hombre que hablaba de Octavia de Cádiz *en Plaza y Janés. La primera pregunta parece obvia: ¿Cómo se puede desvivir tantas veces una sola vida?*

Alfredo Bryce: Yo creo que el problema mío ha sido siempre el siguiente: hay escritores que mueren diciendo que han escrito muy poco y que han vivido mucho, demasiado. Otros escritores mueren diciendo que han escrito demasiado y que han vivido muy poco, o que prácticamente no han vivido. Esta idea incluso era tema de una conferencia que pronuncié en Caracas, en un congreso de escritores, que se llamaba "Una actitud ante el arte y la vida", en la que mi opción era la de vivir lo más intensamente posible y escribir también lo más intensamente posible. O sea, simplemente vivir mucho y escribir también mucho. Porque yo creo que antes de biografías o autobiografías o novelas autobiográficas, como se les suele llamar a mis libros, simplemente hay una actitud producto de ese planteamiento que me propuse; es decir, vivir y escribir mucho. Y la única manera era escribir sobre lo vivido y luego vivir lo escrito. Desgraciadamente, también en esa época basaba mi respuesta en el hecho de que la marginalidad en que he vivido siempre en Europa me permitía prolongar la adolescencia hasta que llegara la muerte. Y el paso siguiente ha sido pensar, cuando me preguntan qué edad tengo, que estoy entre los 25 años y la muerte. Es decir que ha sido muy grave mi decisión, porque si bien he escrito todo lo que he querido escribir y he vivido todo lo que he querido vivir, eso me ha llevado a verdaderos cataclismos y accidentes, renuncias a condiciones de trabajo favorables, como las que tuve en Montpellier, a crisis enormes; y lo que he descubierto es realmente que no se puede continuar viviendo como si uno tuviera 20 años siempre, porque en realidad he estado también viviendo como si me fuera a morir mañana. Y eso ha permitido que a pesar de esas crisis, como tú lo has señalado, hay una prueba de una salud perfecta, porque yo he seguido escribiendo todos los libros que he querido; incluso mi viaje a Montpellier, mi deseo de huir de París y de refugiarme en una ciudad pequeña, obedecía a la necesidad de escribir estas novelas, *La vida exagerada de Martín Romaña* y *El hombre que hablaba de Octavia de Cádiz*. Creo que he cumplido con mi propósito, y tal vez lo que he descubierto a la larga, haciendo el balance de esos veinte años en Francia, de los cuales dieciséis son en París y cuatro en Montpellier, con temporadas en que he vivido en Italia, en Grecia y Alemania, es que realmente mi vocación literaria, que no parecía ser tan fuerte, se ha impuesto sobre todo. Tal vez, por ejemplo, la separación de esa esposa, de la verdadera, de la única que se casó realmente conmigo, y de la única de la que me divorcié realmente, también, no hace mucho tiempo, y ello gracias a un excelente amigo, porque no sé qué pasó porque hasta se volvió a casar en Perú, pero a mí de divorcio nada (lo cual me trajo no pocos problemas con la policía y el fisco francés, ya que en mis documentos figuraba un estado civil distinto), se debe a que ella se dio cuenta de que yo podía quedarme toda la vida muerto de hambre viviendo una vida bohemia terriblemente intensa; y vi alejarse de mí a alguien que yo adoraba. De esa manera otras posibilidades que el amor me ha dado en la vida han quedado truncadas; y al hacer el balance de todo se ve que también era eso: haber vivido muchos años muy precariamente, gastándolo todo en aventuras, en viajes bohemios, nunca calculando una seguridad material que le diera tranquilidad a la persona que viviera conmigo; y así he visto marcharse de mi vida, sin haberse marchado jamás, a muchos seres queridos. Incluso, recuerdo que el más noble de todos tal vez, porque creo haber tenido la suerte de haber conocido siempre personas muy nobles, en un momento y por el deseo de conservarla, de darle seguridad material, estuve a punto de entrar a un organismo internacional, y esa persona me dijo que si yo hacía eso por ella, perdería totalmente el respeto por mí. Sin embargo, yo quise hacerlo, y recuerdo haber llegado a las puertas mismas de la UNESCO, ya con una cita con el director general, habiendo pasado algunos exámenes, y sentido que simplemente jamás podría tener un puesto así, que iría contra mi vocación de escritor, y dejé la cita. Y ahora es casi lo mismo, las clases universitarias empezaban a convertírseme en algo poco compatible con mi necesidad de vivir y escribir, y dejé el puesto que tenía para venirme a España a vivir de lo que me den mis libros. O sea que en el fondo es un balance triste, y también uno positivo, porque yo que toda la vida me he pasado en congresos, en reuniones, en entrevistas, en charlas, desacralizando al escritor, me he dado cuenta de que he ejercido mi vocación como un verdadero sacerdocio. Y tal vez sea ésta la razón por la que las mujeres que he querido y me han querido no se han alejado del todo de mí, porque ha quedado un sentimiento de pureza total en el recuerdo del olvido; es decir, nunca ha habido rupturas sino que han abandonado a un hombre cuya vocación era incluso incompatible con la vida cotidiana, y realmente a estas personas las sigo viendo y queriendo. En las últimas crisis que he tenido han venido a la clínica a verme, o han enviado mensajeros a ver en qué estado me encontraba. Y tengo una solución a medias, que es como hacer de tripas corazón, porque sigo viviendo con ellas mediante visitas de una parte y de otra, y me doy cuenta de que lo que hemos logrado es algo que muchas veces se pierde en la pareja, es decir, mantener la maravilla, la mutua admiración; porque son personas que se alejaron de mí sufriendo mucho y yo sufrí mucho también al perderlas, pero cuando nos encontramos nos sentimos como intactos porque no hemos claudicado nunca ante nadie. La verdad, creo que formamos un equipo bastante coherente.

J. O.: *Sobre esto de vivir y desvivir una sobrevida, lo que nos hace sobrevivientes de nosotros mismos, desde y por la escritura, la otra pregunta en consecuencia sería por nosotros, tus amigos y lectores. No soy el único que te sugiere un viaje, un analista o un administrador. Una amiga tiene para ti una lista de candidatas desposables. Otros han pensado en una universidad, una agencia de noticias, un diario. Sin hablar ya de Carmen Balcells, que tiene sus propios planes. Ocurre como si una conspiración internacional, de pronto inspirada por la propia Octavia de Cádiz, se hubiese propuesto tu re-*

cuperación. *Me asalta la sospecha de que el psicoanálisis tendría que ser aquí colectivo. Tal vez te hemos dado la irresponsabilidad de vivir demasiadas vidas, las nuestras propias exageradas. ¿Cómo percibes tú este diálogo con tus lectores?*

A. B.: Por la correspondencia que he tenido con muchos lectores me doy cuenta de que más bien yo escribo la biografía de mis lectores; porque se identifican plenamente con personajes que para mí son personajes de ficción, creados a partir de cosas tan increíbles como puede ser el nombre del personaje mismo. Si Martín Romaña se hubiese llamado José Luis Idiáquez, por ejemplo, la novela hubiera salido completamente diferente. Es más, el primer nombre de Octavia de Cádiz fue Mayte de Cádiz, y no se me ocurrió decir nada de ella; y estuve buscando nombres y nombres, hasta que llegué a la O y encontré Octavia y ya pude crear el personaje. Esto es algo muy extraño en mi vida, como lo es también el que el único plan de un libro mío sea el título; cuando yo encuentro un título ya sé que hay libro detrás de él. Curiosamente, mis libros comienzan a veces con una especie de pesquisa acerca del personaje. He descubierto al volver a ver, ahora que me he mudado, los manuscritos de *Un mundo para Julius* que la primera idea, que está en las primeras páginas de la novela, es la de un hombre que va interrogando a la familia de Julius, que ya ha fallecido, y alguien le dice que se paraba de tal forma, tenía las orejas como alfajores voladores, pero de repente, páginas más adelante, empieza la novela con una frase, que es como la frase de Proust: "Durante largo tiempo me he acostado temprano"; simplemente: "Julius nació en un palacio de la avenida Salaverry", y ya había encontrado el tema, y no necesité la información de las tías de Julius, sino que empiezo a crear la familia de Julius, y esas tías desaparecen. En cuanto a la conspiración de mis amigos... Sí, yo creo que hay una especie de conjura internacional, la verdad. De José Durand en Berckley, de Carmen Balcells, de estos fabulosos amigos Marisa y José Villaescusa, de mis ex mujeres, de Ivonne Barral, de mis amigos de Barcelona, que me invitan a comer y me hacen hablar más de la cuenta, y luego se llaman por teléfono a larga distancia, detrás de mí; y así he terminado viviendo en un ático en Barcelona, sobreprotegido, porque es una conjura que me causa un delicioso delirio de persecución. Es el único delirio de persecución agradable, porque me doy cuenta de que es gente que quiere que yo no me muera. Es un delirio de lujo, absolutamente, y yo creo que para un hombre que ha considerado que la amistad y el amor son los valores fundamentales de la vida una respuesta que se da en forma de conjura de amigos es la respuesta más hermosa que puedo tener. Y ahora soy muy obediente a lo que me dicen estos amigos, y curiosamente el vernos y encontrarnos hace que yo siga viviendo intensamente con el mismo riesgo que antes, y que yo pueda escribir siempre con la misma intensidad, pero sin estrellarme en automóvil, porque me han quitado el automóvil; sin gastarme todo lo ganado en una juerga de una semana puesto que han invertido mi dinero en cuentas a las que yo tengo un relativo acceso solamente; y, bueno, me siento sobreprotegido, muy querido, y de vez en cuando eso sí me gustaría hacer alguna trampa y gastar dinero en una noche de parranda, pero ésta es verdaderamente la conjura de los inteligentes y bondadosos.

J. O.: *Para seguir con esta hipérbole multibiográfica, es evidente que te ha tocado en suerte vivir la literatura y reescribir lo vivido, para devolverle seguramente a la literatura nuestra algo que estaba perdiendo, vida verdadera; lograr que eso pase por una mayor elaboración novelesca es otra lección cierta. ¿Qué más dirías de estas con-fusiones de ficción y biografía?*

A. B.: Bueno, yo creo que hay una serie de respuestas a esa pregunta. La primera podría ser que yo no creo en la existencia de eso que la crítica llama literatura de entre guerras, para mí no existe más que una literatura, la literatura que se hace durante la guerra de hoy y la que se hace durante la guerra de mañana. La segunda respuesta podría ser que yo considero que la mala literatura es siempre la de los otros, cuando no entregan su corazón. Y la tercera, para citar una fuente muchísimo más autorizada, la de Flaubert, quien decía que el escritor sigue pareciéndose al gladiador; es el gladiador del burgués, en realidad, puesto que lo divierte con sus agonías.

J. O.: *A propósito de agonías, revisemos si quieres esto de los alcoholes reales e imaginarios. Verlaine bebía para afirmar su identidad; Baudelaire, quizá, para abolir la lucidez; Malcolm Lowry para noquear a su sombra. Ahora que tú has dejado de beber, ¿dirías que el alcohol es un mero remedio para melancólicos?*

A. B.: En realidad, yo solamente he bebido en mi vida por dos razones. La primera porque soy una persona profundamente tímida, y el alcohol me desinhibía, permitiéndome ser divertido, contar historias graciosas, y, por consiguiente, llegar a ese lema de mis novelas que es "escribo para que me quieran más". Aunque en esto de haber consumido alcohol, soy una persona que sólo lo ha hecho delante de sus amigos, porque he pasado solo largos periodos sin tomar una gota de alcohol, que para mí está asociado a la fiesta, a los amigos, a la cosa social; el alcohol para escribir no me serviría de nada, absolutamente; para escribir mi alcohol es la música, yo escucho música de noche y allí nacen las ideas para mis libros, nace el amor hacia determinado personaje; la música me produce una sentimentalidad profunda. Pero en esta segunda razón hay algo tremendo, y es que yo fui un hijo muy dócil de su padre; la prueba son los siete años de derecho, el haber tenido que ser abogado para contentarlo, porque lo quería muchísimo; mi padre era un hombre profundamente británico y puritano en sus costumbres, y el alcohol era para él algo totalmente prohibido; el bar de la casa, siendo una habitación muy linda, estaba siempre cerrado con llave y sólo tenía acceso a él mi padre, para invitar a amigos, y nosotros los hijos no podíamos tomar ni una copa de vino. Fui tan dócil, y perdí tantos años estudiando derecho, y haciendo cosas que mi padre quería que hiciera, pero con los años cada vez quiero más a mi padre; lo recuerdo, y veo que nunca me hizo un daño por hacerme daño sino por hacerme bien, y cada vez que tomo un vaso es como si le hubiera robado la llave del bar. Es la venganza y la travesura póstuma, ¿no? Es la única manera que he encontrado de ser rebelde contra mi padre, porque lo quise demasiado, aunque él era un hombre tímido, que hablaba poco. Incluso una vez cuando el peluquero le preguntó "cómo quiere que le corte el pelo, don Francisco", él respondió: "sin hablarme". Pero ya fallecido, como sé que no puede verme y no le causo ningún disgusto, me emborracho de vez en cuando para poder robarme esa llave.

J. O.: *Por cierto que al visitarte esta vez compruebo, no sin sorpresa, que no tienes una gota de licor en casa. Y veo que los amigos se dividen en dos bandos, los que te llevarían a una copa extra, y los que preferirían que no lo hagas.*

A. B.: Uno de estos amigos es una persona que le encanta la vida sana, el deporte, y me ha ayudado a resolver problema tras problema; y me ayudó tanto que no sabía yo cómo agradecérselo, de modo que le agradecí haciéndole la promesa, aunque él se reía mucho, de no tomar otra copa. Y si quieres, para terminar con ese asunto, te citaré a Vallejo, que escribió: "España, aparta de mí este cáliz." Más modestamente, yo me he limitado a decir: España, aparta de mí esta copa.

J. O.: *Aunque sea un tema excesivo, me gustaría que revisemos, si te parece, la tentación ilustre de la autodestrucción y del suicidio. Ya se sabe que no tiene explicaciones sino que justamente termina con ellas. Arguedas llegó a vivir, dijo, su fascinación, asombrado por la inminencia de su propio gesto. Pavese se excusó más urbanamente: no hagan chismes, fueron sus últimas letras, citando a Maiakovski. En algunos momentos en tus novelas esa tentación se abre, pero la escritura la sutura. ¿De qué se trata? ¿Es éste un narcisismo al revés, un sujeto enamorado de su propia destrucción?*

A. B.: Sí, yo creo que definitivamente has citado a autores como Pavese, como Arguedas, en los cuales hay una exaltación del suicidio. Muy diferente en el caso de Arguedas, porque es una exaltación verdadera. En *El oficio de vivir*, de Pavese, recuerdo que niega totalmente la posibilidad del suicidio, al comienzo, y el diario lo lleva hasta el suicidio, o sea que es una autobiografía en forma de diario que termina en suicidio, lo cual me impresionó mucho porque pensé inmediatamente en que una persona que estaba muy lejos de ese tipo de problema podría caer en él y quitarse la vida. El caso de Arguedas fue conmovedor, porque realmente hay una novela en que cuenta sus tentativas frustradas. Realmente, como primera respuesta vital, digamos, desligada de mi literatura, si es que se puede desligar mi vida de mi literatura, te diré que en momentos de profunda decepción o depresión he pensado en el suicidio. He pensado en el suicidio cuando al cabo de veinte años en Francia, por ejemplo, llegué a España y me robaron en el viaje las cosas que más quería. Viví entonces un periodo, que yo creo es el realmente peligroso, que es aquel de la exaltación del suicidio, del suicidio como idea alegre. Empecé a pensar: "He trabajado mucho y sufrido mucho, y el hecho de haber perdido los nuevos cuentos en el robo que sufrí en el tren es la repetición exacta de lo que me pasó al llegar a París con mi primer libro de cuentos." Esos años que fueron duros, fueron sin embargo también los de la plasmación de mi vocación literaria, y yo que me he pasado tanto tiempo entre mesas redondas y conferencias desacralizando la figura del escritor, descubro ahora que he sido un esclavo de esa vocación. En esa pasión, que es como la pasión de la amistad y la del amor, puedo refugiarme al sentirme solo, sin amor o sin amistad. Pero recuerdo que siempre esto ha estado acompañado de algo humorístico. En los momentos de más grande exaltación del suicidio, me decía no puedo hacerlo porque tengo ganas todavía de escribir varios libros. Inmediatamente desaparecía totalmente la idea. La parte de la exaltación estaba en que yo me decía mi obra se revisará, se valorizará, se venderán muchas más ediciones que en vida, mis herederos recibirán dinero y satisfacciones, en fin. Pero luego venía la otra parte: demonios, no he pensado en mí, en las ganas que tengo todavía de escribir estas novelas que tengo en mente. Otra respuesta es la frase que tanto emplea Martín Romaña en *La vida exagerada*: detesto molestar. Y como yo estaba alojado en casa de unos amigos, y siendo él notario, me parecía que iba a molestarlo espantosamente si lo hacía en casa. Se lo conté un día y le dije no temas por mi vida porque no te voy a causar un problema ni como amigo ni como notario. O sea que así se resolvió el problema, hasta que salí de la crisis. Ahora, el tema de la autodestrucción, y del deterioro, sobre todo, es realmente el tema del libro de cuentos *La felicidad, já, já*; está el refugio en el alcohol, la locura, la decrepitud, la soledad, la invención de una vida que esconde la miseria del narrador; en fin, una serie de formas de deterioro, mental, físico, psíquico, moral, que realmente corresponden a las cosas que en un momento dado me obsesionaron; de allí la cita de Fitzgerald: Necesito silencio para pensar por qué he tomado una actitud trágica ante lo trágico, melancólica ante lo melancólico, etc. Hay una frase en *El hombre que hablaba de Octavia de Cádiz* en que Martín Romaña dice que desconfía profundamente de la gente que no bebe; de allí mi fascinación por las novelas de la autodestrucción por el alcohol, la más importante para mí es *Bajo el volcán*, una novela mágica, enorme, que me impresionó muchísimo, que releo de tiempo en tiempo; esos personajes que ejercen la literatura como un sacerdocio me fascinan, me atraen, los considero realmente los artistas, puede ser una versión romántica del asunto, pero repetiría una opinión que creo que es autorizada, la de Carlos Barral, que decía que yo soy una persona que ejerce la literatura como un sacerdocio aun a riesgo de mi propia vida. Sin embargo, nuevamente me encuentro con que soy un hombre que es una emotividad en busca de un orden, y que considera que los estragos que le puede causar el alcohol, las drogas, son tan grandes que podría morir o autodestruirse sin producir aquellas novelas que desea escribir; o sea que hay un impulso vital que triunfa sobre el impulso de la muerte.

J. O.: ¿*Y cómo verías tú este conflicto, este principio del placer en tensión con esta fascinación autodestructiva, en los mismos personajes, a veces atrapados por la inmediatez de su destrucción?*

A. B. No soy un escritor que escribe con la inteligencia, definitivamente, no soy un intelectual escritor o un escritor intelectual, creo que soy fundamentalmente una persona que escribe con los nervios y con la hipersensibilidad, y esto en la literatura es un acto verdaderamente agotador. Cuando empiezo a escribir no sé de qué trata el asunto, no sé como voy a terminar, busco las ideas, y, curiosamente, haciendo un balance de lo escrito, sobre todo en libros como *La felicidad, já, já, Tantas veces Pedro* o *La vida exagerada de Martín Romaña*, me doy cuenta de que he proyectado este tema de la autodestrucción pero con variantes, creo yo. En *La felicidad, já, já* es realmente la autodestrucción neurótica, decadente, el fin de un mundo, una especie de punto final de un sector de la sociedad al que ya no le queda más que desaparecer y lo hace de la forma más trágica, más triste, porque son en realidad seres enfermos; desde que comienzan los relatos son seres totalmente entregados a su propia destrucción como fatalidad. En *Tantas veces Pedro*, que para mí es mi novela más novelesca, por decirlo de alguna manera, porque no sé de dónde ha salido realmente; fui a un sitio a escribir una novela y terminé escribiendo algo que nunca imaginé. Y eso parte de la imagen de un hombre que vi paseando por la isla de Menorca, que era un alcohólico que caminaba con un libro que le colgaba de los dedos, y yo lo imaginé escritor, y escribí la novela haciéndolo más joven. Y un día con increíble pánico descubrí que era en realidad un escritor en una impotencia total para escribir. Yo había quedado muy marcado por ese personaje que para mí representaba ese tipo de escritor anglosajón, como Malcom Lowry, que busca las islas con sol, un personaje típico de la literatura anglosajona, el Cónsul perdido en algún lugar. Y en esa novela Pedro Balbuena, asesinado en el único instante de belleza, grandeza y ternura que tiene el personaje de Sophie en la novela, que mata a Pedro para que muera enamorado, para que sea tantas veces Pedro y no se traicione a sí mismo. Éste es un tema que me ha obsesionado siempre, cómo una persona malvada, el más grande egoísta, tiene un instante de profunda ternura por su gato, por ejemplo. Por eso cuando Sophie descubre que este tipo la ha amado de esa forma tan imbécil y hermosa lo mata para que muera enamorado. Y en el caso de *La vida exagerada de Martín Romaña* hay una frase que se repite en los peores momentos de Martín Romaña. Al cerrar su cuaderno, por ejemplo, abandonado ya por Inés, solitario, dice: Los enormes deseos de vivir esconden infinitas posibilidades de sorpresa. Es un hombre que si bien muchas veces está al borde de la muerte, de la locura, de la autodestrucción, se repite esa frase sobre los enormes deseos de vivir, pues es un tipo vitalista, realmente, que espera sorpresas de la vida. Y también en la novela cito a Italo Svevo, quien dice que la vida no es bella pero es muy original, lo que trae infinitas posibilidades de sorpresa. Y la novela se cierra diciendo: he vuelto a amar. Y en *El hombre que hablaba de Octavia de Cádiz* Martín Romaña enamorado perdido perdido, primero de Inés y después de Octavia de Cádiz, sufre durante toda la novela de una taquicardia, que indica su corazón románticamente agitado, pero recordará después que hay un animal que late mejor que él y es el sapo, que tiene un corazón más grande. Y cuando vive en Lima todas las tardes contempla un rato al sapo, lo cual le calma la taquicardia. Pero Martín Romaña no se suicida ni muere sino que simplemente pone fin a sus días, una expresión que se usa para hacer menos grave la situación, un eufemismo de suicidio. Lo que ocurre cuando con una aguja decide liquidar al sapo. Ése es el modo en que he tratado el problema, con un elemento de humor, y no hay por eso un acercamiento suicidario al suicidio, digamos. Pero también lo que quizá Martín quiere es cumplir con las viejas historias de amor, donde los héroes o se casaban o se morían.

J. O.: *Lo que dices parece indicar en tus novelas la presencia de un ciclo de exaltación y otro de expiación. Cada novela parece una afirmación exaltante de sobrevida y, a la vez, una real quitada de piso al sujeto festivo. Se diría que el malestar trabaja en el mismo plano que la vitalidad, y que para este sujeto hospitalario casi todo resulta inhóspito. La distancia del humor y la intimidad de la emoción se traman sin conflicto. ¿Es éste un proceso de exorcismo, de liberaciones?*

A. B.: Yo creo que hay una diferencia fundamental entre *La vida exagerada de Martín Romaña* y *El hombre que hablaba de Octavia de Cádiz*, y es que en la primera el humor era un humor medicinal, mientras que en la segunda se trata de una pateadura humorística. Y hay algo más, así como en *La vida exagerada de Martín Romaña* el personaje dice: este libro es prueba de cualquier cosa menos de olvido, en *El hombre que hablaba de Octavia de Cádiz* Martín confiesa que mediante la escritura ha tratado de hacer regresar a Octavia de Cádiz, y en un momento dado dice: no he logrado que vuelva, entonces habré cesado de encantarla; porque la palabra encantamiento está usada en el sentido del cuento de hadas. Pero no es una liberación porque el pasado vuelve a pasar en su vida como un presente feroz. Y hay constantes alusiones, por ejemplo, a un beso que le dio Octavia en la mano, que todavía sangra; y dice también: si vuelvo a llorar en Milán no me crean, es que estoy llorando ahora mientras escribo. Entonces es realmente el fracaso del exorcismo.

J. O.: *Me pareció curioso y, quizá, divertido comparar a Octavia de Cádiz con la Maga de* Rayuela, *que empieza con la famosa frase "¿Encontraría a la Maga?", sabiendo de antemano que está perdida y toda la novela es también la ratificación de esa pérdida; pero la comparación más intrigante es el hecho de que la Maga en* Rayuela, *ese gran paradigma femenino tradicional, aparece como la mujer que tiene la virtud de lo concreto y que establece una relación inmediata con las cosas, instintiva, mientras que Octavia de Cádiz tiene la virtud o el defecto de la abstracción, porque está ausente, abstraída y abstracta.*

A. B.: Sí, es un terrible problema, y hay un momento en que Martín Romaña le dice incluso que lo concreto nada puede lograr contra lo abstracto. Yo creo que hay que tomarlo en su sentido más literal, es decir, que ella conoce el secreto de la historia. Ella sabe lo que va a pasar; adora a Martín Romaña y no le quiere contar nunca la verdad porque la gran apuesta que ella hace es la de gozar con Martín Romaña hasta el último instante, cuando hay un momento en que hace una especie de autoconfesión y dice debí amarlo, debí volver donde él, lo hice feliz, debí haberle dicho la verdad, etcétera. Yo creo que eso más que nada está ligado a la intriga misma de la novela y al contexto en que se da, o sea a la forma en que él es mirado por el medio social que representa Octavia.

J. O.: *¿Tú no crees que hay algo más en el sentido de que, en la relación de pareja, a Martín Romaña se le escapa siempre algo fundamental de Octavia de Cádiz?*

A. B.: Sí, yo creo que el personaje de Octavia de Cádiz es un personaje fundamentalmente enamorado pero que ese enamoramiento es tan enorme que viene acompañado de una gran dosis de orgullo, que es su arma protectora, y cuando a Martín Romaña se le escapa algún detalle ella en vez de explicárselo lo toma como una intermitencia del corazón, del amor de Martín por ella, y esto nunca más se vuelve a aclarar. Él confiesa que el único error que cometió en su vida fue no haberse fugado con ella; y cuando él le propone fugarse ella ya no es la misma persona, ya es una persona aterrada por su mundo; le ha pasado el cuarto de hora de locura y quiere mantener la relación eterna con Martín pero dentro de los cánones que a ella le puedan ser permitidos. Y nunca es tan feliz con Martín o nunca la relación se da tan bien como después de su primer matrimonio, que le permite a ella cumplir con su mundo y vivir una doble vida con Martín.

J. O.: *Se podría pensar que Martín, como su nombre sugiere, es una especie de mártir de su propia emotividad y capacidad amorosa; y el tema del martirologio está en la novela encubierto por el humor. ¿No crees que esta pareja más que una historia de su propio amor vive una especie de noción dispareja de lo que es el amor? ¿O te parece que coinciden o convergen en su noción de lo que es el diálogo amoroso?*

A. B.: Yo creo que convergen con lenguajes distintos y con actitudes distintas, sí, convergen profundamente. Para Martín Romaña, Octavia era toda la fantasía que le faltaba en la vida y esto es muy importante en la novela, porque al final él va descubrir un día, leyendo un libro, que Octavia de Cádiz era una putada que realmente le había hecho el destino, puesto que hubiera sido como si a Gerard de Nerval se le hubiera aparecido el personaje que evoca en toda su poesía; es decir, como si le hubieran puesto un utensilio en las manos, así no hubiera existido la poesía de Nerval; y más tarde, hacia el final de la novela, visitando el palacio de la Condesa Fabiani, o sea el palacio del nuevo esposo de Octavia, descubre que ella ha leído el mismo libro, lo ve en la biblioteca, lo abre y ve la misma frase subrayada y descubre que los dos habían descubierto el secreto: que ella era la Quimera y él era el Quimero. Y entonces ése es el momento en que todo se aclara para Martín; hace una recuperación de todos los silencios de Octavia y se da cuenta de que el amor es tan absurdo y tan maravilloso como ha sido la vida de ellos. Y hay esa plenitud que se traslada ya al final a través de gestos, cartas, más que de un contacto realmente cotidiano, físico, de pareja.

J. O. *No deja de ser fascinante la noción de que este amor exaltado, romántico y extremo requiera para explicar su imposibilidad una razón social. A la pregunta de por qué esta pareja no se reúne finalmente, la explicación social sería un poco parcial, ¿o es la definitiva?*

A. B.: Yo creo que es definitiva en el sentido de que ella trata de vivir con él en un momento, o sea, ella sabe lo que le espera. En la forma desesperada en que ella trata de incorporarse al grupo de amigos de Martín Romaña, en la forma en que ella habla de huir de su mundo y, luego, creo también que a esto se agrega una serie de circunstancias que son la parte, digamos así, de ensoñación que hay en la novela. Ellos controlan un poco sus sueños y tal vez Octavia, que es un personaje más lúcido probablemente en el amor y en todo que Martín Romaña, haya querido vivir con él solamente momentos altamente privilegiados; y creo que eso es lo bello en la novela, que los matrimonios de Octavia no afectan en absoluto a Martín Romaña, no lo afectan en nada, él nunca está tan cerca de ella como cuando ella se casa porque le deja el problema de la renta y todo, digamos, al matrimonio. En realidad, yo creo que eso es parte de un hecho que siempre me ha sorprendido, y es que yo soy una persona que muchas veces se descubre asombrado ante las cosas que para las demás personas son las más evidentes del mundo. Por ejemplo, una pareja, de repente descubro que una pareja son dos personas que viven juntas. Me quedo asombrado. O me quedo asombrado de que un vendedor venda; digo, el vendedor está vendiendo y me quedo con una sensación continua del nacimiento del mundo, de nuevo, constantemente, lo que me produce una especie de empacho de asombro. Y sin embargo del empacho de asombro y del estar en un mundo organizado de tal manera, nace la ironía.

J. O.: *Ésta quizá sea también tu novela más stendhaliana. Estaba pensando mientras te oía hablar de Malcolm Lowry, que Mallarmé*

recomendaba escribir como si uno estuviera muerto, para privilegiar el punto de vista de la impersonalidad, supongo. Stendhal, en cambio, probablemente lo hacía desde varias vidas prodigiosas; y pensé ahora en la importancia que tienen en sus novelas las mujeres y los lugares, esas dos claves también de las tuyas. *¿Cómo verías tú esta relación de la emotividad y del mundo amoroso, y quizás incluso esta presencia de mujeres fascinantes de estirpe stendhaliana?*
A. B.: Bueno, hay un aspecto de la pregunta que me ha interesado mucho, y es que el otro día, ordenando mis libros, ahora que me estoy mudando, vi lo primero de lo que escribí y me hizo mucha gracia porque ahí estaba toda la moral mía, toda la ética mía de escritor. Una frase que uso en la dedicatoria de *La vida exagerada de Martín Romaña* "porque es cierto que uno escribe para que lo quieran más", digo al dedicarle la novela a una persona. En mi primer libro citaba una frase de Montherlant, que es el epígrafe, y que dice "Es preciso escribir como si uno fuera comprendido, como si uno fuera amado y como si uno estuviera muerto." Lo había olvidado completamente. O sea que ahí hay algo que me ha dejado realmente sorprendido. Sí, yo creo que es indudable que Stendhal ha ejercido en mí una influencia enorme, pero ahora tengo ya muy claro lo que son las influencias. Y creo que hay dos tipos de influencias, aquella influencia que yo llamaría la tonta, que es simplemente la influencia de la escritura o del estilo, de la técnica o de la personalidad de un autor sobre otro. Yo creo que las verdaderas influencias son aquellas que se producen cuando uno lee a un escritor y lo que lee lo maravilla a uno tanto, le gusta a uno tanto que lo motiva para escribir y le sirve de justificación para escribir. Es decir, siente que realmente la escritura vale la pena; y ésas son para mí las grandes influencias, las que importan realmente y las que pesan, aquellas que te avalan en tu trabajo literario, y que te revelan algo que hasta entonces estaba escondido en ti mismo. Indudablemente, yo he sentido la misma atracción que Stendhal por Italia, he viajado por Italia, he vivido en Italia, leyendo sus *Crónicas italianas*, sus obras íntimas en las cuales constantemente se refiere a Italia, etcétera; le he dado profunda razón, lo cual quiere decir que ha habido una especie de simpatía, de empatía, de vidas paralelas, de sensibilidades similares, ante el mismo espectáculo; o sea, la ciudad italiana, la vida italiana, Italia como territorio de la pasión. Y me parece que la diferencia estaría en que para mí los personajes femeninos en

mis novelas tienen que ser siempre fascinantes, casi imposibles. Octavia de Cádiz, Inés de Romaña son dos personajes en el fondo complementarios. La exuberancia, la alegría, la fantasía de Octavia es compensada por el silencio, la profundidad, la severidad castellana de Inés. Ambas ejercen una fascinación total en el personaje de Martín; yo creo que lo importante en Martín Romaña es su capacidad de enamoramiento. En cuanto a las ciudades en sí, en realidad eso es un elemento que contribuye a la más fácil explicación de mi novela como autobiográfica, y es que yo cito ciudades en las cuales he vivido y conozco. Puedo no haber vivido nunca en una ciudad, haberla visitado unas horas o pasado ahí dos o tres días como turista y haber sentido por esa ciudad un afecto, una atracción mucho más grande que por otra ciudad que en mis novelas cito a menudo; y esto simplemente es una referencia de facilidad porque hablo de las ciudades que conozco, porque puedo citar más fácilmente los nombres de las calles, el desplazamiento de los personajes, el café, etcétera. Peruggia es una ciudad que está en muchos libros míos y en cada uno de ellos con una historia diferente. Martín Romaña es absolutamente feliz en Peruggia y para él el pecado original y el origen de todo su desastre con Inés es el haber dejado Peruggia e irse a vivir con ella a París; cuando él encuentra en París que ella ha llegado del Perú le pide que se vayan a Peruggia porque París los va a matar. Ella lee una carta que él se ha escrito a sí mismo desde Peruggia y, claro, lo considera un loco. En *Tantas veces Pedro* Peruggia es una ciudad cruel, donde asesinan a Pedro Balbuena. Es un poco curioso, por ejemplo, que una ciudad que yo he visitado varias veces pero en la cual nunca he vivido, Venecia, es una ciudad mística para Martín Romaña y Octavia de Cádiz, y sin embargo ellos nunca llegan a Venecia. Curiosamente, el día que parten en excursión a Venecia no llegan a Venecia; porque como no la podía contar desde adentro preferí detenerlos en el camino, y en cambio sí hablo de Milán porque allí he pasado temporadas, puedo describir un café, etcétera; son comodidades referenciales.

J. O.: *A algunos autores jóvenes les gusta leer tu obra en relación con tu vida, en clave hemingweyana. Se imaginan un Alfredo Bryce en una España de toros y bulerías. ¿Qué tanto y qué poco de Hemingway hay en tu vivir dentro y fuera de la literatura?*
A. B.: Bueno, tanto como lo hay en aquellos muchachos que

piensan eso de mí. Indudablemente para un joven escritor, o para un joven que desea escribir, Hemingway es un personaje que tiene mucho de leyenda, era algo matón y algo torero, como lo llamo yo en una crónica que está en el libro *A vuelo de buen cubero*. Pero muy pronto volví del personaje Hemingway de la leyenda a la literatura; la verdad es que las incursiones mías en Pamplona han sido mitificadas por otras personas que piensan que yo me paso la vida en Pamplona; muy rápido me cansé de mi itinerario hemingweyano y de la violencia de su vida. Y hay una serie de aspectos: él era un gran pescador, yo nunca he pescado un pescado en mi vida y me aburre profundamente la pesca; me interesan los toros, y a veces leyendo a Gregorio Corochano en su polémica con Hemingway he pensado que Hemingway de toros sabía muy poco. Entonces, realmente retorno del hombre Hemingway al escritor. Ahora lo que me gusta de Hemingway es la literatura, el personaje me parece un poco excesivo; en Venecia, por ejemplo, de la cual él habla tan bellamente en esa novela para mí extraordinaria que es *Al otro lado del río y entre los árboles*, sé por gente que ha conocido esa época, que Hemingway era visto como un gringo de lo más torpe; un día por enamorar o por quedar bien con una condesa le mandó una cantidad tal de caviar de una mesa a otra que la señora esta tuvo que repartirlo. No sabía medir las cantidades de caviar que podía comer una condesa, le mandó varios kilos o una cosa así, era un turista bruto; su casa en La Habana es una casa de un rico cualquiera. Lo importante son los papeles, la obra que es muy tierna y muy linda, eso es lo que a mí me fascina. En *La vida exagerada* se habla de muchas ciudades, y se dice que "le gustaban todas las ciudades italianas menos Mantegna", que es un plagio total de un cuento de Hemingway que se llama "El revolucionario". Esas cosas que uno hace, esos guiños.

J. O.: *¿Tú mantienes desde tus novelas un diálogo de este tipo con otros autores, o hay algunos libros con los que de pronto te sientes dialogando, respondiendo con ecos o guiños?*

A. B.: Con Hemingway hubo una cierta idolatría, y esa idolatría termina cuando empieza el verdadero cariño porque es en realidad el Hemingway viejo, el del *Viejo y el mar* y el de *Al otro lado del río y entre los árboles*, el que al final me seduce más; encuentro una gran ternura en estas novelas donde ha desaparecido el macho, el matón, el autopropagandista que tenía mucho de farsante. En un artículo que escribí yo que se llamaba "Los últimos Sanfermines de Hemingway", cuento cómo él se ponía de acuerdo con un amigo que era corresponsal de un periódico y le decía: cuenta que me ha cogido un toro. Y así empieza la leyenda, el toro no le había hecho nada; cosas que son muy humanas, encantadoras; pero finalmente me interesa el Hemingway ya herido, ya viejo, tierno, que deja de ser un poco "afiche" de sí mismo, y empieza a ver el problema de la muerte, el terror a la muerte; me fascina la idea del hombre que cumple su promesa de liquidarse cuando haya perdido sus facultades. Al final, en efecto, era un dipsómano, un hombre ya atacado por una hepatitis, una diabetes terrible, cáncer de la piel, en fin, ya no podía seguir siendo Hemingway, el personaje que a él le gustaba ser. Por otro lado tiene unas cosas muy ingenuas, ese deseo de que los españoles en Pamplona lo quisieran, que le pidieran autógrafos y sufría con eso; y a su propio grupo de amigos yanquis y rubias esplendorosas él les llamaba "la chusma" y en algunos momentos se fugaba de este grupo e iba a buscar a un español que era realmente amigo suyo. Quería ser algo así como un hijo predilecto de Pamplona. Hay algo ahí muy *naif* y humano también, y comprensible. Simplemente podría agregar algo que es muy cierto y que es una etapa que no tengo por qué guardar oculta en mi vida: el gran error que cometí yo al hacer una tesis sobre un autor que a mi abuelo le encantaba, pero me equivoqué de nombre y en vez de Maeterlinck terminé haciendo una tesis sobre Montherlant. Este escritor, que es un verdadero caso de onanismo en Francia, porque yo en esa época decía que trabajaba sobre Montherlant y la gente me huía como la peste. Y sin embargo es uno de los autores más vendidos siempre en Francia y entonces es una lectura secreta, es un onanismo de la lectura de este misógino que es un machista total, un cavernario, un aristócrata y finalmente se descubre que era un gran homosexual, se publica su correspondencia de homosexual, y también había sido torero, y todo eso. En el caso de Hemingway me queda una gran admiración y ternura; en el caso de Montherlant no puedo negar que escribe un francés precioso pero que me arrepiento de haber perdido el tiempo que perdí, y nunca se me ocurriría hacerle un guiño de ojos aunque, en uno de mis primeros cuentos, había muchos Montherlant y lo suprimí de *Huerto cerrado*. Suprimí un cuento totalmente montherlanesco, digamos así, lo terminé y lo saqué, y escribí "Con Jimmy en Paracas" que fue el primer cuento escrito realmente con mi estilo.

J. O.: *A primera vista tus novelas parecen muy poco literarias porque no evidencian sus intertextos. Sin embargo, en* Octavia de Cádiz *hay todo el tiempo un juego literario, el humor está volviéndose sobre sí mismo, la escritura se está mirando a sí misma, y hay un gran control del discurso irónico. Probablemente incluso en* Martín Romaña *hay coincidencias en la exploración de la enfermedad, por ejemplo, de la locura, con otros autores que probablemente podríamos llamar coincidencias involuntarias. ¿Pero tú cuando escribes no tienes al frente modelos literarios o alusiones literarias? ¿O dialogas más con tu propia literatura, con tus materiales?*

A. B.: No, yo creo que los dos diálogos se producen. La prueba es la cantidad de epígrafes y citas de autores que me orientan, incluso en el hilo conductor de la novela y me orientan en la intriga. Por ejemplo, yo utilizo muchos epígrafes en *El hombre que hablaba de Octavia de Cádiz*. Al comienzo hay cuatro, en cada capítulo nuevo hay alguno más, y son variaciones sobre esos epígrafes en mi propia escritura y mi experiencia vital. Lógicamente los epígrafes no es que yo los ponga ahí y diga qué voy hacer con esto; es que leyendo un libro algún día me impactan como un rayo y, luego, son fuentes de inspiración, por decirlo así, son una base real como podría ser mi propia vida, son epígrafes que me dicen algo sobre mí mismo, que me hacen descubrir algo sobre mí mismo. Y lo que pasa es que también los pongo en la misma balanza que toda la cultura popular de boleros, tangos, canciones, etcétera. Les doy exactamente el mismo valor, un poco como lo que Arguedas hace de la canción; la canción no es como en la literatura indigenista un adorno localista, sino que la trama avanza, se dice algo en la canción que permite que el párrafo siguiente ya traiga una información nueva. Eso sucede con mis epígrafes y con mis citas constantes. Sirven para decir, para contar cosas.

J. O.: *Además es curioso que esta literatura de apariencia tan biográfica y vitalista tenga sus soluciones y resoluciones finales en el hecho mismo de ser escrita, en la presencia interna de la literatura como hilo conductor de todo.*

A. B.: Exactamente, yo me acuerdo de no haber sabido nunca cómo iba a terminar la novela de Octavia de Cádiz, y leyendo un libro muy hermoso que se llama *Historia personal de Francia* encontré el desenlace. Eso de la Quimera lo dice este escritor François George, en ese libro muy lindo que es una especie de peregrinación por Francia, y que me sirvió mucho. Y luego, el diálogo final en ese acto fallido que es el capítulo en que viajan en un crucero por el Mediterráneo Octavia y Martín, se produce a través de unos relatos con que ellos se comunican, a través de unos relatos de Tito Monterroso y de Adriano González León.

J. O.: *En tu respuesta a la encuesta de* Liberation, *"Pour quoi écrivez-vous?", dices escribir porque no crees en la página en blanco poblada como se te da de mujeres, hombres, y ciudades que has amado más en tu vida. ¿Se diría, entonces, que reescribes, que cuentas la parte para no perder el todo? ¿Cuánto del todo vivido lleva esa parte escrita? ¿O esa parte escrita construye más bien un todo posible?*

A. B.: Yo sigo pensando que mi escritura genera escritura. Lo último que escribo en mis novelas es el primer capítulo porque siempre me he ido tan lejos de él que tengo que volverlo a hacer. Digo lo último que escribo, quiero decir que descarto el primer capítulo y vuelvo a hacerlo. Aunque no ha sido el caso de *Octavia de Cádiz* porque Martín dice: los escritores presienten lo que van a escribir, y de eso nace el primer capítulo de la novela. Para mí la experiencia vivida muchas veces se da en mi escritura misma, en el momento de escribir. Es por eso por lo que me canso mucho escribiendo y gozo tanto escribiendo; me enamoro de mis personajes y hay una especie de sensación de abandono cuando termino la novela, de haber sido abandonado por mis personajes. Y yo creo que lo fundamental en mis libros es la imaginación nerviosa, por llamarla de alguna manera. La memoria nuevamente funciona como referencia al mismo nivel que decía antes de las ciudades: me acuerdo de esto, entonces vale como referencia; y la imaginación luego avanza hasta otra referencia, y muchas veces ese punto referencial, digamos, el cincuenta y siete se contradice con el tercero, hay que eliminar el tercero porque la novela se ha encaminado por otro lado llevada por la imaginación, por el goce de la escritura; porque yo creo que cuando se escribe sobre personajes maravillosos hay grandes posibilidades de creación.

J. O.: *Los nombres son evidentemente muy importantes en* El hombre que hablaba de Octavia de Cádiz. *Parecería que los nombres propios conservan una motivación esencial de las personas que nombran; sin embargo todo parece tener dos nombres. Hay dos Octavias de Cádiz como hay un Romaña y un Bryce, como hay dos novelas, dos amores y otros dobles y desdoblamientos. ¿Cuál es tu versión sobre esto de nombrar y renombrar?*

A. B.: Bueno, yo creo que hay una primera lectura de esto y es que los seres que se aman inmediatamente se cambian de nombre. Hay los nombres secretos, claro; y como decía Julio Ramón Ribeyro en una "prosa apátrida": dos amantes que antes se han llamado alcachofa, dejan de amarse el día en que uno de ellos deja de decirle alcachofa al otro. En estas dos novelas sobre Martín Romaña, los nombres tienen la gran importancia de ser una manifestación de la ternura, de ternura pura y concreta en el caso de la *La vida exagerada de Martín Romaña*, y de ternura y fuga de la realidad difícil en el caso de *El hombre que hablaba de Octavia de Cádiz*. Él opta muy rápido por llamarla Zalacaín la aventurera, porque ella está viviendo una aventura con él y ella opta muy rápido por llamarlo Máximus para decirle que es el amor máximo y más grande, etcétera; pero incluso un día él le pregunta, "¿cómo me llamo?" y ella lo piensa un poquito antes de decirle, "Te llamas Martín Romaña". O sea que también ellos se amaban con nombres que les facilitaban amarse y olvidar quiénes eran.

J. O.: *Alfredo, hay una página de* Octavia de Cádiz *en la que se dice lo siguiente: "Y las cartas que te escribía por haberte ido a partir de mañana, tus padres habían pedido, las recuerdo, yo tendré que recordarlas todo el tiempo mañana." Esto me hace pensar en el tratamiento del tiempo. Se me ocurrió que el pasado está en el futuro en esta novela, en el sentido de que el personaje escribe, avanza hacia su pasado, como si tuviese delante lo vivido. ¿Tú crees que esto es un perspectivismo producido por el juego temporal o hay aquí algo más acerca de la relación misma vital?*

A. B.: Yo creo que se da más en el nivel de la relación vital. Definitivamente, estas historias están cronológicamente terminadas, ya pasaron; pero no han pasado para Martín Romaña, están en el presente y motivan su futuro. Vienen del pasado, por la nostalgia, con una carga violenta de vida latente, invaden su presente y determinan su futuro. ¿Cuál es el futuro de Martín Romaña en esta novela? Hablar de Octavia de Cádiz, hablar para no perderla jamás, hablar para responder todo lo que ella no respondió. Hablar para estar con ella, hablar hasta llegarse a convertir en ella; y un día dice que no podía ir a visitarla a Milán hablando de ella porque se iba a encontrar con ella y lo que iba a decir era mejor que lo que ella iba a decirle. Hay una necesidad de guardar el tesoro por más desgarrador que sea, y creo que esto no es un procedimiento técnico, sino es un procedimiento unido profundamente a mi manera de novelar, que es una manera profundamente sentimental, emotiva. Hay una cita que uso en la novela: El hombre laberíntico no busca el hilo, busca a Ariadna. Es en el momento en que realmente están juntos, hacen el amor, se aman como locos. Se ha llegado al fondo del laberinto, y desde entonces vuelve a retroceder la historia por esa jornada trágica del momento en que un hombre dice algo que una mujer nunca llega a entender del todo y en que una mujer dice algo que un hombre nunca llega a entender tampoco del todo. Después viene el resto de la vida. Dos veces, además, hay dos capítulos que se llaman "El resto de la vida". Yo creo que la novela es un asalto a la memoria, en cierta forma, pero digamos una vez tomada la fortaleza por asalto se encuentra uno con un enemigo que no esperaba encontrar. O sea que la memoria responde de forma diferente. Si uno pensaba encontrar cien soldados y veinte arcabuces, encuentra quinientos soldados y dos mil arcabuces. La memoria es siempre un enemigo peligrosísimo. Al revés del caballo de Troya. Puede llegar a convertirse en lo que se convierte esta novela, cuando Martín Romaña dice: es imposible abrir una caja china al revés.

J. O.: *Pero entonces, tú, como Alfredo Bryce, ¿dirías que el pasado es un espacio más natural, y que escribir es perfeccionarlo, rehacerlo?*
A. B.: Desde un punto de vista puramente vital, no tengo por qué negarlo, yo vivo mi pasado como un presente. Mi presente está absolutamente determinado por mi pasado y mi futuro lo estará también. Eso ya es una especie de conclusión a la que he llegado, y que me encanta como conclusión. Es algo de mi personalidad que me inspira más cariño por mí mismo, digamos; es todo lo contrario del egoísta, es lo egotista. El egotismo es una cierta ternura por la vida privada, por la vida de uno mismo. Entonces, creo que son valores. Los he convertido en valores que me

sería muy duro traicionar. No puedo simplemente hablar de pasado puesto que nunca he terminado con nada. Nunca he roto con nada, aunque sí me he deshecho de dos o tres "amigos", escritores, para decirte la verdad, en los que poco a poco fui descubriendo no sólo oportunismo sino una gran vulgaridad y, lo que es más, una inmoralidad que me resultó insoportable. Fue como un error y lo corregí a tiempo y me alejé de ellos con la más profunda alegría.

J. O.: *Entonces, Alfredo, tú no eres un escritor que tenga un problema de identidad. Tienes una identidad abundante, que te la dan la memoria, lo vivido, el pasado, ¿verdad?*
A. B.: Sí, yo creo que sí. Tengo un universo referencial bastante preciso y me gusta permanecer en él. Es un poco el caso del propio Martín Romaña. Vivía en la más grande soledad pero, eso sí, en excelente compañía.

J. O.: *El hombre que hablaba de Octavia de Cádiz parece estar construido como un diálogo plural con un lector. Pero ese diálogo, el laberinto de voces de la novela, es también una confesión que busca ser compartida, casi como una confesión permanente disfrazada o diferida con otras dicciones. De pronto, uno sospecha que el lector ha remplazado al psicoanalista. ¿Cómo consigues tú esta relación con el lector de la novela?*
A. B.: Es una relación emotiva, en efecto. Yo siempre he tratado de que el lector entre en la novela y viva con el autor y sobre todo con el personaje, o con los personajes. Empleo un tono brutalmente confesional. Es indudable que por ahí fácilmente se cae nuevamente en esta confusión: de que la novela se detiene en lo autobiográfico simplemente. Yo empleo un estilo autobiográfico para inventar historias. Pero porque creo que soy un enemigo acérrimo de la confidencia y un fanático de la confesión. Me encantan las confesiones aunque no haya sido ordenado sacerdote. Pero digamos que prefiero la enorme pirámide que es una confesión a ese montonzuelo de secretos de los cuales estamos hechos los seres humanos. Lo cual le da a mis libros esa especie de "búsqueda del lector encontrado".

J. O.: *¿Pero no esperas que el lector sea una parte activa de la solución de los conflictos en la novela? ¿Es un testigo, nada más, de ellos?*

A. B.: No, yo creo que escribo las autobiografías de mis lectores, en cierta forma. Eso me parece que es importante. Es una literatura que tiene una respuesta directa del lector en cartas, que muchas veces no son dirigidas a mí sino a mis personajes. Desgraciadamente, a veces me doy cuenta en cartas de esos lectores que algunos son muy conflictivos. A veces me parece que escribo para los locos solamente. La verdad es que cuando se me ha acercado alguna persona en la calle ha sido algo tremendo. Gente con una crisis terrible de identidad, sentimental, religiosa, etcétera. Son seres atormentados en cierta forma, me refiero a los lectores que yo he podido escuchar y que son personas que me buscan para confesarse, que son profundamente vulnerables o están heridos. Tal vez eso responda también a una explicación que me dieron una vez en España de por qué tenía muchos más lectores entre las mujeres que entre los hombres; porque Martín Romaña es el antimacho. Un hombre que se pinta con demasiadas debilidades, que todavía al macho hispánico o al macho latinoamericano les choca; un hombre que hace una confesión total y no una confidencia.

J. O.: *Quizá también esos lectores tuyos que te escriben intuyen que la poética de tu narrativa implica que, a la larga, y dadas las condiciones, toda vida es novelable.*
A.B.. Sí, eso es posible.

J. O.: *Alfredo, el año 1971, en que nos conocimos, precisamente en Barcelona, acababa de salir* Un mundo para Julius *y empezaba esta alucinada vida de escritor que era la que tú habías elegido vivir en el año 1964 cuando saliste de Lima hacia Europa. Han pasado catorce años desde el éxito de* Julius *y puede decirse que estás en lo mejor de tu carrera de escritor, favorecido por la crítica y los lectores. ¿Cómo ves tu destino de escritor hoy frente al Alfredo Bryce del año 1971? ¿Qué ha pasado entre tanto con tu noción del escritor?*
A. B.: Yo siempre llamo, parafraseando un cuento de Ernest Hemingway, "la corta vida feliz de Alfredo Bryce" a ese periodo, puesto que a mí lo único que me interesaba era escribir, y había sido tan difícil que yo llegase a escribir por la oposición que tuve y por los estudios nada literarios que tuve que hacer, etcétera. Cuando empecé a escribir, que fue en Italia y luego en París, el

mismo libro, *Huerto cerrado*, porque me lo robaron y lo tuve que volver a escribir, era yo profundamente autosuficiente. Es decir, a mí no me interesaba ni siquiera pasar en limpio un cuento. Me había probado a mí mismo que era un escritor. Yo recuerdo haber terminado el primer párrafo del primer cuento que escribí en Peruggia, en Italia, y haberme puesto a llorar de emoción, porque pensé esto es literatura, y yo había dudado por la larga espera que tuve que hacer antes de ponerme a escribir. En 1968 arranca el fin de la corta vida feliz cuando algunos amigos me aconsejan pasar en limpio mis cuentos. A mí lo que me gustaba y me satisfacía ampliamente, y ahí estaba tal vez el "escribo para que me quieran más", era reunirme con amigos y que nos leyéramos cosas. Se discutía, se conversaba, era la época realmente feliz mía en París. Opinábamos, discutíamos, peleábamos, yo escuchaba, no intervenía mucho en defensa de lo que había escrito, pero sí era receptivo a la crítica. Me acuerdo que un autor y actor teatral peruano descubrió algo que me dio un gran placer, y que siempre ha sido una cosa que me ha impresionado en mi propia literatura, Hernando Cortés, quien me dijo tú tienes una capacidad increíble de pasar de un párrafo a otro. Claro yo me di cuenta de que había una fluidez y, en efecto, desde ese día como que me convenció y nunca me ha costado trabajo arrancar el párrafo siguiente. Luego viene el momento en que publico mi primer libro en La Habana, en 1968, pero el libro prácticamente no sale de La Habana, me llegaron unos ejemplares que regalé a mis amigos y todavía no sentí que el mundo de la edición, que el libro objeto pudiese determinar mi vida. Yo seguía siendo un escritor que escribía y punto. El libro de Cuba llegó a mi casa y lo puse en un sitio como si hubiese puesto un disco o un cenicero. No me interesó releerlo; la gente estaba, recuerdo, muy emocionada, yo no comprendía por qué. En 1971 vengo a Barcelona luego de haber sido publicado *Un mundo para Julius*, y conozco editores, el mundo editorial, y ahí se produjo algo que hasta hoy ha sido un problema en mi vida: la gran angustia del éxito. No niego que escribo siempre lo mejor que puedo, y que pongo todo lo que puedo para que mis libros sean cada vez mejores, trato siempre de que sean mejores. Pero el premio es lo que me desespera. Es decir, el premio de convertirte en una autoridad es lo que me desespera. Y de ahí que durante mucho tiempo lo que siguió a *Un mundo para Julius* fue una crisis de angustia, una neurosis de angustia, y una depresión brutal que me tuvo sin escribir bastante tiempo, hasta que escribí *La felicidad já já* realmente de una forma insólita. Yo había abandonado la literatura porque me había hecho demasiado daño conocer escritores, críticos, editores, me había aturdido completamente, me había producido una depresión increíble el éxito de esta novela, vi lo fatuo que había en torno al éxito, vi hasta qué punto el éxito no era más que un resultado circunstancial y que no podía ser la finalidad de una novela como tampoco lo puede ser el escribir para la inmortalidad o para ganar dinero, etcétera. Luego recuerdo el doloroso proceso, salvo en el caso de un cuento llamado "Antes de la cita con los Linares", que era de la época de *Huerto cerrado*, y no entraba en *Huerto cerrado* y lo puse en *La felicidad já já*. En esa época yo recibía las diarias y largas visitas de una gran amiga llamada Sylvie, quien ha sido la amiga de toda mi vida, y ella me veía tan destrozado por todo aquello que rodeaba a la literatura y que yo negaba totalmente, no es que lo negara, es que me mataba, me comía, me produjo una fuerte depresión, que realmente una de las cosas que más le debo es el favor que me hizo de volverme a hacer escribir, y lo hizo tendiéndome todo tipo de trampas. Me decía que le contara algo sobre algún tema, y entonces yo empezaba a contarle cómo un abuelo le cuenta a su nieta historias para dormirla, pero en realidad el que se dormía era yo, el que sanaba era yo. Me decía que las escribiera, y me decía esto me gusta y para mañana me continúas esta historia. Y yo, como me encantaban sus visitas, inconscientemente preparaba la historia, la preparaba lo mejor que podía y la pensaba para deslumbrarla. Pero no me daba cuenta de la trampa. Y un día me dijo: esto es un libro. Y ésa fue mi reconciliación con el libro como objeto. Lo publiqué con pánico, con el pánico de volver a tener una crisis. Pero yo creo que ya me había armado de ciertas defensas psicológicas, psíquicas, contra aquello que acompaña a la literatura: la crítica, las presentaciones de libro, que siempre me han angustiado terriblemente y me han deprimido. He visto algo que no puedo definir, la sensación terrible de tristeza que me produce. A veces he tratado de definirla diciendo que yo soy un suertudo, hay tanto gran escritor que queda inédito, pero tampoco ésa es la razón. Es algo que han analizado otras personas por mí, y han llegado a la conclusión de que yo soy una persona que escribe volcándose íntegramente, emotivamente en sus libros, que escribe para que lo quieran más, etcétera, pero que no tiene ninguna vanidad. Me gustaría desaparecer después de cada libro y es ese momento en que más te hacen aparecer. Después continué escribiendo y fortaleciéndome tal vez, acostumbrándome a esa tristeza, porque siempre me produce esa sensación de vacío. Y empezó así la doble vida, aquella del hombre que era invitado al congreso literario, que viajaba, que tenía que dar una conferencia y todas esas conferencias estaban destinadas a matar al autor de mis libros. Ponerlo como un tonto, como una persona que no tenía respuestas a la literatura, que decía escribo como me sale y no corrijo nunca, y luego veía que sí corregía. Y decía que lo que me importa de este congreso era estar con mis amigos y pegarme una emborrachada. Había una cosa de no asumirme como escritor, de no tomarme en serio, que he querido siempre conservar. Me espanta la idea de tener una autoridad moral o de ejercer la literatura en función de algo. Yo creo que sirvo a mi literatura, y detesto a los escritores que se sirven de ella para lograr un estatus. Me acuerdo de una conferencia en la Universidad Menéndez Pelayo, donde un muchacho dijo que la literatura le había permitido adquirir un cierto estatus en la sociedad española, y me tocó intervenir después y dije que lo único que yo he hecho al convertirme en escritor es perder mi estatus social. He terminado en la miseria. Ya no soy una persona de la burgesía alta de Lima, sino un marginado que ha ido perdiendo y perdiendo, y seguiré perdiendo. Sin embargo, no me podía negar ese goce que era el escribir. Nunca me lo he querido negar ni me lo voy a negar. Y ahora el tiempo ha hecho que en cierta manera me acostumbre a eso y al hacer el balance de los veinte años que yo he estado fuera del Perú, me doy cuenta de que aquel hombre que más se ha burlado de sí mismo como escritor y del escritor como dios, se ha dedicado por su ejemplo, su informalidad, por las cosas que ha dicho sobre sí mismo o sobre los escritores, a desacralizarlos. Me doy cuenta de que mi vida literaria ha sido feroz, me han desplumado; he ido perdiendo muchas cosas, y que el balance es una cantidad de libros y cada uno de esos libros está acompañado de una historia, de una historia que generalmente es un triunfo de la literatura sobre el dolor, sobre la pena, sobre al muerte, sobre las dificultades materiales. Descubro ahora con placer que soy un escritor de gran vocación. El pre-descubrimiento de eso fue la presentación en España de mi novela anterior, *La vida exagerada de Martín Romaña*, que fue una verdadera locura, porque fue simplemente llegar a España y prácticamente destruir todos los actos que se hicieron para presentar la novela. Esta vez es lo contrario, quiero por primera vez ver cómo presenta un escritor común y corriente una novela, serenamente, puntualmente, y me doy cuenta por otro lado de que me interesa ahora que he dejado la enseñanza por la literatura una vez más la enseñanza, que me daba una seguridad material muy grande, una estabilidad, sobre todo los últimos años en Montpellier, pues sí me preocupa mucho ya el que la literatura me dé una seguridad material. Sin embargo, sigo detestando todo lo que envuelve al oficio de escribir. Para mí sigue siendo lo fundamental el arte de la escritura. Mientras a la mayoría de los escritores les resulta normal escribir y corregir su libros, publicarlos, presentarlos, a mí me sigue pareciendo absurdo pasar en limpio una novela. Esto, sin duda, tiene algo que ver con eso que te decía antes de la capacidad de asombro. Yo quisiera que mis novelas, no sé, fueran borradores, y encontrase a alguien que entienda mis garabatos y los pase en limpio y los publique y los presente, y yo desaparecer. Curioso, pero sigo reaccionando así aunque con más tranquilidad, porque el tiempo ha pasado, ya he visto todo el juego que hay en torno al libro. Ya sé que una editorial hace una inversión al publicar un libro mío y que yo debo asistir a una firma de libros porque esa editorial no puede perder dinero por mi culpa. En fin, hay una maduración, si es que la madurez tiene que ver con cosas como ésta.

J. O.: *La política es un tema probablemente inevitable en toda entrevista con un escritor latinoamericano. Se sabe bien que tus simpatías se encuentran en el campo de la izquierda, aunque tu independencia no es menos sabida y válida. ¿Cómo has visto estos años latinoamericanos de emergencia neoliberal y franco predominio derechista, y cómo ves en el Perú la recuperación del espacio político decisivo o decisor por la izquierda democrática, el* APRA *y la Izquierda Unida, marxista y mariateguista?*

A. B.: Tú hablas de mi independencia política y de que se me considera un hombre identificado con las corrientes progresistas en el Perú y América Latina, todo lo cual es cierto. Lo primero, yo creo que podría responderte citando una frase de Stendhal, "la política es como un disparo en medio de un concierto, molesta pero hay que voltear para ver de dónde viene". La verdad es que yo soy bastante apolítico. Me interesa muy poco la política. Me parece que cuanto más se encumbran los hombres que llegan al poder son como esos monos que cuanto más alto se trepan a los árboles más se les ven las partes feas del cuerpo. Pero eso es algo que está muy ligado a mi manera de ser. Yo soy una persona desprovista totalmente de instintos, llamémoslo así, mesiánicos. No tengo esa característica en mi personalidad, mi vida ha sido siempre guiada por los afectos privados y ellos han predominado en todo. De allí que por amistad, por afectos privados, yo tengo amigos en muy distintos sectores de la sociedad peruana, y amigos que son entre ellos enemigos irreconciliables, y que me han dejado siempre actuar con toda libertad. La gente ha sido bastante justa en esto conmigo. Por otro lado, yo soy un hombre que he opinado siempre creo que con coraje, y eso en el Perú ha impactado, lo sé porque mucha gente me ha felicitado por declaraciones que he hecho. Nunca he tenido miedo de decir las cosas. En cambio, por esa limitación de mi personalidad, soy incapaz de alinearme a un partido, aunque sé muy bien por quién quiero votar y por quién voy a votar, etcétera. De niño, mi madre siempre me lo repite, las monjas, en el colegio en que yo me eduqué decían que yo era un líder nato, que era alguien que arrastraba muchedumbres, y es cierto, es absolutamente cierto, yo era un líder en el colegio; y me he dado cuenta muchas veces, aunque esto puede sonar a presunción, de que al mirar la televisión en el Perú, donde es tan pobre el debate político, puesto que no se da a nombre del Perú, sino que se trata de ganar el duelo, la pelea de gallos, el show del televidente; que si yo estuviera en la televisión volvería a encontrar ese líder que hubo en mí, que desapareció. Tan es así que hace unos meses en mi última estadía en el Perú a raíz de un programa de televisión que hice, y que se volvió a pasar la semana siguiente, se me ofreció un trabajo en la televisión. Me mandaron decir del Canal Cuatro que querían contratarme para un programa de televisión mío, y yo dije que había que discutirlo muy seriamente porque yo no sabía hacer preguntas; si había hecho tan bien ese programa era porque había respondido a las preguntas; tendría que ser un programa de otro en que yo fuera el entrevistado siempre.

Me parece que en el caso de América Latina los años sesenta han sido los años del optimismo y los años de los setenta hasta los ochenta han sido los años del horror. Y en el caso particular peruano, ya es absolutamente obvio para cualquiera, creo que hasta para el mismo presidente saliente, Belaúnde Terry, que realmente ellos volvieron al poder en un país que creían que seguía siendo igual y encontraron un país totalmente cambiado; y realmente se les podía aplicar la frase que se les aplicó a los borbones en Francia: no olvidaron nada, y entraron en plan revanchista y de castigo contra quienes habían estado antes en puestos de responsabilidad; y por otro lado, no habían aprendido absolutamente nada. Realmente, nunca se vio un gobierno peruano tan extranjero; casi yo diría en el sentido tan extraño a la realidad peruana, y tan extranjero porque parecía un gobierno de empleados de bancos norteamericanos, y hay ciertos ministros que han venido a ilustrar su currículum vitae con un ministerio para después volver a Estados Unidos. Un gobierno en lo fundamental de vocación democrática pero que gobernó el país con la mayor falta de emoción y generosidad con que se pueda haber gobernado un país, con un egoísmo clasista total, y que no ha llegado a hacerse el haraquiri, pero que llegó a perder toda la legitimidad, a minimizar los problemas más graves del Perú en función de una propaganda para traer divisas, turismo, etcétera, y que un gobierno así, aunque no se puede hacer política ficción, pero parece que un gobierno así no podrá tener una nueva oportunidad sobre la tierra en el Perú. Esa pérdida de legitimidad ha venido acompañada de la ganancia, del apoderamiento de esa legitimidad por otros partidos políticos; el APRA y la Izquierda Unida. Soy una persona que piensa que los políticos no crean el cambio ni la revolución, sino que el cambio y la revolución emplea a los políticos. Estamos viviendo un momento de peruanización del Perú que ha sido unas de las cosas que no ha querido ver el régimen de Belaúnde, en absoluto, ha sido de una ceguera que no sólo ha sido nefasta para el belaundismo como partido sino también para la población del Perú; y considero que es muy importante que un partido sólido, fuerte, verdadero, como el APRA, haya llegado al poder, puesto que todos los peruanos vamos a saber por fin qué es el APRA. Tal vez los mismos apristas van a enterarse de qué es el APRA. Pero hay una cosa que no se puede negar y es que se ha hablado de la inmensa crisis de valores, del inmenso derrotismo, de la resignación de los peruanos a lo peor, y sin embargo han acudido masivamente a las urnas a votar. Me hace pensar esto que el voto no sólo ha sido pro-APRA o pro-Izquierda Unida, sino fundamentalmente un voto contra la derecha. Los peruanos han alcanzado cierta madurez política que les permite, por fin, echar virreyes.

J. O.: *Alfredo, para terminar esta conversación quizá quieras decir algo de lo que sabes ya de la nueva novela que planeas escribir en torno al colegio San Pablo de tu adolescencia. ¿Qué puedes adelantarnos al respecto?*

A. B.: Yo iba a escribir esa novela después de haber regresado al cuento, que es un género del cual estaba nostálgico, y he escrito un libro de cuentos que he perdido; y me queda siempre esa duda, esa necesidad de recuperarlo, pero no sé si éste es el momento propicio, puesto que, como han sido escritos hace muy poco y están frescos en mi memoria los títulos y hasta ciertos párrafos, hay la tendencia a plagiar lo perdido, y yo debería, realmente, incluso abandonar algunos de esos cuentos y escribir otros. O cambiarles de título a algunos. En realidad el libro me interesaba mucho porque había escrito por primera vez una *nouvelle*, y de allí el título de *Ocho cuentos y la mudanza*. "La mudanza" no era cuento, era un relato de unas setenta páginas, más o menos; es un género que me interesa mucho y en el cual incursioné por primera vez. Era un relato violento, triste, y bastante feroz, bastante duro; y los cuentos eran una serie que transcurrían algunos en el Perú, y otros en Europa, e incluso uno de ellos en Estados Unidos. Debo poder escribir estas cosas al mismo tiempo que la novela. Yo siempre me vuelco mucho en lo que estoy haciendo y excluyo bastante todo lo demás, menos mis clases, que las daba porque soy cumplidor de mi deber y hasta que no dejé la universidad quise trabajar lo mejor posible en la docencia, y dejar un buen recuerdo de mí como profesor. Sin embargo, los periodos en que yo escribía una novela no escribía artículos, por ejemplo. En los periodos en que dejaba de escribir porque había terminado un libro, escribía artículos. Eso me preocupa un poco ahora en que tendré que hacer artículos, novela, y siento además este deseo de recuperar el contenido de la valija. En fin, incluso cosas que he perdido, no sé, una especie de recuperación total, que incluye ese manuscrito, como para corregir la realidad. Porque yo venía absolutamente feliz y eufórico y esperando una solución mágica a todos mis problemas personales, de salud, sentimentales, etcétera, y una de las cosas que se me ha aconsejado no hacer es confiar en las soluciones mágicas, aunque han funcionado en mi vida muchas veces. Yo recuerdo por ejemplo que llegaba el verano en París y yo tenía una alergia y un año se me llenaron ambas muñecas de ronchas, que milagrosamente desaparecieron en los trámites de pasaporte al llegar a España, y eso me ha permitido comparar las ronchas con mi vida entera. Y pensar que esto podía desaparecer y cambiar totalmente hacia una nueva vida. Claro, la gente más racional me dice no recurras siempre a las soluciones mágicas. En cuanto a la novela, es una novela que yo quiero escribir y de la cual tengo dos o tres comienzos guardados, que no han cuajado; era la novela, en realidad, que hubiese escrito después de *Un mundo para Julius*, pero que conté antes de ese proceso de desencanto que termina en la escritura o con la escritura de *La felicidad já já* gracias a una persona que me hacía contarle historias como un abuelo a su nieta, y que todos los días me decía, "y para mañana me tienes que tener cuatro páginas más", y realmente me tendió una trampa, una maravillosa trampa y yo por esa persona tengo un agradecimiento enorme, ha sido además una de las personas que más fe ha tenido en mí como escritor. Lo que pasó es que al terminar *Un mundo para Julius*, y darse este proceso de desencanto de que eso no era la literatura para mí, la literatura era sólo escribir, yo volví al Perú, y habían pasado ocho años y si consideras que me vine del Perú a la edad de 24 o 25 años, y mis amigos terminaban la época de estudios universitarios y empezaban los matrimonios y los hijos y las herencias, cuando volví ya no encontré mi imagen, y mis amigos como que eran los padres de mis amigos, eso me rompió todos los esquemas; y luego otra cosa que me rompió todos los esquemas es el hecho de que, fuera del divorcio que se había producido, el doloroso divorcio que se había producido, sólo encontrásemos un terreno común de conversación y afecto en recordar anécdotas del colegio. Para ellos, me di cuenta, una novela sobre ese colegio tenía que ser un anecdotario. Ellos jamás comprenderían que la ficción mía podía ser totalmente ajena o tomar o interpretar o cuestionar esas anécdotas en otro nivel. Querían historias tales, contadas así y así. Y, claro, ya no eran los mismos hombres, yo tampoco lo era; incluso volví al colegio a visitar, a hacer esas cosas muy vargaslloseanas de recorrer el lugar, de tomar notas, nada de eso me sirvió para nada. Es un poco como mis crónicas de viaje, *A vuelo de buen cubero*, yo tomaba notas como loco y cuando regresé a mi casa de París, a escribir las crónicas, las notas no me servían absolutamente de nada. Durante todo ese viaje yo le había escrito cartas a una chica y le pedí por favor que me las prestara porque le hablaba de mi viaje en esas cartas y descubrí que las cartas no eran más que citas de Goethe y otros autores. Yo mantenía correspondencia sobre libros con ella, libros de literatura alemana, italiana y apenas mencionaba los lugares donde estaba. Y entonces tuve que escribir el libro devolviendo las cartas, rompiendo las notas y recreando mi itinerario ya un poco novelescamente; y, bueno, con esta historia me ha pasado lo mismo. Lo que pasa es que me he impuesto un poco ya entrarle a ella porque me di cuenta de que cuando aparece el personaje de Octavia de Cádiz, por ejemplo, en *La vida exagerada de Martín Romaña*, yo me proponía escribir otra novela y entonces el personaje de Martín Romaña cuenta que va a escribir un cuaderno rojo; y a pesar de la angustia que eso me supuso, porque leí críticas en que decían ahora esperamos el cuaderno rojo, o los amigos que me escribían o los lectores que me preguntaban para cuándo, y me dije en las que me he metido, anunciar un libro es algo que no debo hacer nunca. Sin embargo, no bien empecé a escribirlo la angustia desapareció, y esto creo que es un precedente que me permitirá entrar en la novela. Por otro lado, uno de los personajes fundamentales de la novela, un profesor que marcó la vida de todos los estudiantes y que yo adoraba, falleció. Eso y la dispersión que hay en el Perú de gente, los que se fueron a Caracas, otros que se fueron a Estados Unidos, el tiempo los terminó por separar, la muerte de este profesor que nos unía a todos y que nos separará más, etcétera. Ya da la idea de un mundo concluido y cerrado, de una historia concluida y cerrada que ya tiene su epílogo. Lo que me falta es encontrar probablemente el título, el nombre de los personajes; porque para mí una cosa que es importante es el nombre de los personajes. Julius es un nombre que no existe en el Perú y si hubiese dicho "Un mundo para Juan" la novela hubiese sido distinta. Es una cosa muy rara, algún día tengo que leer una tesis de una profesora que realmente ha hecho un análisis sobre por qué se llama Julius. Porque yo estoy absolutamente convencido de que si a Martín Romaña le hubiese llamado Roberto Goicochea hubiese sido una novela totalmente diferente. Hace un instante me produjo un efecto de sorpresa enorme descubrir que en *Un mundo para Julius*, hay un personaje muy malo llamado Martín y que no tiene absolutamente nada que ver con Martín Romaña, o sea que Martín necesitaba un apellido para cambiar de personalidad. Es muy curioso. Y como no funcionó la novela con "Mayte de Cádiz" tuvo que ser Octavia. La historia original era la de Mayte de Cádiz. Otra cosa fundamental en mí es que cuando ya estoy listo para escribir necesito tener el título de la novela; es algo que tengo y estoy encantado de tenerlo porque creo que es la primera de mis novelas que no va a llevar el nombre ni de un hombre ni de una mujer, es una novela que se titulará *No me esperen en abril*. Y todo tendrá que acomodarse al título. Increíblemente un día encontré la intriga, y la he olvidado. No sé por qué, no lo deben esperar en abril. No recuerdo bien por qué, tampoco me preocupa porque si no se va por ese camino se irá por otro. De lo que sí me estoy dando cuenta es de que la proyección amorosa va a entrar en la novela más de lo que yo creía. Y eso me interesa porque era importante para nuestra vida de internos el soñar con chicas, etcétera. Además de todo creo que es un mundo concluido, un mundo terminado, y no solamente una historia de ese colegio, sino la historia de lo que ese colegio representaba. Entonces, ahora yo creo que lo que me falta ya no es más que leer las tres o cuatro novelas que tengo sobre colegios y adolescencia sobre todo *The Catcher in the Rye* de Salinger, *Decadencia y caída* de E. Waugh y ahora otra sobre la adolescencia que no he empezado aún, que es una novela rusa extrañísima que han descubierto en París y que se llama *Novela con cocaína*, y tal vez *La ciudad y los perros*. Probablemente estas novelas no me las lea todas antes de escribir, sino que al promediar la lectura de la primera o de la segunda ya encuentre el punto de partida y las otras no sean más que música de fondo al trabajo literario. Novelas, con la excepción ésta del ruso, ya leídas, releídas; uno de los placeres que me pienso dar en España es el de la relectura y a eso se debe que la mitad de mis libros hayan sido regalados en Montepellier, con la mudanza, pues quisiera sinceramente releer muchas cosas. También traigo autores que desconozco; llegas increíblemente al final de una larga estadía en Francia sin haber leído a Balzac, por ejemplo, yo nunca he leído a Balzac. Tengo grandes lagunas, y es que mi educación literaria ha sido el disparate más grande del mundo; descubro la literatura latinoamericana en París; en el Perú leía literatura francesa y norteamericana. Luego la amistad con una muchacha que vive en Italia y por el hecho de que ella aprendió el italiano y por haberlo enseñado incluso en París, descubro la literatura italiana. Es una amalgama y ninguna de esas literaturas ha triunfado sobre otra; constantemente estoy tratando de ponerme al día en una de ellas y ya las otras se me escapan. Incluso recuerdo haber leído a los clásicos rusos en Italia, y hoy me gustaría volverlos a leer porque yo era un lector muy ingenuo. Hay un proceso de ósmosis que hace que yo digiera la literatura de una forma en que parece que no la hubiese digerido, y eso me sucede también con la crítica literaria. He sido alumno de Gaetan Picon, he sido alumno de Goldman, de Barthes, he leído sus libros, y no sé, nunca nada de esto ha aflorado en mis cursos, ni en mi literatura, o aflora de otra forma. Yo lo que siempre he dicho, en todo caso, es que cuando escribo algo o cuando empleo alguna determinada técnica literaria no es en absoluto algo preconcebido o pensado; este capítulo debe ir en discurso indirecto o este capítulo debe ser un monólogo interior, nada de eso, sino que llego a la única salida del capítulo que es ésa, y siento que estoy inventando el monólogo interior, por ejemplo. Es una cosa muy especial que está ligada profundamente a lo que decía antes, que no escribo con inteligencia, yo no soy un escritor inteligente, intelectual. Soy un hombre que lee bastante, que ha sido profesor durante muchos años pero que ha mantenido una especie de lectura candorosa. Y en cierta forma también esta novela representa el retorno a la región, es decir, al Perú como trasfondo de mis novelas; las últimas tres novelas transcurren entre Francia, Italia, España y Estados Unidos fundamentalmente y los flashbacks son hacia el Perú.

J. O.: *También será quizá la única novela tuya que transcurra plenamente en un tiempo concluido, y no sea parte del pasado que te aguarda en el futuro, como en las otras novelas.*
A. B.: Salvo que me tienda una trampa imprevista. Pero, en fin, veremos por dónde se desarrolla. A veces quisiera hacer una novela donde, por ejemplo, puedan salir crisis que yo sorprendentemente no he tenido, o que si he tenido no me he atrevido a sufrir o a manifestar. Porque, ¿cómo paso de ser el hombre más beato de Lima, de un seminario, incluso, al abandono del catolicismo en un abrir y cerrar de ojos? ¿Qué hubo ahí? ¿Qué pasó en esos años? He guardado cartas de amigos y están llenas de menciones de que fuimos a misa juntos, de que le pedí a Dios por ti; y en un momento yo desconecté, simplemente. Hay una escena que

puedo recordar como una pesadilla y es en una de las entradas laterales de la iglesia de San Felipe donde había una especie de pequeño altar y una pila de agua bendita, de haber sido atrapado por una mujer gorda y loca que me hablaba y me hablaba y me manoseaba, me violaba literalmente; pero esto nunca lo he contado, porque era una señora del barrio, conocida de ese barrio, y tampoco le di importancia, lo olvidé, y aparece como un sueño de vez en cuando, y a veces dudo de que haya sido realidad, pienso que puede haber sido una pesadilla mía. Y yo creo que esta novela me va a servir para mi adolescencia, que fue definitivamente crítica, terriblemente crítica, dolorosa, y tendré que revisar las pocas cartas y documentos que me quedan de esa época para acordarme de quién era. Desgraciadamente hay un secreto que no llegará a revelarse; una tía mía me dijo que yo había sido una persona que había necesitado grandes auxilios durante la adolescencia y que había sido abandonado por completo, y me dijo: es una cosa de la cual te hablaré la próxima vez que beba una copa, y yo traté de interrogarla y se volvió una tapia. Pero me dijo: fue muy injusto lo que se hizo contigo. Y luego había esta doble vida, del estudiante estupendo, del primero de la clase, del deportista ejemplar, y la descripción que se hace en la revista de ese colegio sobre mi persona como la de un excéntrico, el excéntrico del colegio, solitario; aunque fue una soledad en excelente compañía, porque yo guardo de ese internado unos recuerdos muy alegres. Recuerdo incluso que no regresaba a mi casa los fines de semana: me quedaba en el colegio.

JORGE EDWARDS:
LA NOVELA POLÍTICA

Julio Ortega: *Después de leer la parábola irónica que es* El anfitrión *(1987) me he convencido de que tú estás, desde tus primeros libros, escribiendo la biografía política de nuestro tiempo latinoamericano. Desde* El peso de la noche *(1964) hasta* El anfitrión, *encuentro que el escenario político es un balance colectivo, o al menos generacional, y que esa introspección del destino público se da en las formas más lacónicas e irónicas de la biografía. Estas "vidas ejemplares" por arquetípicas, y "vidas imaginarias" por estar hechas del discurso de lo político, son también "vidas paralelas", formas de desvivir lo latinoamericano en íntima disputa con sus realidades. Para empezar por aquí esta indagación sobre tu narrativa, quisiera preguntarte por la definición política de la biografía, esto es, ¿crees que la experiencia política es la que articula, en efecto, nuestras interacciones con los otros y con nuestro tiempo? ¿Es ésta una diferencia latinoamericana, una pregunta por nuestra identidad?*

Jorge Edwards: Desde que la narrativa chilena, alrededor de los años cincuenta, dejó de ser rural o costumbrista, la experiencia política pasó a ser uno de sus elementos centrales, recurrentes, omnipresentes. Dejó de buscar la diferencia latinoamericana en la naturaleza, búsqueda que se había vuelto monótona, estéril, y empezó a encontrarla, a veces sin proponérselo, en la historia. En esto, por lo demás, la novela chilena reanudaba la tendencia de los orígenes. Alberto Blest Gana, al descubrir la obra de Balzac e intentar hacer una *Comedia humana* chilena, fue el primero en escribir la biografía política de su tiempo. El personaje de Martín Rivas corresponde a una vida paralela, vida imaginaria, no ejemplar, pero sí ejemplarizadora. Y el Loco Estero, oficial revolucionario, víctima de las guerras civiles, que su hermana hace declarar loco y encierra en una propiedad familiar, es un caso perfectamente vigente. Por eso, en mi novela *El anfitrión*, el Loco Estero figura entre la población del manicomio e institución para toxicómanos que es la puerta por donde los dos personajes, Faustino y Apolinario, entran a Chile.

Todo esto, sin duda, toca el tema de nuestra identidad. Los países latinoamericanos son invenciones políticas y administrativas, injertadas en medio de una naturaleza indiferente... y superior. La poesía de un Neruda o de una Gabriela Mistral se dedicó a cantar, en sus momentos mejores, la superioridad de esta naturaleza ("Antes de la peluca y la casaca..." "El Gran Océano"... "Materias"...). El relato (narración literaria sin ficción), el cuento, la novela, se ensañan en la exploración y la exposición del tejido deteriorado de la sociedad, con su pululación de historias. Como dice Vargas Llosa en alguna parte, el novelista se especializa en la carroña.

J. O.: *A diferencia de las novelas políticas de Carlos Fuentes y Vargas Llosa, donde el Estado corruptor distorsiona la experiencia posible de lo político, en las tuyas sí hay una cotidianidad política suficiente, en el sentido de que los héroes o antihéroes discurren en un mundo definido en los términos de uno u otro discurso político. Eso supondría que hay una dimensión legítima de lo político. ¿Cómo asumes, entonces, el fracaso que permanentemente subraya la experiencia política? ¿También el fracaso político es parte de una experiencia generacional y, por eso, su legitimidad, piadosa o irónica, resulta novelesca?*

J. E.: En el Chile de mi tiempo ha sido imposible introducir coherencia y corporeidad en la vida cotidiana sin recurrir a determinadas categorías políticas. Por ejemplo, un radical, militante o allegado al Partido Radical, en los años cincuenta, tenía una manera extremadamente concreta y definitoria de vestirse, de hablar, de comer, de reunirse, de exhibir sus presupuestos ideológicos y éticos. Un comunista y un conservador también. Un conservador con "inquietudes sociales" era un social cristiano; año más tarde, un demócrata cristiano. Dentro del Estado coexistía un conjunto complejo de equilibrios más o menos inestables, parcelas de poder que disfrutaban de algún espacio y que renegociaban continuamente sus respectivas situaciones. A raíz del fracaso de la experiencia de Allende, la dictadura creyó que podría terminar para siempre con esta fragmentación y esta especie de compadrazgo colectivo, fenómenos a los que muchos atribuían la supuesta decadencia o la insalvable mediocridad del país. Pero no hubo una guerra interna, como habrían querido algunos. Sólo hubo una guerra ficticia, inventada. La dictadura no pudo evitar que ese tejido, con su cotidianeidad política desdramatizadora, empezara a reconstituirse. La transición chilena, llena de etapas que vistas desde fuera parecen inexplicables, no se explica de otro modo. En mi generación, el paso a la acción política, seguido de un inevitable fracaso, ha derivado de una visión crítica, rebelde, insatisfecha, de la sociedad existente con sus precarios y grisáceos equilibrios. Silverio Molina, personaje principal de mi novela *Los convidados de piedra*, héroe derrotado, ha querido defender primero la tradición, y después, en un proceso de conversión clásico, ha defendido la opción revolucionaria. Su historia personal desembocará en la comprobación melancólica de que ambas actitudes eran imposibles. Quedará, como balance positivo, en verdad piadoso e irónico, su amor exaltado a la naturaleza de la región de Los Queltehues, La Punta, Mongoví, espacios geográficos ficticios, con equivalencias aproximadas pero no enteramente exactas. En este punto, intenté hacer la síntesis de la visión de los poetas épicos, "naturales" (la tradición de Ercilla y Pedro de Oña hasta Neruda y Mistral), y de los cronistas y novelistas. En estos días he pensado en un nuevo capítulo final, más realista y más cruel: la playa de los Queltehues bajo la democracia recuperada, pero atravesada por motocicletas y automóviles areneros que ahuyentan las antiguas bandadas de patos, queltehues, gaviotas, zarapitos, ocasionales garzas, pelícanos...

J. O.: *Sospecho que tu visión de la política latinoamericana, por ser más novelesca y menos sancionadora, es más moderna. Volvamos a la perspectiva biográfica. Si en tus primeros textos el balance era más realista, en los últimos es más imaginativo, incluso humorístico. Después de todo,* El anfitrión *es una ingeniosa versión del* Fausto. *Y, por lo mismo, su tesis básica es que es posible, gracias a un pacto demoniaco, cambiar la vida, vivir de nuevo, ser otro. Nostálgico, Faustino Piedrabuena es transportado del severo exilio alemán al Chile de sus quereres. Sólo que la política lo ha fijado en una vida, real o imaginaria, que lo persigue como un malentendido. ¿Cómo se te ocurrió esta biografía paralela? ¿Es Faustino un tipo de la galería del exilio, una máscara amable de esa vida grandiolocuente y becada?*

J. E.: Si se sostiene que es posible cambiar la vida mediante un pacto con el Diablo, se insinúa, en forma irónica, que no es posible cambiarla, ya que suponemos que el Diablo no existe. Sin embargo, *El anfitrión* es, en realidad, una novela sobre la memoria y la transición política, que usa el tema de Fausto con desenfado (como debe usarse). La transición chilena, extraña, anómala, ha exigido una especie de reescritura del pasado. Y el Diablo de *El anfitrión* no compra las almas de sus "clientes" sino los pasados, que colecciona en unos archivadores polvorientos de sus oficinas del centro de Santiago. Vivir en Berlín Occidental invitado por el DAAD alemán, junto al Muro, en presencia de dos exilios chilenos, el del lado capitalista, donde se daban casos interesantes de picaresca criolla, y el del lado comunista, donde los problemas del stalinismo seguían vivos, experiencia que hice en forma paralela a una lectura de Faustos Clásicos y modernos –el de Goethe, el de Christopher Marlowe, el de Thomas Mann– me dio la idea.

J. O.: *En* El anfitrión *resulta que el Demonio reescribe las biografías. Se declara "coleccionista de pasados"; dice que "la venta del alma, que es una entelequia" no sirve de mucho; pero sí, en cambio, los pasados "con su diversidad, su ocasional belleza, su tristeza, su corrupción, sus vergüezas y sus minutos de gloria..." Y advierte: "Cuando su historia personal ingrese a mi colección, ya nadie se acordará más de ella. Su pasado se habrá convertido en una hoja en blanco. Podremos escribir ahí lo que más nos convenga" (114-115). Este Demonio autoritario propone al pobre Piedrabuena un pacto extraordinario: hacerlo candidato a la presidencia de Chile en las próximas elecciones. Así, con humor, la historia de una vida se convierte en una vida sin historia: la política es una experiencia de extravío, de pérdida, y la sustituye una comedia manipulatoria. ¿Es ésta una biografía del antiheroísmo político, de la política como carencia?*

J. E.: En la política real, por lo menos en la de esta transición chilena, cierta mala memoria, algo que podríamos denominar olvido piadoso, han sido factores útiles. Los poderes de naturaleza demoniaca y los de naturaleza fáustica han sido capaces de darse la mano. Esto no significa que estemos irremisiblemente condenados. Demuestra, por el contrario, la sabiduría de la idea goetheana: el Diablo, Mefistófeles, siempre planea el mal, pero de su acción siempre termina por derivar el bien.

J. O.: *Me llamó la atención el paralelo entre tu personaje y Chance, el personaje de Jerzi Kosinski, que es un jardinero ingenuo que pasa por sabio y llega a ser presidente. Me pregunto si en el fondo el esquema de este tipo de novelas no se remonta al prototipo de* El asno de oro, *donde lo casual se convierte en el mecanismo fantástico que transforma lo cotidiano. Esa biografía a nivel equivalente, por decirlo así, termina siendo una radiografía de la sociedad política. En* El museo de cera *(1982) y en* La mujer imaginaria *concurren la biografía de un antepasado tuyo en España y la de una pintora en su arte de las equivalencias. ¿Cuál sería el trasfondo político de estas máscaras novelescas, de estas crónicas de biografía anticipada?*

J. E.: Creo que mi Faustino Piedrabuena es un mediocre, pero no, precisamente, un ingenuo. Su visión lúcida le permitirá, en definitiva, vencer sus infinitos miedos y convertirse en otro. Los personajes de *El museo de cera* y de *La mujer imaginaria*, a partir de situaciones rígidas, enmarcadas y enclaustradas (el viejo conservador, la señora del barrio alto santiaguino, son tan prisioneros de sus circunstancias como el comunista chileno exiliado en Berlín Oriental), experimentan una evolución inesperada y extraordinaria. Salen a la aventura y a una suerte de marginalidad creativa. Quizás el sentido de los textos, escritos desde una situación política paralizada, era en el fondo optimista. Bueno, el Muro de Berlín cayó, y el pinochetismo muere de una muerte más o menos suave e indolora. Quiere decir que mis ficciones no estaban tan desorientadas. El cambio comienza en la conciencia, lo racional es real.

J. O.: *Por cierto, si la biografía es uno de los medios de representar la identidad cultural, ¿por qué resulta ser un género escaso en español y, en cambio, el género más popular en inglés? Otro tanto ocurre con la autobiografía, escasamente practicada entre nosotros. ¿Crees que pueda deberse a las distancias, a veces contradictorias, entre la vida privada y la vida pública? ¿Es precisamente la política una autorreescritura, una memoria revisada y reeditada? Te lo pregunto porque precisamente en* Persona non grata *(1982) tú lograste una espléndida solución narrativa al fundir memorias, autobiografía política y crónica histórica.*

J. E.: En mi trabajo he intentado demostrar que se puede, a pesar de todo, escribir autobiografías y memorias en lengua española. Estos géneros son, sin duda, los más afectados por la censura, y no sólo por la censura oficial, sino por esa otra, insidiosa, enquistada en las costumbres, en los códigos grupales y tribales, en el conjunto de las ideas recibidas. Los anglosajones y los franceses también las tienen, desde luego, pero suelen ser más inclinados que nosotros a desafiarlas.

J. O.: *Me acuerdo que* Persona non grata *se iba a llamar* El dedo en el ventilador, *título que dramatizaba, justamente, el peligro de escribir este tipo de autobiografía política; por un lado, sobre una experiencia excepcional y actual; por otro, en contra de la corriente de opinión dominante. Y, lo más difícil, hacerlo con un exacto sentido de la palabra justa. Justa a los hechos y su interpretación. Los años han pulido ese sentido político del libro, su aguda crítica hecha a nombre de la inteligencia y la justicia en una situación conflictiva. ¿Cuáles fueron las consecuencias, biográficas y políticas, de este libro? Y, por otra parte, ¿afectó, si acaso, a tu escritura de ficción escribir este libro?*

J. E.: La escritura de *Persona non grata* y la decisión de publicar el libro, decisión implícita en su escritura (el texto se dirige y se refiere con frecuencia al Lector, esa entidad antigua, mítica, y a la vez extremadamente concreta y actual), tuvo para mí un efecto liberador. Los libros de ficción que escribí después, y la completa reescritura que hice de *Los convidados de piedra*, no habrían sido posibles sin la catarsis y el acto de higiene mental que significó para mí *Persona*... Gracias a eso, mi visión de la política chilena de mi tiempo en *Los convidados* se hizo menos rígida, más libre, en cierto modo más ambigua e irónica, y en definitiva, más histórica. Los detractores de *Persona non grata* dijeron que *Los convidados de piedra* era una novela "clasista", ya que la mirada del narrador, de los narradores, enfocaba la situación de ciertos grupos de la clase dirigente, pero es absurdo: es una novela sobre la mala conciencia y la ruptura de clase. El personaje principal, Silverio Molina, sigue precisamente un periplo que lo lleva a encontrarse, primero, y después a identificarse con los pescadores, los artesanos, los campesinos, los militantes revolucionarios, de la zona que antes sólo miraba con una visión clasista. Su evolución tiene algunos matices "tolstoianos", y en la novela se insinúan irónicamente los límites de un proceso. En *La mujer imaginaria* hay una evolución comparable, en un tono ya muy diferente. El tono "político fantástico" de *El museo de cera* y de *El anfitrión* tampoco habrían sido concebibles sin la ruptura de esquemas y el desafío "a la corriente de opinión dominante", como dices con toda precisión, que implicó escribir y publicar *Persona non grata*.

J. O.: *¿Cómo concibes tu proyecto de una biografía testimonial de Neruda? Me gustaría saber qué dificultades vas encontrando en ese proyecto, aparte de la natural e inmediata de tener que contar las cosas que sólo tú puedes contar de sus años parisienses. ¿No sería, después de todo, una biografía de Neruda el magnífico telón de fondo de una verdadera Comedia Política, un escenario dantesco de la polítca como la verdadera naturaleza americana?*

J. E.: Mi biografía testimonial sobre Neruda será, en verdad, una autobiografía: Neruda y nosotros (uno de sus títulos posibles). Todos, por lo menos aquí en Chile, nos definimos alguna vez, literaria y políticamente, en función (a favor o en contra) de la obra nerudiana y del personaje de Neruda. Yo lo conocí en 1952, fui amigo suyo y fui el ministro consejero de su embajada en Francia hasta el final. Es decir, la presencia cercana de Neruda, la amistad con él, mi trabajo junto a él, tuvieron una indudable influencia en mí y en otra gente de mi tiempo. La relación no careció de altibajos, conflictos, malos entendidos. El Neruda mío provocará algunas sorpresas e irá en contra de algunas "ideas recibidas" sobre el personaje. La dificultad de la escritura del texto es la dificultad de todo relato de tipo testimonial, que requiere una libertad profunda, que hay que luchar a cada rato y en cada línea por mantener, y que choca inevitablemente con la "corriente de opinión dominante".

J. O.: *Si revisamos las grandes novelas políticas nuestras, seguramente coincidiremos en* La muerte de Artemio Cruz, *biografía del fracaso revolucionario mexicano; en* El siglo de las luces, *biografía de la revolución francesa en las Antillas, hecha por la imprenta y la guillotina; en* Conversación en "La Catedral", *biografía moral de la dictadura de Odría en el Perú de los años cincuenta. ¿Qué novelas, aparte de éstas, te importan por su explotación de la política?*

J. E.: Podría agregar: El reino de este mundo, de Alejo Carpentier; La guerra del fin del mundo, de Mario Vargas Llosa; Memorias póstumas de Braz Cubas y Quincas Borba, de Joaquín María Machado de Assis. La sonrisa de Machado de Assis, melancólica, desencantada, pero en cierto modo consoladora, es lo que me parece más afín a mi propio trabajo.

J. O.: *Jorge, después de que renunciaste a la diplomacia, volviste a vivir y escribir en Chile, y habiendo vivido allí estos años de la dictadura, ¿puedes ahora hacer un balance de biografía sumaria sobre ese plazo de resistencias y de hipótesis? Pudiste haber vivido fuera, como tantos, ¿por qué decidiste quedarte en Chile?*

J. E.: Sabía que la dictadura sería larga y pensé que si me quedaba afuera, terminaría por quedarme sin país. Opté entonces por regresar y comprometerme en la lucha interna por la restauración democrática. No estoy en absoluto arrepentido de haber actuado así. Eso me dio una especie de segunda vida literaria. Escribí mucho en estos años –incluso muchas crónicas que constituyeron mi reacción inmediata y cotidiana frente a las situaciones que se vivían– y ahora tengo muchísimos proyectos. Si hubiera seguido en España, no creo que hubiera podido tranformarme en escritor español con la misma creatividad.

J. O.: *¿Qué proyecto, biográfico o transbiográfico, te ocupa actualmente? Después de haber sido testigo privilegiado, y actor intensivo, en varios escenarios y situaciones de excepción, uno se pregunta si escribirás la verdadera biografía del "boom" de la novela hispanoamericana, por ejemplo. O, mejor aún, si escribirás tu propia biografía como si escribieras la de todos nosotros en el espacio interlocutorio donde la política y la literatura dialogan con elocuencia dramática. Se requiere la tranquila ironía tuya para que ese cuento de la tribu pueda ser un canto con sentido.*

J. E.: Pienso que me he pasado escribiendo esa biografía propia y colectiva y que todavía no he terminado de escribirla. Ahora me interesan dos extremos: la memoria personal (el género clásico de las memorias) y la memoria histórica (el género, también clásico, de la novela histórica). Y vuelvo a escribir cuentos. Y tengo un proyecto para el teatro...

OCTAVIO PAZ EN ESTADOS UNIDOS

Octavio Paz concita en Estados Unidos una atención inquieta; en primer lugar, a diferencia de Borges, habla en español de modo que su público tiene una relación con América Latina de la que podía prescindir el público de Borges; en segundo lugar, Paz habla de México, si bien lo hace desde una perspectiva que incluye a Estados Unidos: la noción de lo moderno, el destino de las ideas de la Ilustración, la suerte de la democracia. Desde el origen moderno de estas repúblicas hijas del discurso liberal, Paz habla de la actualidad imperfecta y, por eso, del futuro improbable. La democracia norteamericana limita con su práctica imperial: esa contradicción interna define su presente y contradice nuestro futuro.

Sus libros hace tiempo que han hecho su camino en el lector norteamericano como parte de su educación latinoamericana. Pero sólo en los últimos años lo acompaña una audiencia joven, que atiende en su voz al testimonio del Otro, de esa diferencia incierta que es América Latina. En el testimonio de Paz, estos jóvenes perciben que su futuro, en una parte sensible, estará determinado por la suerte de esos países de naturaleza (y lectura) problemática.

Las opiniones críticas de Octavio Paz sobre Estados Unidos no tienen que ver con la política inmediata sino con el mismo carácter político de un país como éste, hecho de grandes promesas y extraordinarias injusticias. Los ensayos de Paz deben haber producido su impacto: incluso un editorial reciente del conservador *Wall Street Journal* sobre el estado de la nación parte de esas ideas. En el otro extremo (más progresista) del discurso político, los escritores y académicos chicanos mantienen un intenso diálogo con esos ensayos. Todavía se definen a partir de *El laberinto de la soledad*, y las reflexiones de Paz sobre las interacciones y diferencias de México y Estados Unidos les son definitivas. Han internalizado a tal punto los textos de Paz que podría quizá probarse que su propia identidad cultural (o la idea que de ella debaten) corresponde al repertorio de percepciones existencialistas de los años cuarenta y cincuenta. Hasta las feministas chicanas empiezan por tomar posición entre los arquetipos mexicanos, la Guadalupe y la Malinche, reelaborados (yo diría, inventados) por Paz como fantasmas colectivos. Al menos en Estados Unidos, la izquierda no se ha resignado a perder a Paz.

Es notable su buen ánimo didáctico: habló para los estudiantes como un profesor de historia comparada que narra un cuento de horror moral, de fracaso político y pocas esperanzas realistas; pero lo hace como si su relato fuera parte del fracaso de su propia audiencia. Quizás el público que lo escucha ya ha perdido la inocencia y la culpa, pero sin duda ignoraba hasta qué punto la suerte de México lo compromete. Paz lee su propia poesía sin énfasis, con alguna distancia; el juego antitético del contrapunto barroco se hace más evidente en alta voz, y seguramente el público queda absorto y sin asidero referencial a mano; probablemente ignoraban que el español es una lengua que se permite estas libertades sustitutivas con la realidad, que usualmente es más controlada bajo los rigores de la lengua inglesa.

No sé si Octavio Paz escribirá alguna vez sus memorias. Neruda terminó escribiendo (o, por horror a la prosa, dictando papeletas que Jorge Edwards luego sumaba) una suerte de recuerdos selectivos que funcionan como su repertorio anecdótico. Imagino que Paz no elegiría esa estrategia porque tiene demasiadas cuentas que saldar; sus relaciones con Neruda, solamente, son un capítulo ameno, revelador y conflictivo. Pero quizá Paz busca la forma que le permita contar todo (o casi todo), liberándolo de él mismo: el testimonio de la experiencia y su valoración intelectual, la diversidad de los hechos y la pasión de los testigos. En algunos ensayos se ha mostrado memorioso y con ganas de aclarar las cosas. He podido hablar largo con él en México, pero en Austin pude preguntarle otras cosas y no sólo por Neruda sino por Vallejo, cuya muy probable derivación trotskista estaba yo investigando; estas noticias poco ortodoxas entusiasmaron a Octavio. Reencontrarse con el anarquista interior que a veces lo excede es casi recuperarlo en lo mejor de él mismo. Por cierto que recuerda bien a Vallejo del congreso de intelectuales antifascistas en la España del 37. (En un auto, me dice, lo oyó protestar de algunas manipulaciones, bien conocidas hoy, de los comunistas.) Pero lo que ocurre es que Paz está más interesado en el presente que en el pasado, y no es casual que hable con pasión de los escritores de hoy, incluso de los más jóvenes y recientes, en un ejercicio de expectativas cambiantes y valoraciones amenas, ligeramente arbitrarias, que lo absorbe y entusiasma. A propósito de mi *Antología de poesía hispanoamericana actual*, que preparé para Siglo XXI, revisamos la presencia de los jóvenes como si la de los conocidos fuese ya, por supuesta, convencional. El futuro, ese tiempo de resolución incierta, es el resultado de las pasiones y las inteligencias de hoy; ése es, quizás, el mensaje (inquieto) de su obra madura.

No me sorprendió, por eso, el reproche que adelanta a Alfonso Reyes: no haberse dedicado más a la actualidad; esto es, no comprometerse más con nuestras incertidumbres. Claro que Reyes es tan sabio que no lo perturba un reproche. Entre sus mejores páginas, conviene conmigo, están las del ingenio festivo de su pieza erótica *Landrú*, que nos devuelve a Reyes con barroca elocuencia. Después de todo, Paz es barroco de día y clásico de noche, porque se mueve del himno y el canto al soliloquio y la ironía.

SERGIO PITOL:
EL VERDADERO REGRESO

Julio Ortega: *Quisiera empezar hablando de* Domar a la divina garza *(1988), que es, sin duda, tu obra maestra. ¿Cómo empezaste a escribir esta novela? ¿A partir de su elaborada anécdota o a partir de tu narrativa anterior? Cuéntanos ese proceso.*

Sergio Pitol: La anécdota surgió de un viaje que hice de Praga a Georgia hacia 1985, que fue un viaje muy deslumbrante, lleno de vestigios literarios, de sugestiones plásticas, dada la tradición viva de este mundo pleno de belleza física. Pero tenía yo un problema casi nefrítico, y un día que iba paseando entré a un café que estaba frente a la estación; apenas entré sentí una horrenda fetidez, y mientras la oscuridad se aclaraba vi que los excusados no tenían puertas y que una hilera de hombres defecaba y conversaba. Con el aire marcial de los georgianos, en esas posiciones humillantes, seguían discutiendo. Salí noqueado por el espectáculo insólito. Pero mientras caminaba me vinieron a la mente versos y estrofas de una cancioncilla que la sirvienta nos cantaba cuando era yo muy niño; tendría unos tres años, y a mí y a mi hermano nos sentaba en un balcón para enseñarnos a usar la bacinilla. Íbamos repitiendo, "Sal mojón de tu rincón..." Y de allí parte la novela. Imaginé luego los personajes, y después hice un esquema. Y la escribí muy rápido, considerando lo lento que yo soy. La escribí en once meses.

J. O.: *¿Tuviste en ese momento algún modelo previo para articular esos estímulos?, ¿o sólo te basabas en tu propia escritura?*

S. P.: Bueno, en cierta forma, arranca de cosas que están latentes en la novela anterior, El desfile del amor. La obsesión con el bajo vientre que hay en un personaje, una profesora austriaca que vive en México, por ejemplo. Y entronco en una serie de ideas que venía desarrollando hace un tiempo. La tensión de máscara y rostro, que es fundamental en estas novelas de personajes que uno nunca acaba por saber quiénes realmente son; luego, la idea de la historia narrada por un idiota o un demente, que va dando la versión de cosas que rebasan sus capacidades. Este loco reduce desde su filtro al personaje que narra y a la misma novela. Luego, el elemento carnavalesco. La fiesta, el papel del bajo vientre. Y la pérdida de identidad de algunos personajes. Y también lo teatral. Recuerdo que estaba escribiendo en las Canarias, y sentí la necesidad de leer teatro español del género chico, Arniches por ejemplo, para crear una escenografía no culta sino popular. El personaje se impone a un público y toda la narración es escénica. Y al estar la historia narrada por un imbécil que está cerca de la demencia, lo más difícil fue establecer un equilibrio entre lo que pudo haber ocurrido y lo que se va contando. Cosa que ha despistado un poco a algunos lectores; algunas mujeres creen incluso que es una novela antifeminista, cuando lo que se da es una lucha entre valores; los del pícaro, los de la proximidad corporal con la cultura. Pero todavía tengo dudas sobre si logré ese equilibrio en el que se pudiera sentir cierta distancia entre la dignidad de los personajes y el narrador que trata de rebajarlos.

J. O.: *Pero en todas tus novelas hay esa tensión, entre distancia y aproximación, objetividad e intimidad, que a veces parece irónica y a veces es más interna, más comprometida.*

S. P.: Sí, incluso en los ambientes de mis novelas, que siempre han oscilado entre México y el extranjero. Pero en esta *Divina garza* quise que el ambiente, sea Estambul o Roma, fuese más como un decorado, con todos los lugares comunes, que permita un exotismo acorde con el mundo tan disparatado que se va a relatar. Ahora, la parodia es algo que se ha trabajado muy poco en México. Las tres últimas novelas mías quieren ser muy paródicas.

J. O.: *Para tratar de situar el proceso de tu narrativa, me gustaría que pudieses comparar tus tres salidas y tres regresos a México desde la experiencia de tu propia escritura.*

S. P.: Creo que hay tres momentos muy definidos en mi obra. Los primeros libros, que son cuentos situados en haciendas y pequeñas ciudades arruinadas de Veracruz, un mundo de recuerdos, un paraíso perdido y destruido por la revolución, al que no se puede volver sino a través de repetir historias de lo que fue; ese mundo está muy ligado a mi infancia. Yo fui huérfano desde muy chico y me crié con mis abuelos en casas como ésas, un poco en ruinas y con muchas sirvientas, donde faltaban las cosas esenciales pero donde había ciertos hábitos, como ir a las aguas o tener una gran fiesta al año; pero el resto del año era una sobriedad absoluta; yo era un niño enfermo, de paludismo, muy ligado a los libros, a la lectura y a las visitas, que venían a contarme historias, como mi abuela; y durante años oí historias acerca de los zapatistas que saquearon el pueblo. Pero cuando sentí la necesidad de escribir yo estaba seguro de que iba a ser dramaturgo, mi pasión mayor era el teatro, y mis lecturas después de que pasé de Verne y Stevens fueron de teatro. Y ya en México, a los 17 años, me inscribí en un curso de Luisa Josefina Hernández, con quien leímos a los griegos, y nos hacía escribir unos ejercicios teatrales para situar esos dramas griegos en el México actual; les dábamos nombres y hábitos mexicanos a los personajes, pero en el guión de mi obra veía yo que se iba alargando el texto y que se convertía en un cuento. Y lo mismo me pasó dos o tres veces, y en esos cuentos volvía a salir ese mundo vicario de historias de mi infancia. Historias que giraban en torno a la pasión, el poder y la pérdida del prestigio social. Yo tenía entonces el proyecto de crear una Yoknapatawpha jarocha. De allí salieron mis dos primeros libros de cuentos. Todo ello me sirvió de catarsis para librarme de ese mundo y tener ideas propias. Hasta que un día decidí vender mi biblioteca y mis cuadros para irme a pasar un semestre en Europa. Y fueron treinta años. Mi familia era de origen italiano, y yo había dejado Italia fuera de mis proyectos un poco todavía por reacción a aquel mundo de fantasmas; pero cuando finalmente fui a Italia viví una reconciliación inmensa. La primera vez que vi el Po sentí una emoción real de acercamiento con mi familia, con los recuerdos de mi abuela, y esa reconciliación me permitió visitar a algunos familiares, a una tía anciana que vivía en un castillo también en ruinas, como las casas de mi infancia. Y en Roma me jugué el todo por el todo, y decidí quedarme. No tenía dinero, pero viví de la traducción, clases, mecanografía, y en ese periodo, a comienzos de los años sesenta, se inició una segunda época de mi escritura, que empezaba incorporando estos viajes.

J. O.: *¿Y qué otros escritores en ese momento descubriste formaban parte de tu propia familia literaria?*
S. P.: Mi familia literaria seguían siendo los escritores del Siglo de Oro, que siempre he tenido muy cerca. Faulkner y Lowry

fueron mis titanes durante mi estancia en México. Pero en Italia empecé a leer a un escritor que para mí ha sido fundamental, y lo sigue siendo, Pérez Galdós, que redescubrí gracias a María Zambrano, a quien traté muchísimo en Roma. María fue de una generosidad extraordinaria conmigo; tenía una memoria impresionante y una gran lucidez. Parecía que estaba desfallecida y de pronto escuchaba el nombre de Rosa Chacel, por ejemplo, y despertaba como un relámpago. En Roma me interesaron también los escritores italianos, la historia de la cultura y del arte.

J. O.: *Lo primero que uno comprueba en tus libros es cierta unidad interna de estilo, una voz que habla con intimidad y la limpieza de tu escritura. ¿Se te imponen las diferencias sobre esa unidad? ¿Cómo se vinculan esos libros?*

S. P.: Hay gérmenes en los libros de 1965 o 1966 que después se desarrollan. Pero lo que me sirvió muchísimo para el desarrollo de mis libros fueron estos años de vida sin grupo. Después de 1972 me incorporo al servicio exterior mexicano, y sigo haciendo esta vida alejada de grupos. No pertenezco a nada, ni a una revista, y nunca me sentí soldado de ningún grupo. Y quizás eso permitió, me doy cuenta ahora, una libertad que, al volver a México, sentí constreñida, amenazada.

J. O.: *¿Cuál es, entonces, la cronología de tus regresos?*

S. P.: Había venido en 1966 y me quedé un año entre Xalapa y México. Estaba seguro de que venía por un tiempo y que en un momento dado saldría. Luego, este último regreso fue en 1988.

J. O.: *Es notorio que la mayoría de los escritores mexicanos vive mal el exilio. Aunque Octavio Paz vivió fuera de México buena parte de su vida adulta. Y Carlos Fuentes vive regresando. ¿Cómo es tu propio caso?*

S. P.: Yo vivo el exilio maravillosamente. Me enamoré de ciudades como si fueran seres humanos. Me enamoré de atmósferas, de literaturas, me sentí como en casa, y me encantaba el reto del cambio. Llegar a una nueva ciudad desconocida, cuya cultura parecía impenetrable y de cuya literatura no conocía sino uno o dos autores, y de repente sentirme como en mi casa, eso me entusiasmaba. Me sentía cómodo porque tenía la libertad de leer y decidir entre autores que no estaban de moda ni eran de ningún grupo. Me fui empapando de las literaturas eslavas, que han tenido en mí una influencia decisiva, que eran literaturas periféricas; la literatura austriaca, por ejemplo, era muy poco conocida fuera del ámbito germánico. Todo eso me permitió asimilar una serie de lecciones que seguramente hacen la diferencia de mi literatura, que dicen los críticos es distinta en el concierto literario latinoamericano. Pero también me acuerdo de la importancia de Borges, muy al comienzo. Recuerdo leyendo a Borges como unas verdaderas nupcias con la literatura. Iba yo en un autobús, me acuerdo, de estudiante, y en el camino había una escala, en un balneario de aguas curativas, donde bajaba uno a comer, y al comprar el periódico, en el suplemento "México en la Cultura", que dirigía Fernando Benítez, me encontré con un artículo de tu compatriota José Durand, donde comparaba "La casa de Asterión" con "Los caballos de Abdera" de Lugones, y se reproducían los dos cuentos. Borges era un autor muy poco conocido en México, esto debe de haber sido en 1952 o 1953, y leyendo varias veces "La casa de Asterión", en ese camino descubrí que el lenguaje podía ser otra cosa, algo prodigioso, y a partir de entonces leí mucho a Borges.

J. O.: *¿Y cómo fue, en seguida, tu nuevo plan de salida?*

S. P.: Gracias a unos amigos entré a la carrera diplomática, incluso di mi examen profesional de derecho, y cuando fui a recoger mis papeles me encontré con que no iba a Polonia sino a Yugoslavia por una confusión. Y entonces me fui a Belgrado, donde me sentí como en casa, muy estimulado, tanto que escribí allí gran parte de mi primera novela, El tañido de una flauta. Pero estuve en el servicio poco tiempo porque vinieron los acontecimientos de 1968, y volví a México y dejé el servicio. Yo pensaba irme a Inglaterra, como traductor, pero Carlos Fuentes acababa de volver de Londres y le había parecido tediosísimo, y habló con tal entusiasmo de Barcelona que decidí pasar unos días allí, porque además tenía yo que entregar a Barral la traducción del Cosmos de Gombrowicz; pero terminé quedándome tres años y medio. Descubrí entonces a Broch, que se convirtió en una de mis lecturas decisivas.

J. O.: *¿Cómo ves ahora la gestación de tu escritura en estos años en que empezabas a idear tus primeras novelas?*

S. P.: Cuando me ha tocado leer algunas páginas de *El tañido de una flauta*, en grupos de estudiantes, veo que hay allí ya elementos que son míos y que seguirán desarrollándose en mi obra posterior; hay una suerte de juego de cajas chinas, de historias dentro de historias que producen otras historias, de visiones múltiples donde la realidad va desapareciendo, donde se busca una verdad que nunca se encuentra porque todos los testimonios son parciales e inexactos, porque pasan por el filtro de la subjetividad, y, en fin, donde está ya el elemento de lo grotesco. Hay un capítulo en esa novela que fue muy celebrado en su tiempo, "Apariciones de la falsa tortuga", donde emergen formas paródicas y grotescas que después trato en *El desfile del amor* y en las más recientes novelas.

J. O.: *En este proceso de afinar los instrumentos de captación de tu escritura, ¿qué elementos eran los que te importaban más? ¿O se trataba de ser más fiel a las visiones de la experiencia, a su aventura?*

S. P.: Creo que era como un registro de experiencias vitales, incluidas las lecturas. En esa época me interesaba mucho menos la literatura como profesión que ahora; era más una secreción de lo que se vivía. Me interesaba mucho más irme de parranda hasta la madrugada, ir a sitios imposibles, viajar, pensar en establecer conexiones entre formas culturales, crear ciertas unidades internas; leía a Berenson mucho, y esa idea de crear como una forma de construir la casa de la vida me resultaba muy sugerente. Y en lo que escribía trataba de hacer el trasplante, como si fuera el diario de una educación sentimental, lo que en cierta forma sigue siendo una idea vigente hasta ahora en mi trabajo, y es quizá lo que lo diferencia de otros.

J. O.: *En efecto, es un mundo mucho más stendhaliano que flaubertiano...*

S P.: Sí, y el testimonio de esos elementos me servían para entender mi propia vida. Porque aunque no es autobiográfica, hay elementos que sí lo son en mi literatura; por ejemplo, yo tengo que escribir sobre personajes que veo, porque se basan en una cara, en escenarios que conozco, me es difícil imaginarlo todo.

J. O.: *¿Y cuáles serían, en este balance, los núcleos centrales de tu narrativa? La tensión entre lo real y lo aparencial sería uno evidente.*

S. P.: Siempre ha estado esa tensión. De alguna manera la novela ayuda a dilucidar esa tensión. Ahora, por ejemplo, al terminar *La vida conyugal* sentí que había yo llegado al fin de una época. Mientras la estaba escribiendo sabía ya que era algo que cerraba una etapa. Y si quisiera escribir otra novela en esa forma sería aprovecharme del impulso adquirido, lo que la haría perder vitalidad. Para mí personalmente están agotados esos recursos y personajes. Ahora estoy pensando escribir otra novela, y he empezado recogiendo notas de mi primera etapa literaria, aunque éste sería ya mi tercer periodo de escritor. El regreso actual a Xalapa me ha revivido el pasado y he vuelto a recordar cosas truncas, y he recuperado notas viejas, y aunque estarán la parodia y el grotesco, será algo más solemne, una especie de réquiem.

J. O.: *O sea que esta tu tercera vuelta a México coincide con un recomienzo nuevo y literal.*

S. P.: Es un reencuentro. He ido a ver los lugares donde viví, los pueblos de mi infancia, y creo que lo que voy a escribir tendrá una forma casi cercana a lo trágico. En cada libro, es verdad, he empezado y terminado proyectos narrativos; y en ese sentido sí es biográfica mi escritura. Llevo un diario, desde hace mucho, un diario no literario, lleno de impresiones, de notas de lecturas, de detalles, al que vuelvo siempre; y es muy pertinaz en mí este regreso al proceso de descomposición de personajes que quisieron ser algo pero no llegaron a serlo.

J. O.: *Es verdad que esta dimensión fantasmática de tus representaciones es muy patente, pero también hay otra, de una vitalidad contenida y latente, que junto a la derivación "eslava" de tu escritura podría haberte llevado a otra, quizá "mediterránea".*

S. P.: Es que lo mediterráneo también está allí, por ejemplo en la importancia de lo visual. Es algo en lo que me detengo mucho. Y también en la importancia de lo sonoro. *El tañido de una flauta* es una novela compuesta a partir de diferentes acentos, de hablas distintas, que van creando una imagen visual. También me detengo en situaciones dominadas por el escenario visual del vestuario, y mucho en la importancia de lo gestual.

J. O.: *Sin embargo, no es un mundo proustiano, ¿verdad?*

S. P.: No creo, lo leí en la adolescencia, pero salvo *La prisionera* nunca he podido volver a ese mundo. El elemento gestual quizá viene de la literatura centroeuropea, es muy rico por ejemplo en Kafka. El movimiento, la interrupción del movimiento. Eso le da a la literatura un carácter visual. Y otra fuente fue Henry James, a quien traduje mucho en una época. En el núcleo escondido que hay en mis novelas yo creo que hay una dimensión jamesiana; mis personajes tratan de descifrar un misterio al que nunca llegan. En *Los papeles de Aspern*, a pesar de tanto diálogo, gesto, acción, terminamos sabiendo muy poco.

J. O.: *Sergio, la decisión de volver para quedarte, ¿cuándo la tomas y en qué circunstancias?*

S. P.: Mira, la tomo en 1987, que fue un año de muy mala salud, de operaciones; aunque a pesar de eso lo pasé en casas de reposo, en lugares muy prestigiados de la literatura, donde escribí mucho. Pero esa dificultad de recuperar la salud, que me hizo recordar mi infancia de niño enfermo, me hizo sentir la imposibilidad de seguir viviendo en el extranjero. Necesitaba volver a estos mundos donde había sido protegido y cuidado. Pero además en este periodo había yo escrito mucho, novelas y ensayos, y sentía que había llegado a un momento de profesionalidad, y que necesitaba todo mi tiempo y energía para seguir escribiendo.

J. O.: *Entonces volviste, ¿y qué encontraste?*

S. P.: Volví y encontré un mundo totalmente diferente. Yo seguía imaginando un mundo que había conocido en los años sesenta. Mis amigos habían evolucionado en una manera que yo no había previsto, los usos de la ciudad eran muy diferentes, y hasta las fachadas me resultaban desconocidas. Volví a una ciudad desconocida, que no me daba el amparo y comodidad que buscaba. Lo cual rompió mi ritmo de escritura, y he necesitado todo este tiempo para volver a sentir la relación con la palabra y con las fuentes nutricias que requería.

J. O.: *Esto corresponde a una etapa de depresión intensa que viviste, ¿cómo se manifestó y cómo resististe?*

S. P.: Una noche, en Cuernavaca, estaba yo terminando de corregir la primera versión de una traducción, y cuando llegué a la última página no pude hacer más. Siempre he sido un trabajador nocturno, y de largo aliento porque he traducido más de 50 libros, y he escrito mucho, y en cualquier etapa de mi vida siempre me ha sostenido el trabajo. Pero de pronto sentí que no podía terminar esa traducción. Pensé que estaría muy fatigado, y me fui a mi dormitorio pero no pude dormir. Percibía imágenes atroces, vacíos brutales, sentía un demérito en todo lo hecho, una inexistencia futura. No dormí en toda la noche; al día siguiente regresé a México, y como seguían repitiéndose estados nerviosos, fui a ver al médico, quien me encontró en un estado de depresión muy agudo, que podía ser fatal si no se atiende de inmediato. Empecé entonces a vivir la depresión, arrinconado, seguí escribiendo, traduciendo, pero no podía ver gente. Sabía que si dejaba de trabajar me hundía, pero cualquier salida de casa me producía una gran angustia. Sentía que toda mi vida había quedado atrás, que no me quedaba futuro sino miseria.

J. O.: *Tal vez también tenía que ver con el hecho de que al abandonar tu identidad de escritor libre tenías ahora que asumir otra identidad en una realidad que se hacía más hostil.*

S. P.: Claro, tenía que asumir mi identidad de escritor en una vida literaria que encontraba llena de enigmas y de problemas. Pero también mi identidad de ciudadano en esta ciudad.

J. O.: *En ese sentido, quizá lo mejor que te podía ocurrir era volver en la novela que ahora escribes al mundo de la infancia...*

S. P.: Sí, empecé a ir a Xalapa y allí recomienza mi reconciliación con el mundo mexicano. El verdadero regreso. Con todo lo que eso tiene de riesgoso.

OSWALDO TREJO:
EXPLORACIONES

Julio Ortega: *Oswaldo Trejo es el autor de una obra única. Se trata de una obra, en primer término, fiel a su naturaleza experimental y exploratoria, esto es, a la noción de que la narrativa no es una representación del mundo sino una reformulación de la escritura. Pero, en segundo término, estos libros no son programáticos sino profundamente festivos; y gracias a esa inocencia creativa y gratuidad celebratoria, estos textos poseen frescura poética tanto como ironía comunicativa, a pesar de los laberintos del estilo y la fragmentación libre. Mi primera pregunta sería, por lo tanto, ¿cómo se ve Oswaldo Trejo de la mano de Oswaldo Trejo? ¿Quién es el autor de estas estratagemas formales y de estos frescos de palabra viva? ¿Cómo ves tu propio proyecto de escritura al cabo de estos años de ejercer su práctica?*

Oswaldo Trejo: Aprovecho el comentario con el que introduces la pregunta para hablarte de las expresiones *experimental* y *exploratoria*. Yo prefiero la segunda a la primera en cuanto a la dirección que tiene la narrativa que hago, porque la primera siempre me ha parecido que remite mucho a ciencia y laboratorio, creando prejuicios, prevenciones en contra de un acercamiento a la narrativa de esa naturaleza, al cual se niegan el común de las personas y muchos escritores y artistas. Sí, como si se les pusiera ante la insalvable exigencia de vencer grandes dificultades de lectura, cuando no es tal sino consecuencia de cierta falta de familiaridad con una escritura en la que deben tener participación activa en vez de pasiva. Puede resultarles incómodo que lo anecdótico tenga otros tratamientos, pero nunca como para abandonar un libro por la creencia de que no cuenta nada, cosa que es verdaderamente imposible. Si en la llamada narrativa experimental quieren encontrar reproducidos los hechos de novias o de madres, cuando no sus más exactos retratos, les pasará lo mismo que a las personas que pretenden hallarlos en exposiciones de pintura no figurativa, donde tampoco están ni aun si es la más realista. A propósito, puede decirse que la narrativa está en deuda con las demás artes, de claras, definidísimas correspondencias expresivas entre ellas, cuyas múltiples propuestas, ya clásicas, han sido aceptadas a lo largo del presente siglo. Sin embargo, a la narrativa no tradicional se le asocia a dificultades cuando no se le acusa de fastidiosa, de incomprensible, de definitivamente ilegible. No habría que ir muy lejos, bastaría una sola prueba para entrar en la actitud negativa de ciertos lectores, con algo que pasaría a ser experimental, arbitrariamente en la opinión de los receptores de esto: Quitémosle la puntuación a la primera página de *Don Quijote de la Mancha* y comprobaremos que aun quienes la hayan leído con ella la rechazarían no por irrespeto a Cervantes sino porque estarían predispuestos a no entenderla así, prevenidos contra una exigencia de tales proporciones. Hay más, habría quienes ante lo indeterminado de "*En un* lugar de la Mancha *de cuyo nombre no quiero acordarme*", dejarían el libro por no darse los datos precisos del lugar, tal vez para visitarlo en la primera oportunidad como realidad y existencia, sin riesgo alguno de extraviarse. Así las cosas, tenemos entonces la urgente necesidad de que personas de todas las edades, más las jóvenes, vayan a alfabetizarse narrativamente en las universidades de la tercera edad, previendo el caso de que la narrativa *experimental* se extendiera, proliferara, mientras todavía no sabemos qué hacer con Joyce, Proust, Faulkner, Beckett, Sarraute, y la lejana Gertrude Stein, entre otros autores, cuyas obras son impenetrables para muchos.

Es por lo que, en mi caso, acojo la expresión *exploratoria* como naturaleza de una escritura. Exploratoria porque siempre he sentido que soy explorado por las cosas que están fuera de mí, las mayores se van porque enteras no pueden habitarme, las menores se quedan pero parcialmente. Son éstas las que el lenguaje y nada más que el lenguaje las completa, hallando los fragmentos que les falten, de lo cual se desprende que de cuanto los demás escritores hablan en sus libros de manera cabal, extensiva e importante partiendo de globalidades muy concretas, yo me manejo con fragmentos, cuyos relieves, significaciones, corporeidades narrables, son rescatadas por el lenguaje, definiendo las cosas no como están en los diccionarios sino en el espacio correspondiente a cada una, donde aun las cosas más concretas son muchas veces despreciadas o intervenidas por las que están en vecindaje, que las modifican cuando no las violan en sus contextos, tal como hace el lenguaje con el lenguaje mismo que busca resplandores yendo hacia sus entrañas. Así, pues, pudiendo ser el lenguaje la voz cantante de otra narrativa, ¿cómo puede uno dejar que la palabra que lo construye no cuente con uno para ser menos solitaria? Menos que la palabra policialmente arrastrada por la urgencia de seguir fichas, planos, diseños, preconcebidamente sobrepuestos a la escritura de cientos de páginas decorridamente escritas. Esto quizá sea por imposición de las *cosas mayores*. O por merodear los grandes temas que, como sabemos, son cuatro: Hamlet, Don Quijote, Fausto y, finalmente, Don Juan. Puedo decir que ni separándolos, ni casándolos por parejas, ni licuándolos como hacen muchos, he buscado aproximarme a esos temas, ¿cómo si escribo tanto *las menores cosas fragmentadas* como las palabras mismas, deletreándolas? Es lo que pido a quienes vayan a mis textos, que los lean deletreando, siguiéndolos como a un riachuelo, nunca abundante de aguas, cuyo cauce tiene un inicio en unas gotas que vienen a ser las primeras palabras con las que abro párrafo. Un riachuelo que, como los pedregosos de montaña, nunca se vuelve a corregir su curso, pues no avanza si cada tramo no está acabado para pasar a otro, llevando sucesivamente algo del mundo hasta donde concluya, dándose con las palabras que dicen y con el cuerpo que las dice. Por esta experiencia, estoy de acuerdo contigo y con quienes así lo creen, "que la narrativa no es una representación del mundo sino una reformulación de la escritura". Me estimula tu apreciación de que mis libros "no son programáticos sino profundamente festivos".

Ahora voy a tu pregunta. Está bien eso de ser llevado uno de la mano de uno mismo. Desde cuando comencé a escribir, muy joven, de mi propia mano me he visto llevado a la duda, siendo mi mano el testigo mayor del ya largo recorrido como escritor, por cuanto escribo a mano y no uso la máquina sino para pasar en limpio los textos en sus etapas ya definitivas. En los territorios de la duda me he movido siempre, lo cual hace que mi escritura sea muy lenta, se cumpla en muchos meses si se trata de un texto corto, de muchos años si es largo, duda con relación a la palabra dudando por sí misma en los párrafos, duda que por lo demás produce continuos rechazos a lo escrito, nuevas *exploraciones* hasta agotar sus posibilidades o las que será mejor decir, las del texto. Nunca me ha producido dolor, desgarramiento, malestar, sino un inmenso gozo y el natural cansancio físico y mental, pues de haber sido torturante, ¿para qué hacerlo?, ¿por qué no dejarlo para ocuparse de más gratas cosas que de escribir? Principalmente, establece la duda el convencimiento de que el tiempo pertenece al texto más que a mí, derivándose de esto su recepción gozosa, gozosísima, aún más cuando en la extraordinaria fiesta con la palabra uno sabe, es de las cosas que siempre he sabido, que nadie está esperando ese texto, esos textos cortos o largos, ni que el mundo va a ser mejor si aparecen pronto, ni peor si dejan de aparecer. En el comienzo de mi ejercicio de narrador, me sentía muy desafiado cuando en las tertulias caraqueñas con Alejo Carpentier, éste decía más o menos que un escritor no lo era sino cuando ya podía sentarse cómodamente sobre el montón de libros que hubiera escrito. Eran los días de la publicación de su novela *El reino de este mundo*. Qué más podía haber, después de ese decir, que no fuera aterrarme al ver la estatura de Alejo, al mirar sus largas extremidades inferiores, pensando yo que cuántos libros de numerosísimas páginas tendría que escribir Alejo para poder llegar a sentarse sobre ellos, sin que se le viera forzado ni acurrucado sobre su obra. Qué lejos me he quedado yo de semejante proeza, imposible a la edad que ya tengo. Alejo no la logró, ni siquiera si hubiese sido un escritor poco serio, o de escasas exigencias, como tantos que escriben de corrido de la mañana a la noche, apresuradamente para salvar al mundo de alguna catástrofe, haciendo al expendio más cercano un gran pedido de huacales rebosantes de palabras que, cuando ya termina el día, aún el escritor ensarta las escondidas en los intersticios de los cajones, destinadas a concluir partes de esas novedades de que están llenos los mesones de las librerías.

Vengo de los andes venezolanos, de una familia de letrados porque leían mucho o escribían libros, doctorados casi todos. Nací en 1924, en Ejido, población cercana a Mérida, capital del estado del mismo nombre. Son tiempos del caletre en la enseñanza. Repetir con exactitud la definición de cada cosa era obtener la mejor puntuación y ser alumno muy aplicado. Cuando llegué al verbo, recité su definición tal como lo decía el texto, pero estaba lejos de saber lo que era variable, esencia, estado, pasión, antes de pasar a los modos y los tiempos verbales. Así, pues, sucedía con otras partes de la gramática, de la misma manera que con otras materias. El caletre, tan absurdamente impuesto, aparte de las circunstancias de pobreza y de mudanza, debió ser el principal motivo de que no me gustara la escuela, de que no la amara, de que me escapara de ella con condiscípulos, para ir a bañarnos en algún río, a recorrer campos tras las frutas, los pájaros, los animales realengos en ese paisaje de montaña, de colinas y valles. Ese paisaje, esas cosas y muchas otras son sublimadas, a veces deformadas para darles mayor riqueza de la que ciertamente tal vez tuvieron, para un *son así* en mi libro *También los hombres son ciudades*, escrito después de que descubrí que algo me estorbaba adentro cuando escribía, siendo nada más que las cosas de la infancia, de las cuales uno debe deshacerse lo más pronto que sea posible, poniéndolas afuera todas, con suficiente distancia. Desde entonces quedé más tranquilo, pude seguir adelante sin los tropiezos con esas cosas de la infancia que interferían la escritura de muchos textos. Fue bueno porque comencé a sentirme más adulto, más libre para llegar a esas "estratagemas formales", a esos "frescos de palabra viva", a los cuales tú te refieres en esta entrevista.

Mi propio proyecto de escritor, encontrable en las apreciaciones que vengo haciendo sobre la narrativa en esta entrevista, sigue como en los comienzos, lleno de incertidumbres e insatisfacciones después de estos años, ya numerosos, de ejercer su práctica, aún más cuando sé que la experiencia no sirve para nada –no debe usarse– al abordar nuevos textos. El proyecto, la propuesta, ambas cosas han sido demasiado ambiciosas y, si el decir es venezolano, son muchas las veces que me he dicho, eso que ambicionas, mi querido Oswaldo, "es demasiado camisón para Petra". Sin embargo, como aproximaciones, el resultado está en unos textos en los que las dificultades para llegar a ellos fueron admirablemente gozosas.

J. O.: *Para empezar a discutir tus libros, podríamos citar a* También los hombres son ciudades *(1962), que me impresionó por la riqueza de su escritura, inmediata pero elusiva, de una textura íntimamente contrapuntística, que hace del registro objetivo una inquietud sobre el mundo. En el prólogo a la nueva edición, Francisco Rivera advierte el carácter antirregionalista de esta breve novela. ¿Podrías recontar el proceso de su escritura y las opciones literarias que confrontaste?*

O. T.: Ya me he referido a *También los hombres son ciudades*. Efectivamente, cuando escribo trato de impedir que algo asuma un carácter regionalista. En la mayoría de mis textos no se precisan lugares, efectos, costumbres, salvo cuando ciertos factores se cuelan en la reinvención de situaciones y las nacionalizan, o lo que me parece peor, las regionalizan.

Esa breve novela tuvo varias versiones. La primera bajo el título *Nunca tuvieron casa*, la cual pretendía ser una trilogía. Comencé a escribirla en Roma, en los días del apogeo del neorrealismo italiano, cuya influencia me hacía creer que yo podía expresarme en esa tendencia, dando unos personajes, unos ambientes, unas situaciones de una familia venezolana que por no poseer casa propia alimentaba de manera dolorosamente ingenua la esperanza de tenerla en algún lugar. Del proyecto llevado a muchas páginas malísimas, pasé en Río de Janeiro a la segunda versión, no sin olvidar que la destrucción de la primera obedecía a que *Escuchando al idiota*, cuento escrito años atrás, me gritaba que dejara las búsquedas por el lado del neorrealismo a otros. Creo que ese cuento define mucho mi proceso de escritura, por lo cual ocupa en mí un lugar privilegiado. No influyó en la nueva versión de la breve novela porque era otra cosa la que me proponía, persiguiendo siempre que su decir no tomara la vía directa sino la elusiva, afortunadamente sin volver atrás, ni al proyecto original ni a la escritura que venía desorientada, ya sabiendo lo que podía hacer o no hacer, ganancia ésta que le deseo a todos los escritores en sus comienzos.

La tercera versión de *También los hombres son ciudades* la realicé en Bogotá, donde estuve *viviendo* más que en Río de Janeiro. Concluida la novela, su primera edición apareció en esa ciudad, años después la publicó Monte Ávila Editores, con el prólogo de nuestro común amigo Francisco Rivera, hasta ahora en sucesivas ediciones. Debo decirte que dejé *con los crespos hechos* a quienes esperaban *Nunca tuvieron casa*, cuyas peripecias, de manera oral, habían tenido muchos oidores, amigos reclamantes a quienes les respondo siempre que todo lo que puedo contar oralmente nunca he podido escribirlo, además, para qué ni por qué hacerlo cuando la voz, los gestos, los momentos anímicos con sus gracias o desgracias acompañados de la voz son siempre cosas más contundentemente vivas con las que ninguna escritura puede competir, menos aun de manera tan rutinaria como son llevadas a las páginas tantas historias cortas alargadas.

J. O.: Andén lejano *(1968) me interesa por su nobleza experimental: es un texto que mantiene su frescura, seguramente gracias a que su libertad formal se da junto a una vida concreta. Y posee, cla-*

ro, *un carácter analítico, en el diálogo con ese personaje confrontado, el tú abierto como una interrogación. ¿Qué preocupaciones te dominaban cuando lo escribiste?*

O. T.: Es un texto que después de ser leído no deja nada que pueda ser contado. Mira, yo que lo escribí, me he propuesto eso sin resultado alguno y tampoco quienes lo conocen han podido, a exigencia mía o de otros, decir nada al respecto, pero sí coinciden en algo muy curioso: Que sin tener una historia que seguir, una anécdota habladora, no pudieron abandonar el libro para continuar después su lectura, sino que lo hicieron desde la primera hasta la última página, aunque me imagino que muchísimos lectores tiraron el libro al comenzarlo. Hubo un lector desconocido, de condición humilde fácilmente detectable, ni intelectual ni charlatán, que una buena tarde me reconoció y se me acercó para comunicarme su entusiasmo por ese libro. Hablaba de cosas ciertas, verificables, pero para mi contento agregaba magníficos pasajes de su invención, como para incorporárselos a ese texto, cuya presencia más relevante es la atmósfera sostenida que rige la angustia de Ecce Homo.

Nunca vuelvo a mis libros, me despido de ellos en las pruebas de página, dándoles la última mirada una vez que están publicados. De *Andén lejano* conservo en la memoria situaciones, motivos, más como nostalgia del tiempo al que pertenecieron y del que había a mi alrededor y conmigo mientras escribía ese texto. Recuerdo la muerte de una madre, también que la muerte estaba fuera de contexto, no del suyo puesto que nunca tiene alguno, sino de la madre, muerte en lugar desconocido donde había otra lengua, otra arquitectura, estando nada más que el hijo, a quien le entregan a la madre en un ataúd. Había el último rostro de la madre, maquillado, más irreconocible por el exceso de rojo en sus labios. No había más.

Ése, que es el asunto del libro, adquiere *carácter analítico* en el texto, a través del hijo cuyo nombre no podía ser Pedro Rodríguez, Juan Pérez o Julio Ramírez, sino como llámase: Ecce Homo. Éste pasa, obsesivo, del yo narrador a la segunda persona y a la tercera, construyendo una sola voz, llevando adelante el texto, debatiéndose Ecce Homo entre dudas y certezas, cuyas primeras expresiones comienzan en las páginas en blanco con algunas palabras o parte de ellas, cosa nada nueva, que son las que había en la memoria despedazada de la madre, de quien supuestamente llegan al hijo a manera de cartas casi incomprensibles, siendo una especie de juego de pasados dándose en fragmentos.

Mis preocupaciones de ese momento, aparte de asumir las de Ecce Homo, eran la continuación de cuanto venía inquietándome en la escritura de mis textos, pensándolos para que no se parecieran a la mayoría de los ajenos, apegados a la tradición del bien contar correctamente, en la que la supremacía era de la anécdota cabalgando la lengua sin permitirle a ésta, ni por equivocación, la posibilidad de ser lenguaje, mucho menos acceder la anécdota a ese reclamo, ese pedido de *desmóntate de mí para yo montarme un rato sobre ti*, hecho por la lengua. Sería mejor así, cuando no convenido el ir de por mitad en el andar hasta que, mientras avanzando, una de las partes perdiera por cansancio y ésta, entonces, fuera llevada por la ganadora hasta donde ésta quisiera llegar. Semejante riesgo no lo ha corrido mucho la narrativa, tanto es así que numerosísimos narradores, esperando el Premio Nobel, cuando no el mayor que cada país tenga para sus escritores, están sentados sobre su rimero de libros publicados, según el decir de Alejo Carpentier relacionado con el hecho de cómo llegar a sentirse un escritor.

J. O.: Escuchando al idiota, *que reúne tres libros de cuentos, incluye uno donde la mujer puede tener nombres, Victoria es uno de ellos, y donde el héroe es "una fábula del sol". Estos signos se me aparecen como reveladores del lenguaje y del sujeto: los nombres son permutables porque el sujeto es el lugar del lenguaje mismo. Este cuento, no en vano, es un diario. ¿Escribir es anotar las variaciones, encuentros y desencuentros, del habla consigo misma? ¿Es la realidad una hechura mítica del lenguaje que nos dice?*

O. T.: El hombre nunca importa mucho porque al no poder valerse por sí solo carece de la condición de ser único para tener la de dependencia de muy diversos factores regidos por las más variadas convenciones. De ahí que Victoria sea uno de los nombres de la espera también cambiante cada día como la mujer misma del cuento que estrena tantos nombres, como el sol sus indistintas apariciones, que es el héroe de esta fábula. Ninguna otra razón para que el lenguaje y el sujeto, más que compartir tranquila e inocentemente sus atributos, jueguen a cuál puede adelantarse más, como lo señalé al responder a la pregunta anterior. Siendo el lenguaje, no la lengua, el que por aproximaciones nombra al sujeto, debería tener más preponderancia en la narrativa, evitando así que ésta se estanque, duerma sus sueños alimentados nada más que por el arbitrario nombrar de manera directa las cosas con las que las palabras arman anécdotas obviando el lenguaje, cuando precisamente "el sujeto es el lugar del lenguaje mismo", del lenguaje que a través de las palabras de la lengua es trazo de la mirada que desde bien adentro ve, escucha, diferencia y, finalmente, individualiza al mundo para hacer que sea tan distinto el de Masaccio del de Piero della Francesca, del de Picasso, del de Pollock. Es también clima el lenguaje y es casi persona inconfundible en su infinito proceso de darle revestimiento a las cosas que lo dicen, acomodándose éstas a lo inesperado de las múltiples variantes con las que el lenguaje las interpreta. Convierto, entonces, en afirmativas tus interrogantes, para responderte: "Escribir es anotar las variaciones, encuentros y desencuentros del habla consigo misma" y también que "es la realidad una hechura mítica del lenguaje que nos dice".

J. O.: *En otro cuento adelantas una definición: escritor es alguien con un pájaro en el hombro. ¿Podrías recordarnos la fábula de escribir que entonces te definía?*

O. T.: No hay nada que exija más atención que andar con un pájaro en el hombro, bien sea en el sentido del vuelo, o bien en el de la cagada. Al escritor el pájaro de la multiplicidad, jamás un loro, jamás un guacamayo, porque son aves sin voz propia, repetidoras son siempre de las poquísimas cosas que aprenden y, además, son las que llevan en el hombro los vendedores de pájaros, por ser las que en todas partes tienen mayor clientela.

El título mismo de ese cuento, *Horas escondido en las palabras*, dice mucho de cuanto deseaba seguir precisando en mi escritura, el trance con sus riesgos de sumergirse en las palabras mientras, ya con demasiadas, se busca cómo amasarlas con las cosas para que éstas produzcan con aquéllas una formas. En el cuento, el protagonista está en una fiesta, en una recepción donde se esconde en las palabras que escucha, que lo aturden, saliendo de ellas cuando ya son una construcción habitable que han hecho con las cosas que suceden.

J. O.: *Textos de un texto con Teresas (1975) es más laborioso. Me recuerda las novelas de Beckett por su impersonalidad apasionada, y por su íntimo dramatismo. Aquí constatamos que el juego puede hacerse obsesivo, como una estrategia que rodea y hace más nítidos los instantes de poderosa persuasión sensorial, especialmente visual. ¿Cuál es la lógica poética que se desarrolla detrás de las tensiones y disoluciones de estas Teresas sobrenombradas y desnombrantes?*

O. T.: Esos textos de un texto son notoriamente rabiosos, abriéndose como poética misma con el texto de los helechos que se devuelve no como un palíndromo, salta Lenin el atlas, sino buscando, al devolverlo desde cualquier parte, diversos significados, aun alterando ortografías. El texto de los helechos interviene todo el libro y lo construí para darle mayor énfasis a la obsesiva rabia con la que se cuestionan aconteceres negativos de expresiones amorosas cuando no simplemente afectivas. Este texto sería imposible traducirlo si alguna vez el libro fuese puesto en otra lengua, habría que concebir otro texto-matriz que obedeciera más a las posibilidades del otro idioma que a la exactez de la versión original.

Son 36 las Teresas pero solamente 11 llevan crucifijos que se les desprenden para hacer cada uno vida a semejanza de la Teresa de la cual desciende, andando por entre las 11 Teresas y las 25 restantes que, con los pequeñísimos cristos, finalmente, son víctimas de un genocidio anunciado por un redondo rojo presente en casi todas partes.

Los textos, aun siendo de un texto no dado, son ofecidos con muchas variantes a manera de aproximaciones a ese texto desconocido que puede ir construyéndose, es decir, sobre o debajo de una palabra o frase en línea, llamémosla del autor, están las de escogencia que, según se tomen, van cambiando el sentido de las tensiones, así como los significados obsesivos, sensoriales, visuales, que tú anotas, también los aspectos de composición que en mi escritura alcanzan muchas veces los del tratamiento pictórico de personajes y cosas en el espacio. Por ejemplo, el redondo rojo, una veces plano, otras tridimensional, es rojo de calenturas altas cuando no atenuadas en función de las relaciones entre las 22 Teresas y los 11 cristos y las de éstas y éstos con las demás Teresas, en un juego de continuos descalabros amorosos y afectivos que son los que establecen rabiosamente la poética de los *Textos de un texto con Teresas*, en "tensiones y disoluciones".

J. O.: *Al trajo, trejo, etc. (1980)* es uno de mis libros favoritos de la literatura venezolana por su frescura, delicada ironía y alegría creativa. No se me escapa la sátira implícita, y me pregunto si éste no es otro de los rasgos permanentes de tu ficción la sátira de la comedia social urbana. Cuéntanos un poco acerca del proceso de esta escritura, que es como tu horizonte más abierto y dialogado entre tus textos de experimentación cómplice.

O. T.: El título es autodedicatorio: Al trajo trejo troja trujo treja traje trejo, además está dedicado a las vocales que como buenas mudas son indispensables para cualquier decir y también al cabalístico número 7, de tan buena fortuna para un jugador como yo, poco temeroso de los riesgos: trajo es traer, trejo es mi apellido, troja es camastro, trujo es haber traído, treja es tirada por tabla en el juego de trucos, traje es lo que viste, y trejo es Trejo aunque no guste a muchísima gente, como persona porque si digo el Padre Nuestro es puesto en duda por la manera de decirlo, sin que tenga un Ave María, de respuesta; o como escritor porque, sencillamente, ese mismo Padre Nuestro tampoco es encontrado en ninguno de mis textos, aunque esté a veces implícito en ellos.

Cuando escribo un texto que parezca hacerse largo, nunca dejo que algún motivo ajeno a ese texto me distraiga, pero existen los que llamo "los mosquitos" por las molestias que me causan: impertinentes, andan alrededor de mi cabeza, rozan mi nariz, mis pestañas como si mucho les gustaran los ojos, tanto más que los bordes de las orejas. Los espanto, los mato y aunque muertos dejen sus pintas de sangre en las palmas de mis manos, ellos resucitan. Son, entonces, los breves textos que tengo que escribir, *Safo* baja a la playa en potentísima motocicleta y en ningún momento, ni aun cuando duerme, deja de ejercitar su cuerpo de mujer ya muy anciana, mueve alguna parte para ganarle con movimientos un poco más de tiempo a la muerte; *Hermana, ¿cómo conseguirlos?*, es la madre que se escapa con un hombre que la maltrata hasta pegándole y los hijos se empeñan en conseguirlos; *Ahí, en vez de en el lugar*, trata de algo que no es persona, que se desplaza retirándose a lo largo de sucesivas puertas de grandes salas cuya iluminación desaparece una vez ganadas, hasta no percibirse sino un mínimo punto de luz, supuestamente del último salón, en Constantinopla, adonde ha llegado lo que ha ido retirándose.

Son muy cortos la mayoría de los quince textos de ese libro, salvo *Mamorandum para cuando vuelva Dante*, *Con el marrano atrás* y *Cuándo, nosotros cuándo*, este último, preludio, anticipo de lo que es *Metástasis del verbo*. El primero está dividido en ocho escalones, cada uno con título que es variante de un mismo título. Diversas situaciones de personajes de la vida real, o de las tiras cómicas, se dan cita en esos escalones, mezclados con algunos de la *Divina comedia*. Frases de los textos aparecen tachadas pero son legibles, como significación del proceso de escritura, en el que se anulan unas frases para que entren otras mejor o peor compuestas, a veces cortando un no querer decir que en las frases tachadas queda dicho, ironías, doble sentidos, torpezas, críticas.

El segundo texto de los largos, *Con el marrano atrás*, lleva en el margen izquierdo un texto aparte, es una banda sonora para los ojos, que se angosta, que se ensancha cuando invade el texto principal de la derecha, como en un afán de volverse principal, expresando cada uno cosas bien distintas.

Ciertamente, Julio, casi todos los textos de ese libro están cargados de ironía, de sátiras, de caricaturas, tanto burlando formas caducas de la escritura como castigando conductas originadas del conocimiento de personas, cuando no de ciertas figuras de la literatura o de la historia. Con muchísimo gozo, alegría y hasta con perversidad, escribí esos textos que recogen algo "de la comedia social urbana", mientras no dejaba de pensar en el destino de las fábulas que dejaron de ser como eran por culpa de sus traslados a dibujos animados, lo cual no quiero para ninguno de mis textos. Samaniego para unos, La Fontaine para otros, y muchos bellos cuentos no hablan más por voz de sus autores sino por la de Walt Disney, siendo por ello para mí imposible volverlos a leer, o seguir escritos pretenciosamente serios, en los que árboles, animales, nubes, hablan entre sí o con personas.

J. O.: *El último de los textos de ese libro nos lleva de la mano a* Metástasis del verbo, *que he leído como una metáfora del juego en que andamos: el juego de cartas y el tarot, las cafeteras del gran pintor Otero, la imagen de una fotografía con su emblema erótico, la comedia política a la que asistimos sin vocación, y otras referencias y tramas, hacen de este texto uno que parece culminar tus exploraciones con renovado brío y libertad. Leí esas tramas sucesivas como la metáfora (la forma celebratoria) de una indagación aleatoria, donde las analogías trazan la actualidad de la misma lectura (los sentidos que nos reconducen)*. La crítica al discurso establecido, la sátira social, la ironía política, se traman con la opción poética, el placer del Eros, la reflexión sobre los signos. Si te parece, podrías contarnos cómo organizaste este texto plural.

O. T.: Yo tenía un viejo texto en el que algunas partes verdaderamente me gustaban, les veía algunas posiblidades de enriquecerlas. Con la intención de saquear el texto tomé algo de aquello con que comenzaba y el pedacito pasó a cubrir unas cinco páginas que en el principio me llevaban. Después sucedió que mientras más las leía menos me convencían. Cada vez que las tocaba las retocaba y así pasé con ellas muchos meses, insistiendo, volviéndolas a hacer sin ningún resultado satisfactorio. Meses pasaron guardadas mientras yo en otros menesteres las pensaba, hasta un buen día en que volví a mirarlas. Lo que descubrí, por gracia de Dios no me produjo un gran desmayo: les sobraba el verbo, nada más ni nada menos. Semejante propuesta era una declaración de muerte al verbo, siendo yo su ejecutante. Diez años duró el combate, el verbo contra mí y yo contra el verbo, tiempo en el que ninguno resultó vencedor, quizás yo, en la mera satisfacción de, al acosarlo y despojarlo de sus modos y de sus tiempos, ver cómo se reproducía en formas sustantivas y adjetivas que iban creando el espacio eminentemente físico, visual, en el que están impostadas personas, animales, cosas, inmóviles casi todas y sin tiempo en ese espacio como congelado, diría yo, consecuencia de no estar el verbo ejerciendo todos sus poderes.

Después de mucho tiempo de dedicación a la propuesta, tuve las primeras cuartillas y fue entonces cuando se las entregué a un amigo mío (Joaquín González) para que las leyera, sin que supiera nada de mi intención. Se sintió desconcertado, le resultaba muy extraño el texto y como me había sucedido a mí pero en su caso a la inversa, descubría que faltaba el verbo aunque lo sentía estar, ¿pero cómo?, me dijo, en metástasis fue su propia respuesta, con lo cual ya tenía yo el título de ese libro: *Metástasis del verbo*.

Ya tenía las primeras páginas, ya tenía el título del libro cuando, de Londres, me llegó una carta del artista conceptual venezolano Pedro Terán, quien personalmente en Caracas me había hablado de un intercambio de experiencias a distancia, siendo suyas las imágenes y mías las palabras para el juego en que participaríamos. Con esa carta venía la Polaroid, cuya interpretación iba yo dejando en el texto, cargándolo de erotismo las imágenes mismas que estaban siendo leídas.

Bien avanzado el libro, en mi obsesión, sostenida día y noche durante los años que le dediqué, una vez por la noche dejé el escritorio que tengo en mi cuarto y pasé a la cama donde vencido por el cansancio me quedé profundamente dormido. Temprano, en la mañana, tuve la grata y no grata sorpresa de que había más escritura de la dejada en el cuaderno, con letra parecida a la mía y con aspectos coincidentes con lo que había atrás, no de un todo, por supuesto. Eso mismo ocurrió una segunda vez y, advertido ya, no esperé la tercera vez, abandoné el texto durante algunos meses para volver después a retomarlo.

En cuanto al otro ser del texto, el de las cosas en sucesos, está un invitado a un banquete, al que nunca se sabe si llega, ni tampoco quién es. A veces pudiera creerse que es uno de los del triángulo amoroso, un Caballero de Copas, una Sota de Bastos y un Caballero de Espadas, presentes y en disputas a lo largo de todo el libro; está un ventanal trasladable a cualquier lugar, están Eufrosina, incansable comedora de alas de pollos y amante de las rosas de las nieves, tres perros, el mínimo, el mediano y el de máximo tamaño, la quinta sinfonía, incesantemente repetida y escuchada en todos los lugares; están la bahía, los dóndes y cosas a contracara, los cuándo, nosotros cuándo, el banquete, que es centro de la narración, y la gran mesa del banquete cuyas cabeceras una está en el infinito de toda la claridad de un lado y la otra en el infinito de toda la oscuridad del otro lado; están los Arcanos Mayores del tarot y todos sus Arcanos de la Corte, salvo las reinas, y también están y van al banquete las personas muertas o vivas, cuyos nombres ya pertenecen a las lápidas, escritos de siete en siete bajo la cruz y el In Memoriam que aparecen en el texto. Son muchas estas personas, las primeras siete fueron renovadoras de las artes y las nombra la Polaroid recibida de Pedro Terán, siguen las demás personas en el siguiente orden: algunos amigos míos, luego los pintores y escritores y, finalmente, las series de quienes desde el Palacio de Miraflores han mandado en la Venezuela del presente siglo. Todas estas personas están en el banquete, visten de caballeros o de reyes, tal cual los de la baraja española que con las sotas asisten también en número de cientos, con su existencia iconográfica y movimientos para desplazarse por entre los vivos y los muertos.

Los naipes, en el sentido de la imprecisión que transmiten cuando se usan para la adivinación que muchas veces coincide con lo que les sucede a quienes les son echadas las cartas, imponen a la escritura de *Metástasis del verbo* lo impreciso, lo elusivo cuando es necesario, lo metafórico a veces, las someras descripciones, por ejemplo, cuando en campo abierto, acaso enfrente de la antigua mesa de los reyes (la del banquete), aparecen separados por grandes distancias los cuadros de la serie de las cafeteras y las cacerolas de Robert Robtero (Alejandro Otero), a quien dedico las páginas 38 a 53 de *Metástasis del verbo*.

J. O.: *En la página 54 se lee una declaración poética: "viciosos casi todos de la fidelidad al nombre en la representación de lo nombrado". Esto nos devuelve a tus primeros cuentos, al cuestionamiento del logos del lenguaje. Porque si las cosas no tienen, en verdad, un solo nombre, tu poética postularía que la representación del mundo que hemos hecho es reductiva: al representar el nombre reduce, reprime, resta. ¿Qué es, entonces, lo que el lenguaje podría hacer para renombrar en el diálogo?*

O. T.: Lo nombrado, ni aun limitándolo a uno solo de nuestros cinco sentidos sería posible, pues ello escapa del concepto mismo que lo define, aceptado más para entendernos colectivamente que para estar individualmente ante el mundo y verlo desde otras, inusitadas perspectivas. Árbol, muro, piedad, confianza, cualquier nombre concreto o abstracto es simple figura de un todo que lo representa, de ese todo impedidor de que vayamos a las partes, que a veces son completadas con invenciones sin ayuda del adjetivo, en la creación; ese todo es, podría decirse que tiene cuerpo y alma desandando en nosotros mientras "reduce, reprime, resta", de allí la frase "viciosos casi todos de la fidelidad al nombre en la representación de lo nombrado", lo cual en todas las circunstancias y momentos debería ser puesto bajo muchos reflectores que deshagan el nombre para que puedan extraérsele recónditos reflejos, para que entregue múltiples cosas que nos hagan nuevos y más privilegiados.

"Lo que el lenguaje podría hacer para renombrar en el diálogo" es, diría yo, ir al nombre dejando de estar de manera absoluta en lo nombrado, pues procediendo así lo nombrado no sería más cuanto de si engañosamente difunde, transmite a través del lenguaje. En la narrativa, para que pague parte de la deuda que tiene con las demás artes y como éstas pueda ganar su llegada a la posmodernidad y detenerse hasta recibir, seguramente, una nueva orden de partida, cada narrador, además de indagar bastante más en las formas, debería buscar las maneras de ir al nombre por aproximaciones, en vez de atenerse tanto a la fidelidad al nombre en la representación de lo nombrado. Un elementalísimo ejercicio individual es el de participar en ciertos juegos de salón, en primer lugar está el de adivinar el nombre, que consiste en preguntar si es concreto o abstracto, en saber en cuántos minutos va a ser representado el nombre mediante mímica, gestos, actuación y, finalmente, en intuir las actitudes pícaras y hasta tramposas del bando que ha escogido a uno de los suyos para que vaya a la escena. En este ejemplo, que no tiene más propósitos que los de diversión, hay algo del aprendizaje para el magnífico llegar al nombre por otras vías que necesariamente no son para decirlo, sino para sitiarlo, aproximándosele, manteniéndose uno en la periferia como si fuese un cazador de significaciones liberadas del nombre que las aprisionaba, trátese de fidelidad, frasco, horizonte, Francisco. ¿Cuántos Franciscos posibles no existen en un Francisco, "viciosos casi todos de la fidelidad al nombre en la representación de lo nombrado"?

J. O.: *La primera página de* También los hombres son ciudades *incluye esta temprana definición emblemática de tu obra: "El mundo está lleno de presentes". Se podría decir que tus textos hacen esos presentes, los vuelven más libres y más nítidos. Quizá sea el destino (siempre presente) del escritor exploratorio: vivir el instante como si fuera el porvenir. Dinos, si te parece, el presente que ocupas y escribes ahora.*

O. T.: En el fondo de su ser, el escritor ama el gerundio aunque en la escritura no lo use mucho, no lo utilice con más frecuencia, siendo el que declara el lapso del hombre que comienza en el nacer y termina en el morir, esto es: los presentes de que está lleno el mundo, es decir, el mundo propio, individual en la duración misma del presente, dándose en uno y en todas las cosas sucediendo, no yéndose al pasado, no convirtiéndose por mandato de relojes, de un día para otro, en fichas muertas y archivadas, así se hable de "el pasado vivo", precisamente cuando "El mundo está lleno de presentes", no asumidos todavía ni calificados de un todo puesto que aún en edad avanzada estamos comprendiéndolo. Por acumulación, mientras estamos con noches y días en el sueño o la vigilia, los presentes no se van porque en nosotros individual o colectivamente siguen sucediendo ya con el futuro adentro, renovándolos.

Ciertamente, mis textos están hechos de esos presentes pero con un sentido exploratorio, no definitivo, de manera que se "vuelvan más libres y más nítidos". Sigo ocupando esos presentes y los escribo con los cambios que les propongo, muy escogidos, muy hacia síntesis que ahora parecieran llevar al sujeto a viajar por entre sus propios vericuetos, extraviándose, desnombrándose o diluyéndose en otros sujetos, como en esta muestra de un texto, ahora avanzando: "Repita palabra sobre voz por palabra sobre vos. Repito, el *el* sobre el *la* no dado por causa de cosas como de personas, esos *no puede*, esos *nunca llega a nada* siempre después de ninguna posesión las veces intentada, ¡hasta de perfil!, el *el*, renovando ese propósito, pospuesto, renovado, pospuesto como si, además de postura semejante, también pensase, también esperase del *la* esos *no puede*, esos *nunca llega a nada* de ninguna manera propios de cosa.

"El *el*, fulano o cosa (Cleofe varón, o signo, gusano, huevo), y el *la*, mengana o cosa (Isaías hembra, o anilina, morera, gallina), son de sus cuestiones cuando alargan noches al cesar la monótona percusión del agua monedera en la Fontana de Trevi, desgentada, de frente a sucediendos, desde el remendaje del cielorraso en adentro de trajines hasta el deslluviar a octubre afuera sobre la ciudad sobre...

"...Cosas, pues cosa sobre cosa, signo, gusano, huevo, cosa sobre cosa, anilina sobre papel, gusano sobre morera, gallina sobre huevo. Todavía no fulano sobre mengana ni Cleofe sobre Isaías, tampoco Cleofe sobre Cleofe ni Isaías sobre Isaías, con cosas de la vida estropeando la muerte, ni aun con lunas llenas de agostos sobre océano de trópico enmarándose donde sobre tierra fulanos sobre menganas sobre lejanías sobre cafetos cacaotales sobre comienzos bajo cielos sobre continuidades primitivas".

MARGO GLANTZ:
ANTES Y DESPUÉS DE LOS NAUFRAGIOS

Julio Ortega: *Margo, esta conversación sobre el proceso, variaciones y ampliaciones de tu ficción podría empezar diciendo que desde que publicaste* Las mil y una calorías *en 1978 y* Las 200 ballenas azules *en 1979, iniciaste una escritura peculiar que parecía marginal, humorística, irónica, hecha lúdicamente, y sólo después de publicados* No pronunciarás y Las genealogías *se puede observar, hacia atrás, que era un proyecto de escritura bastante original, distinto, y que constituye ya un* corpus *de ficción con marcas propias. ¿Cómo sientes tu propio trabajo narrativo y qué es lo que podrías en una especie de balance provisional decir sobre el mismo?*

Margo Glantz: Un texto mío que se llama *De la amorosa inclinación a enredarse en cabellos*, que está ya en la imprenta, reúne de alguna manera las características que tú acabas de definir. Te acabo de dar *El día de tu boda* que salió a finales del año pasado y que tiene también esa relación. Todo lo que escribo, aunque no sea considerado como ficción, y yo misma lo vea como ensayo, tiene muchos de los elementos que aparecen en este *corpus*. No había publicado antes porque me parecía que no tenía sentido; había escrito muchos textos, algunos de los cuales se los enseñé a diferentes amigos; incluso, cuando yo era mucho más joven, a Agustín Yáñez, quien me dijo que le gustaba lo que hacía pero que eran perlas sin collar, que había que engarzarlas, y durante muchos años tuve miedo de que lo que escribía no tuviera una estructura lógica. Empezaba las cosas y las abandonaba porque no me parecía que tuvieran sentido pues no cumplían con la estructura regular de los géneros, a pesar de que los géneros mismos se han pulverizado bastante, pero yo los pulverizaba tanto que no parecían tener coherencia. Hasta que escribí *Las mil y una calorías*, un libro, creo, bastante fallido, excesivo hasta por el formato y por los dibujos y por la letra de las llamadas fábulas; quizás algunas, unas diez, tengan valor; pero para mí tiene el valor de un arranque, de haberme empujado; a partir de ese libro no me ha importado seguir publicando lo que yo creo que es el tipo de escritura que puedo manejar. Y es a partir de *Las genealogías* que la gente ha empezado a fijarse más en mí como escritora. Sin embargo, yo siento que *Las doscientas ballenas azules*, por ejemplo, y que este libro *Síndrome de naufragios* son libros con una estructura muy clara en la ligazón temática, y que las asociaciones se van manejando de tal manera que van formando un contexto muy equilibrado. En *Síndrome de naufragios* empiezo con el diluvio y termino con una tormenta en un vaso de agua, una tormenta matrimonial que acaba con la relación amorosa; y el texto está nutrido de elementos autobiográficos, de problemas personales; y al mismo tiempo se incluye una biografía académica, porque toda la vida he dado clases y he tenido esta relación con la escritura; me interesa muchísimo que en ella entren todas las lecturas, y cuando me decidí a meterlas en mi vida cotidiana las cosas se organizaron de manera diferente. Creo que en *Las genealogías* las cosas cambian, porque es un libro que parte de la biografía de mis padres, que tiene mucho que ver con la entrevista, otro cauce, pero en última instancia la forma de ligar las asociaciones es quizá surrealista, en el sentido en que se asocia de manera muy libre, pero en relación con los otros textos. El último que estoy haciendo es un intento por partir de la actividad escrituraria: Estoy en la máquina escribiendo y vienen todas las memorias de la escritura: Mi biografía es a la vez mi lectura y mi escritura.

J. O.: *Ése quizá sería un modo de caracterizar el uso tan peculiar que haces del fragmento, porque lo primero que se observa es que el fragmento parece responder a un paisaje literario. Hay detrás de cada texto una elaborada serie de alusiones y referencias; pero el fragmento tiene una calidad ligeramente subversiva, nunca es enfático porque es irónico, y de todos modos disuelve la biblioteca en la cual se inscribe, diríamos. ¿Sientes que has deliberadamente partido de un manejo de tópicos, de lugares comunes culturales, para responder a ellos con la escritura?*

M. G.: Cuando yo doy clase, doy una clase muy libre que generalmente tiene bastante éxito entre mis alumnos. Muchos me decían "¿por qué no escribe usted así, maestra?"; yo escribía textos que siempre han sido un poco locos en cuanto asociación, pero trataba de ser mucho más académica, y parecía que la clase era como más edificante y que las ideas eran más vitales. Y de repente se me ocurrió que por qué no escribía como pensaba y dejarme libre y no tener ese prurito de la crítica que me encorsetaba. Cuando me preguntan de qué generación soy, digo que soy de los más jovencitos, y se echan a reír; pero empecé a escribir más o menos tarde y con el tipo de ficción que hago me siento como de 25 años. Siento además que de alguna manera el fragmento es quizás una de las formas que la mujer tiene también para enfrentarse al mundo de la escritura; es la ruptura de una lógica muy tradicional, y que se convierte en una lógica de la conversación diaria en la cual de repente estás hablando de algo muy serio y de repente también mencionas un peinado o hablas de un vestido que te gusta: hay una ruptura de la tradición filosófica y lógica estricta, en relación con la escritura. Pero si uno lee con cuidado, mis textos tienen una lógica interior. Yo tengo discusiones muy continuas con un amigo muy querido, Sergio Pitol, con el cual converso mucho y solemos comentar nuestros textos y sobre el último libro que estoy haciendo, *Una memoria leve*, Sergio opina que debo tener más cuidado para no quedarme en el juego de la escritura, preocupada porque suene bien o porque haya asociaciones, que hay que romper esas asociaciones fáciles; y, sí, lo creo, tengo que cuidar más rigurosamente la organización, pero si no me dejo correr por las vías interiores, la escritura se va a volver muy seca; aunque también tengo que tratar de impedir que se vaya demasiado del otro lado. Es un equilibrio difícil.

J. O.: *Es un equilibrio sin embargo tentador porque supone un riesgo. Es curioso, porque el fragmento tuyo empieza dando la impresión de liviandad y luego, claro, de inteligencia, de humor e ironía; y poco a poco uno se va dando cuenta de que hay un paisaje literario de referencias; evidentemente hay una autobiografía diferida; hay también la inclusión de la crítica a los repertorios modernos, urbanos; y también hay una autorreferencialidad, que es como si el fragmento estuviera consciente de ser un fragmento; y yo no sé si realmente sea una necesidad la estructuración de los mismos porque la estructuración se da en la lectura, no se puede dar en otra parte, ¿no?*

M. G.: Yo creo que sí hay una estructuración en los textos; siempre escribo fragmentos, pero hasta que decido publicar un texto, pasa mucho tiempo y el texto se necesita unificar interiormente, y lo unifico siguiendo un ritmo que trabajo bastante, aunque a veces sea un trabajo inconsciente; cuando se da la textualidad completa, que primero ha sido totalmente fragmentaria, pulverizada, es porque de repente ese polvo se unifica, como ese polvo de las turquesas mexicanas que se unifican en cuentas y formas en un collar; y a mí me da la impresión de que siempre tuve esa referencia: no puedo hacer collares; pero voy coleccionando las cuentas sueltas y entonces hago un collar de golpe, y cuando uno lee comienza a encontrar ese "paisaje literario", como tú le llamas, un trabajo de montaje.

J. O.: *Y el libro mismo, al final, da cuenta de sí como unidad. Al punto que cada uno tiene una distinción particular, evidentemente. Es tan peculiar el fragmento tuyo que colinda, diríamos, al borde del abismo, no con la greguería, sino con una especie de ingenio de la observación. Colinda evidentemente también con la ficción misma, son como núcleos de ficción que se podrían desarrollar; también con una cierta ensayística fragmentaria, y con una especie de vaciado de la novela, como si hubiera una novela detrás de cada libro que prefieres no escribir sino registrar en sus posibilidades ¿Cómo llegaste a este encuentro de tu escritura? ¿Fue un proceso de aprendizaje y selección, o fue más casual?*

M. G.: Tendré que hacerte confesiones. Yo empecé a hacer un análisis con una psicoanalista argentina que emigró a México, por un tiempo, estuvo como cinco años, en un periodo difícil de mi vida afectiva, en una crisis muy fuerte; y de repente se me ocurrió a manera de interpretación analítica la posibilidad de una fábula, la oveja negra, un poco, no a la Tito Monterroso, sino en el sentido bíblico; entonces decidí escribir un libro, que nunca publiqué, y logré hacer unos 20 textos; conversé con mi analista, hablamos como si se tratara de un núcleo de ficción, empezamos a ver por qué yo no había publicado fragmentos de novelas, muchos cuentos sueltos, poesías, etc., que no parecían tener nada que ver con la escritura establecida, porque estaban en contra del tipo de cosas que generalmente escribía; hacía entonces mucha crítica y yo era muy consciente de ello, y también estaba la escritura de mi padre con la cual yo no me atrevía a enfrentar, por varias razones que se iban analizando. Luego, después de un año y medio de análisis, fui a Estados Unidos a dar un curso a la Jolla, y en la Jolla estaba muy descontenta conmigo, muy deprimida, y me dediqué a comer como loca. Comía yo tantas galletas que una noche me puse a leer mi diario y al hacerlo me di cuenta de que me obsesionaba tremendamente la comida; de repente se me ocurrió hacer "Las mil y una calorías, novela dietética", por lo menos ya tenía el título de un texto; y decidí que de tanto comer tenía que salir algo en la escritura. Además, me di cuenta también de que cada vez que yo escribía un texto comía tantas galletas María, medio kilo de galletas María con café o me tomaba montones de dulces, o sea que había una relación entre la escritura y la comida. Decidí que mi texto podía ser un texto gastronómico, pero al mismo tiempo un texto gastronómico donde yo hiciera una dieta mental. Así salió *Las mil y una calorías*. Regresé a México y en dos meses escribí el texto, pero como era un texto de dieta tenía que hacerlo gigantesco: entonces lo hice con un sobrino mío que lo empezó a dibujar, lo hicimos en letraset y luego en un montaje que le llevé a Joaquín Mortiz; al principio le gustó, luego me dijo que no. No me lo quiso publicar y anduve con el libro, que además pesaba enormemente, por todo México, hasta que el único que me quiso ayudar en la aventura fue Fernando Tola con Premiá; pero luego no lo pudo publicar porque no tenía una imprenta lo suficientemente buena para que los textos salieran bien, sobre todo los dibujos, y se la llevé a Madero, lo pagué a cuenta de autor y me dediqué luego, como enloquecida, a pedirle a todos mis amigos que compraran ejemplares, pagué la edición, que fue carísima, todo el mundo se burlaba de mí, comentaban muchas cosas desagradables pero a mí ya no me importó si el texto era malo o era bueno, porque yo tenía la necesidad de sacar ese texto a la fuerza, era una forma de expulsión. A partir de ese momento me decidí a escribir, al día siguiente de la publicación de *Las mil y una calorías* empecé a hacer un texto que se convirtió en tres: *Doscientas ballenas azules, Síndrome de naufragios* y *No pronunciarás*. En el principio era un texto que se llamaba *Síndrome de naufragio y tratado de nomenclaturas*, pero de repente me di cuenta de que de ese texto se desprendían en realidad tres. *Las ballenas* lo tenía pensado hacía muchísimos años; tenía una frase en la cabeza: "Sólo quedan 200 ballenas azules en el mundo", de lo cual hice una fábula en *Las mil y una calorías*, y luego el principio de *Las ballenas azules*. Hay una relación con Moby Dick, con Melville y con una estancia mía en Estados Unidos en los años sesenta, en donde un profesor me dijo "sólo quedan doscientas ballenas azules en el mundo y México tiene que hacer un parque nacional para albergarlas"; y me pidió a mí que le ayudara para que hiciéramos un parque nacional, a mí me pareció una locura pero me quedaron en la imaginación las

200 ballenas azules. Además, como las ballenas comen mucho y se toman toneladas de plancton, calamares gigantes, y yo comía como loca cuando escribía, había una relación placentaria interior muy importante, llena de grasa; pensé que las ballenas azules eran una especie de representación autobiográfica, y como yo me sentía tan ligada a la ballena y a la vaca, mi escritura sería cercana a ellos; y como además amaba la aventura pero no la podía realizar (yo leía frente al mar *Moby Dick*) me quedaba mirando cómo navegaba la ballena por los mares entre los arponeros, y yo sentada en una hamaca comiendo y viendo el mar y escribiendo; entonces me parecía que yo tenía que escribir mi ansia de aventura, un ansia que sólo puedo manejar desde la playa con un libro. De ahí salieron *Las ballenas*, que desde luego tiene una unidad muy grande. Creo que de ahí también surgió *No pronunciarás*, que se refiere al nombre, a lo bíblico, y por otro lado este *Síndrome de naufragios* que terminé en 1980 pero que por un capricho así verdaderamente absoluto decidí que me lo publicara Mortiz a fuerza, y ya va a aparecer.

J. O.: *Esto revela hasta qué punto la fábula se alimenta de la biografía, la cual probablemente es una de sus formas más irónicas y ejemplares. Algo que se deduce de lo que tú dices, que también da unidad a tu trabajo en la ficción es el hecho éste de la nomenclatura, la recurrencia de la nomenclatura, que seguramente tiene que ver con la necesidad de redefinir los nombres y de hacer el catálogo de una nominación. Tú lo has hecho en casi todos estos textos: ¿Tiene algo que ver eso con tu control de un lenguaje propio, la necesidad de volver a nombrar las cosas y de dar definiciones de un diccionario alternativo, creado por tu propia ficción?*

M. G.: Si uno se atuviese nada más a las primeras *Calorías* no tendría ninguna importancia lo que yo escribiera, pero si uno inserta ciertos textos dentro de los otros, hay una forma de continuidad; y al mismo tiempo cada libro tiene su propio sentido: me emociona mucho que me lo digas. Pero lo que tú dices de la nomenclatura me hace pensar que yo siempre he vivido la literatura como una parte fundamental de mi vida, siempre ha sido la parte capital. Cuando yo doy clase la doy con tanto entusiasmo que es a la vez muy apasionada y muy trabajada. Me interesa muchísimo la relación con el texto y la relación con el texto hablado, con los alumnos, para que lo entiendan. Porque la literatura para mí es la forma más total de vida, no una forma académica, aunque me importa la academia, pero la academia en sí misma me parece absolutamente acartonada y seca, y entonces me preocupo por destruirla. Mi primera relación con el mundo siempre fue con un libro, porque el libro me definía la realidad, porque la realidad me costaba trabajo enfrentarla; y desde muy niña leí, desde los 8 o 9 años; por eso para mí la literatura y las formas orgánicas de aventuras, Dostoievski, Faulkner, son fascinantes, sobre todo la prosa, y yo no puedo escribir así, me fascina, pero yo nunca pensé que pudiera escribir realmente una novela coherente, siguiendo toda la tradición de la escritura; creo con todo que si trabajara muchísimo pudiera organizar una textualidad clásica, quizá, pero no me interesa en el fondo manejarla; como que vivo de fragmentos de literatura que se han convertido en cosa obsesiva, ciertas imágenes de Flaubert, de Dostoievski, y esas cosas empiezan a formar parte de mi circulación; eso tiene que pasar a mi escritura pero en la forma en que yo hice la asociación, en la forma en que la he asimilado, y por eso tengo que nombrarla de nuevo. Además, también hay una relación con una cultura que está totalmente internalizada pero que al mismo tiempo conozco poco, que es la cultura judía; mi padre es en absoluto un personaje fundamental en mi vida, un hombre con una liga total con la Biblia y con la tradición talmúdica, que yo no conozco suficientemente, pero que sin embargo he querido remanejar a través de una especie de vivencia totalmente distinta en mí misma, renombrándola y dándole otro tipo de nomenclatura.

J. O.: *Podríamos ahora hablar un poco de* Las genealogías, *un libro que diríamos reclamó su propio derecho de lectura, sin duda por su propia originalidad y calidad, y que permite ver todo lo tuyo como una diferencia en el panorama de las letras mexicanas y latinoamericanas. ¿Cómo se te ocurrió este libro?*

M. G.: Durante varios años estuve escribiendo dos veces a la semana en *Unomásuno*, artículos críticos, periodísticos, que gustaban, y un día acompañé a mi madre al panteón a enterrar a un primo mío y de regreso conversé con ella y nos acordamos de un acontecimiento muy fundamental de mi infancia, un intento de linchamiento de mi padre, en la época del nazismo, en el año 1939: unas quinientas gentes lo atacaron en la calle y estuvo a punto de ser linchado, fue bien impresionante, salió en los periódicos; le habían dado de pedradas a mi padre, que tenía la frente ensangrentada; entonces yo hice un pequeño texto recordatorio que se llamó "Mi pogrom particular" y lo publiqué en *Unomásuno*; al día siguiente muchísimos amigos me llamaron y me decían "es un texto buenísimo, ¿por qué no haces algo con eso?" Yo había empezado unos meses antes, en 1979, una serie de grabaciones de la vida de mis padres, sobre lo que habían hecho en México, y tenía una cantidad de noticias vagas de infancia y necesitaba fuerzas para saber qué pasaba con ellos; además yo notaba que mi padre y mi madre, sobre todo mi padre, estaban envejeciendo muchísimo, que mi padre estaba enfermo, y que me iban a quedar ciertas conversaciones, la voz de mi padre, ciertas formas de organizar el mundo, sus chistes, sus asociaciones, que eran extraordinarias, el sentido del humor, y cierto ambiente familiar que se reproducía vagamente en la grabación. Llevaba yo bastante grabado cuando un amigo del periódico, Jorge Hernández Campos, me dijo que por qué no escribía yo algo sobre mi familia al estilo de aquel fragmento "Mi pogrom particular". Entonces decidí escribir en forma de folletín un libro sobre mis padres; por un lado estaba haciendo periodismo, me interesaba enormemente el periodismo, porque había sido una cosa fundamental para mi historia personal; y por otro lado, una de las cosas más fundamentales de mi infancia habían sido las lecturas folletinescas; además, de algún modo había yo tenido una conciencia de niña expósita, aunque no sabía por qué pero la tenía, y en el folletín es capital; es evidente que esta reflexión está hecha *a posteriori*. Desde el primer día me vino el nombre, "Las genealogías". Los publiqué durante un año completo, semanalmente, lo que me proporcionó una visión muy divertida con el público porque me llamaban o me decían "yo conozco a tu papá". Fueron como 50 textos y decidí armarlo y empecé a buscar editor y lo aceptó Martín Casillas. Lo trabajé el mes de junio de 1981, muy intensamente, y lo entregué sabiendo que le faltaba una parte fundamental: era un libro inconcluso; entró a la imprenta y yo decidí irme a la Unión Soviética a conocer a mi familia rusa para terminar el libro. Conocí allí a mis primos hermanos, etc., etc., y cuando regresé a México me fui a Acapulco un fin de semana y terminé de escribirlo; lo entregué en octubre y salió el 24 de noviembre, todavía cuando mi padre estaba vivo, algo muy importante para mí porque fue a la presentación, y cuando la hice, bastante humorística, mi papá lloraba y lloraba, lo que para mí fue conmovedor y terrible. Es un libro que ha gustado.

J. O.: *Es muy interesante todo lo que vas contando porque de alguna manera ilustra el hecho de que la escritura se ha convertido para ti en un espacio resolutivo de una serie de experiencias y situaciones, y quizás eso sea a la larga lo que ha hecho que tu escritura y tu planteo literario, como una opción de escritura distinta, sea tomado seriamente. ¿Has encontrado en el proceso de recepción de tus libros que lo que hacías era tomado, no solamente en serio, sino en el sentido que tú planteabas las cosas?*

M. G.: Mira, ha ido adquiriendo un cuerpo. Yo siempre he tenido una obsesión muy grande con el cuerpo y siempre he tenido la sensación de un cuerpo fragmentario, es decir como que mi cabeza no correspondía al resto, como que mi nariz no me correspondía; siempre tuve esa sensación desde muy niña, y creo que he logrado articular un cuerpo escrito que me reconcilia con mi cuerpo real. Es decir, una cosa absolutamente concreta, hecha de grasa, de carne, de todo ese tipo de relaciones con mi propia visión de la corporeidad; y creo que al principio la gente no me tomaba muy en cuenta, ¿no? Decidí mandar mis textos a mis amigos, tengo muchos amigos fuera de México, a muchos ni siquiera los conocía, sólo me carteaba con ellos y he tenido mucha más aceptación con mis amigos de fuera. La gente entendía mejor lo que yo estaba haciendo fuera de México; sin embargo, creo que ahora también empiezan a tomarlo en serio aquí; desde que publiqué las primeras *Calorías* en 1978 ha cambiado mucho la relación de la gente conmigo. Antes me decían la profesora, la crítica, y ahora todo mundo me dice "la escritora"; en cuatro años me volví escritora cuando siempre he escrito; y entonces creo que se empieza a entender que tengo una forma de escribir especial; y, por otro lado, en México una gente que sólo escribe crítica no es considerada como escritor, a mí me parece muy absurdo eso, porque la escritura pasa por muchos cauces y es tan importante la prosa narrativa como la prosa teórica.

J. O.: *¿Tú sientes que lo que haces en la ficción como escritura fragmentaria se podría decir que es una opción marginal a la escritura mexicana, o te sientes de alguna manera en ese árbol familiar don-*

de están la escritura fragmentaria de Arreola, Monterroso, y antes otros escritores como Torri, o te sientes aparte de ellos?
   M. G.: Siempre he pensado que no hay generación espontánea, que formo parte de una tradición, que me eduqué en México, que tengo muchísimas cosas fundamentales de México; pero también hay una cosa biográfica en donde cierta relación con el mundo me viene de la visión de mi padre, y por eso tenía que saber cómo era mi padre de joven, cómo era su genealogía, para entender lo que yo soy. Entonces, de esa relación entre un mundo que no me corresponde, que no entiendo totalmente, pero que de alguna manera me pertenece, y mi mundo mexicano, que sí me pertenece, yo he logrado una síntesis, que me hace muy mexicana y complejamente distinta. Me decían algunos amigos que no son mexicanos y que han leído mis cosas que tengo algo especial en la literatura mexicana, el sentido del humor; generalmente la literatura mexicana no es muy humorística. En mis textos creo que hay cosas de Arreola, que a veces escribo muy volitivamente como Arreola, pero que en la totalidad no son como Arreola; hay cosas de Monterroso que también me fascinan, la idea de la fábula, pero creo que hay una diferencia muy grande, porque yo soy como muy barroca, muy enloquecida, y él es muy cuidadoso, muy organizado, muy breve, trata de no ser barroco en lo absoluto, muy controlado. Yo cuando escribo no escribo con control, cuando escribo un texto pongo atención pero me dejo ir muchísimo por la asociación y por lo inconsciente. Es cambio Tito cuida y destruye mucho, y yo trato de no destruir y en ese sentido me parezco a las ballenas, almaceno, ¿no?

   J. O.: *Se podría, entonces, decir que lo que empezó como un psicoanálisis no ha requerido el asesinato del padre sino su textualización en las* Genealogías. *¿Qué cosa es* Síndrome de Naufragios? *¿Es también un catálogo, la nomenclatura de las posibilidades de naufragar?*
   M. G: Exactamente. Está el Gilgamesh, está Ulises, está Simbad. Sobre todo mucho de las crónicas de la Conquista que estoy trabajando ahora. Lope de Aguirre, Colón aparece, Cortés, Fernández de Oviedo. Hay viajes interplanetarios. Hay muchos ciclones con nombre de hombre, porque antes los ciclones eran con nombre de mujer. Entonces aparecen Federico, Guillermo, etc. Y también hay un texto que me impresionó muchísimo que

es el de un viajero italiano que estuvo en Filipinas y en Japón en el siglo XVII, Carleti, que narra unas cosas que a mí me dejaron verdaderamente estupefacta, cosas de crueldad, de violencia; y al mismo tiempo estaban pasando en esa época asesinatos terribles, de muertes en serie, exterminios que tienen también que ver con los campos de concentración, que a mí me han obsesionado mucho; entonces es un libro de crueldades, de conquista, un libro Atila que acaba con el mundo; y también hay tempestades interiores tan violentas para mí en ese momento que sólo las pude dirimir y organizar pensando que eran tempestades en un vaso de agua en comparación con lo épico, lo cósmico, por lo que el proceso de escritura fue una terapia, en cierta medida. Tiene mucha relación con un mundo épico que siempre me ha fascinado: la Conquista, al mismo tiempo que me parece siniestra me parece muy heroica y muy fascinante, y a veces me avergüenzo porque me fascina. También está ese momento de la vida interior en que uno se vuelve como un huracán cuando tiene violencias con la gente con la que uno vive.

J. O.: ¿*Y Una memoria leve* qué proyecto supone?

M. G.: Es un libro donde yo estoy sentada siempre en una silla escribiendo sobre una máquina, y doy vueltas sobre ese tema, el estar sentada frente a la máquina, oyendo música, ahora estoy oyendo mucho ópera, y entonces empiezo a poner con mis propias palabras una serie de argumentos de escritura, que son al mismo tiempo mi vivencia pero también la vivencia de recuerdos de libros que se vuelven míos porque yo los reescribo, y al mismo tiempo trato de incorporarlos a la música. Cómo suena por ejemplo una ópera de Monteverdi en la escritura, y esa ópera pasa a ser una especie de mariachi, o pasa a ser un bolero o un tango; están todos los géneros musicales, fundamentalmente los cantados. Edith Piaf cantando rancheras mexicanas, ópera; y sobre todo una ópera que es fundamental como hilo conductor del texto, "Coronación de Popea" de Monteverdi, en parte el "Retorno de Ulises" de Monteverdi también, y "Dido y Eneas" de Purcell. Una cantata de Bach, que es un *leitmotiv*. Esas cuatro cosas. Dostoievski, Faulkner, Flaubert y yo. Eso que tiene la literatura, estar sentada en una silla y sentir que estoy en un rincón de una cantina sin beber, pero se vuelve así como una sensación de ebriedad la escritura. Y es un texto circulatorio, porque se vuelve siempre al mismo tema, como en oleadas, en reiteraciones concéntricas sobre el acto de estar sentada escribiendo. Y creo que está saliendo. Estoy muy emocionada con ese libro. Había empezado un libro erótico también. Tengo unos textos que le había prometido a Beatriz de Moura para "La sonrisa vertical". Hice cinco textitos en donde hay dos personajes, Diego y Catalina, que van a hacer las pruebas del amor en todo el libro, pero sólo me han salido cinco cuentitos, quizá después de terminar *La memoria leve* escriba el otro, pero también en fragmentos, cuya unidad sea el hecho de que hay una pareja amorosa, Diego y Catalina, pero Catalina tiene tal relación con Diego que lo vuelve Sebastián, y a veces se llama Diego, a veces se llama Sebastián, pero aún no sé bien cómo lo voy a manejar.

J. O.: *Quizás ese libro por su temática erótica sea tu primer libro desnudo. Porque en cada uno, se ve a lo largo de esta conversación, hay un sistema de referencias: el dietario, las imágenes de las ballenas, las genealogías, la nomenclatura, el naufragio. Eso hace pensar que el fragmento tuyo es poco inocente. Y que más bien es un fragmento hecho de sucesivas máscaras.*

M. G.: Hay un escamoteo, yo lo pienso como una cosa bastante inocente y bastante desnuda, pero siempre se tapa con la máscara de la ironía y la ropa. Siempre he tenido la intención de escribir un libro que se llame *La desnudez como naufragio*, que es mi interpretación de las crónicas de la Conquista, una relación entre lo vestido y lo desnudo. Yo siento que en cuanto llega Colón no soporta la desnudez y la viste. Es decir, viste el territorio; llega e inmediatamente empieza a quitar los árboles para hacer fuertes. Y a los indios les regala jubones, le fascinan desnudos pero les regala jubones. Es como la razón de Occidente, no dejarlos desnudos sino vestirlos. Y a mí me parece que a mí me pasa eso también con la escritura.

LUIS RAFAEL SÁNCHEZ:
EL GOZO REDENTOR

La literatura de Luis Rafael Sánchez se nos ha impuesto con su entonación característica al modo de una charla vivificante en la que Puerto Rico, si fuese una fiesta, sería una contaminación verbal. Fiesta del diálogo que compartimos, esta animación oral de la escritura de Luis Rafael Sánchez nos convoca a decir las reafirmaciones de la imaginación cuestionadora. Pocas veces, y en menos voces, podemos sumarnos al fervor celebratorio del orden cultural y la crítica exacta del desorden social. Los libros de Luis Rafael Sánchez no son un espejo que se pasea en su ínsula en barata sino un cristal que refracta la mancha colonial con que nos perpetúan. Así, estos libros se han propuesto puertorriqueñizar el mundo al hacernos hablar el idioma afirmativo del sujeto crítico, aquel que entiende su lugar en el lenguaje como un proyecto de reconstrucción mutua. De allí el carácter único de una obra literaria que nos hace cómplices de su apuesta por la independencia de la voz entre las voces, a nombre de lo mucho por nombrarse en voz alta y entre todos. Su aguada conciencia del oficio y de la responsabilidad inherente a su proyecto literario son patentes en la entrevista que sigue.

Julio Ortega: *Doce años después de la publicación de tu primera novela,* La guaracha del Macho Camacho, *el primer clásico callejero de la nueva literatura latinoamericana, aparece* La importancia de llamarse Daniel Santos. *Evidentemente, no eres de los novelistas que prodigan una novela por año, borrando con la mano derecha lo que escribieron con la izquierda. También es claro que tus plazos de escritura y maduración son propios. No en vano* La guaracha *se lee cada vez más y mejor. ¿Cómo es el proceso de tu escritura? ¿Un rodeo y regodeo? ¿Reescribes más que escribes? ¿Qué disciplinas y rigores te impone el placer de la escritura?*

Luis Rafael Sánchez: Trabajo con mucha cautela y mucha tensión porque respeto la escritura con la misma intensidad con que desprecio su creciente transformación en grafomanía. El grafómano despilfarra las palabras, las desaprovecha, las abusa. El escritor, en cambio, las utiliza. Por eso reescribo más de lo que escribo y trato de que mis *salidas* literarias sostengan propuestas de interés. No hay responsabilidad creadora alguna en el hecho de dejar la literatura tal como se la encontró. El proceso de mi escritura, por lo tanto, es laborioso y hasta incómodo. Incluye una primera etapa de gestación en que el título se convierte en una señal de tránsito. Después hago apuntes que permiten la elaboración y que van tener una carpeta rotulada con el título del proyecto. Una vez que esa primera etapa de gestación se ha cumplido empiezo a buscar el tono de la voz dramática. El tono de *La importancia de llamarse Daniel Santos*, por ejemplo, parecía que se me escapaba durante la escritura inicial. Fue durante mi estancia en Berlín en 1985 cuando me pareció que el registro verbal y el tono coincidían.

J. O: *Me impresionó en Daniel Santos la viva interacción de lo oral y lo escrito. Evidentemente, el popular cantante es un paradigma de la voz, de su inmediatez y temporalidad; y al mismo tiempo, su recuento es un cuento recuperado por la escritura, una glosa digresiva, barroca. ¿Por qué la oralidad requiere esta sobreescritura?*

L. R. S.: La narrativa de la oralidad se dificulta puesto que la sostienen los simulacros del habla. El autor filtra los materiales, falsamente oídos, hasta que consigue lo que llamo *la veracidad auditiva*. Fíjate, Julio, que me refiero a la oralidad como recurso ficcional y no a la oralidad documental que se luce en los textos estupendos de la Poniatowska y de Barnet. Esa oralidad ficcional centra la primera parte de *La importancia de llamarse Daniel Santos*: unas hablas polifónicas que proponen un viaje por entre los colores del idioma español de América. De ahí la necesidad de intentar una escritura que parezca haberse trasladado de la boca del personaje al papel.

J. O.: *Para seguir con este tema central a tu identidad creativa, también me impresiona la fluidez que encuentras entre la letra (oral) del bolero y la oralidad (escrita) del modernismo finisecular latinoamericano. Nuestros amigos mexicanos José Emilio Pacheco y Carlos Monsiváis habían advertido que la poesía modernista culmina en Agustín Lara, pero seguramente no habían previsto que se desdoblara en Daniel Santos y adquiriera nuevo brío melódico en tu fabulación sobre el inquietísimo anacobero.*

L. R. S.: El bolero se ampara en la cursilería nuestra de cada día, por un lado. Por el otro, en el empeño de una clase marginal en hacer suyo el lenguaje supuestamente noble y elevado de la burguesía. Tal vez por eso los boleros de Agustín Lara están llenos de referencias a la mujer alabastrina, a los ojos azules, a las manos de nieve y las demás metáforas que el modernismo convirtió en clisés o tópicos, en un lenguaje amanerado por excelencia. Los boleros que canta Daniel Santos, sobre todo los que compuso el maestro Pedro Flores, están más alejados de ese modelo finisecular, están armados o urdidos con el lenguaje de las pasiones escuetas, obsesión, ausencia, presencia, fatalidad. Y, sorprendentemente, en ellos asoma la experiencia de la cárcel, de la reprobación. Esa nota novedosa explicaría el que Daniel Santos haya ascendido como artista a los mejores salones después de que la nostalgia lo transformó en mito. Antes era un cantante putañero y para un público putañero.

J. O.: *Por cierto que la conversión del bolero en escenario dionisiaco con sátiros y bacantes es una metáfora de la sensualidad que articula a la novela. Hace tiempo que Cortázar fustigó la pacatería del lenguaje español, tan distante del habla erótica. ¿Crees que esa distancia se ha acortado ahora? ¿O todavía la sexualidad es representada a través de repertorios literarios?*

L. R. S.: La sexualidad sigue siendo uno de los temas escabrosos de la literatura en lengua española, prodúzcase en la península o prodúzcase en el continente hispanoamericano. Cuando se la autoriza se le coloca la etiqueta de *erótica*. Lo que le reduce el interés porque la advertencia pone en guardia al lector. Lo erótico no tiene por qué departamentalizarse. Es parte de la persona, la humana y la literaria. Aislar el eros y hacer una construcción a su alrededor es una expresión sublime de pacatería moral o hasta bobería. El cuerpo hay que asumirlo como una totalidad. Como la catedral donde celebra la misa el placer.

J. O.: *En tu novela o fabulación, como prefieres llamarla, asistimos al espectáculo vivificante de una cultura popular latinoamericana procesando sus propios tiempos y ritmos, respondiendo y sobreviviendo con brío, rehaciendo su misma historicidad frente a los discursos del Estado y las autoridades de la letra. Aun en su misma pluralidad, y sin nivelar sus diferencias, esa cultura popular pare-*

ce gozar de salud espléndida a pesar de la suma de crisis, desgobierno y neoconservadurismo padecida en estos años de desnacionalizaciones, deudas costosas y mayor violencia. ¿Es ésta una visión optimista de tu libro o, en efecto, la sociedad latinoamericana posee estas latencias de rehacerse en su cultura?

L. R. S.: Creo que lo que tú llamas el espectáculo vivificante de una cultura popular latinoamericana caracteriza a las sociedades caribeñas, donde la disposición al gozo parece redimir o hacer más llevadera la miseria circundante. América Latina es un mar de hambre y desdicha, de precariedad de todo orden. Dentro de esa precariedad quiero incluir la política simplificadora de nuestras alternativas y el furor de los capos de la Ideología. No obstante, el pueblo, la plebe se las arregla para sacar adelante una admirable pasión por los días, una rica disposición a animarse aunque sea mediante el son a secas. Si has visto la pintura *naif* de los haitianos sabes a lo que me refiero.*

J. O.: *La figura de Daniel Santos, representada por las voces populares como irredimible Don Juan, es también un emblema del machismo, y me sorprendería que alguien no se escandalizara con su conversión mítica. La novela, en efecto, critica este componente machista en el cantante, pero me gustaría saber cómo ves tú este problema. Evidentemente, al revés de Don Juan, Daniel Santos no haría inscribir en su tumba "Aquí yace el peor hombre que fue en la tierra".*

L. R. S.: Sí es cierto que la figura de Daniel Santos se asocia con un donjuanismo de lumpenato. También que su mitificación parece irritar al feminismo más recalcitrante. Pero un mito no es, en manera alguna, un acontecimiento rigurosamente loable. El mito lo formula una memoria selectiva. En el caso de Daniel Santos los aspectos chocantes y desagradables son parte de la constitución del mito. Estamos, pues, frente a un mito nada heroico, practicante de un machismo pavoroso en ocasiones pero que arrastra una legión de admiradores.

J. O.: *En algunos foros académicos has presentado tu tesis de una poética de lo soez. ¿Podrías resumirla aquí?*

---

* Aun dentro del horror que encuadra la cotidianidad en Puerto Príncipe hay un apartado para imaginar unos jardines deliciosos y unas frutas rotundas que invitan. Es decir, que el gozo pretende ensalmar la calamidad.

L. R. S.: Mi tesis sobre lo soez, elaborada a partir de mi procedencia social y experiencias de mis años de adolescente, no es fácil de reducir porque está llena de implicaciones sociales y artísticas. No obstante, te podría adelantar, en lo que el texto llega a tus manos en la forma de libro, que siempre he tenido lo soez como una provocación, que lo soez halla su dinámica expresiva en un medio social determinado y en una circunstancia histórica particular. De Valle Inclán a Edward Albee, de *La lozana andaluza* a las novelas de Henry Miller lo soez literario ha querido operar como demolición moral. Esa teoría me permite hacer un viaje hacia mi origen, mi país y mi clase.

J. O.: *Volviendo a tu novela, ¿cuáles serían sus filiaciones narrativas menos proclamadas? La noción de una sexualidad barroca y a la vez impugnadora parece remitir a Sarduy, tanto a sus diálogos pintureros como a su estética del derroche sígnico. Mientras que la educación poco sentimental y urbana del asedio erótico evoca las memorias rapsódicas de Guillermo Cabrera Infante. Pero, dentro de la literatura de Puerto Rico, ¿cómo es ahora tu diálogo con René Marqués, Luis Palés Matos, Laguerre, y con tus contemporáneos?*

L. R. S.: Realmente, no sé cuáles son mis contemporáneos ni acabo de saber a qué generación literaria pertenezco. A lo mejor mi desconocimiento obedece a que no tolero la idea generacional como un gueto de gustos, bizqueras compartidas y fabricados antagonismos. Sí me identifico, plenamente, con los artistas empeñados en proponerle un rostro audaz a su trabajo. Los artistas que cultivan el *writing* y evitan el *typing* para volver sobre la distinción que estableció Truman Capote y que parafraseo así: *No es lo mismo redactar que escribir.*

J. O.: *Entre la celebración y la crítica que tus novelas postulan y reafirman, ¿cómo ves hoy tu papel de escritor puertorriqueño asignado a dar forma a una voz generacional y nacional? ¿Es ser escritor un oficio celebrante y crítico? ¿Cómo resistes los estereotipos del éxito?*

L. R. S.: La fama, el éxito son accidentes inevitables en más de una ocasión. Otras veces son las respuestas ajenas a un trabajo que se percibe como maduro. La fama y el éxito aportan un peligro, paradójicamente. Y es que son dos tiranos que amenazan. Trato, pues, de ejercitar un equilibrio sano frente a los mismos.

Por otro lado, sólo porque me propone su comentario un hombre y amigo singular como tú procedo a hacerlo. Hay un éxito supremo que nada tiene que ver con la recepción crítica a las obras ni la venta de las mismas. Y es el alcance de la paz vigilante con uno mismo, la satisfacción porque se anda haciendo lo que se quiere hacer con honestidad y entrega.

PABLO GUEVARA:
LA CASA PERUANA

Julio Ortega: *Para dar un contexto a esta conversación convendría empezar con una revisión y reevaluación de lo que significó y significa la poesía de la década de los cincuenta, o generación del cincuenta como también se la llama. Hace poco ha habido en Lima una serie de mesas redondas sobre esta generación, y en una de ellas has participado como poeta. Sería oportuno ahora conocer tu percepción del sentido poético trabajado por esta generación, en la cual normalmente se te adscribe. Es un lugar común pensar que en esta generación se plantea por un lado una poesía "social" y por otro una poesía llamada "pura". Yo creo que esto merecería ser revisado también. En todo caso creo que más allá de estas clasificaciones primarias se ha avanzado mucho en la reelaboración crítica de este contexto literario, intelectual y vital del cual emergen y parten líneas poéticas que inciden hoy mismo en la capacidad de decir y rehacer el mundo que tiene nuestra poesía frente a otros discursos. Quizá podrías comenzar, por eso, diciendo en qué medida tu compromiso poético se diseña en este contexto y cuál es tu percepción finalmente de las ideas sobre la poesía y sobre la función intelectual que se precisan en la experiencia generacional del cincuenta.*

Pablo Guevara: Se plantean varios perfiles en tu pregunta, y por otro lado varias experiencias que yo tengo sobre este asunto. Uno de ellos es que se ubica a la generación del cincuenta como un hecho enmarcado dentro de un periodo: el nombre "generación del cincuenta" obliga casi a una visión del desarrollo de un lenguaje, o de la construcción de un lenguaje en una sociedad, como un desarrollo permanente sujeto a ritmos armoniosos, de fácil comprensión para personas que han estado en él o que posteriormente puedan establecer conclusiones sobre esto. Yo siento que la generación del cincuenta es más bien una generación de crucero; o sea, se presentan en ella una serie de líneas. Una de las cosas que más recuerdo de la generación del cincuenta es que ella es un grupo, pero en cambio no es un ideario ni una doctrina ni una escuela o cualquier clase de valoración de tipo centrípeta. No es un núcleo de nada, es un grupo; justamente hace poco decía yo que podría tener muchas facetas esta generación del cincuenta. Hay quienes podrían verla como un grupo de personas sentadas sobre el cofre del muerto, bebiéndose un trago de ron como en *La isla del tesoro* y disfrutando de una conversación de tipo tertulia, pero tertulia comprometida, eso sí: no olvides que está Sartre de por medio en ese momento y que ante la realidad peruana está la dictadura de Odría; y eso da una impresión de unidad en este grupo puesto que responde a una especie de desafío del medio o reto que le es común al grupo. Sin embargo, esta generación ya tenía dentro de sí una serie de contradicciones; una de ellas, por ejemplo, era el que las edades de los que la conformaban no es tan definidora simplemente con la palabra cincuenta. Muchos de los que la han conformado dieron lo mejor de sí en la década de los sesenta a los setenta, es el caso de Belli; otros lo pueden estar dando de los setenta a los ochenta; otros, quizás ya lo han dado en forma definitiva y no están sujetos a nuevas sorpresas, pero no precisamente en los cincuenta, sino que lo han estado dando en los últimos veinte años. Yo diría que éste es un punto de partida más que un punto de definición. Desde ese punto de vista, yo pienso con cierta frecuencia que la literatura de la generación del cincuenta se está haciendo hasta estos momentos, pienso incluso que se va a seguir haciendo; se va a seguir haciendo en algunos de los cincuenta, en los que han venido de los sesenta, los que siguen en los setenta, y los que tengan que escribir entre los setenta y los ochenta.

La relación entre los desarrollos sociales de un pueblo y los escritores no siempre es una relación de causa y efecto inmediato. Todos sabemos, por ejemplo, que los desarrollos tecnológicos, como la radio de transitores o el radar, y en el campo de las comunicaciones, la televisión, se presentan con una velocidad mucho mayor que la percepción de los desarrollos sociales. Entonces, no siempre el desafío del medio obtiene una respuesta inmediata; por ejemplo, yo no veo claramente en la literatura peruana la respuesta que se esté dando sobre el decenio militar, de 1968 a la fecha; pero estoy casi seguro de que alguna respuesta se está gestando, y puede que no sea en el campo de la literatura, puede que sea en el campo del cine, otro discurso muy parecido al discurso literario; o en el campo de la novela, por decir un género literario bastante importante también como discurso.

Entonces, la generación del cincuenta es un grupo y fundamentalmente es un grupo amistoso; quizá si algo lo caracteriza es su sentimiento fraterno. No sé hasta qué punto en esos momentos se hayan podido dar pruebas de esta fraternidad, en cuanto a que se pueda medir quién dio y quién recibió. Pero lo que sí es claro es que fue un grupo muy lleno de interacciones. Al fin de cuentas, todo grupo termina por ser eso. También considero, por ejemplo, que el grupo del setenta, esa gente que camina por las calles de Lima, que alguien la ha calificado de manía ambulatoria, esta gente que va por bares, discute, conversa, cuenta cosas, lucha contra cosas, también es una interacción. Pero en el cincuenta lo que no hay claramente establecido es qué es lo que cada cual da a cada cual y qué es lo que cada cual recibe de los demás. Sin embargo, ya se ha gestado, o está en proceso de gestación, esa especie de contexto, generación del cincuenta. Quizá justa desde el momento en que hay una especie de promedio de rendimiento: la mayor parte de los que la conforman han sido poetas, y los poetas están vigentes. Pero si tú lees la poesía de los poetas, aún cuando todos responden a desafíos en diferentes momentos, la poesía de Belli, por ejemplo, dentro de sus planteamientos es una poesía antiacadémica, pese a sus formulaciones en un lenguaje del Siglo de Oro, también llamado anacrónico, es evidentemente una poesía que es de desafío y provocación; sin embargo, ese desafío y provocación para un joven de 25 o 30 años puede no ser la respuesta ante un medio como el que vivimos. Poesía como la de Romualdo, que estuvo enmarcada en su momento como poesía social, puede que no quede para algunos jóvenes más que como una respuesta correcta, saludable, pero poco desarrollada, que no va más allá de una formación retórica. Yo entiendo, entonces, que el problema social que llega a la generación del cincuenta es un problema muy confuso; hay poca lectura del marxismo, yo personalmente no recuerdo que en el grupo se hiciera una exigencia de lectura marxista; hay pocas definiciones de principios literarios, no recuerdo que jamás se haya hecho capilla surrealista. Me atrevería a decir que aunque se ha ubicado a algunos poetas que la conforman como surrealistas, yo personalmente me siento muy cercano al surrealismo porque los he leído en sus libros; hablo de *La inmaculada concepción* de Breton y de Eluard, hablo del *Amour fou*, hablo de los manifiestos surrealistas, y me siento cada vez más identificado con un movimiento que verdaderamente trató de romper los esquemas burgueses en su momento; pero no recuerdo que en los poetas de mi generación hubiera nada de esto, más allá de unas cuantas de lo que llamaríamos especie de asonadas, y de lo que ha quedado una especie de melancólico recuerdo y se le dice surrealista, aunque en realidad no considero que haya sido surrealismo. Entonces, lo que sucede con la generación del cincuenta es que es una generación crucero; lo que llaman los franceses *carreteur*, donde llegan muchas vías. Llega la vía social a través de un marxismo más que de estudio, un marxismo de empatía; no nos olvidemos que está muy viva la presencia de una Unión Soviética, que hace festival de la juventud, que reúne a los pueblos del mundo en nombre de la amistad proletaria; y que conserva en esos momentos, a pesar del stalinismo, una imagen de país líder en la lucha revolucionaria del proletariado mundial. La revolución china está en esos momentos en la larga marcha. Considero que es un momento en el que a esta especie de gran círculo de amigos llegan una serie de vientos. Sin embargo, ya había habido cultores, cultores verdaderamente responsables dentro del país de algunas de estas avenidas, de estas llegadas, de esta especie de grandes vertederos. Ya estaba presente Mariátegui; sin embargo en la generación del cincuenta no se hacía verdaderamente un gran estudio del mariateguismo en el Perú; ya había llegado el surrealismo, y existía un César Moro, ya había presencia surrealista en personas como Rodolfo Milla, América Ferrari, sin embargo, no los veía yo a ellos allí en los grupos de la generación del cincuenta. Entonces, significa que la generación del cincuenta es una generación contingencial; yo pienso que lo más importante que podríamos tal vez conversar sería sobre todos estos vientos nuevos que llegan desde el cincuenta a la fecha; porque es a partir del cincuenta, por todo lo que resta de esta segunda mitad del siglo XX en el Perú, que verdaderamente se van a acelerar cada vez más cosas que ya estaban en los primeros cincuenta años pero que cobran una velocidad verdaderamente vertiginosa y delirante.

J. O.: *Me interesa en lo que dices la noción de cambio como definición de una generación, más que de una generación quizás de una actitud del mismo trabajo poético, definido más bien por la búsqueda personal y a veces coincidente de los miembros de esta generación. En este sentido quizá se podría ahora replantear el pro-*

blema en otro nivel. En el nivel de la imagen que del poeta esta generación, simplemente por ser tributaria de su época y su momento, ha consagrado para sí y convertido en una especie de persona o personaje que tiene de uno u otro modo una función dentro del lenguaje y por supuesto dentro de la sociedad. Quizá tú podrías ahora elaborar sobre cuál era la concepción del poeta que se producía en estos años iniciales de la generación del cincuenta, y cómo esa concepción se afirmó o se cuestionó luego. O sea, ¿desde dónde habla el poeta para esta generación?, ¿qué se supone que el poeta es en el lenguaje, en la sociedad? ¿Qué define, finalmente, a este sujeto que habla y que escribe y que aparentemente es un sujeto privilegiado por su capacidad de decidir el sentido con el lenguaje? Y si crees tú que en estos años se forjó esta imagen del poeta incluso como un cierto estatus social, como una especie de realidad privada que reclama una cierta autoridad social, probablemente marginal en estos momentos pero de uno u otro modo real dentro de las producciones del discurso que una sociedad más o menos sostiene.

P. G.: Yo diría que en el Perú de este siglo se da muy claramente algo que creo que se ha dado ya en Europa desde siglos anteriores. Más o menos se dice que el intelectual desde el siglo XVII y XVIII ya no puede ser más un hombre parásito del poder, no puede formar parte de él por la simple razón de que al poder, para los fines con que utiliza las fuerzas sociales en juego, quien menos le puede interesar para la consecución de sus objetivos es justamente un poeta. Por lo menos esto sucede en la Europa de la revolución industrial que hace que la enorme división del trabajo lleve a que el poeta no ocupe un lugar digamos importante en la infraestructura sino que sea justamente inerte, aunque sea hacia arriba, por inercia expelido hacia la superestructura y por lo tanto allí se deba mantener como su mejor vocero, para escribir discursos o hacer simplemente estudios, pero no precisamente el poeta además, sino un tipo de dignatario o funcionario cultural que sirva a los fines de un estado burgués dentro de su desarrollo. Estas características de presencia de esta crisis ya no colonial, sino de ruptura justamente de lo colonial, o sea que el poeta ya no es más un áulico sino un independiente, efectivamente, se da en la generación del cincuenta. Esto hace que ninguno de los poetas que la conforman, ninguno, y esto le da una unidad, sueñe con ser un funcionario de estado, un burócrata, un dependiente de la gran industria, dedicarse a los negocios, sino que con un romanticismo dijéramos de nuevo cuño, es un hombre que piensa dedicarse exclusivamente al ejercicio de la creación, aun cuando esta creación pueda ser con un sentido social en unos o con un sentido totalmente, digamos, autónomo en el caso de los llamados "puros", en el cual la palabra no sufra las corrupciones o perversiones o desviaciones que según puede parecer a algunos sufre la palabra cuando está metida en la lucha cotidiana y en la lucha social. Esto es muy interesante en mi concepto, porque hace que en los poetas de la generación del cincuenta sí sea común a todos ellos su no dependencia del poder; dijéramos, su total independencia. A tal punto que cada uno ha logrado ser, no diría lo que quiso ser en el sentido de profesión, porque todos han terminado de alguna manera u otra por entrar en alguna forma en el aparato productivo del país. La mayor parte son catedráticos y profesores, que es donde los intelectuales tienen una posibilidad. Otros han devenido periodistas; otros han viajado fuera y se han quedado en el extranjero posiblemente sin un estatus muy definido pero han escapado a esta especie de destino de ser poetas que han entregado su profesión a algo menos que a las letras. Por el contrario, muchos que he conocido en Europa son gentes que siguen siendo poetas, siguen manteniendo el cultivo de la palabra. Desde ese punto de vista uno de los que mejores luces ha dado sobre el particular es Roland Barthes, y es curioso que Barthes dice cosas que sin embargo mucha de la gente del Perú lo vino haciendo por propio movimiento social, lo cual demuestra que muchas veces las palabras que dicen los ensayistas, los estudiosos, son, dialécticamente hablando, la experiencia de los hombres, que es la que primero informa sobre las diferentes opciones de las gentes. Desde ese punto de vista los poetas de mi generación evidentemente hacen un gran cultivo de la palabra, asumen la palabra con las concepciones de aquellos tiempos, y dicen que la palabra es todo; o sea, la palabra es la acción, la palabra es la poesía. Cosa que después puede haber sido cuestionada, porque el problema principal no es la palabra, según parecía ser, sino la construcción del significado dentro de un discurso definido como poético; así como hay un discurso definido como teatral o cinematográfico o novelístico.

J. O.: *Pero tú no encuentras que si pensamos en la generación posvanguardista, de los treinta a los cuarenta, por ejemplo en West-*

phalen, Moro, Adán, que podría ser caracterizada como una promoción poética en la cual el estatus del poeta es evidentemente marginal; si pensamos después en la generación del sesenta, en su compromiso político, en su apuesta y riesgo buscando que de algún modo la persona del poeta se complete en esa persona política, en esas confluencias dramáticas y a veces difíciles de lograr; si pensamos en estas dos posibilidades, la generación del cincuenta hoy en un balance aparecería quizá como la más institucionalizada en el sentido de que su límite estaría vitalmente en que la función del poeta como realidad social estaría finalmente pacificada, si puede decirse así, por su lugar, que no es un lugar marginal ni tampoco es un lugar militante. Es quizá como un lugar formal y quizá pacificado; probablemente tú y algún otro poeta escapan a ese esquema, simplemente por razón del propio proyecto de búsqueda poética, pero de alguna manera me parece a mí que la generación del cincuenta tiene su límite en esta concepción de la función social del poeta como responsable del lenguaje, en esta especie de institucionalidad, en la cual finalmente se refugió; ¿te parece esto correcto o lo discutirías?

P. G.: Yo primeramente no lo acepto por una simple razón: me parece que es una conclusión muy positivista; pienso que cada generación hace lo que la realidad social o la experiencia humana acumulada dentro de cierto saber le permite hacer.

J. O.: *¿Eso no pondría al poeta en un lugar muy pasivo?*
P. G.: No, no estoy hablando del autor como autor, estoy hablando dentro del sistema ideológico de significados que tienen en un momento que ser elaborados, desarrollados, tienen que crecer, difundirse, cultivarse, en fin. Dijéramos que muchas de las creaciones de la experiencia humana en el plano científico se han hecho en la mayor soledad; sin embargo, son patrimonio de muchos. Sucede que sabemos bien que los grandes cambios sociales no son hechos en la soledad, sino que son justamente hechos en el tumulto, en el conglomerado, en la confrontación; pero luego tienen que apaciguarse para devenir principios o ideas institucionalizadas, que después serán a su vez cuestionadas por unos nuevos movimientos que harán el efecto de reacción. Entonces, yo no pienso de ningún modo en la generación del cincuenta como generación que pueda ser pasiva. Por ejemplo, qué pasa con un Westphalen, un Martín Adán, un César Moro, yo no puedo jamás

pensar que son pasivos; lo que sucede es que en ese momento era quizá más marginal que nunca el oficio de ser poeta. Cuando surge una generación como la del cincuenta sucede que hay una confluencia, ni siquiera poética: una confluencia puramente itinerante, un bar llamado Palermo, del cual sin embargo está ausente casi la mitad de la generación del cincuenta.

J. O.: *Pero lo que va del Palermo a San Marcos, ¿a ti no te parece que supone una creación de un estatus del poeta en el Perú?*

P. G.: No, lo que encuentro es que en ese momento itinerante hay un punto entre las grandes cantidades de compromisos y de contradicciones y de confrontaciones sociales; un punto donde se puede, como quien hace un macerado, conseguir una cierta bebida, un cierto licor, un cierto tipo de alcohol que por el momento cumple la función de embriagar y de estimular el gran pensamiento de ese grupo. Pienso que cuando viene Cuba, evidentemente puede que ese alambique del cincuenta comienza a ser obsoleto. Puedo también ponerme en plan escéptico y decir de la generación del sesenta que no veo en qué ha podido crear un alambique mejor, o unos alcoholes mejores, más allá de que dentro de un horizonte de perspectivas tienen ahora unas posibilidades de nuevos encuentros y nuevos itinerarios. El poeta se hace viajero, pero viajero adónde: quizás a Cuba con más frecuencia; ya no tiene que ir hasta la Unión Soviética. Ahora viaja a Cuba, pero ¿por qué viaja a Cuba? Porque hubo una revolución cubana antes, que no la hicieron los poetas del cincuenta, no la hicieron los poetas del sesenta: la hizo un movimiento de América Latina. Y quizá la generación del ochenta viaje a Nicaragua. O sea, son problemas de itinerario, de ambulamiento, en lo cual más bien debe quedar en claro que el poeta, cuando es un hombre honesto, digno, auténtico, no tiene que recurrir a ningún tipo de prebenda, ni siquiera de expectativas: ni de publicaciones, ni de viajes, ni de congresos, ni de sillones en las academias; sino simplemente construir con la palabra las grandes perspectivas que él cree poder avizorar desde su puesto de poeta. En ese sentido creo que un poeta del sesenta, como un poeta del setenta, como uno del cincuenta, o como uno del cuarenta, puede en estos mismos días decir cosas tan importantes por encima de la generación. Todo depende de cómo haya ido construyendo su edificio, y si ese edificio está abierto o no a todos estos itinerarios, todas estas nuevas complicaciones y nuevas simplificaciones a las que hemos llegado; toda esta especie de pascana para esa gran travesía. Lo importante que hay que señalar es que no creo que la literatura peruana, ya desde la época de Mariátegui, haya sido en ningún momento una falsa literatura; incluso en los casos de personas que se han bajado del tranvía en lugares donde no debieron bajarse, personas que se cambiaron de indumentaria cuando no debieron cambiarse, los travestis literarios, son simplemente contingencias de una gran marcha, de un gran camino. Desde ese punto de vista no encuentro contradicciones, pero tampoco estoy elogiando a la generación del cincuenta. Pienso que la generación del setenta, por ejemplo, tiene cosas notables, muy notables también en el nivel de lucha personal y de no compromiso. Quizá más notable que las del cincuenta y del sesenta juntas; por razones de que se encuentran más desprovistos que nunca. Generación quizá la más desprovista en estos momentos de cualquier tipo de estímulo editorial, sea de revistas o de libros, e igualmente de posibilidades de trabajo, porque ni siquiera la universidad ya es un campo, dado que la mayor parte son autodidactas y para ellos prácticamente no hay otra cosa que construir otra vez el ferrocarril al centro para ver si pueden servir para poner los rieles; o en nuevos arrozales en el norte, como los chinos, donde puedan trabajar como braceros, porque no hay otro trabajo para los más jóvenes poetas.

J. O.: *Bueno, tal vez lo que pasa es que de alguna manera yo sospecho que en la generación del cincuenta empieza a formularse una imagen y un estatus del poeta peruano que se podría simplificar diciendo que a partir de esta generación "poeta es aquel que escribe poemas". En la generación del sesenta, poeta es aquel que además de escribir poemas hace muchas otras cosas; en la generación del setenta, si es que hay tantas generaciones en tan poco tiempo, probablemente la diseminación es mayor. En todo caso, tú mencionaste que hay relación entre los desarrollos sociales de un pueblo y el escritor y su definición, probablemente, en su escritura. Vamos a tratar de ir más allá de esta clasificación, finalmente elemental, de generaciones porque al final estas generaciones coinciden en el presente de la escritura y seguramente viven todos sus dramas, salvo que hayan culminado su obra, cosa terrible. ¿Cómo ves tú en el momento actual esta posible, y difícil de definir, relación entre desarrollos sociales y situación del escritor y su trabajo?*

P. G.: Lo veo como un gran edificio en el cual hay muchísimas partes que lo componen; la alegoría es gruesa pero puede servir al caso, desde un punto de vista didáctico. Unas partes del edificio son las vigas maestras, otras partes son los cimientos y otras partes son los techos, otras son los aleros. Me hace reír, porque comienzo a pensar que también hay los frontispicios, las cornisas, y hasta los grifos medievales; de modo que alguien estará pensando a quién le habrá tocado el destino de asustar a los demás. Pero en realidad trato de decir que hay un problema de construcción. Tú mismo lo has dicho, que lo mejor es juntar a todas estas generaciones en un solo movimiento donde trabajan sobre el presente de la escritura. La escritura intelectual, la escritura poética, la escritura científica, todo tipo de idealización del lenguaje, cuando es realmente vigente, trabaja siempre en un presente que al mismo tiempo es cuestionamiento, asimilación o demarcación fronteriza del pasado y vías hacia el porvenir. Entonces, lo que se está planteando es una visión de la poesía peruana que ni siquiera comienza en el cincuenta, no podría jamás pensar que es fundadora, empieza desde mucho más atrás. Empieza desde el primer día en que un poeta decide no creer más en poemas por encargo, o en poemas dedicados a la entrada del rey de España. Lo interesante es poder ver de qué forma el poeta puede ir construyendo este edificio. Sobre esto la gente muy joven hace rato que tiene ideas muy claras. Una de las cosas, por ejemplo, que critica la gente joven, y por eso llama incipiente a muchas de las obras, es que los poetas de las generaciones anteriores no escriben una obra, escriben poemas; hacen poesía pero no desarrollan una obra, no tienen la concepción de un libro en el cual haya el deseo verdaderamente de llegar a una meta de significado sin estarse preocupando por el poema redondo, logrado, brillante, perfecto, que va a ser leído brevemente en una tertulia. Estaba el otro día leyendo esa nota de Borges sobre *Las mil y una noches*, en la que habla de los diferentes traductores que están reflejando una intención, lo que llamaríamos un intertexto o un intratexto, metido allí, que está guiando a la lectura. Sucede que en muchos de los libros que se crean de los cuarenta a la fecha se puede leer fácilmente cuándo el poeta está escribiendo para la galería; cuándo el poeta está escribiendo para un salón; no será el salón de Versalles pero será el salón crítico de otros lectores próximos a él que van a gustar de esa obra. Y no se aprecia una cosa que la poesía ha hecho siempre. La *Comedia* de Dante, las canciones de Yeats, donde está en juego el tratar de hacer formas casi de saga mítica, son obras en las que se puede explicar contradicciones de una determinada sociedad, en este caso de sus propios pueblos, y en este juego va incluido todo un trabajo de prospección, de identificación, de reconocimiento de una serie de valores nacionales; como en un tiempo fueron las tragedias de Shakespeare, como lo pudieron ser los poemas de Píndaro; en fin, las sagas homéricas. Ese tipo de obra de aliento es una forma que cada vez se ve más claramente como la única posibilidad, si no la única, la mejor, para poder dar muestras de un sentido de construcción de un edificio.

Como Jonás dentro de la ballena, yo estoy hablando de lo que en el fondo trato de hacer, y parecería que mido con mi regla a todos los demás. Pero estoy diciendo que hay poetas jóvenes que hacen este trabajo, que intentan hacerlo, y no piensan más en el poema para ser publicado en una revistita o en el poema para ser publicado en una antología; eso les parece muy secundario, y estoy seguro de que no les importa. De allí el aparente aspecto desmañado o de no facilidad de comprensión de los significados en ciertos poemas; puede que también la cosa todavía no esté ni de lejos próxima a plasmarse.

Esta imposibilidad que tiene el poeta peruano para plasmar una obra realmente de aliento produce un tono menor, perfecto, bien dado, con gran sentido de lenguaje, con gran sentido de la musicalidad, con gran sentido de la oportunidad, e incluso en poetas del sesenta, se trata de saber decir. Pero es una poesía que no resiste el tiempo, mucha de ella se puede leer después de diez años y no se siente el volumen: el continente supera al contenido.

J. O.: *Pero, entonces, tú estás postulando la posibilidad del desarrollo de una obra como la virtud superior de un talento poético individual. ¿Cómo relacionas eso con la percepción de los desarrollos sociales y su modificación del lenguaje?*

P. G.: El problema aparentemente parece ser contradictorio. Porque tú dices que una obra de aliento tiene que estar contenida en un individuo; efectivamente, el poeta que la hace. Esto me lleva prácticamente a una tautología: este individuo tiene que ser de gran aliento. He escuchado que la poesía se divide en los fundadores, los seguidores, los nuevos. Pero eso no interesa. Yo pienso que el aliento de fundación de algo puede estar dado en lo pequeño como en lo grande. Alguien me puede decir que los piratas de siglos pasados eran hombres de gran aliento, si no no hubieran resistido tantos días en el mar, con el escorbuto y comiendo galletas de sal. Sin embargo, en ellos ese oficio era un oficio de todos los días. En el Perú, antes de que existiera, hace no más de treinta, cuarenta años, la Panamericana sur, la gente iba y venía de Cajamarca en mula: salían creo que a la altura de Casma o Chimbote y de allí tomaban el barco; y no eran verdaderamente prohombres ni unos prometeos ni unos proteos, eran sencillamente gente que, como no había en esa época otras rutas, hacían el camino y lo soportaban. Lo que quiero decirte es que la poesía no es un trabajo fácil. Creo yo que no es siquiera un problema de aliento, no es un problema de entender ideológicamente de qué se trata. No se trata tampoco sólo de hacer poemas. Se trata de poder justamente trabajar con significados, sea en la novela, sea en la poesía, sea en el cine. Se trata de trabajar verdaderamente con significados que tú sientas que de una u otra forma sirven para ti y sirven para otros. Es muy difícil de explicarlo, porque de repente me dicen lo que tú propones en una visión y no todos pueden ser visionarios, con lo cual estamos ante el problema ya de carencia de material humano: no puedo ser pirata en este momento porque no voy a encontrar ni diez marinos que me sigan. Pero creo que la poesía tiene dentro de sus exigencias el dar cuenta y razón justamente de una serie de significados sociales de su realidad. Pero entramos a ese problema de que efectivamente no podemos hacer doctrina con estas cosas.

J. O.: *Ahora, ¿estás postulando como un problema de la poesía de las últimas dos décadas la ausencia de grandes poetas y como una alternativa la posibilidad de grandes obras realizadas por talentos individuales?*

P. G.: No, porque a lo que me estoy refiriendo es a que la poesía es un trabajo colectivo. La poesía es un trabajo colectivo aun cuando sea hecha por individuos, es un trabajo de muchas copersonas. Evidentemente que en una lengua como la francesa, donde los poetas abundan, son muy pocos los que en realidad alcanzan notoriedad, muy pocos aun los que alcanzan grandes tirajes. Entonces, el trabajo sobre una lengua ampliamente transitada por muchos permite que la madurez de los significados sea tan notable, por ejemplo en el caso de Eluard, con ese tipo de canción que lo ha hecho tan famoso, de gran simplicidad y de gran belleza, que tiene toda una tradición larguísima. Diría yo que de eso es un poco de lo que se trata. Pienso que una prueba de la potencia de la poesía peruana es que haya muchos poetas, que cada día sean más; y que otro elemento importante es el que no se trate de buscar la notoriedad de tal sobre cual, sino el gran trabajo sobre la construcción. Y que el sentido de todo esto sea convergente hacia algo, que tenga un objetivo, una meta. No estoy hablando de una doctrina poética o de un partido poético, pero estoy dando a entender que cada vez parecen ser más conscientes los poetas de que hay un objetivo que tratar y que este objetivo es una realidad. A esto me estoy refiriendo como obra de gran aliento: habrá el poeta que logre un máximo de sabiduría dentro de esa experiencia común y erija un libro que de repente corresponda justamente a esa necesidad. Y habrá otro que lo logrará diez años después. Por eso pienso que la generación del 50 no termina en el 50, como la del 60 tampoco termina en el 60; pienso también que hay una cosntrucción de lengua, de madurez poética, y que estamos en este momento comenzando a avizorar sus posibles islas.

J. O.: *El otro día yo estaba discutiendo con alguien sobre estos temas de las generaciones y esta persona, desde un punto de vista quizás idealista, me decía que en realidad después de la generación del veinte o del treinta no había nada comparable en calidad por ejemplo a Martín Adán, César Moro, Westphalen, y que, claro, no habría nada comparable en calidad a las montañas Vallejo y Eguren. Pero yo le respondía que, en realidad, no se trata de una competencia de calidades, sino del hecho más obvio, y problemático al final, de que la poesía no es ese concurso de montañas, lo cual haría prescindible el trabajo de la mayoría de los poetas; sino que más bien de lo que se trata probablemente es de la seriedad con que un poeta decide encontrar y hacer significación a través del lenguaje, y que evidentemente lo que ocurría en las generaciones sucesivas era la conciencia de ese trabajo específico y la mayor inserción de ese lenguaje reelaborado y esa escritura material en los procesos de cambio y de realización y problematización social. Ahora, esto nos llevaría a otro tema que tú has esbozado apenas y que quizá merezca mayor discusión. ¿Qué es lo que cambia realmente en lo que se puede llamar* *el proceso de una relación con la poesía? Tú has repetido que de una a otra generación y en la misma coincidencia epocal de varias generaciones probablemente hay un cambio hacia una mayor exploración, hacia una mayor conciencia, hacia una mayor convergencia; y eso me parece que te hace optar por una especie de confianza en lo que vendrá, lo cual es una manera legítima de releer la tradición, pensando que la tradición se realiza hacia adelante en aquello que no tiene y que es lo que no tenemos todos y que, evidentemente, la realidad misma requiere tener para ser mejor. Pero ¿qué es lo que cambia, cambia la actitud del poeta, cambia el lenguaje, se puede decir que cambia la conciencia? ¿Dónde ves tú las transiciones del cambio?*

P. G.: Primeramente, estoy totalmente de acuerdo con el planteo que has hecho, lo suscribo plenamente. Es eso lo que trato de decirte: el tratar de construir un edificio significa el ir pasando de un estadio de cimientos a un estadio de paredes y a un estadio de pilas maestras, hasta el fin. No se trata tampoco con esto de iniciar una torre de Babel: se trata de un edificio que sea habitable por el hombre de estos lugares. Por otro lado, efectivamente, cuando alguien dice que es fácil constatar que no hay término de equiparación con un Eguren, un Vallejo, un Moro, un Westphalen, lo que ocurre es que es muy fácil decirlo hoy; es difícil decirlo en los momentos en que existían estas obras, cuando actuaban estos hombres como poetas, nadie lo decía. Y en vida de alguno de ellos ni siquiera se supo, ni siquiera supieron de su trascendencia. Eso significa, sin embargo, que hablar de ellos ya está demostrando que partes del edificio ya están construidas.

Ahora, ¿qué es lo que cambia? Lo que cambia siempre es el contexto; o sea, el texto se refiere siempre a un contexto, y evidentemente el contexto social peruano se va insertando, me parece, de un estado de dependencia a un estado de no dependencia y hacia una futura independencia. La conciencia de no dependencia se está elaborando en estos años hacia una independencia o liberación y va aparejada con este estadio de exploración constante y de construcción constante, y eso es apasionante para mí. Y es apasionante para mí no sólo en poesía sino en todas las otras actividades que hacen los hombres de hoy. Desde los problemas de las migraciones hasta las nuevas recreaciones, reactualizaciones de melodías o de tonos y formas de habla.

Porque fundamentalmente lo que aparece debajo de todo es el trabajo humano. Evidentemente en la poesía, en la vigencia de la poesía, sucede algo realmente curioso: siendo un territorio aparentemente con pocas compensaciones o gratificaciones para los que lo trabajan, sin embargo no disminuye sino más bien aumenta el número de "trabajadores poéticos", trabajadores de la cultura. Lo cual significaría que también es una de las formas en que la conciencia de no dependencia y la conciencia de ir hacia una independencia futura se da cada vez con más plasticidad. Cuando el hombre está sitiado, cercado, rodeado de una serie de obstáculos que le hacen cada vez la vida más difícil, ¿qué le queda? Le queda el aliento, le queda el poder decir aunque sea "ay", o un "oh" de admiración. Y esto es también una forma en que el trabajo poético se perfila. Dentro de ese gran movimiento, ¿qué puede significar el libro publicado, la revista, el premio? Podría ser, más bien, el indicio de un peligro de la obra que ya se logra, o de la compensación que ya llegó, cuando en verdad no es nada, no va a resolver nada; ni en la vida cotidiana ni en la vida histórica de la persona, como no le significaron nada a Vallejo, a Eguren, a Westphalen, a Martín Adán. Entonces, ante igualdad de posibilidades, el problema que se señala es que la participación es cada vez mayor. Ése sería un asunto sobre el que habría que interrogarse. Por qué hay tal abundancia, tal especie de "boom" poético de un país donde cada vez es más difícil encontrar gratificación o recompensas en ese campo. Ni siquiera desde el punto de vista económico; sabes tú que el poeta es en la escala cultural quien menos posibilidades tiene.

J. O.: *Seguramente que volveremos sobre ese tema. Ahora, si hay un poeta que cambia, y seguramente cambia sobre todo por dentro de su obra, ése eres tú. Yo creo que tu poesía ya probablemente desde* Los habitantes, *en 1964, se diferencia claramente del discurso poético que se podría calificar como carcterístico de la generación del cincuenta. Y de algún modo se inserta ya, y probablemente en algunos aspectos excede, las exploraciones de la llamada generación del sesenta. Por dos cosas, básicamente; por la aparición en tu trabajo poético de aquello que podemos llamar una materialización del espacio poético, una indagación desde lo cotidiano, evidentemente; y, en segundo lugar, por la necesaria traducción de lo específico en un lenguaje crítico que no desconoce el humor ácido y la ironía. Al mismo tiempo, el lenguaje crítico evidentemente supone una opción, una posición, un deslinde de actitudes y de percepciones. Quizás ahora podríamos discutir un poco sobre cómo llegas tú a esta opción por un lenguaje crítico, y cómo trabajas sobre estas dimensiones de la escritura por lo pronto en* Los habitantes *y más claramente, sin duda, en* Crónica contra los bribones, *en 1965.*

P. G.: La obra poética es muy contradictoria; porque, por ejemplo, si tú ves obras de otros poetas en otros países, estas obras muchas veces han sido fulgurantes, se han hecho en cuatro años, cinco años, recién salidos de la adolescencia o casi en una continuación de ella; es el caso de Rimbaud; o casi en su primera adultez, el de Lautremont. Pero creo que eso se debe a que existe ya un edificio de tradición poética, desde el Liceo francés, o en la escuela alemana, quizá desde la primaria alemana, ya hay un movimiento de lectura y relectura; puede ser muy limitada ésta, pero piensa tú que el redescubrimiento en el Perú de que tenemos una cultura no es de hace muchos años; la prueba está en que todavía se citan a pocos, se habla de Arguedas, se habla de Vallejo, se habla de Eguren, y ahora se ponen ahí tres o cuatro nombres más, pero siempre son pocos. No tenemos los dos, tres siglos de literatura que tiene otros pueblos.

Dijéramos que siento más bien que en mi obra, en el caso mío personal, es en *Hotel del Cuzco* donde yo siento que hay poemas que tienen un peso que corresponde un poco a lo que yo trato de explicar. Es en *Hotel del Cuzco* donde yo logro hacer algo que llamaría viajes, porque no se viaja sólo geográficamente, también se viaja espiritualmente, y en este libro hay un viaje específico por la capital del país, pero también hay un viaje por el terreno de la fabulación, todos esos poemas que hablan de una especie de bestiario, del zoo, de animales, del avestruz; porque, en el fondo, lo que trato es de recuperar, si cabe la palabra, una poesía novelada, al mismo tiempo que una poesía de aventuras; y no por esto ser un Salgari de la poesía. Trato de decir que el lector debe sentir que al mismo tiempo que está siendo estimulado a una imaginería, debe saber que está correspondiendo a una etapa de esta imaginería. Un caso que yo tengo muy presente es el de Swift, donde evidentemente hay una posición de sátira claramente comprometida contra costumbres y cosas de su momento. Pienso también en el caso de la poesía de Blake. Es decir, la poesía es un lugar donde se pueden hacer estos viajes. Pueden ser viajes de muy corta duración; puede haber un poema que dure veinte líneas y puede haber otro que tenga diez páginas. El problema es que en la postulación de este itinerario yo encuentro cada vez más una atracción por un tipo de poesía entre popular, satírica, un poco a lo Villon; un poco también con los problemas del que siente que a veces no tiene las palabras necesarias para decir lo que quiere decir, que fue el problema de Artaud, ante las presiones que vivió, individuales y sociales.

En fin, creo que muchas cosas que están en juego en la literatura se pueden comenzar a esbozar en el momento actual. Por ejemplo, el periodo de las invasiones en la Europa central, que crearon las historias de ogros: sabemos que no fueron más que invasiones que dejaron bolsones de gente desarticulada que se volvieron sedentarias en los bosques y terminaron por ser una especie de cavernícolas, que crearon leyendas de ogros. Pienso que en este país estamos en una situación casi mágica en la que, justamente, hay bolsones de burguesía, bolsones de oligarquía, bolsones de gente verdaderamente terrible. Aquí nomás al costado está el cono cur, que viene a ser como una especie de presencia medieval de lo arbitrario, y, sin embargo, está presente y llega a nuestra costas e ingresa a nuestro país. En fin, pienso que esta situación puede ser de una forma u otra reflejada en la novela; la que considero que está muy alejada en el Perú, sin siquiera una mínima comprensión de estas tensiones; porque no recuerdo haber leído ninguna novela de estos últimos veinte años en la que verdaderamente estas tensiones estén reflejadas. Alguien tiene que decirlas y pienso que el que más se aproxima dentro del campo cultural peruano a estas grandes contradicciones que estamos viviendo es el poeta. Pero debería reflejarse en el teatro, debería reflejarse en el cine, debiera reflejarse en la novela; pero mis posibilidades reales son en la poesía. Y, desde ese punto de vista, *Hotel del Cuzco y otras provincias del Perú*, el nombre de "otras provincias del Perú" y el nombre de "hotel" señalan lo transitorio, el viaje; y pienso se está dando ahora en *Diente de ajo* el mismo pretexto de contar estos viajes. En una entrevista que tuve con Abelardo Sánchez León ya aludo a esta especie de transiciones entre cielo, infierno y purgatorio por las que uno transcurre; son conceptos cristianos, pero es que el lenguaje es muchas veces limitado al nivel coloquial. Hay varios ejemplos, como la imaginería medieval cristiana, que ha logrado todas estas explicaciones muy claramente. Dante, en el *Infierno*, prácticamente hizo crónica periodística al mismo tiempo que poesía, teología, filosofía y lingüística; y ubica allí a los hombres que más odió en su momento y que lo odiaron, indudablemente. En todo caso, esta especie de saga, a la manera como Yeats hizo la suya en Irlanda, es una formulación que ya empieza a plasmarse en *Hotel del Cuzco*. Efectivamente, *Crónica contra los bribones* ya lo anuncia en el nivel del amor, puesto que el contexto europeo está incidiendo en los poemas amorosos. Es curioso, mis libros unos a otros parecen que se conversan; por ejemplo, en el caso del amor en *Crónica contra los bribones*, no es el amor puro y simple, es el de la pareja, y es siempre el contexto en que esto se va generando; el contexto del Sena, el contexto de la revolución argelina, y que están puestos como telón de fondo. Esto hace que tenga hasta ahora vigencia ese tono amoroso del libro, porque su objetivo era amoroso. Pero ya en *Hotel del Cuzco* hay una postulación hacia la sierra peruana con otros elementos, y en *Diente de ajo* la presencia del contexto es cada vez más clara, más definitoria, sobre todo en la segunda parte, en las Baladas. Allí me empeño en que cada parte de cada balada sea tratada como un poema separado al mismo tiempo que como un poema de conjunto; ya el problema no es ni siquiera de extensión sino de tono. Pienso que esto no es más que una especie de mezcla de ese afán de viaje, de aventura significacional e ideológica, que es el instrumento con el que trabajo. Si yo no fuera poeta sería un hombre que hace viajes, un marino mercante, un descubridor de caucho en la época de Fitzcarraldo, qué se yo. Pero yo hago poesía, y siento que, sin embargo, la poesía puede ser un centro donde el cosmos se puede reflejar y con mucha más razón mi país.

J. O.: *Lo que tú dices creo que ilustra muy bien incluso la mecánica analítica y las técnicas de incorporación y de suma permanente que son estos poemas, especialmente* Hotel del Cuzco. *Evidentemente, el poema se abre sobre el contexto y lo traduce directamente. Esto quizás en* Diente de ajo *logra formulaciones menos explícitas y, de algún modo, sobre todo en las* Baladas, *hay quizás un mayor control y una mayor exploración verbal no solamente nominal o expositiva de los materiales. ¿Tú sientes que ha habido una transición técnica y un mayor control de los materiales de uno a otro libro?*

P. G.: Bueno, yo cada libro lo escribo durante mucho tiempo.

Más o menos lo dejo o ya sale a publicación después de unos años, cuando prácticamente ya agoté los materiales, o ya estoy interesado en otro libro y tal vez estoy escribiendo otro libro. Lo que trato de decir es que quizás, en el fondo, estoy escribiendo el mismo libro. Pero no estoy diciendo que el último me parece mejor que el anterior; siento que el último es una postulación más rica de perfiles que el anterior, lo cual no significa que no me gustaría volver a escribir poemas como "Zoo entre los animales" o "El avestruz", y sin embargo no podría. Ahora estoy preocupado de un cierto tono expositivo, de prosa, prosaico, y al mismo tiempo de poesía. Siento que cada cosa que se va haciendo tiene que hacer acopio del máximo de posibilidades con que cuentas en ese momento. Cada libro que he escrito es casi el máximo que podía dar en ese momento. Por eso no sé si tengo mejores resultados ahora que antes; cada libro es en lo posible una plenitud, y me pido el máximo de exigencia para poder conseguirlo. Eso alejado completamente de todo libro que yo esté tratando de imitar; ni Pound, ni *Tierra baldía*, ni la *Divina comedia*, que son simplemente herramientas que algunas veces he leído y he traducido con placer, traducciones que no he publicado. Soy un lector de Artaud y me gusta leer a Apollinaire. Para mí la poesía no es más que una constante conversación entre muchos que han trabajado la significación. De repente tú te encuentras ante un hecho y en un momento dado ya no tienes otra cosa más que hacer que dar cuenta de él como un cronista.

J. O.: *Yo creo que es evidente eso que dices porque, por un lado, se puede establecer paralelos, no creo que influencias, entre el proyecto de una poesía política, tal como podría ser la sección del* Infierno *de Dante, un proyecto totalizador, si se quiere, donde se resuelven hechos de la experiencia personal en el contexto histórico. Por otro lado, también hay una versión moderna de eso mismo, que es ya el fragmentarismo de Pound, donde se incorpora la historia y la biografía personal, ya no desde la moral histórica sino desde lo que se ha llamado una "épica del ego". También hay un vitalismo alegre en tu poesía, que a veces recuerda a Apollinaire. Evidentemente, lo que hay en tus libros es una textualización activa del contexto; y por eso mismo tu poesía es populosa y está cruzada por personajes, lugares y acontecimientos. ¿Cómo te enfrentas ante la posibilidad de decirlo todo y la necesidad de recortar* *con el lenguaje esa realidad y de algún modo elegir en ella? ¿O tú crees en la estética pospoundiana de que "el poema debe contenerlo todo"?*

P. G.: Puedo decirte que cada poema tiene una gran dosis de deseo, fundamentalmente es un problema de deseo. Lo que más se parece al instinto sexual es el instinto de agresión que está casi en todos nuestros actos; también el instinto de agresión necesita descargas periódicas. Esto lo hacen todos los hombres, cualquiera sea la actividad que ejecuten. La actividad crítica, la poética, el trabajador en la lucha sindical o en la lucha política; en otro nivel, no hablo de alto o bajo sino simplemente en otra formulación equivalente. Fundamentalmente es una mezcla entre la lucha con una realidad que nos agrede y que nosotros tratamos también de agredir para hacernos un espacio, sea en defensa nuestra o en la defensa ajena, y el deseo. Entonces, el poema fundamentalmente es un acto de deseo, y quizá lo que más me preocupa es que el poema sea necesario, que lo sienta en la epidermis, por allí empieza la cosa. Entonces siempre armo, sin limitaciones, casi como en un automatismo guiado por la inspiración, lo que llamaríamos un hervido, un *bouillon*, un magma. Y allí queda algo que no va a modificar su giro. Eso va a quedar en el poema, allí queda. Lo que yo puedo hacer es mejorarlo, elevarlo, modificarlo en algunos de sus aspectos, eliminar algunas partes. Cada año pasamos por momentos de plenitud, momentos de primavera, momentos en que nos caen las hojas. Y deseos distintos; en un otoño aprecias una determinada luz ambiente, otra en el verano, otra en la primavera; y hay frutos de cada estación. Es una especie de animismo. Así, el problema fundamentalmente se da al nivel percepción –sensación dentro de un contexto dado–. Todo elemento literario es, no quiero decir superfluo, pero sí digo secundario, porque la experiencia del que ya trabaja mucho en algo y con cierta constancia termina por irlo guiando. Estaba pensando el otro día en que de repente puedo escribir dentro de poco un libro que quizá se llame *Sopa de tiempo*, que sea simplemente de poemas muy sencillos, no digo haikús, pero sí cosas muy breves. O sea, la totalidad no puede estar como una necesidad de abarcarlo todo, sino más bien en la necesidad de decir lo más intensa y adecuadamente un determinado estado, estado de alma, y de cuerpo, claro. En ese sentido, más bien creo una cosa que señaló el otro día Enrique Verástegui en una de las mesas redondas sobre la generación del cincuenta: que hay una postulación materialista del cincuenta a la fecha, que cada vez se practica más y con más persistencia.

J. O.: *Pero, ¿no sientes tú que en esa especie de escritura natural que estás postulando hay un momento en que compites con tu propia información, y que el material que tienes a la mano llega a exceder al poema y al lenguaje mismo, que por el hecho de ser un lenguaje lógico se resiste e impone su propio control? ¿O te confías a la capacidad del lenguaje de ordenar las cosas desde una conciencia crítica?*

P. G.: El lenguaje es casi para mí el resultado final, lo que hay es una conciencia crítica todo el tiempo. Más bien, eso es lo que permite que yo pueda mantener el tono de esa necesidad, ¿me explico?

J. O.: *Pero la conciencia crítica que tú sientes operar en el poema ¿es un producto del mismo lenguaje o es una lucidez de tu propia visión?*

P. G.: No, no es producto del lenguaje; es producto simplemente de la percepción que yo tengo de la situación. O sea, no es que yo por las palabras voy agarrando el significado sino es por, si tú quieres, una larguísima concentración o maduración que de repente se da en algo plenamente. Allí es donde funciona el deseo. En ese sentido yo estaría en los antípodas del automatismo pero tampoco estoy en el puro conceptualismo.

J. O.: *Eso, creo yo, explica la alta tensión y la vitalidad de tu poesía última que, evidentemente, tiene una urgencia de ser dicha; pero tiene, al mismo tiempo, varios niveles, diría yo, de control. Por ejemplo, la inserción, no creo que deliberada pero en un repertorio léxico presente que sólo puede estarlo como una elección dentro del lenguaje, la inserción del lenguaje coloquial, que es una perspectiva de ordenar los materiales. ¿O tú encuentras que el lenguaje coloquial es parte de la materia misma que trabajas?*

P. G.: ¿Tienes en mente algún poema que te recuerde eso?

J. O.: *Sí, sobre todo, las* Baladas, *de* Diente de Ajo. *En esta sección hay esta inmediatez urgente del poema.*

P. G.: Bueno, hasta donde yo sé, en la balada lo que hay son hechos, o sucesos fácticos. Sucesos, hechos, acontecimientos que gravitan en los cuatro poemas de esa parte. Por ejemplo, el primero es sobre los boleros; el segundo sobre esta muchachita casi quemada viva según las crónicas policiales. En el tercero está Banchero Rossi, el millonario de la pesca, que fue asesinado. El cuarto es una especie de poema a mi padre, un nuevo reencuentro desde otras perspectivas. Ahora, esos sucesos ni siquiera son de mi entorno cotidiano. O sea que allí lo coloquial posiblemente habría estado imposibilitado porque yo no conozco a Sonia Bravo ni conocí a Banchero; pero en cambio estuve en Chimbote el día de su muerte y lo de Sonia Bravo me impactó enormemente; pero a su vez también me impactó enormemente la caída de Allende, en esos días justamente. En el caso de los boleros, pues hay un poco de humorada. Porque son boleros que amé y que sigo amando, pero ya desde una perspectiva mucho más madura; y en el último hay una nueva reubicación de mi padre. O sea que no son sucesos de la cotidianidad y, sin embargo, parecen cotidianos; pero ¿por qué parecen cotidianos? Por el deseo; porque esos sucesos en un determinado momento me han dado una posibilidad de hacer un corte, un corte geológico. Entonces, en ese corte geológico me encuentro, y siento la apetencia de que me voy a mover en una serie de niveles. Yo trabajo mucho en cine, y trabajo mucho sobre los nivles. Tengo una teoría sobre cine que ya más o menos tiene cierta circulación entre ciertas personas. Uno de los elementos es que lo descriptivo de algo, lo situacional de algo y lo conceptual de algo son para mí estructuras primarias, diríamos simplemente básicas; cualquier cosa puede ser descrita, dentro de ciertos límites; todo puede ser descrito, bien o mal es otro problema. Lo situacional no es más que la comprensión de lo descrito enmarcado dentro de una situación que tiene una frontera. Lo contextual viene a ser aquello que tiene el elemento nuclear en relación con otros que le giran periféricamente y al cual tú puedes aludir directa o indirectamente. Por ejemplo, tú estás sentado acá porque contextualmente la línea 120 te trajo y felizmente no nos quedamos en el camino. Siempre estamos dependiendo de otros elementos, pero estos que son elementos básicos se dan en el espacio. Los elementos que yo llamo ya superiores son lo explicativo o referencial, cuando tratas de interpretar algo; lo expresivo, que es más o menos lo que llamas coloquial, lo temporal, porque todo está siempre mezclado por el tiempo; y lo constatativo, cuando compruebas que esto es esto. Entonces, estos cuatro elementos hacen, por ejemplo, que una película como *Periódico de ayer* lleve por un lado boleros y guarachas, salsas, todo un universo evocativo del 56; por otro lado, fotomontajes de las reinas de belleza, el candidato Héctor Boza, Odría y la banca, la industria y el comercio de esos tiempos; y por otra parte estás yendo en un microbús por las calles de Lima. Y al mismo tiempo por la voz en *off* está entrando la historia coloquial de un sujeto que le cuenta a otro qué mal le fue en aquellos años, que estuvo a punto de morirse en un hospital; y ves escenas del hospital y ves escenas de los enfermos, y habla de un político que murió aquella vez, y ves el entierro al que asistieron los deudos y los compañeros del sindicato; después vuelves al escenario principal de la película, que es la plaza 2 de mayo, que el sujeto dice que es su plaza, que es allí donde la gente del pueblo siempre va a manifestar y que por eso la quiere tanto, mientras vas escuchando a Daniel Santos; y terminas ya en un paseo por las afueras de Lima, en el micro y con la salsa "Periódico de ayer". Entonces, la poesía mía allí es muy elemental, pero ahora tú traslada eso a lo que yo hago en Baladas. En Baladas lo que hay es un juego de niveles, que se parece a mi concepto del cine; y en cierto modo la poesía que yo hago es paralela a la música, pero no en una sola melodía sino algo así como en la polifonía. Y muchas cosas pueden ingresar, muchos sonidos; canciones, la voz del pueblo, coros; y en eso no hay contradicción, lo que hay es una especie de apetencia, yo me convierto un poco en un escenario, en un medio; ni siquiera el autor: dejo escuchar, dejo sentir, de acuerdo con una apetencia. Ahora, la lucha es fuerte. La lucha es fuerte porque los elementos muchas veces son como una orquesta, tratas de dirigir la orquesta, y hay algo que está sonando horriblemente; y tienes que hacer un esfuerzo sobrehumano, entonces allí viene el problema de trabajo. En ese sentido, dejo el poema abandonado por un tiempo; a veces pasa un mes y no lo veo. Y otra vez regreso a él. ¿En qué temporada?, en la buena, en la mala, no sé. Vuelvo a él porque deseo verlo; y comienzo a manejarlo, a pensarlo.

J. O.: *Lo que tú dices creo que responde ampliamente a mi preocupación por definir el trabajo técnico tuyo sobre el poema, para superar lo que quizás haya quedado flotando, que es la sospecha de* que el poema para ti pueda ser un mero producto de la inmediatez y de la necesidad de incorporar la mayor cantidad posible de información. Yo lo que veo aparte de esta urgencia del deseo de textualizar contextos es, evidentemente, sobre todo en Diente de ajo, y también en "Mentadas de madre", una mayor elaboración del poema mismo y una mayor eficacia, aunque esta palabra parece excesiva, técnica, que tiene que ver probablemente con lo que subyace a lo que tú dices en tu metáfora de la orquesta; finalmente el trabajo polifónico es un trabajo para que las formas puedan producir un significado, más complejo cuantos más niveles entren en su producción.

P. G.: Pero no es por el afán de complejizar, no es tampoco por ser barroco. Si tú observas, en realidad, cada momento, mientras estamos hablando, ladra un perro, por allí está pasando una persona que nos ve; y es que quizás el cine a veces ayuda: alguien te está viendo desde acá y lo vemos con un resplandor. Es decir, el universo se cumple todo el tiempo en una forma verdaderamente...

J. O.: *Pero eso, ¿no sería lo entrópico del universo? Se requiere una forma...*

P. G.: Claro, de todas maneras tienes que poner una forma, pero siempre hay este problema del tropismo. Ahora, no me importaría hacer haikús; de repente estoy en armonía con determinado momento en que los hago. Hay un problema que mucho me preocupa a mí, y es el de la identificación. Y ya lo observó John Keats: no solamente describir al ruiseñor, sino sentirse ruiseñor uno mismo, eso es fundamental. Si tú no dejas de ser tú y eres el ruiseñor por un momento no puedes sentir al ruiseñor. Esa capacidad es también quizás un poco peruana: somos animistas, somos muy animistas, creo que mucha gente la tiene todavía en este país; esta capacidad un poco rural, en esta misma zona, de ver, sentir, oír, y quizá sea también una forma de sensualidad; tantas cosas, los nombres son a veces...

J. O.: *Tú has mencionado varias veces la importancia del deseo en el punto de partida del trabajo poético; evidentemente lo que está al otro lado del deseo es la represión. Y de una u otra manera muchos de tus poemas nacen no solamente por la necesidad de dar una forma polifónica al sentido, sino también como reacción a veces directa a los sistemas represivos que finalmente nos configuran; por* ejemplo, uno de estos sistemas patentes en tus textos es el papel represivo que cumple la burguesía; no es el único, claro. Ya que has hablado, creo que con propiedad, sobre aquello que está a favor de tu poesía y que está allí afuera, quizá podrías hablar ahora de aquello que tu poesía de alguna manera recusa para la misma posibilidad del deseo; o sea, sobre este universo de represión en el que de algún modo estos textos operan.

P. G.: Efectivamente, la agresión es constante. Tú lo has podido constatar en estos días; es constante en este país. Una agresión de la burguesía, sobre todo, que es tan estúpida, como la *Historia* de Basarde, o cualquier historia lo puede demostrar; y es estúpidamente monocorde: no sólo te agrede, lo que hasta en determinado momento podría ser excitante, sino que prácticamente te solivianta. Uno es como un conejo a punto de ser mordido. Y en realidad somos mordidos. La figura sólo sirve para demostrar el pavor que uno siente. Entonces, ante este pavor, evidentemente, yo respondo con otra agresión; porque quizá desde muy chico he sido muy peleón, como se dice, y siempre he sido el inconformista, no puedo aceptar que me agredan, y sobre todo que me agredan con tan poca clase. Entonces, lógicamente, yo me aíslo. Una de las respuestas a la agresión no siempre es el contragolpe, es también el aislamiento; se aísla el que quiere sobrevivir para golpear mejor. No soy un temerario. Tampoco estoy haciendo una invocación a no participar en las luchas: hay niveles y hay métodos. Desde ese punto de vista, yo sé, por ejemplo, que mi poesía y el cine que hago son quizá donde tengo más potencia de pegada; y me he cuidado a través de una vida metódica, y sobre todo bastante sana moralmente, para poder responder con toda la plenitud de mis facultades.

Por eso para mí el problema de la burguesía está zanjado. Yo soy marxista-leninista convicto y confeso desde los 26 años; no lo era, claro, en el momento en que estaba con la generación del cincuenta sentado en el café Palermo tomando un vaso de leche. Lo fui a partir de Italia. Mientras todos los que estaban sentados sobre el cofre del muerto hablaban de todo y no de marxismo, yo me fui a Europa y lo primero, como ocurre con todo el que va a Europa, fue sentir el impacto de un movimiento social que ya está en marcha. Allí llegué hasta casi ser poco agitador en el mercado de Roma, varias veces tuve alocuciones. Entonces fui un simpatizante del Partido Comunista, iba a sus reuniones y leía mucho, como siempre; y ya desde entonces he tenido muy clara la conciencia de quién es el enemigo principal. Pero nunca los individualizo; no he caído en el error de odiar personas sino sistemas. Porque las personas, todas, tenemos pros y contras, y nadie es completo. Tengo amigos burgueses que son excelentes personas, y yo en ningún momento actúo contra personas.

En el caso peruano la cosa es más sencilla: la burguesía es paquidérmicamente estúpida, nadie la defendería; y, sin embargo, está en el poder. Algo huele mal en el Perú. Está en el poder, y sigue estándolo. Pero en la vida cotidiana mi trabajo es uno de descodificación y no me niego, como es el caso de otros poetas, más de uno, que dicen no leer diarios, que no les interesa esto o lo otro. Por ejemplo, no hace mucho salió una entrevista en un diario con Eielson en la que hablaba de la nadería en que está. Y cuidado que es un excelente poeta; pero él diría exactamente lo contrario de lo que yo he dicho esta noche. Y entiendo que es una posición que él se construye y que tiene todo derecho de considerar coherente y correcta para su misión. Es curioso, por eso, que hay gentes que están en este trabajo y que pueden estar en lo opuesto de lo que tú eres. No voy tampoco a preocuparme de eso. Porque el solo hecho de los poemas escritos por estos poetas es suficiente carta de moralidad. Por eso no tengo problemas con mis coetáneos, ningún problema. Mi problema es otro, es develar las extremadas cantidades y repetidas veladuras que se hace de la realidad peruana. La velan por todo lado, la ocultan, esconden la plusvalía. El trabajo de uno es descubrir esa plusvalía, incluso en el medio cultural donde hay toda una plusvalía que se oculta. No es notoria, porque no estamos en México ni en Buenos Aires, y no hay grandes medios ni editoriales. Pero si los hubiera, ya verías el poder y las argollas y roscas y cosas nostras que hubiera entonces.

J. O.: *En la historia de la burguesía que tus textos ilustran, desde "Los burgueses son bestias" hasta los últimos textos, ¿cómo han evolucionado tus personajes, tus burgueses?*

P. G.: Siguen siendo unas bestias. Por ejemplo, hay un burgués, Banchero Rossi, al que totalmente desmitifico en un poema. Parto de la comedia del arte, que en su momento fue una defensa de los domésticos contra sus patrones, y la utilizo porque Banchero aparecía como el pionero, el gran capitán, el líder, cosas que se han dicho. Pero, entonces, tú observas que hay una mayor especificidad. Quizá me estoy acercando a una especie de Infierno dantesco, no sé. Igualmente ocurre con los poemas sobre Sonia Bravo y mi padre, donde hay un trabajo de toma de distancia sobre Lima. Voy hacia una mayor concretización. Es una dialéctica de lo concreto. Cada vez concretizo más.

J. O.: *A propósito de esto, de los sistemas de la represión que tú respondes, quizá la forma más aguda de represión en el Perú sea el sistemático ejercicio de la violencia. Pienso que en tu poesía lo que tú llamaste agresión también se puede leer como la demostración material de la discrimación de los individuos a través de sistemas de violencia típicos de la sociedad semicapitalista y dependiente como la nuestra.*

P. G.: En el caso de "Mentadas de madre", sí, porque se trata de una mujer vieja, que muere senil, casi estupidizada por la enfermedad; y, sin embargo, yo sé que en buena parte la sociedad la ha matado.

J. O.: *Hay aquí un paralelo con tu viejo poema "Mi padre, un zapatero", que también ilustra esta violencia.*

P. G.: Claro, es que soy un experto en elegías. Por ejemplo, el comienzo de *Diente de ajo* está hecho de tres elegías. Ese tono cumple una parábola con el final, "Pasando por las horcas", donde está compendiado todo el tiempo en tono elegiaco sin decaimiento durante los poemas de "Mentada de madre". Y todo lo histórico está metido en forma telegráfica, a tal punto que a veces pienso que es un libro menor. O también un libro compendio, porque es una especie de síntesis de una serie de cosas. Es como si hubieras tenido que escribir un libro enorme para llegar a estos seis poemas cortos sobre tu madre, y está todo otra vez dicho.

J. O.: *Esos poemas de "Mentada de madre" impresionan por la calidad de la violencia, casi a flor de piel, que muestran. Ahora bien, has mencionado varias veces a Lima. Y, claro, Lima es el paisaje natural de tus textos, a pesar de los viajes a provincias. Y tú que viajas tanto por la ciudad de Lima creo que eres una de las pocas personas, quizá seamos dos, que se entusiasman con el paisaje limeño que va desde la acumulación de basura hasta la construc-*

ción de edificios horribles. ¿En qué basas tu entusiasmo por este espectáculo discordante, y apasionante claro, de Lima?

P. G.: A boca de jarro te contestaría que precisamente porque es lo que menos se aproxima a la burguesía. Porque allí donde tú encuentras profilaxia, descontaminación ambiental, luz neón en abundancia, está justamente la burguesía. Lógicamente, se ha hecho su lugar bajo el sol. No creas que no me horroriza Lima, no habría escrito "Mentadas de Madre"; allí están marcados todos esos olores. También siento que eso es mío. Cuando hablo del diablo en Breña es porque aunque soy ateo el diablo me asusta. En cambio, si el buen Dios nos diera las cosas, me asustaría porque sin duda detrás de él estaría la burguesía también. Porque, además, la basura se recogerá, la contaminación pasará, y será fea, muy fea, más fea de lo que es ahora, pero entiendo que un par de terremotos más, sociales claro, y se podrá cambiar incluso la capital del Perú. Es un lugar sumamente precario, está demostrado; habrá que hacerla en Jauja u otro lugar. Todo eso es contingencial. Lo que hay que luchar es el sistema.

J. O.: *¿Y qué sentido ves tú en el lugar tuyo como artista, con esta experiencia y esta ganancia a favor de la cual trabajas? ¿Qué sentido ves tú realizándose en esta sociedad?*

P. G.: En ese sentido me remitiría a Mariátegui: simplemente, es un trabajo sobre la peruanidad; un trabajo que ya sé que nació no solamente en las tradiciones o en la comunidad de lengua o de costumbres; también, como dice Carlos Iván Degregori, cuando una economía burguesa crea su propio mercado interno; es allí donde se puede empezar a hablar de nación. ¿En qué sentido? En que puede ser en cierto modo necesario ese tipo de concepto para explicar cómo una nacionalidad comienza a ser no autosuficiente, que hubiera sido el verdadero esquema correcto de una burguesía verdaderamente consciente, sino que cuando tú ya comienzas a producir y a vender y a distribuir tu producción dentro de un mercado que lo consume, comienza a perfilarse una posibilidad de construir algo propio. Como eso no lo tenemos, como siempre somos dependientes, siento que los territorios donde mayor independencia yo puedo manejar son los terrenos significacionales de la poesía o del cine. Lo normal dentro de una tradición de melodrama burgués a la francesa o a la alemana es que me disparo un tiro y allí termina mi empresa industrial; pero los industriales peruanos tampoco se disparan un tiro, no conozco a ninguno que sea suicida. De modo que de seguro habría encontrado otras fórmulas, me habría inscrito en Acción Popular o algún partido y estaría seguramente de diputado o senador; siempre tendría salidas. Pero el problema es que como poeta y cineasta no me he buscado otras salidas; no las necesito. Me siento satisfecho de ser un trabajador de la cultura; además es una pasión que tengo desde muy temprano.

J. O.: *El sentido que tú ves es el de producir, entonces, una significación liberadora.*
P. G.: Así es. Dentro de la cultura, puesto que todas las potencialidades que te contaba de ese señor en el campo yo las traslado a mi tipo de trabajo; pero todos estamos obligados a un alto rendimiento, a buscar el máximo de productividad de lo que hacemos, es un problema de productividad; y siempre me he preparado para ser productivo y me he preocupado, de alguna forma u otra, de conseguir el elemento pequeño o grande de algo que tengo que hacer, ya sea el adorno o la casa.

J. O.: *Es el lado optimista de tu persona.*
P. G.: Eso es lo que me preocupa, porque siempre me dicen que soy optimista, y yo me pregunto ¿por qué? Paco Carrillo me lo dice. Y es algo que no me gusta mucho porque, ¿cómo puedo ser optimista con la poesía? La poesía no es precisamente una cosa que solace como tipo de trabajo. ¿Cómo lo entiendes tú? Yo lo entiendo como el simple hecho de trabajar.

J. O.: *Tal vez, como decía Mariátegui, que hay que ser pesimista de la razón y optimista de la voluntad.*
P. G.: Eso podría ser. Pero es que eso es una forma de agresión también. Soy voluntarista porque como lo digo en un poema de "Mentada de madre" quiero llegar al centro generativo, y como Ahab de *Moby Dick* quiero aplicarle allí el arpón, porque si no va a quedar vivo hasta una próxima vuelta que me encuentre y me quite otra pierna. Siempre estoy buscando el centro vital; entonces, en ese sentido, soy voluntarista. O sea, lo que tengo es un gran odio: un gran odio optimista.

J. O.: *Vamos a terminar con esa nota optimista.*

GARCÍA MÁRQUEZ EN MÉXICO

Gabo tiene la costumbre de adivinar cuándo y dónde se encontró la última vez con uno; y aunque se trata de un cálculo deportivo, acierta como si fuese una virtud de la memoria. La charla con él está siempre animada por las próximas noticias. Por lo pronto, acaba de terminar el primer borrador de su nueva novela, también de reconstrucción histórica, sólo que esta vez sobre el siglo XVIII, un periodo de documentación más trabajosa, que ha puesto a prueba su pasión por los detalles.

Hablamos, a propósito del premio Rulfo, de los otros premios que, en broma, también perderá. Se declara a favor de todos los finalistas anunciados, como si la verdadera ganancia estuviese en el reconocimiento de la literatura latinoamericana, siempre por redescubrir; si bien tiene un candidato favorito para todos los premios futuros: Álvaro Mutis. Le pregunto por Graham Green y la ceguera del Nobel. Le hubiera, en efecto, gustado ganarlo; pero le había confiado a Gabo que ese comité no lo consideraba como un escritor suficientemente serio. Acaba de pasar una tarde, a solas, con Adolfo Bioy Casares, y está fascinado por su sabiduría literaria.

Después de leer *Cien años de soledad* el gran novelista japonés Kobo Abe quedó paralizado por un bloqueo. No es posible escribir más, concluyó, luego de una novela como ésa. Pero el día que García Márquez obtuvo el Nobel, el alma le volvió al cuerpo: ya es un inmortal, se dijo, y con los inmortales no se compite, ahora sí puedo escribir. En efecto, los grandes premios hacen a los premiados ligeramente abstractos: adquieren la imparcialidad de los clásicos. No ganan autoridad, ganan inocencia. El poder los haría repugnantes; la imparcialidad los hace tolerantes. He renunciado, me dice Gabo, a los honores. Porque la fama es una ocupación feroz que se defiende a toda costa. Y nada defiende mejor que su tiempo para escribir.

Hablamos un poco de la espléndida traducción a inglés del *General* hecha por Edith Grossman, quien en mi clase contó que el autor le había impuesto una sola palabra: "tierra de infieles" llama Bolívar a Bogotá, y ella tradujo "unfaithfuls"; "infidels" replicó Gabo. Quería preservar la connotación religiosa medieval del término; aunque también alude como en un juego de palabras al viejo (y próximo) nombre de la ciudad. Como esto de hablar de una palabra es lo mío, me regala otra: hay una palabra en *El general*, me dice, inventada: "condoliente". Me recuerda a los neologismos de Vallejo: términos que el habla permite al punto de que pasan por regulares. Con-doliente: Bolívar con su dolor a cuestas.

Olvidé comentarle algo que Gregory Rabassa me contó sobre la traducción al inglés de *Cien años de soledad*. El *New Yorker* iba a adelantar un capítulo, pero incluía la palabra "shit", nunca impresa en ese baluarte de elegancia. Hubo una sesión del directorio para discutir el asunto y, finalmente, decidieron publicar el capítulo. Otra contribución de la literatura latinoamericana al mejor inglés.

Para conmemorar de modo alternativo el quinto centenario he propuesto a una larga lista de interlocutores escribir una página sobre *El Quijote*. Carlos Fuentes ha bautizado al proyecto como "La Cervantiada", y así se llamará el libro que resulte. García Márquez me promete una página sobre el rocín que se perdió en la novela. Reaparecerá de la mano de Sancho en esta Cervantiada, haciéndose camino entre Cervantes y García Márquez. Le comento que Nabokov tuvo una idea paralela: el abanico que perdió Emma Bovary es el mismo que pierde Ana Karenina.

García Márquez está trabajando por los progresos del diálogo en Colombia, y es optimista sobre el futuro de su país. Por lo pronto, cree que se está ganado la paz. Pero el problema sólo se podrá solucionar en Estados Unidos, en el polo del consumo. Hablamos de la vieja metáfora social del contrabando (que está en *Eréndira*, duplicada en la prostitución). Pero Medellín no fue ruta del tráfico ilegal hasta la droga reciente, me aclara. La prensa, digo yo, es más que nunca el instrumento de control social y político en Estados Unidos (como fue patente en la guerra del Golfo, la primera guerra posmoderna, sobreeditada y pregrabada), al punto que los medios cambian las representaciones colectivas. La droga, por ello, no es en Estados Unidos un problema nacional: es percibido sólo como un problema de los más pobres.

García Márquez organiza ahora un programa de televisión dedicado a mejorar la calidad de la informativa en Colombia. Y a ensanchar el espacio del diálogo, reducido por las ideologías homogenizadoras. Esas ideologías hegemonistas quieren todavía ignorar las realidades de un mundo multipolar; y pretenden reducir la democracia a un acto electoral, siempre controlado por las comunicaciones. La agenda del fin del siglo latinoamericano, hora de balances y prospecciones, empieza hoy mismo con las evidencias del trágico costo del neoliberalismo, y la necesidad de volver a plantearse el destino político regional.

En la comunidad de las letras, la pasión literaria de García Márquez demanda, en primer término, escribir mejor. Pero como Fuentes, Carlos Monsiváis, José Emilio Pacheco, y los muchos otros intelectuales que están confrontando este periodo autoritario del capitalismo salvaje y su control ideológico financiero, trabaja también con los actos del recomienzo. Como en la más viva tradición latinoamericana, lo mejor está por hacerse; y en esa promesa lo nuevo siempre es posible.

MARCO ANTONIO MONTES DE OCA:
OFRENDAS

La publicación de la poesía reunida de Marco Antonio Montes de Oca (*Pedir el fuego*, Mortiz, 1987) es buena ocasión para releerla en su magnífico, desmesurado proyecto de fe poética: convocarnos a una repartición ritual de la palabra celebratoria. Oficiante de la imagen, su ofertorio se cumple como una virtud de la combinatoria y la sustitución fecunda del signo por la cosa, y de ésta por sus propiedades; operaciones de la magia verbal, que acarrean una materia a veces deslumbrante, siempre sorprendente, donde el acto de leer y ver el mundo suponen una transformación liberadora. Montes de Oca, desde sus deslumbrantes figuraciones de los años cincuenta, y en su labor incesante de poeta de una elocuencia única e inimitable, nos ha venido cediendo los hallazgos de su virtuosismo, no ajeno al drama y la comunicación pero siempre capaz de demostrar la calidad asociativa de su imaginación visual y su talento barroco. No pocas veces su poesía nos conmueve por su sereno brillo, su madura vehemencia y su instantánea capacidad para hacer visible el sesgo transitivo de la belleza del mundo en la orfebrería del poema. El poeta que aquí pide el fuego es aquel que lo hace, con el valor de su exploración y con el refinamiento de su calidad artesanal y tribal. Fuego cuajado y transformado, el poeta nos lo pasa como un tributo. Todavía nos falta reconocer mejor esa devoción de Montes de Oca, esa generosidad de su don de artificio.

Julio Ortega: *Marco Antonio, los lectores devotos de tu poesía no podemos sino celebrar la aparición de* Pedir el fuego *(Mortiz, 1987), la compilación reverberante y monumental de tu obra poética, que va de 1953 a 1987. En primer lugar, quisiera preguntarte si esta compilación te ha llevado a revisar poemas y a replantearte tus libros a la hora de sumarlos.*

Marco Antonio Montes de Oca: Sí, en verdad hay varias versiones de cada libro. Es un poco lo que le pasa también a José Emilio Pacheco. Yo reviso y corrijo mucho lo que escribo. Y ahora para la preparación de este libro he hecho nuevos cambios. Y espero hacer todavía otros, aunque sean más superficiales. Siempre he hecho correcciones y revisiones. Incluso hay libros publicados dos veces que resultan distintos.

J. O.: *¿Y cuáles son los principios o direcciones que te han guiado al hacer estas últimas revisiones de tu trabajo reunido?*
M. de O.: Que suene la poesía de una manera correcta. No me importa lo correcto desde una perspectiva formalista sino desde la perspectiva de la comunicación, de la expresión. Las zonas nebulosas requieren ser aclaradas.

J. O.: *¿Has conservado todos los títulos publicados?*
M. de O.: Algunos han sufrido cambios. La parte cuarta se llama Razón de ser, en lugar de Ofrendas y epitafios. Algunas secciones han cambiado; por ejemplo, añado una que se llama Atado del viajero. En fin, ha sido una revisión escrupulosa y consciente. Creo que las vivencias son frescas, si no son repetibles te puedes instalar en el momento en que se iniciaron. Y aunque hay cierto carácter monocorde en la obra no digo que no tenga importancia el asunto, pero en realidad el asunto está subordinado a lo que podría ser el referente esencial, que es el título de la obra, que es una ofrenda. Mi obra es el homenaje que me merecen las cosas, las criaturas vivas y la divinidad.

J. O.: *Al preparar esta edición de tu poesía reunida, ¿has visto tu obra como un solo libro que se escribe a sí mismo, o distingues instancias definidas y diferentes?*
M. de O.: Como se trata de una organización del presente, las lecturas, el tiempo, las vivencias, las experiencias cambian, añaden, se transforman, desaparecen, reaparecen. Hay una movilidad en el texto, cerrada sobre el asunto y sobre la época en que se escribe cada libro. Pero hay también una tónica. Para mí la poesía es de cuenta corta y de cuenta larga, diré utilizando una terminología de la historia. En la cuenta corta aparece mucho la importancia del tema, del presente. Pero en la cuenta larga hay una idea de responder a una totalidad vivencial. Por eso la condensación general es un homenaje; y los homenajes están afinados sobre las imágenes. No es verdad la famosa "gratuidad de las imágenes", como tú sabes y lo hemos comentado, que me achacan; se ha dicho que son arbitrarias o sustitutos del juego. No hay

nada de eso. Lo que me interesó desde el principio son las condensaciones en imágenes y metáforas, que para mí son equivalentes de los milagros religiosos que se prenden en el terciopelo y que acaban siendo una ofrenda grande. Entonces, estas imágenes juegan en una cuenta corta, la del presente, pero juegan un papel mayor en la obra completa. Si las imágenes son adornos éstos están llenos de una gravedad metafísica, de un querer ser y decir que exceden el juego anárquico surrealista.

J. O.: *Ahora que estuve releyendo tu trabajo para proponerme una selección con vistas a mi* Antología de poesía hispanoamericana *actual que publica Siglo XXI pude comprobar varias complejidades del mismo. En primer lugar, esta relación entre cierta espontaneidad figurativa, ese entusiasmo que hay en tu poesía, la empatía que de inmediato el lector percibe, y esta otra dimensión de un procesamiento formal, el arte y artificio de tu trabajo. Me preguntaba escuchándote ahora si en estas revisiones para tu obra reunida has dado a cada dimensión lo suyo, o si la formalidad tiene sus demandas sobre la celebración.*

M. de O.: Para comenzar por el principio, en efecto, mis poemas tienen un carácter celebratorio. Pero la verdad es que uno no manda en la vida, y los accidentes de la existencia te imponen la contracara de la vida, que es un mundo oscuro y nebuloso. Incluso no sé si vitalmente yo tendría que tomar como modelo a Vallejo o a Villon. Pero curiosamente no fue así porque se me impuso el hecho estético del poema, si esa redundancia es válida. Vigilar la belleza, hacer que compareciera. El significado de la belleza unido al ofrecimiento le da ese carácter celebrante al poema. Pero en muchas partes no está presente el entusiasmo sino esa contracara del sufrimiento. Aunque de todas maneras forma parte del homenaje. Es una zona oscurecida, como en una pintura. Y todo esto, pues sí, me ha hecho precisar conceptos teóricos sobre la imagen, requerimientos técnicos, cosas que yo he pretendido lograr, como por ejemplo la originalidad, la claridad y la complejidad de las imágenes; lo que nos preocupó a varios poetas jóvenes de la generación del medio siglo. Pero al lado de esto está también el culto libérrimo de la palabra, la necesidad de sentir el verbo. Entonces, ¿cómo atender este rigor de la vigilancia, esta conciencia alterna de la intuición oscura de las palabras? Te diría que en verdad todo juega un papel. En los poemas extensos hay zonas liberadas a una mecánica de la elocución y de la construcción poética. Pero la necesidad de clarificar, de que las cosas tengan sentido y realidad, me dio la idea de darle importancia al asunto, cosa que no preocupó a los surrealistas clásicos. Y me dio una filiación, una voluntad de ofrecer claridad y coherencia. Sobre todo a partir de mis lecturas de Huidobro. Y, en fin, hay el rigor y hay la libertad. Hay una especie de pacto, de cambio de estafetas entre el momento intuitivo y ciego y el momento racional. Espero que no en perjuicio de la comprensión y como respeto al misterio de lo poético.

J. O.: *Uno de los principios de la revisión y de la reescritura es la búsqueda del óptimo expresivo, como ocurre en el caso de Juan Ramón Jiménez, lo cual es típico de la poesía lírica, que cree que las cosas se pueden decir mejor gracias a la flexibilidad del lenguaje, y que de una versión a otra se puede encontrar una expresividad mayor. Siendo tu poesía figurativa y combinatoria, supongo que en tu caso esa búsqueda lírica no tiene lugar, y funcionan otras operaciones poéticas.*

M. de O.: En mi caso hay un premodelo de las cosas por decirse cuyos lineamientos uno no conoce. Sabes que estás actuando para la realización de un modelo pero las especificaciones del modelo no concurren. Es como un faro un tanto oscuro, un tanto remoto, que te impulsa a seguir. Un intento, un intenso de ascensión, que parece funcionar. Cuando estás en una zona de realizaciones, de buen logro, se ve, sientes que acertaste; y otras en que el instante poético, algún elemento, no ha tenido su tiempo de cristalización. Porque también soy un poco mítico, un tanto romántico; espero por un aura, por una semejanza entre la idea y el rezo. Y también está el punto de partida emotivo. Pero como se trata de imágenes a veces hay varios temas, varios focos temáticos en un mismo poema. Pero tú sientes por dentro qué movimiento está en falso, y al volver a leer con la misma disponibilidad se supone que puedes volver a la vivencia original; puedes entonces recorrer el mismo camino y volver a saltar los obstáculos que saltaste mal antes. En un segundo intento puedes aspirar a una legitimidad que para ti es la correcta; digo, dejando de lado la idea de que el poema tal como sale debe ser respetado, pero tú sabes que no puedes respetar lo que no resultó bien en el poema. Tienes, así, un margen para volver y corregir. Pero vas a corregir, digamos, en un estado que es eco del otro: no es una falsificación, es volver a vivir el poema. Como la mía no es una poesía del dato ni del presente ni de una presencia demasiado grande, hay más bien obsesiones. Tú sabes que esa vivencia que te habita, vuelve. Y al repetirla puedes encarnar mejor la idea.

J. O.: *Al considerar el conjunto de tu obra, entre los primeros libros y los más recientes, ¿reconoces un proceso que va de los poemas celebratorios a una comunicación más directa?*
M. de O.: Bueno, sí, porque por ejemplo al principio me interesaba más por el poema largo, que es la unión de imágenes dentro de un marco un tanto previsto. La improvisación tanto como la organización del material admiten una mayor libertad, incluso la exigen, exigen más elementos de sorpresa; uno no sabe bien adónde va el poema. En cambio, después las vivencias son un poco más reales, los asuntos más concretos, y los desarrollos, las imágenes y todos los elementos del poema resultan más directos. Dentro de la poca crítica que ha habido sobre lo mío, dicen que lo primero es lo mejor, que es esencial y entusiasta; aunque hay quienes dicen también que lo segundo es mejor, porque es consciente y decantado. Pero a veces vuelvo. A veces esa vena que creía dormida o rota vuelve a irrumpir. Son formas que se presentan al hacer el poema y que tú sigues, con cierta ceguera de buena fe.

J. O.: *¿En los últimos libros crees haber explorado más el coloquio, la lengua coloquial?*
M. de O.: No, eso es constante. Quizás el coloquio de los primeros libros sea mejor, porque como se parte de ideas generales lo coloquial ofrece más participación de lo que se usa. Pero en poemas muy directos lo coloquial funciona allí donde se da el coloquio, es decir, funciona como aislante, que da el presente, el hecho; y resulta que aunque sigue siendo coloquial se entiende menos. En los primeros poemas es más eficaz.

J. O.: *Es muy cierto lo que dices, porque la última parte de tu obra es más enigmática. Tiene algunas vibraciones menos descifrables. Las imágenes parecen más directas pero al final son menos evidentes.*
M. de O.: Eso es paradójico, ¿no?

J. O.: *Eso nos lleva al barroco. Porque si es claro que tu poesía se beneficia de la tradición de la vanguardia, se desarrolla como una versión muy personal del barroco, en coincidencia con otras aventuras barroquizantes o neobarrocas de la literatura latinoamericana. Es propio del barroco el claroscuro, y admite no sólo la luz y la sombra sino los diversos entramados y contrapuntos que son patentes en tu trabajo, incluso con más fuerza ahora que podemos contrastar sus zonas. ¿Cómo se da su relación con el linaje barroco?*

M. de O.: Yo creo que por una doble fuente. Está el barroco indígena y el barroco español. Pero primero como temperamento. No es que yo recuerde los versos de los antiguos, que no se conocen muy claramente, pero sí reconozco una mentalidad común, una cierta capacidad de yuxtaposición. Es un doble barroco que viene ya del mundo nativo.

J. O.: *El barroco es una celebración de las cosas. Su inmanentismo demanda renombrar las cosas, para convocarlas en su presencia y celebrarlas. Entre nosotros, la poesía de Lezama Lima podría ser un reordenamiento barroco del mundo en el nombre y la imagen. ¿Cómo es tu relación con esa poesía?*

M. de O.: Me gusta mucho. En realidad el temperamento barroco se expresa así porque se siente envuelto, se siente esencial, se siente requisitado y llamado por lo preciso, por lo elemental. Solamente que la forma de la expresión es la otra cara de las cosas. En esta cara de las cosas aparece el ornamento como esencia. No podemos decir, por eso, que hay un lenguaje desnudo y otro vestido. Uno se desnuda con cualquier lenguaje que hable. No hay un barroco que sea esencial y otro que sea una hojarasca sin valor. Y por eso creo que el impacto de la literatura latinoamericana en el concierto de la literatura mundial ha sido, afortunada o desafortunadamente, un impacto barroco. Al presentarle, por ejemplo a los europeos, otra manera de ver, al refutarles su esencialismo, simplemente es otra percepción del mundo lo que está en juego. Lo sorprendente y lo nuevo es esto. Yo me siento parte de ello, porque por un lado es lo meramente hispánico y por otro lo meramente indio; pero es nuestra manera de hablar, que es nuestra manera más honda de ver el mundo.

J. O.: *Esta filiación barroca es muy rica en tu obra, evidentemente. Se diría incluso que tu poesía ha hecho del barroco una tierra fir-*

me de donde partir en su exploración diversa. ¿Cómo percibes tu relación con la escritura? ¿Es para ti una actividad ritual o una forma de resolver tu propia experiencia del mundo?

M. de O.: Yo creo que lo primero que me pasa es que tomo a la imagen como unidad mínima de expresión. La unidad mínima de expresión no es para mí la palabra sino la imagen. La cadena expresiva se hace más extensa; puede a veces perderse, como puede perderse la idea de que uno tiene un fruto que plasmar o al cual referirse. Pero de todas maneras sí creo en el asunto, como te he repetido varias veces porque ha sido un caballito de batalla de la crítica; sí creo que estoy hablando como poeta de lo que me pasa como hombre, porque tengo sentimientos; y lo que estoy haciendo es simplemente articular con un lenguaje más dado al circunloquio, más hecho para el rodeo, los temas y sentimientos de que hablan todos los poetas y todos los hombres, aunque en la cuenta larga de que te hablaba, en la impresión general del poema, la imagen viene a tener un sentido mayor. Leyendo un poema a veces parece que las imágenes tienen tal relieve que no son patentes ni el asunto ni el desarrollo. Pero en realidad fuera de este proceso, vista la obra en conjunto, aparece la importancia de las imágenes como la ilación de los poemas, presentes en el retablo que entraña la obra en tanto homenaje.

J. O.: *Es curioso observar las alteridades de la imagen y el coloquio en el interés de los poetas jóvenes. En España, por ejemplo, he comprobado el resurgir actual del interés por la imagen frente a los privilegios del referente. Me imagino que tú como oficiante mayor de la imagen en esta lengua serás sensible a esa ideas y vueltas del aprecio por la figuración en el discurso poético.*

M. de O.: La imagen es un centro recurrente. Es fuente también de aburrimiento y de sorpresa. Es un logro y es una frustración. Hay simplemente que vivirla y vivirla no como un recurso retórico en el poema sino como una forma que establece en el poema una calidad de la imaginación y el temperamento, de la manera de ser del poeta. Hay otros poetas que no la necesitan, y otros que sólo parecen confiar en la poesía como vía de conocimiento. Se ha dicho que la poesía es un modo de conocer, al lado de la filosofía y de la ciencia; y es en un lenguaje y una visión en donde la imagen es central a la idea de conocer. Es un conocer legítimo, y además hermosísimo si le puedes dar un sentido artesanal, de labrado, pulimento y cuidado, que en mi caso de poeta obsesionado por la ofrenda parece que es un territorio de gozo, y de gozo metafísico, de trascendencia, y no sólo de uso anárquico y gracioso, como en un momento pudo haber sido la convicción de Gómez de la Serna. Y todo esto me ha perseguido, incluso más allá de la literatura. He estado pintando. Hice en México una exposición, con pinturas también de mi hija, que se llamó "Los horizontes antiguos". Me animaron Octavio Paz, Fernando Gamboa, y los críticos, y yo los seguí con gusto, recordando un poco la tradición del *tlacuiloc* tolteca que pintaba las palabras o escribía la pintura. Todo ello es una relación con el mundo visual que es el de la imagen. Una manera de ver que es también un modo de conocer. Por eso me fue necesario ir a la pintura.

J. O.: *Pienso ahora que ello supone que para ti el mundo es decible y transformable gracias a la imagen. Lo cual implica que la poesía es naturalmente inagotable.*
M. de O.: Así es. Es una fuente. No es que sea un mundo hecho de lenguaje, sino que siempre hay una materia, y un tratamiento donde coinciden la experiencia humana y la obra de arte.

J. O.: *¿Reconoces un sistema de imágenes como tuyo propio? ¿Hay una logística de la imagen en tu trabajo o es más bien una producción libérrima?*
M. de O.: En realidad, no creo haber procedido con mucha inteligencia en esto porque yo he preferido cosas entrañables. Es decir, imágenes que me son más queridas, aunque a veces sean repeticiones, a un tratado infinito de la combinación experimental. Lo conocido es un nudo, al que vuelves, como es el caso de los Conciertos de Brandenburgo; reconoces el apoyo vivencial que hay en la vuelta a un momento. Por eso no he querido desprenderme; incluso en esta fase de pulimento prefiero rechazar lo muy nuevo, como a un hecho externo y no renunciar a mis símbolos y signos entrañables, que es de lo que estoy hecho, que son unas cuantas vivencias. Y allí sí todo hombre es terriblemente pobre, en sus impresiones esenciales del mundo.

J. O.: *De modo que para ti la imagen no tiene la tentación alegórica que a veces tiene para Lezama, digamos, a quien se le aparecía como una matriz trascendente de saberes.*

M. de O.: Bueno, a veces te lleva a desarrollos y descubrimientos pero otras veces cuando te pierdes, o cuando la identidad está en riesgo, vuelves a las tablas; como los toros, a lo conocido, a una especie de reclamo de tu propia identidad; para no servir a la abstracción descastada o a un horizonte de navegación limitado como parece ser a veces la obra de Lezama.

J. O.: *Uno cree haber leído en tus libros una suerte de convicción en los poderes humanos a través de la riqueza inagotable de la imagen y la capacidad creativa y transformadora de la palabra. En este sentido, se diría que tu obra es radicalmente optimista, al plantear una versión del hombre como un proyecto de creación abierta.*

M. de O.: Sí, esto es esencial. Yo creo que el hombre no es un hombre para la libertad pero tampoco para la nada; es un ser para el hacer, para la creación. Porque en ninguna concepción el hombre lo es tanto como cuando crea. La creación admite el concepto de libertad pero también supone un sentimiento de dependencia.

J. O.: *Al compilar tu trabajo para este libro, y al reconocer tus propios signos de identidad en el lenguaje que te constituye, ¿reconoces en tu trabajo zonas que tú mismo no has recorrido y explorarás después?*

M. de O.: Bueno, lo que yo espero es que después de esta navegación experimental quede lo reconocible de un poema: emociones, sentimiento, asunto, música. Yo siempre he creído en el oído, porque creo que la poesía se hace bajo dictado. Sería muy curioso que a Moisés le hubieran dictado las tablas de la ley con música, y con una música externa a la enunciación del Espíritu Santo. El movimiento musical del poema no debe ser externo al decir poético. En conversaciones con poetas judíos me he dado cuenta de que coincido con ellos en este anhelo, en la idea de que el decir poético entraña su propia música, la desencadena. Claro que hay que tener un sentido de la música poética para dejar de lado las formas habituales de hacer poesía.

J. O.: *En este sentido tu obra es muy rica en texturas musicales distintas. Va del himno a la oración.*

M. de O.: Pienso que sí. Hay variedad, se ve en el corte de los versos, en las estructuras del poema.

J. O.: *El poder figurativo de tu poesía es dominante pero se sostiene en la posibilidad de ser dicha, en su enunciación.*

M. de O.: Yo sólo espero que esta experiencia no me haya lanzado tan lejos que el poema no pueda ser reconocido como una obra de arte. Eso temo. Ojalá salte yo este obstáculo subjetivo.

LUIS GOYTISOLO:
PRIMER RECUENTO

I

Julio Ortega: *Acaba de aparecer* Recuento, *la novela que hace varios años se sabía que venías escribiendo, y me gustaría que a propósito de su aparición conversáramos un poco. Lo primero que se me ocurre preguntarte es esto: de* Las afueras *a* Recuento *hay un proceso en tu escritura cuyo momento de cambio se testimonia en* Ojos, círculos, búhos, *pero antes yo diría que hay un silencio. De algún modo te habías convertido en el escritor español inédito más prestigioso. Digo "inédito" para referirme a esa forma de potencialidad, de promesa, que tu primer libro abrió, y que voluntariamente tú parecías incumplir. Responder con el silencio a la expectativa no es usual entre nosotros. Hoy, con* Recuento, *esa respuesta se produce como un ensayo totalizante para el cual no nos habías preparado a tus lectores. Me gustaría que comentaras este proceso de tu obra y tu personal actitud frente al medio literario desde esa "obra en marcha".*

Luis Goytisolo: El silencio –para mí el periplo– ha durado –*comme il faut*– diez años. Comencé la redacción de *Recuento* el día uno, quizás el dos de enero de 1963, en una Barcelona cubierta de nieve; unas cuantas líneas, las iniciales, prácticamente idénticas a como han aparecido. Para entonces ya tenía ideas muy claras de lo que iba a ser el conjunto del libro. Por el contrario, tardé unos cuantos años en darme cuenta de que era materialmente imposible publicar ese conjunto como un todo, de que era preciso dividir el todo en cuatro libros, por lo demás autónomos. Y eso, en primer lugar, por la extensión del conjunto, muy superior a la prevista. En segundo lugar, por mi necesidad subjetiva de contar con cierto número de puertos si quería llevar a buen término el periplo. Razones aparte, lo cierto es que hubiera preferido prescindir de escalas.

J. O.: *Si volvemos al comienzo, al reencontrarnos con* Las afueras *creo que no será difícil reconocer que su eficacia narrativa y su so-*

bria objetividad permanecen intactas. Yo diría que es una de las novelas del objetivismo de entonces que con más facilidad preserva su autonomía de novela. ¿Has vuelto a leerla últimamente? ¿Qué significó entonces para ti?

L. G.: No he vuelto a leerla desde que se publicó, en 1959; algún fragmento a lo sumo. Tampoco he releído otras novelas de aquella época. Pero si al decir que preserva su autonomía quieres decir que en las noches de insomnio su recuerdo no me hace contraer los pies en la cama, creo que tienes razón. Doy bastante importancia a la primera novela de un autor, ya que por lo general suele contener en germen algo de lo que será su obra futura, y en Las afueras hay sin duda importantes faltas de rigor, así lingüísticas como estructurales, y también torpezas e ingenuidades. Pero su recuerdo no me hace contraer los pies en la cama. Y lo más chocante es que la expresión que utilizas, su autonomía de novela, fue el punto más discutido por la crítica en el momento de su publicación. Para la crítica de entonces Las afueras no era ni novela ni autónoma.

J. O.: *Se ha discutido mucho –¿demasiado? – acerca de lo que el realismo es; y al hacerlo se ha implicado lo que debería ser. Como siempre, de la polémica quedan más víctimas y menos textos válidos. Polémica, por lo demás, que suponía otra: la responsabilidad del escritor ante su medio y su tiempo. ¿Cuál es tu balance de esta discusión?*

L. G.: A mi entender, la polémica supone todavía otra de carácter previo: ¿qué es lo real? Si te contesto que para mí lo real es lo posible –como dicen de la política– y parte de lo imposible, quedará suficientemente claro lo que para mí es el realismo. ¿Hay algo más real, en efecto, para un honesto creyente que milita en una religión cualquiera de las que se practican en el mundo que su propia experiencia religiosa –y no me refiero solamente a su experiencia subjetiva ni a la objetividad del ritual litúrgico, sino también a la reconfortante trascendencia de esas creencias en el orden temporal, esto es, en las formas de vida, en la cultura imperante, en la estructura de la sociedad y hasta en los principios constitucionales de esa sociedad–, un honesto creyente que encontrará no ya falsas sino fantásticas y delirantes las experiencias religiosas de los honestos adeptos a tantas otras creencias, personas a las que sin embargo no hay motivo alguno para considerar ni dementes ni débiles mentales? De ahí, así pues, que sea oportuno calificar a la literatura de origen europeo como fundamentalmente realista, desde Safo y Homero a Joyce y Kafka, pasando por Nerval y Lautréamont. Y la moderna literatura fantástica –muy diferente a la medieval en sus motivaciones– no es más, a mi modo de ver, en cuento situada precisamente al filo de lo posible y lo imposible, que un fenómeno compensatorio de deterioro acelerado del corpus escatológico que ha predominado durante los dos últimos milenios. En este sentido, algo de indudable porvenir.

Consecuentemente, la responsabilidad del escritor en cuanto tal, ya que no en cuanto a hombre, es un hecho que se da en todo caso, incluso *malgré lui*. Que se anticipe o no, que sea buen escritor o no, ya es otra cuestión.

J. O.: *Ya conoces mi entusiasmo por* Ojos, círculos, búhos, *un libro que me parece observar ha gustado más a los hispanoamericanos que a tus compatriotas. Creo que es un libro de un poder crítico altamente disolvente, no sólo por la agudeza de su ironía sino también por la lucidez de su lenguaje. Pero la ironía no se consume en la crítica –se amplía, porque hace del escepticismo una forma del humor; humor del absurdo, quizás–. ¿Qué significó esta escritura para ti?*

L. G.: Un texto, un nuevo modo de fábula, que por su breve extensión y sus especiales características me permitía romper el silencio al que te has referido al principio –y, si quieres, la soledad que supone ese silencio– sin interferir mi trabajo en *Recuento*. Al contrario. No creo en la llamada literatura experimental –si el experimento tiene éxito deja de ser experimento y si no lo tiene, mejor olvidarlo– pero me parece fuera de lugar que el empleo de determinados tonos de escritura condiciona siempre, en mayor o menor grado, la obra futura del escritor. En cuanto a la repercusión del libro en España, es curioso observar que mientras he recibido numerosas muestras de vivo interés de carácter particular, verbales o escritas –no forzosamente insinceras–, no he leído en cambio una sola crítica al respecto. Una crítica verdadera, quiero decir, algo más que limitarse a transcribir las cuartillas escritas por Mario Vargas con motivo de la publicación del libro. Y es que si la crítica en general prefiere emplearse a fondo en el terreno de lo conocido, de lo que ya es, de lo clasificado, ya que frente a lo nuevo se encuentra sin referencias, desprovista de las adecuadas coordenadas, la crítica española en particular suele convertir esta tendencia inhibitoria en temor reverencial. ¿Lo dirá en serio o en broma? ¿Y si es en broma, a costa de quién? ¿No se tratará simplemente de una obra menor, por no decir una tomadura de pelo? ¡Si al menos se hubiera inspirado, por ejemplo, en el cómic! Miedo al ridículo, al tongo, al camelo. Algo parecido a la única duda que atormenta al honrado millonario que compra un Picasso, por considerarlo buena inversión, en el momento de extender el cheque: ¿quién me asegura que un niño de siete años no puede pintar lo mismo? Recuerdo todavía las expresiones de un renombrado crítico y distinguido publicista, a propósito justamente de *Las afueras*, en los meses que siguieron a su publicación: ahí no hay camelo, ahí hay calidad de verdad verdadera. Una toma de posición heroica, supongo que poco menos que suicida.

Con posterioridad a *O.C.B.* –noviembre de 1973– he concluido *Devoraciones*, un libro de similares características en lo que al género se refiere, aunque algo más extenso. Se publicará en 1975, ya que cuento igualmente con la colaboración de Joan Ponç, quien hasta entonces no tendrá listos los dibujos. De hecho, el texto estaba prácticamente listo para montaje en el verano de 1972. Si no lo terminé entonces fue por consejo –por órdenes, me atrevería a decir– de Carmen Balcells, partidaria de dar prioridad a la industria pesada sobre la ligera. Es decir: de terminar primero *Recuento*.

J. O.: *Evidentemente,* Recuento *es una de las novelas que más sistemáticamente desarrolla la voluntad de totalizar un mundo a través de una discontinuidad también sistemática de la estructura. Varios tratamientos, varias perspectivas, varios lenguajes se funden en una forma polifónica y circular. ¿Qué es* Recuento *para ti? ¿Cómo se originó la novela? ¿Cómo evolucionó? Una novela escrita a lo largo de varios años, ¿exige planes, métodos, direcciones? ¿O es también un proceso ella misma de una escritura que se va inventando con la novela?*

L. G.: En cierto modo *Recuento* es mi primera obra, el primer libro en el que hablo con mi propia voz. Y lo fue desde el principio, como se dice de algunos dioses. Ya he dicho antes que las primeras páginas del libro son prácticamente las mismas que escribí en enero de 1963. Pero la gran sorpresa me la llevé en diciembre de 1972, tras concluir el noveno y último capítulo, al emprender la corrección general de lo que había ido dando por bueno en los años transcurridos sin volver a releerlo, a fin de no convertir el periplo de Ulises en túnica de Penélope, cuando pude comprobar que igual pasaba con el resto del libro. A lo sumo, se me hacía un tanto cuesta arriba la corrección de algunos fragmentos –especialmente del capítulo IV– muy alejados por su tono del tono que predomina en el conjunto y, no obstante, no menos necesarios en ese conjunto. Y más que supresiones introduje añadidos; previamente anotados, por lo general, en el curso de los años que me llevó la redacción de la obra. Mi técnica de trabajo, mi método –me parece inapropiado hablar de técnicas narrativas en el sentido de estructuras narrativas– consiste en ir agrupando por capítulos los cientos, miles de notas tomadas, conforme a un esquema general de composición trazado casi siempre en pocas horas, menos de una tarde si me siento en forma– no me atrevo a decir inspirado. Técnicamente, el principal problema reside en suprimir de antemano y con acierto las variantes menos válidas –las que no son óptimas– de cada nota, sea en el nivel de tono narrativo, sea en el nivel de expresión concreta.

En cuanto a la voluntad totalizadora de *Recuento* a través de la discontinuidad de su estructura, supongo que el lector, de entrada, no percibirá nada de eso. Aunque el libro contraviene todos los apriorismos teóricos formulados sobre novela en los últimos cincuenta años, mi intención es que su lectura penetre en el lector como quien dice con (perdón) vaselina; que ante la paulatina complicación del fluir narrativo el lector se encuentre provisto en todo momento de los elementos precisos para hacer frente a esa complicación, que su experiencia de lector discurra paralela a la intensidad del fluir narrativo. Si así sucede, la discontinuidad que mencionas se impondrá por sí misma, y es entonces cuando el lector descubrirá que los vacíos entre capítulo y capítulo son casi tan importantes como los propios capítulos, que lo no relatado es casi tan importante como lo relatado. Y lo mismo podría decirse del carácter progresivo de la distorsión temporal, de la constante mutación de nombres, de los desplazamientos del punto de vista narrativo, la creciente presión de la ironía, el abarrocamiento y neurotización de la escritura, la conversión en conjetura de lo real, la reversibilidad de las metáforas y la plurivalencia de las imágenes clave –ciudad, monte, aborto, templo, cementerio, nubes, revolución, caballero de blanca montura, etc.– que poco a poco se van cerrando como las mallas de una red, mientras las deformaciones de la percepción se transforman en deformaciones en lo percibido y la línea del relato termina por resultar tan curva como la superficie de un planeta que para quien la pisa parece plana. De hecho, se trata de un libro construido básicamente sobre la pre y la posfiguración, y aunque el lector pase por alto, como datos sin importancia, que ya en el primer párrafo aparece un caballo blanco, o el cementerio que aparece en el capítulo II, confío en que, a la larga, las diversas series significativas y sus variaciones terminen por imponérsele casi a pesar suyo, y recupere *a posteriori* significados perdidos. Pero, en cualquier caso, me niego a echar mano de recursos aparatosos, de apariencias llamativas, de rasgos fácilmente clasificables, resumibles como un eslogan en una sola frase, pues para mí es mala, muy mala señal que el eslogan sea posible, como difícil es que la utilización de tales recursos no repercuta, a modo de un maquillaje excesivo, en el valor permanente de la obra. Soy poco amigo de alardes irrelevantes, de renovaciones más proclamadas que realizadas, de libros que pueden leerse a partir de cualquier punto. Lo que sí me interesa es que en cualquier punto, abra el lector por donde abra el libro, encuentre el mordiente necesario para emprender su lectura de principio a fin. Que la riqueza expresiva de cada párrafo sea una réplica del conjunto del libro, que el microcosmos corresponda al macrocosmos.

J. O.: Recuento *forma parte de una secuencia más amplia* –Antagonía– *que has venido escribiendo o diseñando paralelamente. ¿Cómo se relaciona* Recuento *con los tres tomos restantes de la serie*, Los verdes de mayo hasta el mar, La cólera de Aquiles *y* Teoría del conocimiento? *¿Cuáles son los puntos de vista o los materiales generadores de la secuencia?*

L. G.: Me resulta difícil explicar la relación existente entre los cuatro libros de *Antagonía*, ya que no dispongo de modelos previos a los que referirme. No se trata, por ejemplo, de un desarrollo en el tiempo como en *À la recherche*, ni de un juego de puntos de vista como en el *Cuarteto* de Durrell. El símil más ilustrativo que se me ocurre es el de La Santísima Trinidad, ampliada aquí a cuatro: varias personas y una sola naturaleza. Es curioso que los católicos, cegados acaso por su fe, lo llamen misterio. Para mí es algo perfectamente claro.

J. O.: *Escribir una secuencia diversificada como la que tú planteas debe ser un trabajo apasionante. Supongo que la motivación generativa del acto de escribir está ya dada, lo mismo que la orientación posible, ya que una nueva página tiene una serie disponible de alternativas: es como totalizar el acto de la escritura al ejercerlo sin distinción. Podrían cumplirse los dos reclamos de Mallarmé: que el mundo existe para llegar a un libro, que se escribe aboliendo la casualidad. ¿Podrías contarnos cómo son tus métodos de trabajo? ¿Se basan en un proceso de anotación-elaboración-estructuralismo? ¿O partes de un modelo previo, de una estructura que se impone mucho antes de la escritura?*

L. G.: Toda apuesta con el tiempo tiene algo de apasionante, pues en diez años pueden pasar muchas cosas. Eso ya me lo imaginaba al comienzo, pero no sabía hasta qué punto así era efectivamente. Entonces, como ya he dicho, *Recuento* y *Antagonía* eran una sola cosa; luego, su mismo desarrollo me impuso la necesidad de articular el conjunto en cuatro partes, la primera de las cuales se seguiría llamando *Recuento*. Su extensión, no obstante, es desigual, ya que *Los verdes* y *La cólera* son mucho más breves (de dos a trescientas páginas: novelitas, como diría Vargas) y *Teoría* vuelve a cobrar volumen. Las escribiré en ese orden, entre otras razones porque corresponde al orden de maduración en lo que a mi trabajo se refiere, por más que enfrentarme directamente con *Teoría* tal vez me resultase más atractivo en estos momentos. Naturalmente su publicación no se hará esperar como la de *Recuento*, ya que en esos diez años he trabajado en el conjunto de *Antología* y no sólo en *Recuento*. *Los verdes*, concretamente, espero tenerla lista antes de un par de años. El conjunto estará compuesto de treinta y seis capítulos, todos ellos dotados de cierta autonomía, como los nueve que corresponden a *Recuento*. *Los verdes* tendrá seis. El número total de treinta y seis tiene, por supuesto, algo de arbitrario, pero –como lenguaje mismo– también de significativo. Puede parecer arriesgado hacer tales precisiones a tan largo plazo, pero el hecho es que la experiencia de *Recuento* me hace creer que dispongo de un plan general de la obra lo bastante flexible como para asimilar no ya los cambios que entre tanto puedan acontecer –que acontecerán– en el mundo, sino, sobre todo, en mi propia evolución personal.

J. O.: *Supongo que en algún momento te has planteado la alternativa del exilio. Y al menos hasta ahora pareces haber optado por residir en tu país. ¿Tiene algún significado este debate para ti?*
L. G.: Varios. Volver a España tiene para mí, cada vez que me encuentro fuera, algo de traumático, incluso prescindiendo de criterios políticos. Y vivir en Barcelona –lo más vivible de España para mí– me resulta con frecuencia exasperante: las caras, los lugares, los hábitos. Supongo que esto también puede pasarle respecto a su propia ciudad a uno que sea de Nueva York, de París o de Londres. De ahí que se vean tantos americanos en París y tantos británicos en Nueva York. Y es que, al revés que en Borges, el mundo es una esfera cuyo centro no está en ninguna parte. De todas formas hace ya tiempo que enfoco la posibilidad de vivir fuera de España la mayor parte del año.

Por otro lado, una cosa es exiliarse y otra que le exilien. Lo seguro es que, puesto ante la disyuntiva, me quedo fuera. Tanto más cuanto que para concluir *Antagonía* no necesito en modo alguno el contacto con el país.

J. O.: *Me consta que una zona de intereses en tus lecturas se orienta hacia la historia española, hacia las fuentes de esa historia. ¿Qué buscas en esa desaforada y minuciosa biblioteca?*
L. G.: Los libros que habrás visto en mis estantes tienen relación no tanto con España como con Cataluña y, en especial, con la ciudad de Barcelona. Se trata, preferentemente, de obras de fin de siglo y escaso rigor científico. Historias que no excluyen la probabilidad de que Barcelona fuese fundada por Hércules, pongamos por caso, o visitada por los egipcios. Y es que en el fondo, si el llamado problema de España me es tan ajeno –o próximo– como el del petróleo, mi interés por Barcelona es del todo contingente. De haber nacido en Roma consultaría libros sobre Roma. Aunque el hecho de que Barcelona sea una ciudad mucho menos agradecida al respecto no deja de tener sus ventajas, las ventajas propias de lo inexplorado. Quiero decir que lo importante para mí, en este caso, es la imagen de la ciudad, de una ciudad cualquiera, con sus frustraciones nunca superadas, sea durante decenios, sea durante milenios, como cualquier pa-

tria, como cualquier imperio, como cualquier mito, como cualquier ensoñación personal.

J. O.: *Es inevitable preguntarte por lo que significa para ti la nueva narrativa hispanoamericana. Pero también me gustaría saber qué libros o qué tendencias dentro de esa narrativa son los que más te han interesado –aquellos que sientes, personalmente, más próximos.*

L. G.: Próximos, si por proximidad entendemos la existencia de cierta relación entre la obra de tal o cual escritor y la mía, ninguno. Como tampoco son próximos entre sí García Márquez y Lezama, Cabrera Infante y Onetti, Manuel Puig y Rulfo, Vargas y Donoso, Carpentier y Fuentes, por citar algunos de los que más aprecio. Por eso, más que de la nueva narrativa latinoamericana, prefiero hablar en concreto de tal o cual autor latinoamericano. El hecho lingüístico, con sus modulaciones, así limeñas, mexicanas o bonaerenses, como barcelonesas o madrileñas, nada explica por sí solo. Y es que, en definitiva, tras todos los análisis a los que podamos someter una obra, siempre acabaremos por encontrarnos con la figura del autor, clave última de lo que nunca será enteramente esclarecido.

II

J. O.: *Hace exactamente diez años, en 1972, tuve la oportunidad de conversar contigo sobre el proceso de* Antagonía. *Habías terminado entonces* Recuento, *el primer volumen de la serie. Ahora que ha concluido ese proceso y se han publicado los cuatro tomos, podríamos retomar la conversación preguntándote por tu visión de ese ciclo novelesco. ¿Cómo ves ahora ese trabajo? ¿Cuál sería tu recuento mínimo de esta experiencia?*

L. G.: El recuento es prácticamente idéntico al de entonces; de hecho, al saber que íbamos a vernos, he releído la entrevista y puedo asegurarte que parece una profecía. El 16 de junio de 1980 acabé lo que había empezado el 1 de enero de 17 años antes sin que el plan de la obra sufriese alteración alguna de importancia. La novela había crecido en extensión, pero no había cambios de importancia en su estructura.

J. O.: *No sé cómo se podría medir, no está establecido al menos, aquello que se llama los resultados de publicar un libro o una novela, y mucho menos los que de una novela de la extensión, ambición y propuestas críticas, estéticas y narrativas que* Antagonía *presenta al lector; pero en el nivel más primario, se puede decir que un modo de medir esos resultados sería la reacción crítica. Mi impresión es que esa medición no es visible.*

L. G.: Yo creo que el crítico es ante todo un lector y, como todo lector, por fuerza ha tenido que sentirse desorientado ante los virajes que en todos los terrenos, dentro siempre de una evolución, van dando los diversos libros que componen *Antagonía*. Hay lectores que consideran *Los verdes* superior a *Recuento*, y para otros lo mejor es el *Aquiles* o *Teoría*. Yo he permanecido siempre al margen de esta clase de juicios, ya que, para mí, cada libro es una parte de un todo. Es como comparar el ábside de una catedral con el claustro, dos partes distintas pero imprescindibles de una misma cosa. Creo que esta parcialización de la lectura ha sido más bien perjudicial para el entendimiento de la obra. Y creo que ahora ya es posible apreciar *Antagonía* como lo que es: un todo constituido por una gran diversidad de elementos, y no sólo por sus cuatro principales libros. Así, *Recuento* es divisible en nueve unidades autónomas. Desde un punto de vista formal, en el interior de *Los verdes* hay un último capítulo que también puede considerarse relato autónomo. En *La cólera de Aquiles* hay una novela totalmente autónoma, *El edicto de Milán*, y *Teoría del conocimiento* se desglosa en tres libros interiores, con sus respectivos protagonistas y hasta sus respectivos títulos. Pero las líneas maestras de *Antagonía* afectan a todas y cada una de sus partes. También hay tendencias evolutivas y modulaciones de carácter general. La descripción, por ejemplo, que tanta importancia tiene en *Recuento*, y que luego desaparece paulatinamente, lo mismo que el diálogo.

J. O.: *Sin embargo, una manera de abordar el ciclo de* Antagonía *es la noción de la relativa autonomía de cada tomo. Quizás el problema formal estaría en que en lugar de dar el primer tomo la punta del iceberg, dio el iceberg casi entero, y el lector busca pistas como claves que se disuelven en vez de evidenciarse. ¿Tú piensas que los volúmenes tienen esta relativa autonomía o privilegias ahora la lectura como un todo?*

L. G.: Está claro que *Antagonía* es un todo y que la relativa lectura autónoma de sus partes es fruto de un planteamiento editorial más que literario. No se podía explicar al lector que *Recuento* era la primera parte de una novela, la primera entrega, por así decir, y que luego irían apareciendo tres entregas más, porque lo normal sería que el lector dijera: bueno, pues ya las leeremos entonces. El problema fundamental era ése. Y si *Recuento* puede parecer el iceberg mismo, como dices, es porque, efectivamente, constituye la referencia real del resto. Es la biografía de un hombre, narrada en tercera persona, que en las últimas páginas se entrega a sus primeras experiencias literarias. Estas experiencias, de hecho, suponen un cambio dentro del propio *Recuento*, porque no corresponden a un relato sobre Raúl sino a lo que Raúl escribe. Es decir: *Los verdes* empieza ya en *Recuento*. Las divisiones entre cada una de las partes no son nunca a rajatabla. Para poner mayor énfasis en ello, incluso me permito repetir fragmentos. El comienzo del *Aquiles* y el de *Teoría*, por ejemplo, son casi idénticos. Avisos al lector, pequeños toques de atención.

J. O.: *Me parece claro que se trata de una novela; sin embargo también se podría decir que cada uno de los tomos abre y cierra en cierta forma algún nivel muy explícito y concreto del ciclo mismo. ¿Cómo podrías explicar la necesidad de articular la diferencia en cada tomo? O sea, ¿por qué se divide* Antagonía *en esos tomos y no en otros? ¿Cuáles son las claves en cada división?*

L. G.: Bueno, en líneas muy generales, limitando la diversidad de lecturas, se podría decir que *Recuento* es la biografía de un hombre, como decía hace un momento. *Los verdes* nos ofrece la vida cotidiana de ese hombre que ya escribe mezclada con sus notas, con sus recuerdos, con sus sueños, con sus textos. El *Aquiles* es el libro que tal vez desorienta más al principio, porque, en apariencia, poco tiene que ver con nuestro protagonista: el relator ya no es Raúl, ni en tercera persona ni en primera, sino una antigua amante y prima lejana, Matilde, que nos da su propia imagen del mundo de Raúl y que convierte a Raúl en protagonista implícito. El *Aquiles* es una obra dedicada a Raúl; es como la tierra vista desde la luna, una perspectiva que me parecía importante. Finalmente, *Teoría del conocimiento* es la obra de Raúl, una obra escrita por Raúl que asume las experiencias de *Recuento*, sus experiencias literarias de *Los verdes* y los elementos incorporados durante ese tiempo a través de su relación con Matilde. Y todo eso lo reelabora lo reestructura, y el producto final es *Teoría del conocimiento*.

J. O.: *Una cosa todavía sobre la noción de ciclo. Lo que se podría decir a primera vista es que todo ya ha ocurrido desde la primera página de* Recuento, *o sea que la metáfora de recontar o de hacer un balance o de hacer inserciones dentro de un todo que se va a ver por parcialidades está dada desde la primera página; eso significaría que es una especie de búsqueda del tiempo perdido, con más sorpresas, naturalmente, que en el clásico modelo. ¿Tú has pensado, o cuando empezabas a hacer la novela pensaste en esa posibilidad de una especie de levantamiento de un territorio pasado que habría que cartografiar a través del ciclo?*

L. G.: Si la primera parte de *Antagonía* se llama *Recuento* –título que conviene más a un final que a un comienzo– es porque en esa primera parte quedan establecidas las coordenadas personales del escritor Raúl Ferrer Gaminde. Pero eso no significa que con ello su vida se detenga, ni mucho menos su capacidad de recordar y de recrear el propio pasado. Al contrario: imaginación y memoria aplicadas a esa primera realidad que es la vida de Raúl Ferrer Gaminde generarán una segunda realidad, que a su vez se desplegará en nuevas realidades sucesivas. Ese proceso o, si se prefiere, ese itinerario, constituye la columna vertebral de la obra. Pero no es sólo la propia estructura del libro; también las grandes metáforas de la obra deben ser entendidas bajo esta perspectiva. La metáfora de la Ciudad Ideal, por ejemplo, que aparece tanto en *Los verdes* como en *Teoría del conocimiento*, juega un papel similar al del escudo de Aquiles en la *Ilíada* o el de Eneas en la *Eneida*: nos da una imagen emblemática de lo que la propia obra es. Por cierto que sólo muy recientemente he descubierto que el taoísmo poseía ya una imagen similar referida al Centro del Mundo; una de esas coincidencias que no hubiese dejado de interesar a Jung. Lo mismo podría decirse de otra de las metáforas fundamentales del libro, la metáfora del ojo, que también aparece en *Los verdes* y en *Teoría*, y que coincide curiosamente con las tesis de un gnóstico del siglo II llamado Valentín, acerca de ese dios ocioso que, con todo y ser omnipotente, ignora ser, a su vez, creación de un dios superior. A la luz del pensamiento de Valentín esa metáfora de la creación literaria que es la metáfora del ojo sería susceptible de una lectura reversible, de constituirse en una imagen no ya cosmogónica sino también teogónica.

J. O.: *Creo que con eso nos acercamos un poco más a una de las lecturas posibles y probablemente más estimulantes de* Antagonía. *Obviamente circulan en el libro algunas metáforas como núcleos generadores de la escritura misma. Este ciclo interno de metáforas podría ser descrito a partir de sus imágenes básicas; pero también en el conjunto de la novela nos aguarda otro problema, que es el de la distancia mayor o menor frente al material narrado, lo cual tiene que ver probablemente con las funciones del narrador o los narradores. ¿Cómo has visto tú este proceso de acercamiento más o menos distanciado frente al material narrativo a partir de estas metáforas?*

L. G.: En líneas generales resulta difícil contestar esta pregunta de forma contundente porque se refiere a lo que casi es la esencia misma del libro. En el curso de *Antagonía* el lector se enfrenta a un texto que es un constante ejercicio de prefiguración y posfiguración, de interpolación y extrapolación, generador de toda esa serie de creadores sucesivos y creaciones sucesivas que se imbrican los unos en los otros.

J. O.: *¿Cuáles serían las metáforas básicas de ese proceso?*

L. G.: Por ejemplo, las que acabo de mencionar, la del ojo y la de la Ciudad Ideal. O las metáforas velazqueñas que juegan un papel importante dentro de cada libro. Pero hay tantas...

J. O.: *También se podría pensar que hay una metáfora que se disuelve y se confunde con la escritura misma. Me refiero a la metáfora que es cada libro considerado en sí mismo.*

L. G.: En efecto, tomando la palabra metáfora en su acepción más analógica, cada uno de los libros es asimismo una gran metáfora.

J. O.: *Pero ¿qué significa eso finalmente en el proyecto de la escritura? ¿Significa que la escritura es capaz de decir más de lo que dice y que la posibilidad de que la metáfora de un libro asuma, digamos, lo vivido, hace que* Antagonía *en realidad no concluya, que sea inconcluible por naturaleza? Antes hablabas de la noción cartográfica; sin embargo, en la noción de que el libro se multiplica a sí mismo, ¿no estaría implícita la idea de que el ciclo es inacabable?*

L. G.: No se trata de un ciclo inacabable, como puede decirse en cambio de otras obras. Lo que sucede es que la palabra ciclo implica, a la vez que un final, un nuevo comienzo. Pero ese ciclo ya es otro ciclo. Todo ciclo tiene un final.

J. O.: *Ahora bien, sin embargo hay algunos momentos en el ciclo completo que aparecen como producidos por la misma escritura. O sea, esa parte cartográfica que tú mencionas, de alguna manera se desvirtúa cuando pensamos en la noción de lo digresivo. ¿Qué cosa es lo digresivo en este libro?*

L. G.: Bueno, es un rasgo consustancial a la novela. La digresión, a diferencia por ejemplo del diálogo, que tiende a desaparecer, tiende a aumentar. De hecho, es predominante en la última parte de la obra.

J. O.: *¿Pero tú crees que en algunos momentos los libros que se producen se imitan a sí mismos?*

L. G.: No, aunque pueda parecerlo. Se trata de diversas fases de un mismo proyecto. En esquema, es como el lanzamiento de una nave espacial con destino a otro planeta. Hay un cohete determinado que la sustrae del espacio terrestre, otro que la transporta, otro que la sitúa en la nueva órbita y un cuarto que la hace posarse en ese planeta.

J. O.: *Se podría entonces decir que esos libros no responden al mecanismo borgiano de la obra dentro de la obra, sino que son la obra misma.*

L. G.: Exacto.

J. O.: *¿No te ha interesado en ningún momento ese mecanismo de ficcionalización sucesiva de los textos?*

L. G.: No como escritor, entre otras razones porque eso ya está hecho.

J. O.: *Pero ésta podría ser una de esas lecturas erradas a las que invita el libro.*

L. G.: Sí, una lectura errada sería por ejemplo considerar *Antagonía* como un Borges a escala 1/1. Por otra parte, Borges tiene ya un excelente relato breve sobre un rey que encarga un plano tan detallado de su reino que acaba siendo realizado a escala 1/1, es decir, superpuesto al propio territorio.

J. O.: *Desde esta perspectiva en la que estamos situando la conversación –las posibles lecturas de* Antagonía–, *otra de las que son posibles sería una lectura histórica a partir de ese núcleo del libro que es la familia, una familia laberíntica, llena de incidencias no resueltas. ¿Has pretendido hacer también una comedia humana de ese núcleo familiar o la familia ha sido simplemente un material exterior? Cosa que no parece, por cierto.*

L. G.: No es material exterior, en efecto. Pero su papel en la obra nada tiene que ver con el de la materia narrativa característica de La Comedia Humana.

J. O.: *¿Y en el plano social? El relato sitúa socialmente a los personajes. ¿Has estado atento a este referente de lo social en el libro?*

L. G.: Me parecía y me sigue pareciendo importante que la materia narrativa recogiera los conflictos más importantes de la época, aunque sólo fuera como telón de fondo. Por otra parte, la realidad exterior incide a veces en el relato de la forma más impensada. La muerte de Franco, por ejemplo. De repente me asustó que la muerte del Viejo que protagoniza la parte final de la obra fuese relacionada con la muerte de Franco, con lo que aquélla podía adquirir un valor simbólico totalmente fuera de lugar. Y ese temor me llevó a poner fecha, mediante referencias indirectas, a la muerte del Viejo. El Viejo muere en la navidad de 1974, cuando Franco aún vivía.

J. O.: *Quizá podríamos pasar a otro nivel de lectura. Parecería que en la novela hubiese una especie de eje en la relación movimiento-fijeza. Quiero decir que hay cosas que permanecen y otras que se mueven y disgregan. ¿Te parece eso casual?*

L. G.: Esa movilidad es consustancial al desarrollo de la obra. Mobilis in Mobili es el título de uno de los subcapítulos de *Los verdes*, a la vez que una referencia al viaje submarino de Verne. Hasta los elementos en apariencia fijos están también en movimiento.

J. O.: *Me parece percibir que estás sugiriendo que hay una especie de distancia conflictiva entre el material representado, que sería parabiográfico, y el discurso del relato que es la necesidad misma del libro.*

L. G.: Los aspectos biográficos están totalmente supeditados a los aspectos puramente literarios, y si recurro a algún elemento biográfico, que por supuesto los hay, me imagino que en todo escritor los hay, es por una cuestión de comodidad, porque me muevo en lo que ya conozco.

J. O.: *Lo que quiero decir es que planteas tu percepción de la novela como una necesidad casi autónoma. No es la representación lo que más importa aquí, y parecería que tú no quieres añadir datos a la realidad sino rehacer la realidad en el texto.*

L. G.: Así es, convertir el texto en una realidad susceptible de generar nuevos textos.

J. O.: *Quizá podríamos volver a Raúl, que es una de las presencias más fuertes en el texto porque incide en el eje de desplazamientos, en la noción de familia, en la entonación especial de la escritura, etcétera. ¿Cómo ves ahora a este personaje?*

L. G.: Su papel es efectivamente clave, pero tiene poco de personaje en el sentido convencional de la palabra. Y su papel como relator termina por prevalecer sobre su presencia como protagonista del relato.

J. O.: *Él es quien asume finalmente el relato, ¿no?*

L. G.: Yo diría incluso que, en *Teoría del conocimiento*, Raúl Ferrer Gaminde se convierte en relato.

J. O.: *Quizá podríamos pasar a revisar el nivel que creo que es fundamental de* Antagonía, *el de la escritura misma. Evidentemente hay distintas entonaciones, digresiones y controles, pero yo diría que también hay una especie de neutralidad de la escritura. Una especie de distanciamiento frente al material narrado que hace que la escritura adquiera calidad instrumental analítica. No sé si tú lo decidiste así o se te fue imponiendo.*

L. G.: Vuelvo a lo que te había mencionado: así como hay rasgos que en el curso de la obra tienden a diluirse, por ejemplo, el papel del diálogo, hay otros que tienden a afirmarse, éste sería el caso del discurso analítico.

J. O.: *No podemos olvidar que hay también un discurso humorístico, bufo, y también un discurso poético. También hay una cosa que me llama mucho la atención y es el deliberado propósito de lucidez dentro de lo narrativo. Hay una observación, del detalle por*

ejemplo, que se podría decir que incluso tiene como propósito disolver con la mirada analítica ese detalle, lo cual crea una entonación obsesiva en el discurso. Esta entonación a veces hace pensar en un relato fronterizo, neurótico, de obsesiones sin solución que van disolviendo lo que la escritura asume.
    L. G.: La entonación neurótica se da, sobre todo, en algunas áreas de *Recuento* y del *Aquiles*. En *Los verdes* prácticamente desaparece. Y en *Teoría del conocimiento*, más que de neurosis, yo hablaría de paranoia, la paranoia que es propia de los dioses. Por otra parte, esa fascinación por el detalle también puede ser entendida como intento de extraer del detalle una visión global; es decir, de encontrar el macrocosmos en el microcosmos. En *Los verdes*, por ejemplo, hay cerca de una página dedicada a describir la espuma que se forma al romper las olas contra un acantilado, las figuras que se establecen, los dibujos que se configuran. Una detallada descripción de una cosa tan insasible y proteica como es la espuma.

    J. O.: *Otra cosa muy curiosa de* Antagonía *es la sensación de que hay un subrelato de pesimismo que quizá sea un producto de esa disolución de los objetos. Me pregunto si no será que el libro de alguna manera levanta una imagen de fin de los tiempos. No estoy pensando en un escenario de Apocalipsis, pero hay algo como beckettiano, en el sentido de que de alguna manera algo se ha destruido y lo que sobrevive está hecho sólo de fragmentos.*
    L.G.. Evidentemente, el Viejo de *Teoría del conocimiento* presiente un gran final. Y ese final, más que deprimirlo, parece euforizarlo. Por otra parte, él sabe de sobra que los dioses también mueren, o, mejor dicho, que dejan paso a nuevos dioses, de igual forma que el año nuevo sucede al viejo. Pero al extrapolarse respecto al mundo, se extrapola también respecto a la muerte. No hay aquí lugar para un pesimismo como el de Beckett.

    J. O.: *Se podría decir que hay como una formalización que tiene la intención del mito sin la propuesta regenerativa del mito; es como si con los materiales de la destrucción se hubiese creado la imagen de un mito, tal vez improbable. No sé si eso te parece legítimo.*
    L. G.: Esa extrapolación respecto a los escombros se formaliza, en efecto, en una imagen. Pero, más que de mito, yo hablaría de parábola.

J. O.: *Hemos mencionado muchos nombres de escritores al pasar que, tangencialmente, aluden a partes de la escritura misma. ¿Sientes tú que el libro genera una relación familiar con algún escritor concreto?*

L. G.: En el curso de Antagonía hay gran número de referencias a escritores y hasta citas textuales: Cervantes, Platón, Moisés, Milton, Fray Luis de Granada, etcétera, todos ellos citados en el contexto. Pero eso no tiene nada que ver con lo que se entiende por influencias. Tú has mencionado antes a Proust y otros mencionan a Joyce. Pero eso tampoco es influencia sino algo que está en el espíritu de la época.

J. O.: *¿Tampoco Musil?*

L. G.: Me gusta Musil, pero sus planteamientos son bastante diferentes. Él tiene, por otra parte, la ventaja de ser austriaco. Si yo fuese austriaco, entraría automáticamente en marcha todo un sistema de referencias que facilitaría enormemente al lector la asimilación de Antagonía.

J. O.: *De alguna manera esto nos lleva a otra cosa, que es el hecho evidente de que el libro funciona en una especie de vacío literario; esa misma ausencia de linaje así lo indica. ¿Sientes tú que de algún modo hay aquí un trabajo sobre la escritura que parece hecho al borde del abismo? ¿O se inserta ese libro en lo que finalmente se puede llamar Nueva Novela Española?*

L. G.: Ya digo que me sentiría mucho más cómodo inserto en la novela austriaca. Y aunque mi obra está obviamente escrita en castellano, primero habría que aclarar qué es eso de la Nueva Novela Española. Hay unas cuantas buenas novelas españolas, que no es lo mismo que una Nueva Novela Española.

J. O.: *Quizá la coincidencia sea mayor con la poesía. Leyendo el libro así lo parece. No sé si has tenido en cuenta esta posible relación.*

L. G.: Tal vez en mi inconsciente –ya que no estilísticamente– pueda haber calado alguno de los poetas que más me gustan, cualquiera de ellos, desde Manrique, Garcilaso y Góngora, hasta los simbolistas franceses, Rimbaud en primer término. El poeta de este siglo al que me siento más próximo es Eliot. Y entre los de mi generación, José Ángel Valente.

J. O.: *Quizás al final la escritura de* Antagonía *no se abra ante otro paisaje sino el que tú mismo has cartografiado y que supone ese territorio levantado cuya principal característica es su propia diferencia. En ese sentido uno se preguntaría cómo funciona esta obra como proyecto frente a tu propia escritura. O sea, ¿se abre ante otras cosas? ¿Qué es lo que te deja en las manos para seguir escribiendo?*

L. G.: Tras la terminación de Antagonía tenía que producirse inevitablemente una fase de vacío, ya que, por su propia naturaleza, un trabajo que me estaba tomando tantos años excluía cualquier proyecto posterior. Tuvo que pasar casi un año más para que me diese cuenta de que el final de Antagonía me había colocado ante la puerta de una nueva novela, que ninguna relación tiene con la anterior, aunque, en cierto modo, sea su consecuencia lógica.

J. O.: *En ese espacio nuevo, ¿qué es lo que estás proyectando?*

L. G.: Será una novela de extensión normal, posiblemente más breve que cualquiera de los tomos de Antagonía. Tendrá once capítulos, de los cuales tengo ya redactados los primeros y notas muy detalladas de los restantes; la última frase, entre otras cosas. Igual me sucedió con la útima frase de Antagonía, que fue escrita muchos años antes de que acabase la obra. No sé si será más importante o menos importante que Antagonía, ni creo que sea ésta la cuestión. La cuestión es que trabajo con el mismo apasionamiento de cuando andaba metido en Antagonía, y que, de no ser así, no la estaría escribiendo.

JUAN SÁNCHEZ PELÁEZ EN CARACAS

Finalmente Monte Ávila Editores publicó una nueva edición de la obra completa de Juan Sánchez Peláez *(Poesía, 1951-1988)* cuidada y sin erratas. Acaba de lanzar también un tomo que compila ensayos y notas sobre este poeta primerísimo (*Juan Sánchez Peláez ante la crítica*, preparado por José Ramos). Aunque no hay un lector serio de poesía escrita en español que ignore el trabajo de Sánchez Peláez (1922), confío en que estas ediciones difundan la alta calidad ceremonial de una poesía hecha al diálogo a solas, que todavía aguarda ser mejor compartida.

Para muchos de nosotros, la *Antología de poesía viva latinoamericana*, que en 1966 compiló el poeta argentino Aldo Pellegrini, inició una relación personal con la actual poesía venezolana, porque allí nos encontramos con Sánchez Peláez, Rafael Cadenas, Francisco Pérez Perdomo, Ramón Palomares y Juan Calzadilla. Este conjunto de poetas se nos impuso de inmediato no sólo por su brillo maduro sino por el hilo de habla propia con que retramaban un escenario suficiente, con autoridad y persuasión; añadiendo, de paso, una suerte de temperatura anímica distintiva, una emotividad desasosegada y cierta. En la poesía de Juan Sánchez Peláez, además, había una pista intrigante hacia una ruta que se probaría sin retorno, la de su apuesta radical: sostener el mundo en un puñado de palabras antes de que se pierda sin remedio. Esos poemas parecían decir menos y decirlo de modo incierto. Pronto sabríamos que este poeta nada propone ni demanda, todo lo da por escrito y sobredicho: y, por lo mismo, inicia otra entonación, más íntima, de un canto murmurado, entredicho, encantado e imantado por un silabeo de conjuro.

En la primavera de 1969, en la Iowa International Writers encontré a Juan. Coincidía él ese semestre con Néstor Sánchez, Carlos Germán Belli, Fernando del Paso, Luisa Valenzuela y Nicolás Suescún. Todavía recuerdo los oscuros pasillos del Mayflower, el edificio de los escritores becados, que me parecieron los corredores de un hospicio donde, de puerta en puerta, el traqueteo de las máquinas confirmaba que había escritores que, en efecto, escribían, como bromeaba Leautaud a propósito de Valéry. Se decía que la beca de un año fue reducida a medio luego de que un poeta chileno se suicidó al no poder resistir la soledad. Néstor Sánchez se compró un auto para romper el encierro nevado, pero el pueblo era de cuatro calles y un solo bar; y una noche la policía lo detuvo, le hicieron un dosaje, y por un grado de más fue llevado a la cárcel. Sufrió una crisis tan elocuente que le conmutaron el plazo de la beca y lo dejaron irse. Pero ese día de mi visita, la pausa reflexiva de Juan Sánchez Peláez me conmovió como la mejor medida de esa suma de desamparos. Después, creí entender que Juan encarnaba, reluctantemente, ya no el exilio, que abunda en coordenadas y sabe su nombre, sino la errancia, que es un desencuentro permanente, y cuyo lenguaje está hecho de la duda y la zozobra. Juan parecía provenir de ninguna parte y estar partiendo a parte alguna. Tenía, eso sí, la virtud mayor de convertir las deshoras y destiempos en espacios de intimidad gozosa. Como los grandes poetas, hacía su fogata en la intemperie.

Yo estaba entonces en Pittsburgh, y pasaron por mí, en el enorme automóvil de narrador que conducía Fernando del Paso, Juan, Néstor, Belli y Suescún, rumbo a Nueva York. Allí Juan se iba reanimando hasta revelarse tan cosmopolita y urbano que terminaba renunciando a la ciudad: le bastaban unos rincones familiares y propicios a la charla. Juan siempre tuvo el don de la amistad, virtud de los solitarios; y el gusto certero, aunque nunca fue sarcástico sino, todo lo contrario, capaz de una tierna inteligencia, virtud de los más apasionados. A poco de ese viaje, conoció a Malena Coelho, a quien todos le debemos los mejores años de Juan. Los vi en 1971, en New Haven. Juan emergía de su largo trato con la melancolía y hasta planeaba volver, con Malena, a casa.

No los reencontré sino hasta 1990, en Caracas, pero con Juan los tiempos no suman distancias porque él cultiva una suerte de presente dilatado, más joven en su propio destiempo. Lo he visto derivar en la charla entre disputas recuperadas, amistades interrumpidas, estrofas memorables, con la misma pasión y desapego con que discute la correspondencia de Artaud, la curiosidad de Peret, la alquimia de Reverdy, las lecciones de Breton. Hace un año o dos, en otra visita, pasamos los días discutiendo las versiones posibles de una imagen de Mark Strand. No llegamos, claro, a ninguna conclusión, pero Juan me llamó a Providence, una noche, para confiarme la suya. La aprobé con entusiasmo, y me gustaría recordarla. Esta charla dilatada con Juan, tarde en su jardín, bajo el croar de las ranas de la república de las letras, está hecha a favor del insomnio, esa memoria creciente.

Siempre me ha parecido que Juan es una suerte de Rimbaud que se quedó en casa. No porque no haya viajado, tampoco porque sea un ermitaño. Más bien, porque no tuvo que irse al África, es decir, no vivió el dilema de "cambiar la vida", que se le dio ya cambiada, de antemano, en el poema. A veces parecería que en lugar del espacio solar de Rimbaud, Sánchez Peláez hizo su aprendizaje en la luz lunar de Lautremont. Ya en su primer gran poema, hecho en el milagro feliz de la escritura automática, el "animal de costumbre" figura el carácter de profunda extrañeza del sujeto en el mundo, y del mundo en el lenguaje que lo cifra. La ductibilidad del poema en prosa, la calidez lírica, lo emparentan después a Pierre Reverdy, el poeta de la imagen viva enigmática. Pero su poesía habla por sí misma, desde sus ciclos de cala profunda y sensibilidad inmediata, por su intimidad vivencial y con una palabra recobrada a orillas de la tempestad entrevista.

Austero, y hasta lacónico con su propio trabajo, Sánchez Peláez es de los pocos poetas mayores que ha dejado toda la palabra al poema mismo. No lo acompaña un discurso paralelo, ni una biografía cultural heroica, ni un programa de redención regional. Todo lo contrario, ha preferido el contradiscurso del silencio; la biografía sin fechas del sujeto antiheroico; y el escepticismo irónico antes las empresas fundamentalistas. Está libre en la poesía porque no ha comprometido su palabra con los poderes al uso, pero tampoco en su mera refutación. Y aunque a veces, más que solo se siente abandonado, es un ejemplo de integridad callada. Le ha dedicado a la poesía no solamente la juventud como Rimbaud, y la vejez como Pound, sino una vida liberada de la edad.

Y, sin embargo, todavía lo asalta la vehemencia surrealista de hacer algo. En su diálogo con Artaud, Michaux, Breton, sus viejas convicciones surrealistas no ignoran la crítica del mundo tal cual y la fe en la creatividad libre. Pero a la hora del balance le son más decisivos Eguren, Moro, Westphalen y Álvaro Mutis. Lo angustia la suerte de la cultura, el destino de los más jóvenes, la pérdida de los espacios no oficiales. Entre sus papeles, prosigue más despierto que nunca, revisando un nuevo libro, traduciendo a Mark Strand, reconociendo, en Arp o Celan, la promesa de un acorde verdadero.

No me ha sorprendido, por todo ello, el testimonio de Oswaldo Trejo: Juan, me dijo, era de joven exactamente como es hoy. Tenía los mismos hábitos, las mismas pasiones, y hasta parecidas distracciones. Oswaldo me cuenta que el día que el hombre llegó a la Luna, Juan rehusó ver el acontecimiento por la televisión, entretenido en una lectura. Mallarmé le hubiera dado la razón. Por lo demás, ha desempeñado oficios de varia invención, como ser traductor en Maracaibo, profesor en Trinidad, agregado cultural en Colombia y corresponsal viajero de Radio Nacional. De muchacho estuvo en Chile, enviado a estudiar por su padre, a quien defraudó para siempre al optar por la poesía. Pasó varios años en París, en pobreza recóndita, y otros en Nueva York, traduciendo de oficio. Más insólito es que Juan sea un experto en armas de fuego. Parece que el padre era aficionado a las armas y le enseñó a disparar. Hay testigos que aseguran haber visto a Juan ejercer su puntería deportivamente. Rimbaud le habría dado, ardientemente, la razón. Sospecho ahora que Juan Sánchez Peláez no fue al África pero se quedó con el arsenal de Rimbaud; con esas armas de contrabando, aventura y silencio.

SEVERO SARDUY:
ESCRIBIR CON COLORES

Julio Ortega: Colibrí *(Barcelona, Argos-Vergara, 1984)*, esa elocución vibratoria y en fuga, como quería a las palabras Mallarmé, es una sorpresa por sus aperturas amenas, que citan al lector con renovado sobresalto; pero es también, se diría, una sorpresa a la que nos había preparado tu ficción anterior. De alguna manera, enciende el paisaje previo con su luz más clara. ¿Cómo es tu balance de fin de año 1984 con este epifánico Colibrí entre las manos? ¿Cómo se ven los textos anteriores desde aquí?

Severo Sarduy: Los colores curan. Los colores y esa otra forma vibratoria de los colores que son las palabras. En el tantrismo se practica esa *cromoterapia*. La disposición de los diferentes rojos en el mandala los círculos, la figura que ocupa el centro y las figuras anexas, en sus respectivos paraísos, tienen como función canalizar una energía, es decir, armonizar el cuerpo y sus diferentes fluidos, sus distintas intensidades. En mí también, la escritura es terapéutica: escribo para curarme de algo. Del exilio, en este caso. Ésa es la función de *Colibrí*: un regreso simbólico, es decir real, eficaz –Freud nos ha enseñado la repercusión de lo simbólico, y del discurso, en la esfera de lo real–, al país natal. Los colores que allí se despliegan, el uso y abuso de un lenguaje insular, la intervención, como personaje importante, de mi padre, el hecho de que haya dedicado ese libro a mi hermano textual –Roberto González Echevarría–, y finalmente la reconstitución del espacio cubano, de los jardines invisibles, hacen de ese ejercicio un retorno. Eso en cuanto a lo personal. En ese ámbito de lo personal que es el código de papel, *Colibrí* tiene otra función. Había un fondo (en el sentido de decorado y en el sentido casi bancario del término, es decir un capital), textual acumulado en mi memoria, en mi gesto de trazo, que de algún modo, y por el mismo motivo biográfico, había que reactivar. Mi diálogo no podía reducirse sólo a una interrogación de *Paradiso*. Quería ir hacia el continente, fuera de lo insular, hacia el espacio libre de América. Sentí esa pulsión que también sintió Lezama, la de tocar el continente. De su breve estancia en México surgió *La expresión americana*. Quería, pues, oír el rumor, o la reverberación anaranjada de otros textos: los códices precortesianos, *Doña Bárbara*, sobre todo, *La Vorágine*, *Cecilia Valdés*, esa trabazón simbólica del primer barroco, que se confunde entre nosotros con el naturalismo intrincado, con la escritura de lianas en la noche del continente, la horizontal del río inmenso, la *cámara de eco vegetal*. Por supuesto, no sólo quería reactivar textos, sino también colores y piedras. Ante todo, por su parecido con mi propia cara, la Cabeza Colosal Olmeca, los sacerdotes rígidos de jade verde, y, dando un salto en el tiempo, la pintura de Wifredo Lam, donde escucho el rumor de la tierra, la de Fernando Botero, con su referencia rubensiana que es la posibilidad de un barroco pinturero, festivo y actual, y muchas otras imágenes, muchos colores que se van tejiendo, en toques íntimos –así pinto yo también–, hasta armar un tejido denso, de varios rojos superpuestos, como una tela, como un viejo manuscrito indio, como una escritura que oculta otra escritura y que oculta otra –la última es un secreto o un chiste para divertir al lector más exigente y saciado: dios–, o como un garabato en una pared, en la cúpula de un observatorio que ha invadido la humedad y el musgo.

Eso, más o menos –un libro siempre es más, y helàs, con frecuencia mucho menos– es *Colibrí*.

J. O.: *Siempre fue evidente la concurrencia de las otras artes, partes del mismo sintagma textual, en tu escritura, pero en* Colibrí *esa concurrencia se disputa la imagen, su relieve y su dicción. ¿Es el objeto textual una escritura sobredibujada, un bajorrelieve, una danza mímica y un teatro dentro de otro? ¿Cómo se suceden en la danza la escritura y la pintura? Confieso que tu boterismo escrito me parece más interesante que el propio Botero serial.*

S. S.: En la Edad Media y en el Renacimiento, aunque parezca increíble, no hay *anotaciones cromáticas*. Un prado de Van Eyck puede ser botánicamente preciso en el sentido más milimétrico del término, las alas de un ángel pueden llegar a una iridiscencia onírica, el mármol de un suelo puede armar con sus vetas una perspectiva falaz, pero en sus descripciones los escritores y los pintores no utilizan el color. De un paisaje, por ejemplo, no sabemos nada, en cuanto a los elementos cromáticos, hasta muy tarde en la historia de Occidente. Grecia y Roma no fueron menos parcas. Pausanias, con todo lo exhaustivo que es, no nos deja ver casi nada de las figuraciones que describe. Hay, en toda la Antigüedad y hasta el manierismo y el barroco, algo así como una obturación del color, un rechazo casi platónico de la materia, de la textura que implica el color. En ese caso, y perdona por citarte, el aspecto residual de la prosa barroca actual está precisamente en esa recuperación, y hasta en esa exageración del color, que es, evidentemente, un objeto ofrecido a la mirada, y hasta una epifanía de lo corpóreo, de lo carnal.

Mi humilde práctica consiste en *escribir con colores*, o si se quiere, y valga la fácil metáfora, es pintar no utilizando óleo y tela sino sintaxis y páginas –el blanco del soporte es el mismo–. En cuanto a la utilización de los cuadros, hay una evolución, ya que actualmente, y sobre todo en *Colibrí*, no me limito a una superposición de la obra en la superficie del texto, sino que trato, como en el caso de los burdeles colombianos de Botero, de incorporar la imagen del cuadro en una secuencia más vasta y que pertenece ya al relato, es decir, de servirme, en función de la mía, de esa representación. Y aún más: ya no se trata de utilizar el cuadro, sino de reconstituir ese ambiente, ese espacio preciso que el cuadro consigna y que es por definición único: ese olor húmedo, esa presencia de las máscaras africanas de la isla, que fueron creadas al mismo tiempo que los dioses, y que vigilan detrás de la empalizada que forman los troncos de la caña de azúcar, en el morado de la noche insular, ese paso breve de un pájaro o el balanceo imperceptible de la curva de una hamaca, que es la curva de una liana, que es el trazo seguro de una pincelada o la órbita de una frase. Paso pues, de la *Jungla* de Lam, a la voluta simétrica de un párrafo.

Pero también podemos detenernos en la *Casa de Raquel Vega*, de Botero, un burdel colombiano donde todo es desorden, brocados, enanos reidores, lámparas encendidas en pleno día; donde todo el mundo bebe y festeja, donde hasta un brazo en el aire suspende una copa sin que podamos asignarle un cuerpo preciso, un gesto sin amo, la gratuidad y la libertad de la no-pertenencia, de la atribución al vacío: suspensión de lo adjetival.

La cromatización del texto funciona de muchos otros modos; me he limitado a los modelos más visibles. Puede ser también que el color sea como una emanación de la frase, como una reverberación, o, como diría Lezama, un chisporroteo. Las palabras llegan a su nivel de incandescencia; el sentido, en su cenit, irradia color.

J. O.: *A propósito de pintura y pintores, ¿cómo ha variado últimamente tu museo imaginario? ¿Con qué pintores te sientes más afín? ¿Cómo vincularías las nuevas exploraciones plásticas con la escritura?*

S. S.: En Nueva York, pero lo mismo puede ocurrir ahora en París, volví al hotel en un verdadero estado de depresión, simplemente porque mi primer reflejo no fue decir "la pintura actual es pésima", sino "he envejecido". Es decir, lo que se llama *figuración libre, nueva figuración* o, con mucho más tino *bad painting*, me deja totalmente indiferente y me parece una réplica deficiente del peor periodo de Chirico o un avatar tardío y anémico del expresionismo alemán. Quizás en estos países superdesarrollados a nadie le interesa crear una significación, literaria o plástica, que resulte subversiva, irrecuperable, y que, de un modo o de otro, amenace el sistema establecido, el confort, el pensamiento común: por eso no surgen grandes movimientos, como lo fueron en su momento el expresionismo alemán, el surrealismo y la abstracción. He tratado, pues, ante esa decepción, de frecuentar de nuevo a los pintores del pasado reciente y de pedirles una lección de escritura y de rigor. Así, durante un mes viví junto a las naturalezas muertas de Morandi, en su paisaje, en esa discreción, que es una forma de trascendencia, del paisaje italiano. De esa disposición en la tela, de ese tono crepuscular de los colores, de ese gris, ese beige, ese rosa particular, y de esos objetos que han sido cubiertos de yeso para atenuar en ellos todo rasgo de particularidad y darles una categoría de signos; de eso traté de articular una enseñanza con relación a la forma pura en poesía, es decir, con relación a los modelos estróficos y métricos: sonetos y décimas. Cuatro unidades de color, de significación que son a la vez autónomos y encadenados. Un soneto. También, cuatro barras paralelas, las dos más altas más densas y mayores, las inferiores las citan y evocan. Ya lo has visto; vuelvo a Rothko.

J. O.: *A propósito de balances, ¿cuál sería el tuyo de Tel Quel?*

S. S.: Retrospectivamente, pero tu pregunta es reveladora, ya que hay que hablar en pasado, mi balance es positivo. *Tel Quel* me puso en contacto con las grandes corrientes del siglo y sin las cuales nadie que intente pensar de un modo un poco sistemático puede llegar a una crítica seria: el marxismo, el psicoanálisis, la lingüística. La crítica que muchos sudamericanos le hacen a la civilización francesa, la de ser "muy cartesiana", es con frecuencia, nada más que la máscara de una pereza. Se le achaca el fácil adjetivo de "cartesiano" a todo lo que es riguroso, científico, o simplemente formal, y eso da licencia para cualquier amable copla, que adquiere la categoría y majestad de lo "delirante", lo "mágico" o lo "nacional". Pienso al contrario que no se puede pensar o establecer un sistema crítico coherente, como lo prueban, entre otras, las trayectorias de Octavio Paz, o más recientemente la tuya, sin establecer un diálogo –que puede ser también, por supuesto, una impugnación o una reactualización– con los grandes andamiajes del pensamiento contemporáneo. Por otra parte, lo verdaderamente mágico no se encuentra *antes* de los sistemas, de Descartes, por ejemplo, sino *al lado*, o después. La verdadera poesía, para dar un ejemplo que me concierne personalmente, se encuentra en el discurso actual de la cosmología, en las dos teorías sobre el origen del universo, y en una fórmula matemática está a veces la energía y la velocidad de un poema japonés, de una pincelada sobre la seda que se convierte de momento en una rama de cerezo bajo la escarcha, en un lago de invierno, en el ideograma de la serenidad.

Pero, para volver a *Tel Quel*, mi autocrítica es muy positiva: hice muy bien en *no seguir* sus virajes políticos e intelectuales, que llegaron a convertirse en una burda expresión de la moda y que han llevado a muchos de ellos a la práctica de una literatura del chisme, la anécdota fácil, cuando no la calumnia o la denuncia. He seguido mi camino en el más estricto silencio, que es tal vez la forma más radical del compromiso con la escritura. Y con la soledad.

J. O.: *Sé lo mucho que te conmovió la muerte de Barthes. ¿Quieres decir ahora lo que significó para ti la alta inteligencia generosa de quien seguramente sea nuestro permanente interlocutor?*

S. S.: Personalmente significó un enraizamiento con esta tierra: es la primera persona que perdía por acá. Desde el punto de vista de su "lección de escritura", creo que comenzamos apenas a comprender muchos de sus postulados: el poder del lenguaje, los vocabularios que se solidifican, que se coagulan –él utilizaba la palabra *prendre*, como una salsa, o un líquido que llega a otra densidad– y que se convierten en estereotipos que no lo saben, algo así como lo que ha sucedido con el vocabulario de mayo de 1968. A partir de una oposición nuestra en la mesa, ya que nos vimos, a veces a diario en el Flora y en la misma mesa a lo largo de un cuarto de siglo, traté de esbozar toda una caracterología: él pedía un café, yo un Bloody-Mary. Hay una categoría, en Michelet, para clasificar los alimentos y bebidas, que es la de lo *mixto*; yo pienso que si Michelet hubiera conocido el Bloody-Mary, sabia mezcla de los productos más variados –desde vodka hasta pimienta y tabasco– no hubiera vacilado en decir que es el modelo mismo de lo mixto. El café, sin embargo, es un simple. Proyecto en la vida, en los gustos, en una especie de ciencia de los grados o *bathmología*, esa oposición mixto/simple y voy deduciendo, con un tino que espero que resulte detectivesco, las adhesiones y los rechazos de Roland Barthes. Quien no gusta del Bloody-Mary –concluyo después de alambicados silogismos–, no puede gustar de la pintura de Miró, ni del arte de María Callas, ni de lo político-sexual, ni de la música de Satie; gustará, en cambio, con pasión, de la canela, el queso fresco, el olor del trigo recién cortado, el pan tostado, la voz –muy dibujada– de un tenor que se llamó Panzéra... El trabajo está en francés. Traté, para congraciarme con el público, de leerlo en italiano en un congreso sobre Barthes en Bolonia, pero me salió el tiro por la culata. Me entró el *trac*, ese pánico escénico que es la sensación más violenta que conozco, pero que mi simulación oculta por completo. Leí demasiado rápido y mal. En fin: fue un desastre. Quizá porque supe ese mismo día que el servidor del Flora que preparaba tan sofisticado *mélange*, mi Bloody-Mary, había muerto también.

J. O.: *¿Has releído últimamente a Lezama? ¿Alguna nueva nota recuperada del coche musical?*

S. S.: Al terminar de responder a estas preguntas voy a la sala de los pericos (sic!) del Jardín de Plantas de París, para grabar una emisión de *France-Culture* sobre Lezama. No quiero añadir más a la cornucopia de comentarios: los tuyos son los más pertinentes, los que de verdad han develado el ser lezamiano en su luz cenital. Ahora, con el paso del tiempo, el barroco me aparece cada vez más como un *enderezamiento*, es decir, como la canalización de la dispersa energía manierista en la aparente simetría contrarreformista; Lezama se va acercando cada vez más al Siglo de Oro, al clasicismo. No excluyo que el tiempo, que todo lo invierte y aplana, lo convierta en el ejemplo mismo de la mesura, de la modulación insular, del caos controlado. O también puede ser que, como el inconsciente para Lacan, se convierta en una zona, en una topología transformable con la fuerza de la metáfora, en *un lugar*. Sí, todos los otros escritores son conceptos, eufonía, rimas, recuerdos, invenciones; o si se quiere ser materialista, son tinta y página; Lezama no: Lezama es un lugar precioso, en el espacio sin límites ni forma de lo simbólico. Ése es mi Lezama de hoy.

J. O.: *La belleza lírica de tu poesía reciente ha sido un descubrimiento y otro desafío para tus lectores. Se diría que Góngora imita a Garcilaso, si no se tratase de tu propia voz. ¿Cómo se te impusieron estas áreas matutinas de homenaje al español?*
S. S.: Forman parte de ese mismo regreso al país natal de que hablaba al principio. De niño, con mi padre, improvisaba décimas, es decir, la forma cubana de la décima que es la espinela. En Cuba había trovadores populares, que se afrontaban en barrocos duelos métricos, una verdadera juglaría nacional. También me interesó, desde muy joven, el soneto. Aquí tengo los publicados en *El Camagüeyano* hacia 1954.

Pero el gesto métrico obedece, paradójicamente, a una subversión. En cierto momento en que la poesía ha llegado a un grado de dispersión, es decir de insignificancia –en el sentido más semiológico del término– total, en que cualquier acumulación de adjetivos se califica de "barroca" y cualquier pereza de *haikú*, creo que un regreso a lo más riguroso, a lo más formal, a ese código que es también una libertad –el soneto, las formas precisas– se imponía. Barthes decía que el régimen de la significación es el de la libertad vigilada, que el sentido no puede surgir si la libertad es total o nula. Pues bien, las formas métricas y estróficas son eso. Mi próximo libro, ya muy adelantado, se compone de sonetos y décimas, eróticos y funerarios: barrocos de verdad.

J. O.: *En una época en que la mayoría de escritores tratan de ser hombres de éxito, tú insistes en ser un escritor importante, ambición más solitaria, devoción más fiel y difícil. Hace diez años tus lectores habíamos hecho de ti el adelantado del texto hispanoame-*

ricano de la subversión, hoy probablemente seas el escritor clásico de nuestra vanguardia. ¿Cómo ves la actual literatura hispanoamericana aquella que ha sobrevivido tanto a la historia como al mercado?
S. S.: Pienso en Morandi. En Rothko. En Lezama. En tantos otros. La soledad lignüística que es el exilio, el retraimiento, la no participación en el mundillo del éxito evidente, son también un modo de concentrar la energía, de afinar la palabra para que vaya más rápido, como sobre una cresta, como un láser textual. El pensamiento, una vez "colocado" –como una voz– emite signos. La repetición también, como un ritual. Escribo repitiendo versos en mi cabeza hasta que ya los escribo como si fueran la expresión más natural del deseo que trato de poner en escena, de desplegar en la página. También pinto repitiendo signos minúsculos, de unos milímetros, rojo sobre rojo, hasta armar una superficie que, según parece, puede llegar a un millón de "puntos", como yo digo. Cuando expuse en el Centro de Arte Contemporáneo de Bruselas el público tocaba los cuadros porque creía que me había limitado a comprar una tela en la India, con escrituras más o menos arcaicas, y la había pegado directamente en el lienzo blanco. En fin: compulsiones, repeticiones; pintura, escritura, *drague*; un día surgirá una frase, un color, un modo de percibir que serán indiscutibles, evidentes, eso es el verdadero éxito.

J. O.: *Algunos propósitos de enmienda y de encomienda para 1985.*
S. S.: Le pedí a Octavio Paz, que es mi gurú, que me diera un consejo para este año, y me respondió: Sé como eres. También, al despedirme de mi madre, hace unos años, le pedí una recomendación. Nos echamos los dos a llorar. De modo que he tenido que darme yo mismo el consejo que necesitaba y que era *verdaderamente urgente*. Pero no diré cuál es.

JAVIER RUIZ:
LA IMAGINACIÓN CREADORA

Julio Ortega: *Para empezar esta conversación con el carácter de la utopía en España, bien representada en la Biblioteca de Visionarios y Heterodoxos que dirigiste, quizá podríamos partir de su misma naturaleza genérica. Es evidente que la utopía posee su naturaleza en su tradición, porque si cotejamos el conjunto de las utopías que conocemos seguramente comprobaremos que unas remiten a otras y éstas salen de las anteriores, etcétera. Algunos pretenden que la utopía es un género literario y otros han tratado de definirla como mito especulativo. Hay quienes también la llaman novela filosófica. Seguramente muchas corresponden a una especie de racionalismo didáctico, en las cuales hay una voluntad correctiva de la situación social. Pero aparte de esa dimensión positivista hay algo quizá más interesante, más nuestro, que nos compromete más, y que es el radicalismo imaginativo y fantástico en el discurso utópico. Yo siempre he concebido la utopía como un discurso del deseo, en el cual hay una voluntad de intransigencia; no sólo de corrección social sino de modificación radical de las ordenaciones, incluso las naturales, porque a veces en la utopía lo primero que se rehace es el orden natural de las cosas. Pues bien, ¿qué percepción tienes tú, para comenzar, sobre la versión hispánica de la tradición utópica? ¿Qué has visto tú como sus constantes y características?*

Javier Ruiz: Yo he visto, en un principio, la aparición de un escrito filosófico, de Abempace, el filósofo árabe, que es *El régimen del solitatirio*. Esto es una cosa real, que existe como una primera formulación del tema de la utopía en España. Posteriormente, en toda la comunidad sufí-árabe española, existe constantemente el tema utópico. Cuando tú hablabas de la utopía como el lugar en el que prima o adquiere una magnificencia el deseo, yo estaba acordándome de los sufíes, que están enraizados en esa tradición. No hay que olvidar, por otra parte, que *El filósofo autodidacto* estará presente en la elaboración del *Criticón* de Gracián. En *El filósofo autodidacto*, que es un libro sufí, hay varias hipótesis sobre cómo pudo nacer un hombre sin padre ni madre; en la región más templada de la faz de la tierra y mejor dispuesta para recibir los rayos del sol, en un lugar que es el centro del círculo de la luz. El hecho es que Hay ibn Yaqzan, protagonista de la obra, es arrojado al mar y halla salvación en una isla, donde es amamantado por una gacela. Al morir ésta, cobra conciencia de la muerte, lo que le obliga a pensar. Esta tradición es muy importante en España porque el único mito de la religión ibera que se conserva es también el de un hombre que es lanzado al mar, Gárgoris. Una divinidad en forma de espuma lo recoge y traslada a la orilla, donde es alimentado por una cierva; y ello se da junto al ciervo de las cerámicas de Tartessos, o sea, se da en Andalucía, y en la Andalucía prerromana. Como luego en *El filósofo autodidacto* vuelven a aparecer el ciervo y el niño, es posible que exista una conexión genética; yo veo ahí una relación. Una relación que surge no ya desde el mito que nos llega contado por Trogo Pompeyo en el *Epítome* de Justino, sino por el otro concepto del hombre que nace de la nada y que tiene que nombrar todas las cosas. La misma concepción se repite en *El Criticón* de Gracián. Andrenio se enfrenta con la ciudad, y en ello vemos una antiutopía, algo que supera el género crítico, un discurso antiutópico. Ésta es una línea quizá de un interés extraordinario. Y otra línea, que viene a sobreinstalarse en esa tradición, es la que procede directamente de Tomás Moro. Moro influirá determinantemente en la literatura desde su *Utopía*, y por supuesto, como autor platónico, Moro conocía muy bien la *República* y el *Critias*. En España ejerce una gran influencia, por ejemplo, en las dos utopías de Maldonado, en sus *Sueños*, que se han editado recientemente. A propósito de esto recuerdo que Menéndez Pelayo habla de la utopía en el Inca Garcilaso, que como sabemos había traducido a León Hebreo. Efectivamente, el Inca presenta el pasado, aun cuando esté empleando elementos históricos válidos, de forma utópica. Históricamente vendrían después los más numerosos autores utópicos españoles, que casi forman legión en el siglo XVIII. Aparece un mundo de utopías muy variadas, entre las cuales están la *Sinapia* o la *República colombina*, y otras que se suceden en el siglo XIX. Incluso puede haber utopías de vida real, como es el caso de los anarquistas andaluces, quienes, no sólo las escriben, sino que intentan ponerlas en práctica cuando toman la ciudad de Jerez, por ejemplo.

J. O.: *En el Inca Garcilaso hay una famosa historia, la de Pedro Serrano, que reaparece en el Robinson Crusoe. Esta noción del hombre que puede controlar su medio ambiente, y crear un espacio humano y suficiente a partir de su capacidad de recepción y reflexión, está emparentada con esa tradición más antigua que tú señalabas.*

J. R.: Efectivamente, El filósofo autodidacto es el proceso de un discurso sutil y alegórico que se refiere al proceso de percepción. El niño que empieza a pensar y de pronto mira los astros que giran y descubre la grandeza de Dios. Se pregunta si Dios existe y empieza desde esa perspectiva a limitar, a nombrar la realidad. El filósofo autodidacta llega a ser un sabio y vuelve a su isla y allí vive la sociedad perfecta, aunque es una sociedad aislada. Pero ocurre que solamente en la utopía se puede vivir en soledad, lo que es una de las cuestiones clave del discurso del libro. Es posible que Gracián conociera escritos en aljamiado o en castellano de los últimos moriscos. A ello se ha referido Emilio García Gómez, a propósito de un cuentecillo árabe que bien pudiera haber sido fuente común de Ibn Tofail y de Baltasar Gracián. Y también es posible que influyera en Gracián la historia de Pedro Serrano, auténtico precedente de Robinson Crusoe, y personaje en el que se cumplió más que en ninguno la fábula espiritual de Ibn Tofail.

J. O.: *Lo que dices me interesa mucho. Una de las tendencias de la crítica académica sobre la utopía tiende a verla como producto de una tradición platónica que se alimenta del humanismo y con Moro tiene una versión ya literaria. Pero como etnólogo y arabista sin duda puedes confirmar que en la utopía que se escribe en español funcionan otras fuentes, y las fuentes árabes me parecen sumamente importantes. En el Inca Garcilaso se habla de la posible influencia de Moro, que se podría más o menos trazar, aunque hasta ahora no se ha podido documentar, y en él es decisivo el discurso neoplatónico y, quizás, el milenarista que proviene de la prédica de Joaquín de Fiore.*

J. R.: Yo pienso que el Inca Garcilaso hace algo decisivo no sólo para él sino para nuestros siglos XVI y XVII, y es traducir a León Hebreo. Cervantes en el prólogo del *Quijote* dice que sobre el amor baste con León Hebreo, y fíjate si el amor es algo importante en Cervantes. A esto, añadamos que no es una novedad que la tradución del Inca supera al original toscano. Y, ¿qué es lo que hace León Hebreo? Recoge el platonismo de las grandes escuelas italianas mezclado con la Cábala hebrea, y fundido todo eso en el pensamiento neoplatónico sufí-islámico, porque él era hijo del secretario del tesorero de Isabel la Católica cuando la conquista de Granada; y si lees detenidamente alguno de los discursos de los *Diálogos de amor* te encuentras con una cosa que nadie ha puesto de manifiesto todavía, pero que es cierta, y se puede comprobar, y es el hecho de que existe una vinculación extremada con el *Jardín del conocimiento* de Ibn al Jatib de Granada, que es uno de los poetas que escribieron los poemas que están en los muros de la Alhambra. Se trata de un filósofo que se plantea en este libro exquisito el problema de qué es antes, el conocimiento o el amor. Entonces, el planteamiento neoplatónico sufí-islámico está presente en los *Dialogos*, unido a la Cábala hebrea. Y eso es lo que transmite el Inca, y me parece de capital importancia; no es casual que influyera en Cervantes.

J. O.: *Todo eso me parece fascinante. Por otra parte, el neoplatonismo en el Inca es también la posibilidad de que la política, que como sabemos significa todas las virtudes de la "policía", la urbanidad, el buen gobierno, el amor como eje de las relaciones humanas sustantivando a la sociedad, él las sitúa como ya realizadas en una arcadia. O sea, lo que es un deseo en la ideología privilegiada por su tiempo, el Inca lo demuestra como ya realizado en el Perú; y, por eso, la arcadia funciona aquí como una utopía.*

J. R.: Eso es muy interesante. Efectivamente, el *Quijote*, por ejemplo, sale de la utopía del libro de caballería, y cuando vuelve para morir ya está queriendo irse a la arcadia. Es fabuloso. El clima pastoril es un clima utópico. No importa Sannazaro, no importan los italianos. Ahí están Lope de Vega, Cervantes con *La Galatea*, cuya segunda parte ya no pudo escribir, y hubiera supuesto la cuarta salida del Quijote, naturalmente.

J. O.: *Me pregunto si las líneas generales de percepción histórica de la literatura española, que suponen el canon de una literatura culta y otra popular, según los tratados, en aparente diálogo, oposición y sucesión, no son en verdad insuficientes; porque hay muchas otras zonas, heterodoxas evidentemente, que no han entrado a formar parte de nuestra percepción central de la vida de la letra en español.*

J. R.: Existe una literatura que no está en las historias de la literatura. Una literatura donde se hallan *La oculta filosofía* de Nieremberg, la *Filosofía natural* de Castillo o el *Ente dilucidado* de Fuentelapeña. Existe una literatura fantástica que es un intento de establecer un conocimiento científico desde los patrones de los libros de prodigios de la Edad Media. Existen los relatos de viaje, las informaciones científicas de la Edad Media. Tenemos los relatos acerca de las piedras maravillosas que engendran otras piedras, el milagro del hombre que se convierte en piedra. En 1676 se publica la máxima recopilación de este tipo, *El ente dilucidado*, suma de prodigios increíbles, que ve la luz a las puertas de la Ilustración. Todo este mundo tiene que gravitar, de alguna forma, sobre la literatura. Y en la literatura el concepto de realismo va a provocar que hasta lo más fantástico se sienta como real. En nuestros siglos XVI y XVII es el realismo el que triunfa y la fantasía existe pero como una forma de lo real, con la evidencia de lo real.

J. O.: *Sin embargo, daría la impresión de que aquello que la historiografía literaria española ha dado en llamar realismo terminó expulsando una cierta zona fantástica e institucionalizando una versión de la literatura española como realista. Aun cuando este mismo dualismo es revisable y, seguramente, descartable, ¿no crees tú que esto tiene también que ver con la expulsión del mundo árabe del centro de la tradición literaria?*

J. R.: Bueno, yo creo que los críticos, en general, ponen una gran atención en el estudio literario de los textos, pero carecen, muchas veces, de una mayor amplitud de visión con respecto al pasado, a la cultura histórica y literaria del autor, o al conocimiento de la vida cotidiana, y que a menudo se alcanza a través de textos no estrictamente literarios. Todo lo cual, evidentemente, hace cojear el entarimado que ellos mismos construyen para acercarse al hecho literario. La crítica resulta a veces demasiado parcial y sin horizonte, pero los horizontes son enormes y los documentos están ahí, en los archivos, sin investigar. Desde esta perspectiva, la cultura árabe -y lo que nos transmite de más antiguo- es una cultura que no está puesta de manifiesto, sobre todo en relación con la literatura no árabe. Asín Palacios demostró, en su espléndido libro sobre la escatología musulmana en la *Comedia* de Dante, que el discurso de éste se basa en el viaje de Mahoma al cielo y al infierno, puesto que coinciden incluso los círculos y las fronteras, y que, además, Dante debió de haber tomado todo ello de Ibn Arabi de Murcia, un místico que se supone debía haber sido traducido al francés, al castellano y al latín por una escuela de traductores medievales, es exactamente el que Dante debió conocer. Su autor desarrolló algunos puntos de la escatología musulmana en la cristiana, estableciendo su propio discurso. Luego tenemos el caso del renacimiento florentino del cuatrocento, en el que Pico della Mirandola, o Marsilio Ficino, están manejando el *Picatrix*, atribuido a Abu Maslama de Madrid. La doctora Yates, en su libro sobre *El arte de la memoria* y en sus otros trabajos, pone de manifiesto la importancia de la magia, que va a influir hasta en el Tiziano. En el caso de América están los moriscos; se embarcan a América moriscos de Andalucía, pero también gente de Zamora y Castilla que eran moriscos, o mudéjares anteriores a Granada.

J. O.: *Otro asunto por revisarse creo que es el repertorio imaginativo del conquistador en Indias. La historiografía ha establecido que los conquistadores al enfrentarse a las nuevas realidades apelan a sus referencias culturales y subrayan su asombro con imágenes y referencias de la novela de caballería. Pero queda por discutirse el hecho de que un soldado de Extremadura, por ejemplo, sin mayor formación literaria, pudiese, sin embargo, ejercer en América una libertad de imaginación que aparentemente no había ejercido en su propio mundo. Lo cual me parece improbable, ya que su capacidad de asombro tiene que haber sido alimentada por su cultura original, ¿no te parece?*

J. R.: Creo que se trata de un punto muy justo. Yo veo ahí varias cosas. Lo primero, ¿cuál era la cultura de un campesino extremeño del siglo XVI o de fines del XVI? En primer término está la cultura literaria de la lírica popular española, que se manifiesta preferentemente en el romance; las recopilaciones de romances publicadas hasta la fecha nos dan un bagaje documental de decenas de millares de obras. En segundo lugar, están los frailes. No olvidemos la influencia de los frailes andaluces, que son los que transmiten la cultura y están en contacto directo con todo el proceso de la Conquista. Ellos son los que están inspirando muchas de las cosas que se dicen en el siglo XVI. Y luego tenemos el conocimiento local de las tradiciones y de la cultura popular de cada nación, de la mayor importancia y que se insertan en los sermones, junto a la historia bíblica, etcétera. Todo esto es el bagaje cultural que pudiera tener un hombre analfabeto de aquella época. Era un bagaje no escaso; y es más amplio del que pueda tener hoy una persona inculta, puesto que la cultura se transmitía entonces preferentemente por conductos orales. Todo eso es lo que se pone en juego.

J. O.: *Esto nos llevaría a discutir lo que se podría llamar el repertorio imaginativo del mundo español previo al descubrimiento de América, cuya cartografía está por hacerse, aparte de lo que se ha señalado sobre las aportaciones árabes, hebreas, etcétera. Pero, ¿cómo se podría hacer una suerte de arqueología de lo imaginario en el mundo español?*

J. R.: Dentro de la cultura cristiana, y antes de la Inquisición, que se funda en 1481, hay españoles de muy diversas características, hay incluso una cultura de heterodoxos. Gente como Alfonso el Batallador, que era quien tenía bajo su custodia el Graal, actualmente en Valencia. O como Pedro de Aragón, que lucha contra el papa para defender a los cátaros. Todo lo que está pasando en Aragón es muy interesante porque la religión es allí completamente distinta. Por otro lado, están las expediciones aragonesas a Grecia. La conquista del imperio bizantino y los aportes culturales bizantinos que van a determinar una influencia muy importante en el pensamiento, particularmente en el pensamiento culto. Y, por supuesto, los moros. El Cid defenderá Valencia, pero posteriormente Valencia es vuelta a ocupar por los almorávides, después de su muerte; en la época del Cid, Zaragoza, que está en el norte, era parte del reino árabe. En Castilla nos encontramos con otra situación. La represión que los fanáticos ortodoxos del Islam, que han conquistado todos los reinos árabes, ejercen sobre las direcciones heterodoxas del pensamiento islámico, sobre los judíos y los cristianos, provocará un exilio de sabios de esas tres religiones hacia Toledo; ese exilio será determinante para la cultura de Castilla. Las escuelas completas de Cábala de Lucena y de Córdoba se vienen en bloque a Toledo. Los trabajos de Cábala, por lo tanto, se escriben en Castilla. Por eso el Zohar, el libro hebreo más importante después de la Biblia, está escrito por un judío de Guadalajara. Y la escuela de Cábala profética estuvo en Tudela (Navarra). Ahora bien, en el cristianismo hay otra cuestión interesante. Los mozárabes, los cristianos que han vivido en las ciudades árabes, llevan cinco, ocho años, distanciados de la iglesia oficial y tienen sus iglesias propias. Todo ello traerá variedad al pensamiento, que será enriquecedor para el pueblo, porque el pueblo está asistiendo a un espectáculo religioso e intelectual en el que las ideas están funcionando. Los reinos musulmanes introducirán, naturalmente, otras muchas variedades. Por eso cuando los Reyes Católicos deciden unificar España (lo que ellos llaman unificación, pero que es en verdad un intento de aniquilación de las variedades de España), deberán implantar un tribunal de la Inquisición, para intentar uniformar los conceptos.

J. O.: *Lo cual también pasa a América porque las llamadas herejías y los grupos mesiánicos y todo lo que es la heterodoxia frente a la ortodoxia serán reprimidos por diferentes. Aunque hoy sabemos que la diferencia trabajaría sus propias versiones. Pero esa especie de topografía de lo imaginario que señalas no ha sido levantada hasta ahora, que yo sepa; ¿a qué niveles de actividad disciplinaria crees tú que se podría intentar un levantamiento de ese espacio?*

J. R.: Tendrían que intervenir, en principio, los filósofos, porque la historia de las ideas es muy rica en la España medieval; los islamólogos; los estudiosos de la cultura hebrea y los de la cultura cristiana; y entre los críticos literarios, aquellos que tengan ciencia previa. Un ejemplo ilustrativo es el del cuento de Don Juan Manuel, que Borges califica de fantástico, aunque es una adaptación de otra historia sufí, que tiene un sentido moral, y que Don Juan Manuel desarrolla en ese mismo sentido. ¿Es solamente fantástico? No es tan simple ni tan limitada nuestra literatura.

J. O.: *Si se pensase en la posibilidad de este trabajo extraordinario de un levantamiento de la topografía de lo imaginario en el mundo hispánico, habría seguramente zonas de confluencia tan tramadas que sería quizás improbable verificar contribuciones y fuentes parciales en la elaboración de este otro tejido, de este nivel plural y convergente.*

J. R.: Yo creo que sí se podrían distinguir las aportaciones personales porque las fuentes que tenemos son distinguibles. Lo más difícil es la traducción que hay que hacer de los grandes textos hebreos y de los grandes textos musulmanes. Ambos presentan un gran problema, y es que los tratados de Abraham Abulafia, que se conservan en Leningrado, en Jerusalén, en Praga, no están editados ni siquiera en hebreo; y pasa otro tanto de lo mismo con Ibn Arabi de Murcia, el máximo místico sufí de toda la historia del Islam, que es el que tiene el título de Sheij al Aqbar (Doctor Máximo), como Santa Teresa el de doctora de la Santa Madre Iglesia.

J. O.: *Y otras disciplinas que podrían contribuir a lo mismo seguramente serían el estudio del folklore y la arqueología.*

J. R.: Es muy imporante el estudio del folklore y de las costumbres populares. Algunas de esas costumbres populares son muy antiguas; éste es uno de los trabajos en que estoy empeñado desde hace varios años, el estudio de la supervivencia de las antiguas tradiciones dentro del folklore tradicional en España; y me encuentro con muchos elementos que son prerromanos; divinidades, dioses, fiestas, incluso fiestas que están descritas por Estrabón y que se están bailando ahora mismo en Extremadura... O sea que estamos hablando de cosas de más de dos mil años de antigüedad. Y el rigor que hace falta para enfrentarse a este tema es enorme. Por lo demás, hay que pensar en el número de fiestas que tenemos en España. Acaba de salir un catálogo de las fiestas que se celebran en Andalucía, y se han localizado más de tres mil. Y todavía son pocas; me consta que un grupo de antropólogos de la Universidad de Córdoba lleva investigada la tercera parte de su provincia y tienen localizadas más de 800 fiestas distintas. Si en toda España hubiera la misma densidad de fiestas que en Córdoba nos encontraríamos con un millón largo en total.

J. O.: *¿No se ha observado un proceso de deterioro de esas formas culturales?*

J. R.: Se ha estado produciendo pero, simultáneamente, con las autonomías y las circunstancias políticas singulares que se dan ahora en España la gente está tomando conciencia de que forma parte de una cultura porque posee algo propio. Esto está haciendo que mucho se salve, por el propio orgullo del pueblo. Lo que sí se está perdiendo es el cuento popular, porque se ha dejado de recoger de boca de los ancianos; hay miles de cuentos grabados pero es mucho más lo que se pierde. Estamos en una época en que nos hemos dado cuenta de que hay mucho que hacer y muy rápido. Hay cosas que desaparecerán pronto si no las recuperamos. Creo que esto es de capital importancia. Dentro de algunos años se podría hacer una historia de la literatura con mayores bagajes que ahora. Nuestra misión no será ésa, pero sí salvar lo que pueda ser salvado de lo que se está perdiendo en las distintas regiones.

J. O.: *Podríamos ahora seguir con las utopías españolas recientemente exhumadas. Me gustaría que las caracterices y compares.*
J. R.: Recientemente se ha publicado la *Sinapia*, nombre que es un anagrama de Hispania. Describe un país imaginario situado en los antípodas de España, en Nueva Zelanda. Es una utopía en todos los sentidos, donde todo en ella está perfectamente diseñado con la mentalidad de un arquitecto ilustrado. El templo es de una forma geométrica neoclásica; la villa está organizado según parámetros precisos; el barrio parece la ciudad ideal que se inventó el señor Arturo Soria y que fue desarrollada en la ciudad cuadrícula de los americanos. Y, en fin, Sinapia es realmente la inversión de Hispania. No se sabe quién es el autor aunque por las investigaciones en curso podría saberse dentro de poco. Es, por supuesto, una utopía política. Pienso que en los utopistas siempre existe esta dimensión. Por otra parte, está el *Tratado sobre la monarquía colombina*, justamente, una uopía antiilustrada, que ha sido editada por Pedro Álvarez de Miranda en una edición que ha hecho él mismo, de sólo 500 ejemplares. También es anónima. Narra cómo las palomas se lanzan a buscar la ciudad del sol. Y esto es Campanella, claro. Es una utopía muy corta. Se trata de una serie de leyes que reciben las palomas, la primera de las cuales dice: "El ser, el vivir, y cuanto somos lo debemos a Dios. Seréisle agradecidas, nada se empezará sin que precedan los oficios religiosos según costumbre de nuestra gente." La segunda ley dice: "Todas las cosas son comunes. No habrá mío ni tuyo." Y la tercera ley: "Si alguna llevada de la cólera o de mala crianza hiciese algún agravio o cotumeliase a su hermana, antes de ponerse el sol arrodillada le pedirá perdón y la hará reconciliarse. Si no lo hace será desterrada." Hay, aparte de esto, dos relatos de un autor español del siglo xvi, Maldonado, que son dos sueños, un viaje a la América precolombina y otro viaje a la Luna, recientemente publicados por Miguel Avilés, quien es también editor de la *Sinapia*, en un libro que se titula *Sueños ficticios y lucha ideológica en el Siglo de Oro*. Los textos, que son breves, cuentan cómo se manipula la moneda, cómo se organiza la distribución

de los bienes, etcétera. Y viene en este libro además una colección de referencias bibliográficas de sueños desde la Edad Media, y muchos de ellos tienen connotaciones utópicas; no son textos definitivamente utópicos pero bajo la forma del sueño sí se esconden formas utopistas. Luego tenemos otra utopía publicada recientemente, de Esteban Beltrán, que es un maestro cordobés de finales del siglo XIX y principios del XX, y que es casi el catecismo de los anarquistas andaluces. Se llama *Manolín, leyenda popular*. La primera parte debió ser otra utopía, pero se ha perdido, no se conoce ejemplar; y ésta que es la segunda parte tuvo mayor difusión. Ya Del Moral cuenta que en Andalucía, en Córdoba, hay desde siempre revoluciones populares de carácter utópico, como la famosa rebelión del arrabal en la época Califal (siglo X). Parece que durante siglos se han producido estas rebeliones, muchas veces milenaristas. Y ése es un punto muy interesante, el milenio. Es un tema que tampoco está estudiado en nuestra cultura. Hace poco se ha editado en España *El libro de la venida del Mesías*, de Lacunza, del siglo XIX, pero sobre el milenarismo español y todos los discursos del Anticristo no hay casi nada. Acaba de aparecer un excelente estudio de Ramón Alba sobre esta materia. Sobre Tomás Moro y España existen los estudios de López Estrada...

J. O.: *No tenemos en español algo equivalente al libro de Cohen sobre el milenarismo...*

J. R.: Hay una cultura milenarista interesantísima en España, hay movimientos milenaristas en la Edad Media constantemente, y luego tenemos el movimiento de las comunidades en Castilla durante el reinado de Carlos V. Se ha descubierto una serie de argumentos acerca de si sería también un movimiento milenarista. En el caso de las utopías ocurre otro tanto. Tenemos en España decenas de utopías no estudiadas o desconocidas. Pedro Álvarez de Miranda, en un trabajo que está todavía inédito, sobre las utopías y los viajes imaginarios en el siglo XVIII, describe muchas de ellas. Por ejemplo, el *Viaje al mundo subterráneo*, de José Joaquín Olavarrieta, publicado en Cádiz en 1820. O el *Viaje de amuzar*, anónimo, de 1830; y el *Viaje somniaéreo a la luna*, de Joaquín Castillo Mayone, de 1832. Hay muchos. Lo mismo ocurre con los tratadistas políticos, consejeros de príncipes, por ejemplo, que son utopistas, y éste es otro canal sin abrir. Igualmente, entre los arbitristas tenemos otra serie de utopistas. Por ejemplo, hay un tratadista político, Jerónimo Merodá, personaje desconocido, cuyo libro impreso en 1587, *República original sacada del cuerpo humano*, no ha sido reeditado nunca. Tenemos también el *Libro áureo del emperador Marco Aurelio*, de Antonio de Guevara, un libro que tuvo enorme difusión en el siglo XVI. En este libro el Villano del Danubio cuenta al emperador cómo son sus paisanos. Ésta es una utopía que tiene mucha importancia. En la polémica americanista que enfrenta a Ginés de Sepúlveda y De las Casas creo recordar que hay momentos en que alguien se refiere a los cuentos del Villano del Danubio. Luego, en 1781, el gran impresor Ibarra publica en Madrid un libro de Diego Ventura Rejón y Lucas llamado *Las aventuras de Juan Luis*, que fue estudiado por Andrés Amorós, y que contiene una novela utópica. Pedro Montegón, por su lado, tiene tres obras utópicas, nada menos que *Eusebio, Antenor y Merudito*. Todo ello está por investigarse. En el siglo XVIII hay muchísimo pero también en el XIX. Y luego tenemos la dimensión americana. La búsqueda en América de los mitos medievales, cuando se busca la isla de Antilla, las siete ciudades de Cibola; El Dorado, que está donde se pone el sol, y que es el mito del Tartesos (el país del oro, donde se pone el sol) y que se traslada a América. Otro tanto ocurre con la fuente de la eterna juventud. Una serie de prodigios que aparecen en los libros de la Edad Media se trasladan a América, y así el Paraíso bíblico es hallado en Brasil y Venezuela. Los elementos de la geografía de utopía son buscados en la geografía americana. Y no hay que olvidar los trabajos de Marcel Bataillon sobre la conquista de América como un hecho utópico. Ahí la historia de los doce frailes que acompañan a Motolinía en la conversión de México y que van a cumplir una misión de apostolado creyendo que cuando se conviertan todos se acabará el mundo; los franciscanos cisnerianos debían de procurar que eso fuera pronto porque lo que viene después de ese fin es el reino de mil años de Cristo en la tierra.

J. O.: *Parece evidente que las series utópicas corresponden a ciertas líneas de pensamiento que, en su contexto cultural, asimilan o proyectan; y así como una serie corresponde al humanismo, otra se proyecta al discurso político o aprovecha el discurso científico. Pero hay también otras utopías en las cuales el componente popular tradicional de que hablamos antes de alguna manera prevalece. Me*

pregunto si las utopías anarquistas, y en general los textos anarquistas en su postulación de rehacer la realidad, no corresponden también a elementos culturales españoles particulares.
    J. R.: Eso lo demuestra muy bien Díaz del Moral, un notario de Bujalance –un pueblo de la provincia de Córdoba– de principios de siglo, que era un hombre culto y estaba viviendo las revueltas andaluzas y se dedicaba a estudiar todo lo que tenía a su alcance; al hablar con los anarquistas se encuentra con que desde el siglo X, en Córdoba, cada 50 años hay un rebrote revolucionario. Y, además, las grandes revueltas del XX son del mismo carácter que las anteriores. Y esto es muy interesante porque se puede percibir la existencia de unos elementos previos, propios, que explican por qué no pasa eso en Alemania pero sí pasa en Córdoba, en Jerez, en unos lugares muy concretos, donde se percibe la constancia de movimientos de este tipo. Tampoco ocurre eso en Zamora o en Madrid. En Madrid aparecen ideas nuevas, un criterio de educación diferente, por ejemplo; pero en el campo es otra la perspectiva. Existe también una especie de sociedades de ajustes de cuentas, la Mano Negra, por ejemplo.

    J. O.: *¿Cómo verías, desde la perspectiva de las formaciones culturales populares esta tradición de revuelta? ¿Sería simplemente la oposición de grupos sociales en conflicto frente a un poder autoritario, como aparece en alguna literatura del siglo XVII, o hay otras zonas que no hemos percibido todavía en esa recurrencia?*
    J. R.: La revuelta es algo constante en España desde antes de la conquista romana. Podemos acercarnos a este punto desde la perspectiva de los primeros textos que nos hablan de la península, y desde la arqueología. Cuando los romanos llegan a España se encuentran con un solo imperio único, que había sido antes el de Tartessos; muy amplio, muy rico, pues en él se hallan todo el cobre existente y una gran parte de la plata de Hispania. Ese imperio había sido destruido y ocupado en el año 500 antes de Cristo por los cartagineses, y al margen de él lo que existe es una pluriforme sociedad tribal. En ella se hablaban diferentes idiomas, sin uniformidad, lo que ha impedido hasta ahora que el ibero sea traducible. Hay un texto de Estrabón que dice que se usaba el celta como lengua franca. Y, además, las costumbres eran muy diferentes; una enorme variedad que los romanos intentan unificar, pero ocurre que son los mismos dioses indígenas, las propias cos-

tumbres, las que triunfan incorporándose al mundo romano, y no cediendo nunca totalmente ante él. Sabemos también por Estrabón que existía un tabú con respecto al nombre de los dioses, y eso hace que no aparezcan éstos como divinidades típicas. Ahora bien, estos pueblos están en constante guerra entre sí. Eran pueblos que luchaban unos con otros, ya antes de la llegada de Roma. Habría que estudiar hasta qué punto la lucha fratricida ha sido, o es, un componente importante a lo largo de la historia, en todo el orbe hispano.

J. O.: *Recuerdo ahora que cuando Georges Bataille trató de interpretar la guerra civil puso especial énfasis en el componente anarquista. Decía que en ese anarquismo había una suerte de carácter definitorio del hombre español porque su sed de absoluto lo llevaba a la rebelión y la angustia. ¿Qué has pensado acerca de ese carácter del anarquismo español?*

J. R.: He hablado con muchos viejos anarquistas y el anarquismo es algo que me ha fascinado siempre. Y no es un tema literario sino algo vital, otra cosa. La existencia de una moral anarquista, en el sentido de una ética rígida, no es una moral libertaria como la que se usa en otros países, no es una moral relajada en absoluto. Recordemos la frase de uno de esos maestros anarquistas del siglo XIX que ellos repiten: la ética es la estética del futuro. Incluso el himno de los anarquistas españoles es algo que a los anarquistas de otros países llega a sorprender: Negras tormentas / se agitan los aires, / nubes oscuras / nos impiden ver / aunque nos espere el dolor y la muerte / contra el enemigo nos llama el deber. / Eso de que el "deber" llama a un anarquista contra el "enemigo" parece incluso una contradicción, porque el deber no es propio de anarquistas, pero sí una moral imperativa; gente aun muy inculta que he conocido siente con gran fortaleza ese sentimiento. Se puede llegar a entender también así a los seguidores de los místicos, a quienes, por ejemplo, se unían a San Juan de la Cruz en la edificación de su utopía del alma, y en la construcción del Carmelo Reformado. De forma paralela los anarquistas han logrado, o sembrado por el mundo, el fundamento de una religión sin dios, aunque aquí *sin dios* es una infinita utopía, el dios de la igualdad, de una igualdad absoluta. Los anarquistas pusieron en marcha su utopía durante la guerra civil, en circunstancias en que prácticamente toda la base revolucionaria era anarquista; y eso fue destruido, claro. Y cuando ponen en marcha la revolución en algunas regiones de Aragón, lo primero que hacen es desaparecer el dinero; suponían que cada cual tomaría lo que necesitase y daría lo que pudiese, y efectivamente eso fue la utopía, pero es un igualitarismo que resulta muy antiguo. Seguramente si rastreásemos los cuentos, las leyendas, las tradiciones, lo encontraríamos. Los niños han tenido que mamar eso; no es posible que la sociedad sea unánime en unas cosas tan ajenas a la costumbre si no existe una identidad previa (que pertenece tal vez al sustrato). Y, en todo caso, también está presente el concepto del paraíso perdido, y su recuperación, que es también sufí, porque lo sufí es el camino de ir hacia el paraíso. Recuerdo un texto sufí español que dice que el camino que conduce entre el corazón y la mente hacia el conocimiento es un camino de montañas altísimas. Sobre estas cosas, ¡cuánto nos enseña María Zambrano!

J. O.: *Me gustaría que hicieras ahora un recuento de tu trabajo en el norte de África. ¿Qué es lo que has buscado y encontrado? Y, ¿qué aspectos de España se te han hecho más claros, o quizá más enigmáticos, después de esas investigaciones?*

J. R.: Estuve dos años y medio en el Sahara viviendo con las tribus. Ocurre que fui presidente de la Comisión de estudios históricos para el Tribunal de La Haya, y colaboré en la demostración de que el Sahara era independiente tradicionalmente. Resulta ahora que mis alumnos son ministros del Polisario, vicepresidentes de la asamblea de Marruecos, y con altos cargos del gobierno mauritano. El caso es que estuve trabajando con las tribus, y fui de los pocos que se han ocupado de estudiarlas, excepción hecha de Caro Baroja. Parcialmente, mis estudios están recogidos en las actas del Tribunal de La Haya. Específicamente trabajé en una historia del Sahara, que todavía no está publicada. Tengo la idea de recopilar alguna vez las fuentes fundamentales y publicarlas, pero darían unas 15 mil páginas. Son fuentes escritas y orales. Se conocían muy poco y no estaban investigadas. Estamos hablando del desierto, donde las ciudades cambian de lugar porque las casas son tiendas de campaña que persiguen el agua. Según donde esté el pasto, allá van los camellos, y las tribus, cuando se encuentran entre sí guerrean muchas veces. Entonces, estuve investigando sistemáticamente en archivos de España, Portugal, Francia, Marruecos, Inglaterra, Holanda, Italia, y encontré mucho material. Tuve bastante ayuda, primero de los alumnos, y luego contraté españoles y africanos, un equipo de diez españoles y 190 africanos. Y el comienzo fue ver si había en el desierto algún papel antiguo. Y no había ninguno al principio, pero luego descubrí y localicé la existencia de unos 50 mil textos, muchos más documentos que en otras regiones de Argelia o de Marruecos.

J. O.: *¿Y cómo se había conservado todo aquello?*
J. R.: Porque los nómadas lo guardan todo. Y me encontré con la existencia de escuelas literarias singulares, con un siglo XVIII que seguramente es el Siglo de Oro del Islam. Microfilmé todo lo que pude, adquirí otra parte, pero mucha de la documentación ha sido destruida por la guerra. Marruecos ha destruido mucho porque perjudicaba sus tesis, y esto es algo increíble... Eso me han informado mis corresponsales.

J. O.: *Pero lograste salvar buena parte...*
J. R.: Había microfilmado una octava parte, una décima parte; eso y lo que adquirí es lo único que al parecer se conserva. Salvé muchísimos documentos, al menos en copia. Por otro lado, tenía una investigación en marcha que es muy compleja. Cuando los moriscos españoles son finalmente expulsados (1492-1613) en sucesivas oleadas, una de esas oleadas organizada en Marruecos atraviesa el desierto. Dos mil moriscos españoles, trescientos cristianos renegados y sesenta y cinco cristianos cautivos, armados, atraviesan el Sahara para conquistar el imperio negro de Timbuctú, el imperio del oro, en nombre del rey de Marruecos. Conquistan este imperio después de un año de luchas, en 1591. Corresponde, pues, a la conquista de América. Eran dos mil hombres contra un imperio de trescientos mil guerreros, pero en lugar de entregarlo al rey de Marruecos se quedan ellos de reyes, de pachás de Timbuctú. Establecen luego una serie de leyes. Por ejemplo, el máximo rango de nobleza ideal se adquiere con la posesión de caballos blancos y de libros. Esto parece otra utopía. Cien años después una tribu Tuareg del desierto argelino llega y al ver aquel esplendor lo destruye para conquistarlo y lo asuelan. Los españoles huyen y se expanden. Se mezclan con tribus negras, de manera que hoy te encuentras con tribus enteras que son negras pero que

también son andaluzas, y usan palabras españolas mezcladas con las suyas. Una de esas tribus, llamada "los armas", van a la guerra gritando lo que creen hoy talismanes: "Mas aína", que es más de prisa en castellano antiguo, o "Corti li cabesa", sin saber que están usando el español. Yo quería trabajar en esta investigación con fondos españoles, pero no hay dinero es España para estas utopías y no ha habido forma de seguir con ello. Al final, tal vez tendré que completar el trabajo con dinero de otro país.

J. O.: *Me pregunto si cartografiar esa cultura no te ha llevado también a pensar en términos diferentes la misma cultura española.*
J. R.: Cuando uno se enfrenta con una cultura desconocida y la estudia con calor, con imaginación y poniendo en ella su afecto, se adquiere una visión del mundo distinta, y seguramente eso ha contribuido muchísimo a mi forma de ver hoy la cultura. Estoy convencido de que ha sido muy importante para mí, especialmente porque he adquirido un respeto por las formas de la cultura real y varia del planeta. Respeto a los ancianos venerables de Sahara más que a los profesores que he tenido en la Universidad, aunque los primeros sean muchas veces personas analfabetas.

J. O.: *En esta cultura del desierto, donde el desierto es el espacio de definiciones, ¿cuál es la noción de centro?*
J. R.: Bueno, en el desierto no existe el centro; el desierto es un laberinto. Y no hay un punto que sea el corazón del laberinto. Existen puntos de agua, existen ciertas montañas, que te sirven para saber dónde está el agua, dónde está la caza, los pastos para los camellos. Luego, están las tumbas. Yo descubrí que la noción de frontera está asociada con las tumbas, por ejemplo. El hombre, el único poso que deja es la tumba. Las tumbas son puntos de referencia, son como constelaciones sobre la tierra.

J. O.: *¿Cuál es, entonces, la idea de lo sagrado en el laberinto?*
J. R.: Todos los puntos del laberinto son lo sagrado, porque el agua es un lenguaje sagrado. Y las tumbas son lugares sagrados, porque es el recuerdo del antepasado y de la historia, el lugar adonde se puede regresar. Y luego existe un tercer punto sagrado que son los lugares habitados por los demonios, por lo otro. Ésas son tres superficies simultáneas.

J. O.: *Y el nomadismo, ¿está de algún modo cartografiado?*
J. R.: El nomadismo existe de tres formas. Una traslación hecha en una forma constante; en un círculo que siempre es el mismo; ésta es la primera. Luego existe una forma más complicada o más simple, si se quiere, que son dos o tres grandes emplazamientos, y se está en uno una temporada, en otra, una distinta. Esta transhumancia es la segunda forma. Pero en seguida tenemos a los grandes nómadas. Son los que nacen y mueren en el desierto, donde el agua se retira y nace en un horizonte improbable. He vivido con ellos, fui maestro, amigo de su hijos; he comido y bebido con ellos. Ellos reconocen a un jefe de caravana, que puede ser o no el jefe de la tribu, que es el que dice hacia allí hay que ir; y nunca se pierden, el conductor tiene un sexto sentido para ubicar el agua, y siempre ocurre que llega donde ha llovido; eso es verdaderamente escalofriante, y milagroso siempre aunque ha habido casos de gente que ha desaparecido por falta de agua. Esta cultura está cercada por los semisedentarios. Al este está el desierto puro; al oeste, la frontera natural es un lugar que ya no es posible habitar por falta de agua y exceso de calor. Hay una frontera invisible fuera de la cual le es imposible sobrevivir al hombre.

J. O.: *Estas evidencias de la identidad cultural nos llevarían también a especular sobre la noción de pertenencia. Sobre todo porque modernamente hemos entrado a un proceso de homogeneización impuesto por las culturas más desarrolladas sobre las llamadas periféricas, y ese proceso, que se sostiene sobre la urbanización, como dice Darcy Ribeiro, es de pérdida de identidad, de pérdida del rostro tribal. Pienso que la mejor ciencia social es aquella que nos restituye con las dimensiones de la especificidad y de la pertenencia cultural. Y también en la literatura se puede observar un movimiento hacia la afirmación de los valores culturales de identidad, y que son finalmente una resistencia. ¿Cómo ves tú ese proceso actualmente en España?*
J. R.: Es un gran drama, porque por un lado están los valores del regionalismo y por otro el peligro de provincianismo que traen. Quizá sea un proceso necesario, y podría ser simultánea una toma de conciencia de las cosas propias, une reidentificación. Aunque a veces se corre el peligro de llegar a cosas absurdas, como contraponer el hablar andaluz al hablar castellano.

Pero éste tendría que ser un proceso desde un concepto no solamente español, sino desde nuestra habla, incluyendo también lo latinoamericano. Si alguna vez existe la posibilidad de una nueva "visión del mundo" en nuestra lengua, se habrá trasladado a América. Creo que es en América donde tiene que estar el despertar. En México, Argentina, Perú, Venezuela, y en el Caribe, veo aportes fundamentales, pasos secretos que traman un nuevo pensamiento. Ése es el punto que tiene que visualizar ahora nuestra conciencia, desde la variedad absoluta que siempre ha sido nuestro mundo común. Una universalidad integral es lo que la caracteriza. Soy idealista, y defiendo ese idealismo, ese utopismo.

J. O.: *Javier, para concluir, volviendo al planteamiento utópico, no quiero dejar de mencionar tu magnífica colección de Heterodoxos publicada por la Editora Nacional, así como tu más reciente colección Alatar, en las que veo una suerte de declaración de principios y una práctica; y se podría decir que hay un espacio que estos libros abren, una región propia. ¿Qué te llevó a hacerlas, y cómo veías tú la necesidad de esas colecciones?*

J. R.: En mi tesina de licenciatura para arqueología hice un inventario de manuscritos sobre esta disciplina, epigrafía y numismática en la Biblioteca Nacional de Madrid, y me encontré con que de los 25 mil códices solamente 3 026 están catalogados. Por la circunstancia de que no estaba haciendo un trabajo sobre un autor sino sobre la bibliografía de arqueología, me autorizaron para que usase el catálogo de originales del siglo XIX, muy incompleto, que no enseñan a nadie, para evitar que roben las fichas, supongo, porque se ha visto a profesores españoles y norteamericanos que ven algo muy interesante y roban la ficha para que nadie la encuentre hasta no acabar un estudio. Luego no la reintegran. Claro, yo conocía el libro de Menéndez Pelayo sobre los heterodoxos españoles y algunos otros ensayos de bibliografía, pero al encontrarme con toda esa información desconocida se me ocurrió presentar una visión de la cultura española desde su multiplicidad, una visión seguramente más amplia que aquella que marginaliza una gran cantidad de conceptos. Mi interés era presentar al lector los textos mismos, y también obtener introducciones críticas, análisis desde otras perspectivas, para procurar el nacimiento de una nueva crítica imaginativa, que se había perdido en nuestra tradición local. No se ha perdido, en cambio, en América, donde tienen a un Lezama, a un Paz, y a otra serie de escritores. Cuando preparé el proyecto de la colección de Heterodoxos consideré la publicación de unos 300 libros, y al final aceptaron 75. Finalmente, la envidia y la ineptitud de algunos la dejaron en 50. Otra cosa que he pensado hacer después es una gran biblioteca de fuentes, religiosas e históricas, de América, España y el Islam, de todo ese cinturón meridional que coincide en nuestra triple conexión.

ROSARIO FERRÉ:
EL CORAZÓN EN LA MANO

Julio Ortega: *La primera impresión que uno tiene al entrar en contacto con tu trabajo literario es la de un proceso que se desdobla en géneros al modo de vasos comunicantes a punto de intercambiar sus materiales. Evidentemente, la poesía es el centro de ese proceso, y el lenguaje quiere excederla, y la rebasa en otros discursos. Tu narrativa es seguramente más cotidiana, y el ensayo una reflexión de este proceso de asedios. De la autobiografía al análisis de la mentalidad burguesa, de la disidencia femenina a las máscaras mitológicas, del recuento social al cuento de la educación sentimental; ese trabajo literario no ha hecho sino diversificarse, enriquecerse, ganar la autoridad de su propia voz. ¿Cómo percibes, en este momento, ese proceso? ¿Qué movimientos, etapas, desarrollos, adviertes se te han impuesto?*

Rosario Ferré: Mi obra parte de un núcleo central: la intuición poética. En él no hay nada, reinan el silencio y el vacío. Creo que la nada, y la necesidad (el deseo) de ser que genera, es madre de todas las cosas. Esto lo aprendí de mi madre. Mi madre nació en el campo y venía de una sociedad pobre, basada en una economía de medios espartana; por eso me enseñó desde pequeña la importancia de poder "sacar de donde no hay", que es también donde yace, invisible, el Todo. Ese Puerto Rico ha desaparecido, y hoy vivimos en una sociedad de consumo donde la abundancia de todo dificulta, irónicamente, la creación del Todo, o sea, del universo de la ficción.

A pesar de esto, me veo a mí misma más como narradora que como poeta. Una de mis primeras heroínas fue Sheherazada, para quien el cuento fue un arma poderosa para derrotar a la muerte. La epopeya de Sheherazada no es sólo la del cuentista; es más bien la de la mujer cuentista. El Califa, su marido, había ya mandado a ejecutar a cientos de jóvenes, luego de su noche de bodas, cuando Sheherazada es llevada ante él y, noche a noche, le hace un relato que lo deja en ascuas. El Califa no puede matarla porque, aunque Sheherazada satisface sus deseos carnales, no satisface nunca sus deseos intelectuales, y lo deja siempre con hambre de más. Por otra parte, me parece fabuloso que sea el nacimiento (de un nuevo cuento) lo que, noche a noche, derrote la muerte de la mujer. La escritura de los cuentos de Sheherazada está, desde sus inicios, relacionada con el sacrificio del ser: la mujer cuentista tiene que sacrificar lo que ella es, el mundo de la realidad en que vive, sustituirlo por el mundo de la imaginación, para que le perdonen la vida (para que le permitan ser mujer). Esta idea me impresionó mucho de niña, cuando leí por primera vez *Las mil y una noches*, y creo que ha influido en mi obra literaria. En realidad, tanto mis poemas narrativos (*Fábulas de la garza desangrada*), como mis ensayos (*Sitio a Eros*), como mi novela (*Maldito amor*), son cuentos, y he escrito también cuatro libros de relatos, *Papeles de Pandora*, *El medio pollito*, *La mona que le pisaron la cola* y *Los cuentos de Juan Bobo*.

En mi escritura ha habido, evidentemente, un proceso de evolución de temas. En mi primer libro, *Papeles de Pandora*, mi escritura se encontraba mucho más cerca de la vida; era casi una ficción testimonial, escrito, como *Los de abajo*, de Mariano Azuela, en el frente de guerra. No se trataba de la Revolución mexicana, por supuesto, sino de la guerra de liberación femenina que, en 1976, recién comenzaba en América Latina. La angustia que esa lucha me causó allí no tiene filtros, y creo que esa inmediatez apasionada compensa la falta de sofisticación técnica de muchos de los relatos.

Luego vino la etapa de las *Fábulas de la garza desangrada* y de *Sitio a Eros*, dos libros que fueron escritos simultáneamente, y que no hubiesen podido existir el uno sin el otro. En esa época yo era dos personas: de día era Penélope, tejiendo a la luz de la razón las vidas de esas mujeres en las que yo veía un ejemplo de comportamiento, y de noche era Ariadne (y muchas veces Nictimene, el búho alegórico de sor Juana), buscando en la oscuridad del ser (de la nada) el hilo conductor que me permitiera acercarme a esos mismos conflictos desde la vertiente de la poesía.

Maldito amor, mi novela, marca una tercera etapa, en la cual me propuse combinar, de una manera más amplia, la preocupación por el *ser* femenino y por el *ser* político en Puerto Rico. En los cuatro relatos que la constituyen hay una imagen central que combina ambos temas: el cuerpo femenino y el cuerpo político de la isla. El cuerpo de Gloria, la prostituta, el de Adriana, la esposa del gran burgués, y el de Bárbara, la guerrillera, son por ello importantes; son elementos catalíticos, que provocan las situaciones trágicas que se relatan en el texto. Esta idea ha estado presente en muchos de nuestros escritores, como por ejemplo el poeta Gautier Benítez, quien escribió esos versos que cita el Capitancito Candelario, que dicen, refiriéndose a Puerto Rico: "Todo en ti es voluptuoso y leve, / dulce, halagador y tierno, / y tu mundo moral su encanto debe / al dulce influjo de tu mundo externo." Gautier no era un poeta feminista (no podía serlo), pero, ejerciendo esa intuición que caracteriza a los poetas, vio ya, en el siglo XIX, la relación entre el carácter sumiso y delicado de la mujer y la situación de dependencia política de la isla.

En el libro *Las dos Venecias* (aún inédito), en el que combino poesía y cuento, la imagen del cuerpo femenino sigue siendo central, pero ésta se ha vuelto de alguna manera más interiorizada y secreta. El tema de la relación entre la escritura y el nacimiento de la propia persona, que había tratado en mi ensayo *La cocina de la escritura*, está aquí presente nuevamente. El cuerpo femenino es visto como una ciudad misteriosa, llena de ecos y de canales oscuros, que recuerda a la ciudad de Venecia. Por eso el tema de la madre, así como el tema del sueño, son fundamentales en este libro. Como suele sucederme, en el libro que estoy escribiendo ahora, intitulado *Vecindarios excéntricos*, el tema de la madre es también central, aunque tratado (como me sucedió en *Sitio a Eros*), no ya desde la perspectiva poética, sino de la memoria racional.

J. O.: *Tú has elaborado acerca del nacimiento de tu escritura como el nacimiento de tu propia persona, en el sentido de que después de ganar tu independencia de mujer es cuando pudiste asumir el ejercicio literario. ¿Cómo ves hoy ese proceso, después de que, en efecto, hemos reconocido en ti una voz propia que hay que atender y seguir? Ser mujer y escribir, en esta época posfeminista (en la que se supone que todos somos mejores gracias a la fuerza emancipadora del feminismo, que debemos haber internalizado), ¿qué implicaciones o condicionamientos aún supone?*

R. F.: Creo que en mi proceso de escritora me ha influido un deseo de autoridad, de ser autora de mi propia vida. Este tipo de autoridad contrasta profundamente con la autoridad ejercida por muchos hombres en el mundo, porque su fin no es adquirir poder sobre las vidas ajenas, sino tomar el control de la propia vida. Vivir una vida en la cual una es autorizada por alguien es, en mi opinión, vivir una vida de reflejo, que no surge de las profundidades del propio ser. En este sentido, creo que mi deseo de autoridad nace de una creencia a la que me he adherido desde pequeña: la vida no vale la pena vivirla si no se vive con valentía, con el valor que exige la autenticidad. Creo que esta convicción es para mí fundamental, y que en ello radica mi desprecio por todo aquel que vive de reflejo, porque creo que el reflejo es el resultado de la cobardía, del miedo.

J. O.: *¿Desde dónde escribe hoy día un escritor puertorriqueño? ¿Desde la tradición crítica de su literatura nacional? ¿Desde el espacio más o menos latinoamericano de una literatura posboom, que recomienza sin demasiadas ilusiones?*

R. F.: Creo que el escritor puertorriqueño escribe hoy con unas ventajas extraordinarias, que no han estado accesibles a nuestros escritores en el pasado. Esto se debe a que, en los últimos quince años, han salido a la luz una serie de libros de investigación histórica y sociológica que, en cualquier otro país del mundo menos Puerto Rico, se hubiesen escrito mucho antes. Historiadores y sociólogos como Fernando Picó, Ángel Quintero Rivera, Antonio Ramos Mattei, Gervasio García y Arturo Morales Carrión, Raymond Carr, Sydney Mintz y muchos otros han comenzado a llenar los huecos que abundaban en la percepción que los puertorriqueños tenían de sí mismos. Para los escritores esto es algo fundamental; la literatura se encuentra basada sobre la historia pública tanto como sobre la privada, y los historiadores nos ofrecen muchas veces el andamiaje sobre el cual edificarla.

Otra fuente de influencias fértiles que ha beneficiado al escritor puertorriqueño de hoy es su bilingüismo, y su apertura a corrientes literarias tanto de Norte como de Sudamérica. Una autora como Carson McCullers, por ejemplo, es hoy tan importante para un escritor como Edgardo Sanabria Santaliz, como lo es Cortázar; un autor como William Faulkner ha sido tan importante para mí como lo ha sido Juan Carlos Onetti.

A pesar de ello, nos falta todavía un gran trecho que atravesar, ya que en Puerto Rico la crítica literaria es prácticamente inexistente. Hay excelentes críticos literarios, como por ejemplo Luce y Mercedes López Baralt, Arturo Echevarría y Margarita Solá, que han escrito libros extraordinarios sobre la obra de san Juan de la Cruz, Waman Poma de Ayala y Jorge Luis Borges, pero muy pocos se han dedicado a la crítica a fondo de la literatura puertorriqueña. Esto crea una situación difícil, porque Puerto Rico es una isla rodeada de espejos, y su literatura adolece a veces de cierta miopía. Una de las labores principales del crítico es precisamente la de yuxtaponer los textos nacionales a textos universales, que les permita a los autores adquirir cierta perspectiva con respecto a lo que está pasando en el resto del mundo. Esto lo hizo Ángel Rama, al escribir sobre Onetti; lo has hecho tú al escribir sobre Vallejo y la poesía peruana; lo ha hecho José Miguel Oviedo al escribir sobre Vargas Llosa; lo ha hecho Vargas Llosa al escribir sobre Arguedas, etcétera. La literatura es, en este sentido, como le oí decir una vez a Serge Lifar sobre el ballet, un quehacer de equipo; el escritor es como el coreógrafo; el lector es como el bailarín, que interpreta cada lectura a su manera; y el crítico es como el director de la compañía, que lo coordina todo y mantiene presente la tradición a la que se pertenece. Los bailarines-lectores-escritores se dan así la mano, y forman una red que atraviesa todos los tiempos.

J. O.: *Tú has escrito sobre Virginia Woolf, sobre Felisberto Hernández, sobre Julio Cortázar. ¿Revelan estas preferencias un interés especial tuyo por la narración intersubjetiva, por las disoluciones de la apariencia objetiva? Cuéntame un poco sobre tus afinidades ¿de lectura? y sobre tu diálogo con la imaginación de Felisberto.*

R. F.: Virginia Woolf, Felisberto Hernández y Julio Cortázar me han interesado por razones distintas. Virginia me interesa porque creo que toda literatura es autobiográfica; tiene todo que ver con la vida de un autor, a pesar de que no tiene nada que ver con ella. Si el libro de Octavio Paz sobre sor Juana es una autobiografía "velada" sobre Paz, mi ensayo sobre la Woolf es también una autobiografía (aunque quizá desvelada), porque yo siempre he querido ser Virginia Woolf. Si Mallarmé se hubiese dejado cortar la mano izquierda para que el Destino le permitiese escribir un soneto perfecto, yo me hubiese dejado cortar la derecha (soy ambidiestra) para que me hubiesen permitido escribir el *Orlando*.

Felisberto y Cortázar, por otra parte (así como Edgar Allan Poe), son muy importantes para mí, y por eso he escrito sobre ellos (*El acomodador, una lectura fantástica de Felisberto Hernán-

dez, fue publicado por el Fondo de Cultura Económica, México, 1984; y *Cortázar, el romántico en su observatorio*, que trata sobre Cortázar y Poe, será publicado próximamente por la Editorial Cultural, San Juan). En los cuentos de ambos lo fantástico constituye, más que un género, una teoría filosófica de la existencia. Lo fantástico permite asumir lo que la sociedad muchas veces entiende como el "mal", la vida de los instintos y de las pasiones subliminales, al mundo del "bien o de lo razonable". El espíritu del "mal" o de lo irracional no es entendido en sus relatos en un sentido ético, sino como una fuerza vital, que le permite al hombre perseguir el ideal de lo absoluto. Creo que en la "depravación satánica" de ciertos personajes de Felisberto (como por ejemplo, el protagonista de *Las Hortensias*, que hace el amor con varias muñecas de hule), así como de ciertos personajes de Cortázar –"como los de "El otro cielo", por ejemplo–, hay una búsqueda de libertad y de salvación, así como un desafío al orden social pequeñoburgués. Esta actitud me ha parecido siempre atractiva, y por eso quizá mis personajes son a veces muy malvados, como por ejemplo Rosaura, la niña que envenena a su madrastra en "El cuento envenenado".

J. O.: *Tanto tu poesía como tu prosa poseen una tersura expresiva, una claridad comunicante, un habla reconocible por su fusión de lo cotidiano inmediato y lo literario mediador. ¿Cómo se te imponen esas fusiones? ¿Escribes con gozo o con paciencia?*
R. F.: La escritura es a menudo para mí un proceso similar al del sueño. Por medio de ella entro en un espacio en el cual el tiempo ha quedado detenido: me separo por completo de lo que me rodea y una hora me parece un minuto (como decía Johnny en "El perseguidor", escribir –o tocar el saxo– es como ir en un elevador; se pueden comprimir muchos años en un minuto y medio).

Escribo igualmente con gozo que con paciencia. Me toma mucho tiempo escribir un poema, dos o tres semanas; hago de diez a veinte versiones del mismo. Para que los poemas y cuentos me encuentren y se posen sobre mí, tengo que llevar una vida tranquila. Son como los sueños, el ajetreo los espanta y no quieren ya saber de ese árbol que los gases del tráfico envenena y los críticos cazadores acosan.

J. O.: *El texto autobiográfico que acabas de escribir, ¿qué demandas te impuso? ¿Cómo la escritura te ayuda a dilucidar lo vivido?*

¿*Es la escritura memoria o invención, documento del yo o su misma construcción?*

Vecindarios excéntricos es, como toda autobiografía, una historia de provincia; en este caso, de esa provincia que era el Puerto Rico de mi niñez. Aunque técnicamente no puede llamarse autobiografía, porque se trata más bien de la biografía de las casas en que he vivido desde que nací. La casa es siempre un útero, y si el vientre de la madre es la primera casa que habitamos, la fosa es la última. Intento, por lo tanto, dejar fuera lo más posible el "yo" del escritor y escribir desde la "nada" que antecede el "todo". Ese texto es, en gran parte, la historia de mi madre. Tuve de pequeña una relación conflictiva con ella, y creo que por eso fui siempre una niña enfermiza, que padecía violentos dolores de cabeza y fiebres muy altas. Pero un día descubrí, gracias a una niñera que quise mucho, la existencia de los cuentos de hadas, y entonces comencé, como el Califa de la historia, a exigirle a Gilda que me contara un cuento cada noche, para así conjurar a la muerte.

El proceso autobiográfico es doloroso; ser testigo histórico y social de su tiempo es algo comprometedor, que hace a uno sentirse culpable. Ser escritor es cargar con los fantasmas; no sólo los propios, sino los de la colectividad, y esto es así aún más en el caso de la autobiografía.

J. O.: *Me gustaría que caracterizaras el proceso de composición y los sentidos que se articulan en tu nuevo libro de poemas,* Las dos Venecias, *que evidentemente no quiere ser un agregado de poemas sino una propuesta orgánica. Acabo de leerlo y no te oculto mi entusiasmo.*

R. F.: En efecto, traté que *Las dos Venecias* fuese un libro orgánico, no sólo desde la imagen central del cuerpo femenino y de la madre, sino también desde la imagen de la escritura. La escritura ha sido para mí un instrumento de conocimiento, que me ha hecho posible penetrar en mis propias tinieblas. A pesar de que no he podido descifrar el misterio de mi mundo, gracias a ella he aprendido que, para vivir bien, para escribir bien, es necesario atravesar las tinieblas con el corazón en la mano. Las estructuras más brillantes de la inteligencia y de la razón tendrán todas su momento de gloria, pero, como decía Poe, sólo aquellas en las que palpita el corazón delator sobrevivirán el paso del tiempo.

NICANOR PARRA EN PROVIDENCE

Nicanor Parra es uno de los grandes poetas de la lengua y, muy posiblemente, el más influyente en la actual poesía latinoamericana. Nació en 1914, como Octavio Paz y Julio Cortázar, con quienes comparte la práctica de las innovaciones, a la que ha añadido, fiel a su poética desmitificadora, una poderosa presencia de lo cotidiano. Y la vida cotidiana, en su elocuencia lacónica, es tan específica como insólita. De allí la extraordinaria actualidad de su palabra. Muy temprano, seguramente a partir de su contacto con los poetas anglosajones en la década de los cuarenta, Parra definió su poesía como un contradiscurso lírico, de entonaciones más bien urbanas. Allí no habla el nerudiano yo heroico de la naturaleza gestándose, sino el sujeto de la modernidad descontenta y marginal, cuyo monólogo fragmentario tiene la desnudez confesional de un documento clínico y la elaboración intelectual de una sátira de los usos del habla formalizada. Parra parecía sumar el intenso agonismo de Samuel Beckett con el humor impecable de Buster Keaton.

Desde un laborioso trabajo con la tradición poética moderna, que lo emparenta con la voz descentradora de Baudelaire tanto como con la palabra confesional de Vallejo, con la vivacidad erótica del surrealismo como con el sentido común verbal de la poesía anglosajona; y luego de haber pasado por una etapa lorquiana y otra de poesía popular octosilábica, Parra encontró su mejor voz en lo que él mismo llamó el "antipoema". Sus antipoemas, en efecto, tienen una entonación no sólo antilírica sino también absurdista y de humor negro. Con los años, esa opción se le ha vuelto un modo de vivir lo moderno, en su margen disolvente de las mitologías del desarrollo. Actúan esos poemas como parodias dentro del discurso establecido, como poesía ganada al lenguaje de lo cotidiano, capaz de devolverle la palabra al lector. Se trata, claro, de la palabra de la duda.

Pero la misma fuerza que a través del cambio de perspectiva

poética cuajó en los "antipoemas" llevaría a Nicanor Parra mucho más allá. Ésta es la parte más característica e influyente de su poesía, porque en lugar de fijarse dentro de una mecánica de por sí elocuente y fecunda, Parra exploró otras dicciones, siempre buscando hacer más específico el diálogo con el lector actual a través de un coloquio que, para él, debía cambiar de libro a libro su forma y su formato, su medio y su canal, su hablante y su mensaje. Es así como arribó a una poesía formulaica, que llamó "artefactos", suerte de haikús urbanos, donde la síntesis crítica y el humor paradójico se unen en imágenes contrastantes, cáusticas y novedosas. Estos artefactos son como petardos activados dentro de los edificios retóricos.

Notablemente, la parte más intrigante y compleja de su obra ocurre a fines de los años setenta, en plena dictadura de Pinochet, cuando descubrió otra de sus voces, una dicción más auscultante y más interna. Partió de un personaje popular, un profeta alucinado, el Cristo de Elqui, de cuya persona se reapropió para reescribirlo todo como si levantara los nuevos evangelios de una edad oscura, desgarrada y cruel. En sus dos grandes libros, *Sermones y prédicas del Cristo de Elqui* (1977) y *Nuevos sermones y prédicas del Cristo de Elqui* (1979), Parra reescribe la vida chilena desde el monólogo fragmentario, íntimamente herido, de este personaje delirante y fabuloso, cuya filosofía esperpéntica levanta el escenario de un goyesco fin de los tiempos. Este Cristo se volvió su persona poética subversora de la cotidianidad.

Debido a su íntimo y definitorio anticonformismo, esta poesía ha cambiado de lenguaje, rehaciendo no sólo el discurso propio sino los más estables que dan cuenta del lector (la política, la religión, las ideologías consoladoras), con lo cual el carácter subversivo de su poética se confirma una y otra vez como de reacción inmediata. Esta poética corrosiva de los discursos autoritarios es, al mismo tiempo, constructiva en el espacio siempre amenazado de una humanidad zozobrante, gracias al sentido común hecho sabiduría popular y sabor tradicional. Desde esta inteligencia del diálogo, Parra ha ensayado otras formas apelativas en sus "ecopoemas", en sus "chistes" para desorientar a la policía tanto como a la poesía, en sus apropiaciones de los lenguajes de la publicidad, la política y las jergas al uso, que desmonta a través de una práctica del *ready made* y de la parodia.

Actualmente Parra está ya en otro proyecto: escribir la "págína en blanco". Pero no, me explica, la mítica de Mallarmé, versión del absoluto, sino la literal de la palabra actual en su tiempo babélico. Ésta sería una poesía que, en la página, se borrase a sí misma hasta revelar el blanco que ocupa y que la expulsa. Ironía, otra vez, y crítica. Porque tampoco se trata de prolongar a Beckett, cuya negatividad y pesimismo, reveladoramente, Parra no comparte. No hay un escritor de esta lengua más cerca de la precisión absurdista de Beckett que Nicanor Parra, cuya dicción se emparenta a la prolija irrisión cómica del autor de *Compañía*. Pero, es cierto, el estoicismo irónico de Parra termina siempre, a pesar de todas las pruebas de la deshumanidad diaria, en reafirmaciones del tú en el poema; esto es, en las otras pruebas del acuerdo profundo de hablar para sobrevivir. Parra ha escrito la comedia humana de la sobrevivencia en el lenguaje que nos dice y contradice.

No en vano es un físico teórico de formación (estudió en Brown y Oxford, aunque fue más atraído por las teorías del caos que por las del orden cósmico) y fue profesor de matemáticas en Chile. Dejó de serlo el día en que encontró en un tratado de física la explicación de todas sus dudas, que eran, por cierto, la perspectiva misma de su enseñanza. Desprovisto de esas perplejidades, se quedó con la poesía, que en los últimos años lo ocupa también como profesor de incertidumbres, ya que dirige un taller de poesía en la universidad. Es, claro, un "antitaller". Los aprendices se comunican entre ellos y con el profesor a través de "papelitos" para romper las barreras del yo y explorar otras intimidades de la escritura. La clase entera está escribiendo estos papelitos con propuestas, preguntas, respuestas, en una metodología de la expresión que parece ir más allá de las convenciones y del mito de la lírica heroica. Se ha dicho que Chile entero es un taller literario. En el de Parra esa poesía colectiva se borra a sí misma para recomenzar desde una nueva página en blanco, aquella ganada por todos, como el nuevo espacio de la palabra mutua.

Las muchas voces de Nicanor Parra se escuchan mejor gracias al silencio con que él mismo las rodea y se rodea. Son voces de un recomienzo permanente de la poesía como el arte superior de sobrevivir cada día. Le debemos esa sabiduría del habla nuestra.

ANTONIO CISNEROS:
CONFESIONES

1. DE VIAJES DE IDA Y DE VUELTA, Y DE NUEVOS ESTADOS PARCIALES

Julio Ortega: *A lo largo de tus textos y en la suerte de aventura y búsqueda cambiante que es tu proceso poético y al mismo tiempo en esa mitología personal que probablemente construye una persona poética, los viajes de ida y de vuelta son un poco como la trama de ese proceso. Y al volver yo a Lima y reencontrarme contigo pienso que no deja de tener sentido el hecho de que estés tú ahora aquí instalado después de haber girado en torno a varios ejes culturales: La Habana, Londres, Budapest. Y esto de los viajes quizá no sea gratuito empezar a discutirlo. Porque aunque probablemente condenado a viajar y a escribir sobre tu experiencia del viaje en uno y otro texto, desde* Canto ceremonial, *vuelto a editar en el ochenta, libro escrito en buena parte fuera del Perú, aunque termina con una inserción peruana, y también en tu nuevo libro por publicarse en México,* Crónica del niño Jesús de Chilca, *vemos que junto a estos ejes del movimiento hay unos ejes no menos poderosos de inserción en lo que podemos empezar llamando tu repertorio peruano. ¿Cómo podrías tú ahora, viendo este proceso poético desde esta perspectiva, precisar las líneas conductoras, si es que las hay, que te llevan fuera y que te vuelven dentro y que a través de la escritura sostienen tu búsqueda de una palabra que finalmente diga lo que quieres realmente decir?*

Antonio Cisneros: Bueno, yo creo que en todas las personas hay la convivencia del caos y del cosmos, del sedentario y de Simbad el marino. De hecho, uno después puede analizar o reinterpretar el sentido de los viajes y encontrar una constante, si la hay, pero originalmente yo creo que el viaje comienza exactamente igual que la ilusión del primer viaje de promoción en un colegio: la posibilidad de salir. Yo creo que nosotros hemos sido y seguimos siendo bombardeados, y por momentos capturados, por centros culturales en el sentido más amplio de la palabra; es decir, modelos de vida. No solamente en el nivel elemental, porque incluso muchas de las perspectivas que nosotros tenemos como observadores más o menos distantes, más o menos críticos, más o menos cultivados, contra la alienación evidente que es un Papá Noel que llega en trineo del Polo Norte a Sears Roebuck, el día sábado para que todos los chicos lo vean, en el fondo también pertenecen a centros culturales de poder ajenos. Entonces, yo pienso que siempre hay una vocación de búsqueda, de verificación; no sé si de las raíces, pero de cierto sector de nuestras raíces, que todavía está por definirse, y yo sería quien menos te puede ayudar en eso en el nivel teórico, quizás algo se avizore en lo que escribo más bien.

¿Qué cosa es, entonces, nuestra identidad?, ¿qué cosa es ser peruano?, ¿cuál es nuestra realidad cultural propia? Porque hablamos de centros de poder cultural extranjeros, pero difícilmente podemos definir los propios. Si yo fuese un quechua de Apurimac sería evidente que si voy a Londres es para ver cómo viven los ingleses, pero cuando eres un mestizo, que ya es mucho decir, porque es una palabra muy generosa, ni siquiera uno es mestizo, cuando eres un occidental-no-occidental o un occidentaloide, de algún modo tratas de ver las raíces generatrices de todo esto que se llama cultura occidental, en la cual quieras o no estás inmerso, y a partir de lo cual nosotros tenemos el punto de referencia para crear o asimilarnos, pero ciertamente es el punto de referencia. Entonces, yo pienso que hay una búsqueda también un poco como de hijos bastardos de Occidente; de ir a Occidente a ver cuán verificable es todo ese proceso al cual nos debemos en mucho. Pero yo creo que, como en todo, hay un flujo y un reflujo. Una vez verificado el proceso, incluso apropiándote en cierta medida del tinglado de Occidente (es decir, los relativos triunfos que uno puede tener: tú eres profesor, por ejemplo, en la Universidad de Texas en Austin, tú sabes más sobre ciertas cosas que el promedio de los gringos que viven alrededor tuyo), se produce una especie de conquista al revés; que es el viaje de Garcilaso: los moros que vuelven a conquistar Santiago. Por supuesto que asimilas nuevas experiencias, aperturas, pero ésa es una condición de cualquier viajero; un suizo en Suecia o un sueco en Suiza igualmente tienen aperturas a la hora de comunicarse, estando en dos países que no son ninguna joyita como identidad de países. Pero al mismo tiempo está la posibilidad de desechar; de calmar una gran interrogante y darte cuenta de que no es para tanto. Entonces allí viene el otro proceso, que es la reflexión sobre ti mismo, el encerramiento hacia adentro, que además se refleja gráficamente en la misma traslación del viaje, vas y regresas. Lo que sí para mí ha estado muy claro siempre, desde el comienzo, es que nunca me pasó por la cabeza la idea de vivir fuera. Por más hambres o alegrías que yo haya pasado fuera, siempre he estado acá. O como dice Padilla en ese poema: él siempre ha estado en Cuba, lo que suena muy convincente.

J. O.: *¿O sea que para ti personalmente no se planteó en serio ese viejo dilema del exilio como alternativa?*
A. C.: No, no se plantea, entre otras cosas porque creo ser un ser sumamente determinado por la ética y en mi caso la ética se confunde con la política. Y con vaivenes altos y bajos, con mayores periodos de escepticismo, mayores periodos de dogmatismo, de todas maneras, tú me conoces, desde el año sesenta hasta la fecha, siempre he sido una persona más o menos tipificada como politizada, o ideologizada, que está a la izquierda. Evidentemente, allí sí los planteamientos éticos, a diferencia de los metafísicos y a diferencia de los estéticos, están ligados a una escatología, a una realidad muy concreta. Tú haces valores de bien y de mal porque estás juzgando sobre una realidad determinada, y aunque, claro, podemos aplicarla al mundo entero, de todas maneras esto necesita un territorio, una imagen de patria, una imagen de identidad, imágenes que por épocas han sido muy abiertas: el Tercer Mundo, Latinoamérica; pero que en concreto es tu país. O sea, la idea de nación, contra lo que mucha gente cree (yo no me creo ciudadano del mundo, ni nada por el estilo), pienso que es una de las últimas cosas que va a desaparecer. Porque yo creo, además, que tiende a crecer, tiende a afirmarse, y es muy fuerte. Entonces, nunca se me planteó seriamente el exilio. Claro he tenido problemas; eso se puede ver, por ejemplo, en *Como higuera en un campo de golf*; en parte de esos poemas estoy en el dilema del que tiene muchos años fuera y tiene que volver; y para eso utilizo incluso un epígrafe de un cuento de Bryce. El sí está en ese dilema real, que más o menos ha resuelto en el camino inverso, que es quedándose fuera, aunque no es una resolución definitiva como la de Cortázar. Pero siempre hay problemas de identidad, como en ese poema clave que cita a Alfredo Bryce, donde esto se ve mucho; aunque siempre también está el terror a cambiar de sistema de vida; y eso ya es individual. También la cosa es muy concreta:

¿por qué viaja uno?, porque le regalan un pasaje; ¿por qué se queda uno?, porque va acostumbrándose a un ritmo de vida determinado; ¿por qué tiene que volver uno?, porque tiene país, papá, mamá, hijos, y alguien a quién o a qué deberse. También tiene que ver con el desraizamiento: habría que ver qué relaciones tiene Alfredo con el Perú y cuáles son las que tengo yo; de hecho son muy distintas; y no solamente en el terreno político, no se trata de simplificar en ese nivel, sino que hay un problema emotivo mucho más entrañable: las relaciones con la gente.

Pero en esto del viaje y el estar afuera o nunca haber salido de aquí, por ejemplo "Crónica de Lima" creo que es un ejemplo típico, pero no por típico deja de ser verdadero: difícilmente, por lo menos en ese tiempo, hubiese yo escrito, o se hubiese escrito, porque creo que es uno de los mejores poemas que se han escrito sobre Lima desde adentro, por un limeño en este caso; y eso lo escribí en Londres, no lo hubiera podido hacer acá, o tal vez sí, es difícil ser profeta del pasado, pero realmente la distancia, los nuevos elementos acumulados, la nueva libertad son importantes. Porque hay otro problema, que es importante en la cosa del viaje. Cuando estás acá, vives en un mundo de relaciones que de algún modo te juzgan y son juzgadas por ti, permanentemente; cuando vives fuera por más que te identifiques, si estás en Inglaterra con la lucha contra el racista Powell, o si estás en Estados Unidos con la problemática de los chicanos o de los neorriqueños, o si estás en París con la revolución de mayo del 68; sea como sea, estás en el limbo: no estás juzgando seriamente al país donde estás viviendo sino en el nivel intelectual, con todo lo que significa emotividad y compromiso, pero sencillamente no tienes nada que reclamarle a nadie; por otro lado, nadie te está juzgando a ti tampoco. Vivir en tu país significa muchas cosas y entre ellas una serie de durezas innecesarias si tú te pones a ver las minucias que significan. Yo recuerdo, por ejemplo, cuando estuve fuera, que aquí se dio una especie de competencia, de postulación por Romualdo u Oviedo para la Casa de la Cultura, de eso me enteré por carta; pero si yo hubiese estado acá, ¿qué hubiese pasado?; hubiese tenido que optar y, entonces, me saludaba la mitad de Lima y la otra mitad no, ¿no es cierto? (por lo demás, eso me ocurre en la práctica). Simplemente, te sientes dentro de un cubil. Están, entonces, el problema del limbo y el problema de la relación de responsabilidad directa.

Pero volviendo a Alfredo Bryce, por ejemplo, él quizá no siente el problema así, pero sí lo siente de otra manera: él siente que en Lima se rodearía de una serie de convenciones, arrogaciones sociales de otro tipo, con la burgesía limeña concretamente. Alfredo, gran escritor y gran amigo, ha resuelto esta alternativa a su manera.

J. O.: *Por otra parte, Alfredo escribe fundamentalmente sobre Lima.*
A. C.: Pero aquí él no podría; porque acá le dirían algo así como: "Alfredito, cómo dices esas cosas de tu tío Coco, eso no se dice", ¿no es cierto? Pero esa cortapisa la tenemos todos acá, cada uno en el nivel en el cual se mueva, y en el cual considere a sus fantasmas.

2. ORDEN, CAOS, VIDA, ESCRITURA Y OTROS ESPACIOS DEL PERÚ

J. O.: *Yo creo que esto nos lleva a otro punto que quizá sea el eje central de estos viajes de ida y vuelta que es, me parece, ese espacio biográfico tuyo, ese espacio personal, que es el que preservas, según tú a favor del caos, según yo con una lógica interna que en los textos se traduce...*
A. C.: No he dicho a favor del caos: he dicho oscilamos entre el caos y el orden; y, al contrario, yo no estoy a favor del caos. Todos necesitamos un desajuste y un reacomodo, digamos; o sea, como las capas geológicas.

J. O.: *De acuerdo. Pero ese espacio personal tuyo, que es donde asumes tu vida y desde donde haces tu poesía, evidentemente es el mismo fuera y dentro; probablemente lo que cambia es tu necesidad de definir situaciones y finalmente de hacerlo desde lo que resultará de todo ese proceso que es el texto poético. ¿Qué es lo que este espacio personal biográfico tuyo sostiene como eje fuera y qué es lo que sostiene dentro? ¿Tú encuentras que tu vida personal, que es fuente evidente de tu poesía, está definida al punto de construirse como una persona poética? ¿Tú vives la vida con tus altas y bajas mareas desde la poesía, a favor de la poesía, frente a ella?*
A. C.: Bueno, yo creo que a mí se me conoce, se me considera como poeta; pero, francamente, ni antes ni ahora me he consi-

derado un ente poético, un ser poético, un ser que vive "por y para la poesía". Eso está muy lejos de mí. Evidentemente, mi forma de comunicarme con el mundo y de comunicarme conmigo mismo, de autodarme coherencia, probablemente es la poesía, que es lo más fuerte, lo más asentado. Pero de ningún modo yo me creo poeta, y nunca me creí. Yo me acuerdo que en los primero años mozos había poetas que sí se creían poetas: Javier Heraud y César Calvo son ejemplos típicos, se gritaban en poetas, eran poetas, y yo no. Había una cierta distancia burlona y de autoironía, cosa que no hay en ningún poema ni de Calvo ni de Heraud. Y con los años, peor todavía: menos me considero poeta. Sé que hago buena poesía y me gusta la poesía y me interesa y probablemente es uno de mis motores básicos; pero más que nada es porque allí es donde me han reconocido; ¡sabrá dios, si me hubieran reconocido como futbolista!, ¿qué sería ahora? Porque eso es importante, yo no creo que parte de una gran vocación interna (a lo Chocano: "si no me abren camino me lo abro") de hacer poesía, sino que de algún modo es lo que me han reconocido: "Si ustedes dicen que soy buen poeta, muchas gracias, soy buen poeta." Me han ayudado a creerlo. Pero yo, personalmente, como todos los seres humanos en el mundo, siempre he estado en la búsqueda de la armonía; y la armonía es lo que llaman la felicidad, lo que llaman el bien; la armonía en el sentido más elemental de la palabra: cómo estás de acuerdo contigo mismo, y eso quiere decir a través de los valores que asumas. Hay gente que no asume ninguno, pero son raros los individualistas puros. En mi caso es mucho más complicado porque los valores éticos que son políticos y que son religiosos forman parte integral de mi vida. No sé si estoy contestando lo que me preguntas, pero el espacio personal, aquí y allá es el mismo.

Lo que ocurre es que soy un hombre muy desordenado aunque no estoy a gusto en el desorden; soy sumamente pasional, sumamente hedonístico, pero al mismo tiempo con un superego muy fuerte, con una capacidad de maltratarme y controlarme, y de hacer penitencia, si tú quieres, por lo que en realidad soy: soy –o fui, al menos– una bola de vivir y fornicar, beber, comer chifa a cualquier hora, y tiendo a ser ocioso, desordenado, a ser sumamente superficial en muchas cosas. No por otra razón de que probablemente mi espacio está ya casi más definido por la vida vivida que por otra clase de vida; yo vivo asombrado de ti, por ejemplo: tú haces un viaje de vacaciones y ya vas convertido en un laboratorio de trabajo. Guillermo Thorndike asume la dirección de un diario y en quince días se fabrica un "libro del año" con el material periodístico que tiene a su lado. En mi caso, de hecho, la vida vivida se ha comido a la vida escrita.

J. O.: *Pero finalmente parece claro, por lo menos visto desde fuera, que en el Perú de algún modo los demás te han proveído del estatus de "el poeta de la generación del sesenta", y eso podría tener dos consecuencias, en primer lugar, que te conceda una cierta licencia para ironizar tu propio espacio personal; y, en segundo lugar, crearte una suerte de responsabilidad de vocero, o sea, una representatividad institucionalizada, lo cual la sociedad nuestra está siempre tratando de crear, pienso yo. No sé si tú has sentido este dilema polar, o si simplemente has jugado tu propio juego más allá de lo que el medio espera o esperaba de ti.*

A. C.: Lo que dices me es inédito. O sea, me parece un planteamiento definitivamente inteligente; ahora, habría que verificar si es realmente verdadero. Y las dos cosas existen, por supuesto. De hecho, tú puedes, por lo menos en un momento dado de tu vida, darte el lujo de reírte de ti mismo mientras tengas la conciencia de que alguien va a decir: "No, cómo vas a reírte de ti mismo, no es para tanto." Pero, por otro lado, evidentemente tú no estás actuando de acuerdo con el juicio de los demás, salvo que sea uno de los tantos recursos de la inseguridad, de la autocrítica, pero francamente creo que nunca me ha importado mucho eso: a toda persona le halaga que lo quieran, y le duele que no lo quieran, pero no por eso yo dejo de ser una persona básicamente emotiva y querendona, y de grandes cóleras también. En lo otro, las cosas son más objetivas. Se supone que como en este país dicen que te conocemos mejor, de algún modo te erigen en oráculo, en símbolo, en una especie de máquina de respuestas para toda pregunta. Lo que tiene su lado halagador, que es que la gente cree que los escritores, sus poetas, son de algún modo también sus ojos, sus oídos y sus voces. Es por eso que las preguntas rara vez van a ser sobre tu poesía; las preguntas van a ir en torno a tu vida personal, y sobre todo a tu actitud política, pública. La poesía es un acto íntimo, pero la excrecencia de la poesía, que es el estatus que te confiere, te convierte ya no en un hombre íntimo sino en un hombre público. Por otra parte, tiene esto un lado terrible.

Porque en este país de pobres diablos que somos la gente te quiere hacer pagar un privilegio, alguna resonancia, un par de idiomas que sabes y unos miles de kilómetros gratis en avión que has hecho. Todo eso te lo van a cobrar; entonces, no es tanto que quieren ver cómo toreas al toro, sino cómo te matan.

J. O.: *Ahora, en algún momento temí que te convirtieras en el poeta que todos necesitábamos tener un poco a la mano. O sea, que esa licencia de ser el poeta de la generación, el primero con un estilo definido, con todos los premios ganados y todos los viajes hechos, creaba probablemente no sólo las reacciones en contra, pero también una suerte de estatus. Me parecía que se te quería dar una suerte de estatus privilegiado en la marginalidad; con tu capacidad de ironizar, en primer lugar, tu propia persona poética has disuelto esas expectativas; pero, ¿cómo es ser Antonio Cisneros poeta? ¿Es muy complicado?*

A. C.: No, es muy sencillo más bien. En realidad es muy sencillo; lo que pasa es que como te dije hace un momento yo no vivo en poeta, nunca lo viví, cada vez menos.

J. O.: *Pero los demás te conciben en tal.*

A. C.: Sí, pero con el tiempo supongo que hay personas que me encuentran otros méritos. Como "cantante criollo" o cualquier otra cosa. También hay que tener en cuenta que mi vida anda muy replegada. Soy una persona muy dedicada, por ejemplo, a mis amigos; pero mis amigos no son literarios, yo no ando entre escritores, entre poetas, nunca anduve además; o sea, tengo amigos con los que evidentemente estamos en el mismo camino de la vida. Poeta o no poeta igualmente íbamos a ser amigos. Entonces, todo esto está muy determinado por mi familia, mis hijos, mis divorcios y mi nuevo matrimonio, pero siempre preocupado de la selva familiar, la armonía, la integración. Y por la enseñanza, el periodismo, y la militancia, o sea no soy un militante, pero soy una forma de militante.

Yo creo que hay además dos cosas; en primer lugar, de hecho hay el rechazo, la envidia, la enemistad, todos esos problemas que surgen cuando sacas los pies del plato; pero, por otro lado, no es para tanto tampoco. No es para tanto por una sencilla razón: porque todos dependemos de sistemas de producción concretos, y los poetas aquí o acullá, salvo el caso de Evtuchensko en la

Unión Soviética, no llegan a representar un prestigio social y comercial acorde con su capacidad de creadores. Un novelista de segunda fila tiene mucho más vigencia en su medio que un gran poeta, ni qué decir un novelista de primera; empieza a vocearse el premio Nobel o los ingleses o los austriacos lo invitan porque creen que va a dar la voz de América Latina. O sea, a los que se les ocurre invitar a Vargas Llosa nunca se les ocurriría invitar a Belli o a Sologuren; y, sin embargo, yo no creo, francamente, que Mario Vargas Llosa sea más valioso que Belli o Sologuren, sinceramente te lo digo. Pero nosotros mismos como poetas somos tan vergonzantes que cuando queremos levantar una figura pública nos agarramos de Arguedas, por ejemplo, y nunca de otro poeta, salvo Vallejo, que es un sólido lugar común. En esa medida tampoco es para tanto. Tampoco la sociedad te ofrece tantas cosas como para que realmente te puedas convertir en su símbolo. Como la frase cínica de alguien que decía: "no es que los poetas no se vendan, sino que nadie los compra."

J. O.: *Un poco quizá para terminar con esta secuencia de biografía y poesía, desde el espacio personal que el poeta decide jugar en su área chica, ¿qué posibilidades tiene un poeta en el Perú de hoy de construir una vida personal, no decidida por el estatus, mayor o menor, que el medio le concede?; y, en buena cuenta, ¿qué posibilidades tiene de hacer de su vida una decisión personal que no pase necesariamente por la autodestrucción como en los viejos modelos que conocemos bien? O sea, ¿dónde la invitación al caos se convierte en la ilusión del vitalismo, digamos?*

A. C.: Yo creo que te he contestado todo esto; y, más aún, no te podría decir cuál sería el espacio de un poeta en el Perú actual, salvo que yo creo que es relativamente fácil. Yo no conozco a nadie realmente que se crea poeta, allí empieza la cosa; la gente escribe poesía pero no se cree poeta. Por otro lado, como ya te dije, tampoco realmente la sociedad o el sistema te ofrece cosas como para oprimirte: no hay una moneda de compra y venta que pueda ser interesante. A mí me parece que es relativamente sencillo rehuir la tentación tatánica, clásica, de la autodestrucción; ahora, la autodestrucción puede existir perfectamente pero no por poeta sino por peruano a secas.

Me doy cuenta de que estoy minimizando mucho la cuestión de los poetas pero, al mismo tiempo, es curioso, también yo me doy cuenta de que la vigencia, que el estatus mayor o menor, como tú lo has señalado, de los poetas sigue perfectamente en pie en este país. En los novelistas es más fácil verlo, en los pintores también; en resumen, sin ánimo de denigrar a novelistas y pintores, en los que viven en el circuito comercial. Pero tú dirás que no solamente se trata de dinero: se trata de prestigio, se trata de opiniones políticas, de ser vocero en la televisión a colores. Pero la gente que maneja estos medios de difusión masiva funciona de acuerdo con la mentalidad de los que consumen el producto comercial; nunca se les ha ocurrido invitar, por ejemplo, a un buen poeta para que opine sobre política, pero sí a pintores y novelistas, que normalmente, salvo honorosas excepciones, tienen mucho menos idea de la realidad.

J. O.: *Entonces, si las cosas son así, Toño, ¿cómo se gana el sentido, no de ser un poeta sino de escribir poesía, como tú lo dices, en una sociedad en la cual como tú señalas aparentemente no hay lugar para esta apuesta de escribir? Finalmente, ¿qué es lo que se hace al escribir poesía en esta sociedad?*

A. C.: Mira, yo me doy cuenta de eso. En primer lugar, insisto en mis categorías económicas; no hay el poeta profesional, yo creo que eso es lo que da el quid del asunto. Porque si no hay poeta profesional quiere decir que tu vida está abocada y ocupada por muchas otras cosas, ¿no es cierto?, enseñanza, periodismo. Es muy ingenuo pensar que la gente enseña para ganar plata para escribir. No, yo creo que en toda persona más o menos sanamente conformada, cualquier cosa que haces en tu vida te compromete. Como no hay profesionales de la poesía, ni tenemos esas becas, que aunque yo exagere me parecen infaustas, por ejemplo, del estado mexicano. Es esa medida, tú decías...

J. O.: *¿Qué sentido tiene definirse como alguien que decide escribir en una sociedad donde parece que esto no tiene espacio?*

A. C.: Es que sí lo tiene, lo que pasa es que hay una desproporción entre tu pregunta y mi respuesta. Sí lo tiene, lo que pasa es que ahora tú me dices: ¿En qué medida se rehúye al mundo y a su pompa siendo un poeta? Bueno, es que no existe tal mundo, ni tales pompas, ni tales obras que te estén tentando. Sin embargo, en tu pequeño espacio yo creo que tienes la dignidad del artesano. El gastífero sabe que es gastífero aunque su opinión no comprometa al parlamento; entonces, sin ponerme en plan populista ni hacerme el chiquito, de todas maneras los poetas tiene un cierto espacio, una cierta vigencia, muy relativa, pero yo creo que ahí un poco ya se plantea la vieja pregunta, ¿por qué se escribe y para qué? Aunque no sé, más de una vez he querido creer y he repetido en más de una ocasión que en realidad todos somos poetas y que la sociedad les permite a unos serlo y a otros no. Eso suena bien, da un falso aire de modestia y un falso aire de comprensión marxista de la vida, pero francamente ando dudando de que sea verdad. Yo creo que hay gente que nace para ser poeta y otros que no nacen para ser poetas, a secas. Mira que las últimas investigaciones biológicas y de genética demuestran cuánto de la vida futura está en la célula; los soviéticos son los grandes descubridores en la genética moderna, y para algunas cosas han abierto el pico. Mucho más determinado nace uno de lo que se creía antes. Hubo la época de la inspiración; después vino el positivismo que dijo que no, que era un problema de oportunidades. Yo sé que suena feo, pero es que no tengo otra explicación. Uno escribe desde siempre, en primer lugar, como cualquier dibujante o pintor. Tilsa Tsuchiya o Miguel Tola te van a decir que ellos dibujaron desde siempre. Los escritores también escriben antes de cualquier repercusión, de cualquier juicio de aprobación o desaprobación, de cualquier triunfo, de cualquier renta. Y después, pasando por un cúmulo de racionalizaciones, empiezas a plantearte para qué escribes y por qué. Hay una fórmula muy simpática que la dijo José Hierro: la poesía es una forma de conocimiento; él escribía, dijo, en primer lugar para conocerse a sí mismo, y después para que los demás conozcan algo de su experiencia a través del lenguaje del conocimiento. Ésa es una de las cuarenta definiciones que se podría dar, y todas muy coherentes. También se supone que uno escribe para dar testimonio. Pero no solamente uno escribe para dar testimonio: uno vive para dar testimonio. Una idea de Sartre.

Bueno, todo esto se resume en una frase muy manida, que es la necesidad de expresión. De hecho tú escribes, poesía además, no otro género, realmente para poner en claro el desorden, el terrible caos. Vivimos muy presionados por emociones, conocimientos a medias, conocimientos compartidos, necesidades de comunicación, de soledad, de comunidad, y yo no conozco otra forma más clara que escribir poesía. Allí la cosa del viejo Hierro cobra un enorme sentido. Allí realmente cuando tú escribes te ves, y es lo que el lector también ve cuando lee poesía. Lo que dice Eliot: el poeta no inventa la realidad, simplemente la escribe de una manera tal que el que la lee dice: esto también yo lo he sentido, así era y no me había dado cuenta. Yo creo que eso ya de por sí hace valioso escribir poesía, como cualquier proyecto humano que se lleve a cabo. Ahora, aparte, la poesía puede tener otras connotaciones: desde llevar la felicidad al ama de casa en la época victoriana, los famosos "almanaques literarios", hasta la posibilidad eventual de colaborar con luchas políticas muy concretas. Pero todas éstas son racionalizaciones y valores de una manera más o menos artificial y en algunos casos muy natural. Pero fundamentalmente yo creo que es eso: escribir para el caos, convertirlo en orden, para el desorden interno aclarártelo para ti y para los demás.

No quiero entrar en una cosa así tolstoiana, pero francamente yo creo que todo lo que los hombres hacen con una convicción es valioso, porque nuestro tiempo sobre la tierra es muy breve y algo tienes que hacer para pasar ese pequeño interludio que hay entre nacimiento y muerte.

J. O.: *Básicamente me parecía que precisabas tu propio espacio poético en un diálogo no polémico pero sí tenso con la tradición poética local. Por otra parte, tu poesía evidentemente pone en orden aquello que es el eje biográfico, como lo hemos llamado, de tu manera crítica de estar en este mundo. Ahora en lo que dices encuentro una cierta entonación tolerante. ¿Qué es lo que ha ocurrido? ¿Las contradicciones al final se disuelven y las posiciones críticas no ayudan a entenderlas y es mejor pensar que distintas alternativas son posibles y, al final, legítimas?*

A. C.: Mira, dame un ejemplo de mi tono tolerante primero, para entender.

J. O.: *Cuando sugieres que varias opciones son posibles y, al final, legítimas; son también genuinas, supongo. ¿No encuentras eso más tolerante? ¿Una especie de sabiduría cómoda?*

A. C.: Difícil que haya llegado a ningún tipo de sabiduría. En segundo lugar, no creo haber depuesto la crítica como una manera fundamental de vivir en la tierra. Lo que sí puede ser (aunque no sé, la respuesta está un poco inducida por la pregunta: como a los futbolistas, que les dan la respuesta ya hecha) es un abandono del tono beligerante. Pero eso me parece que es una cosa biológica, es la edad. La edad no es un pretexto para acojudarte tampoco; ni para volverte (sin nombrar personas) reaccionario, ni realmente nefasto. Porque hay mucha gente que quisiera escuchar a los antiguos escritores, críticos, que han conocido así como tremendos, que hasta les quemaban libros, quieren escucharlos en el nivel de un millón de personas en la televisión, que digan: "Bueno, la verdad es que yo de muchacho era así, pero ahora he cambiado porque me he dado cuenta de que lo importante es un camino civilizado, y el gobierno está muy bien, porque ahora hay libertad de prensa, hasta hay un decreto que dice que hay libertad de prensa." Olvidándose de que antes eran tan inteligentes que podían percibir la falta de libertad bajo la palabra libertad. En ese nivel, no.

J. O.: *Entonces, ¿sigues siendo intransigente?*
A. C.: La palabra no es intransigente, probablemente, pero sigo siendo crítico, porque al fin y al cabo lúcido no sé si pueda ser.

La crítica no quiere decir intransigencia necesariamente; hay que tener en cuenta que la crítica es la negación de un estado circundante en la palabra, en la vida, en la poesía, en la política, en las relaciones humanas, sociales; porque tú estás aspirando, buscando un mundo mejor construido, ¿no es cierto? Lo que ocurre es que en los últimos tiempos lo que se puede haber rebajado de mí (aunque nunca estoy seguro: hay veinte yoes) es el escepticismo, ésa es la palabra clave. No es un problema de transigencia, o de falta de crítica o de tolerancia, sino del escepticismo que sí es un gusano que te come la propia cola. Yo soy incapaz de decir que eso está mal, no podría proponerte fórmulas saludables como las revistas *Albanesa* o *China ilustrada*, de ningún modo, ni me gustaba leer *La mujer soviética*. Pero al mismo tiempo, es una cosa curiosa, yo siempre he sido un ser sumamente crítico, y politizado, pero en un momento el criticismo se estaba reduciendo a una forma de escepticismo, que es compensatorio. Tú al principio lo dijiste, al *statu quo*, cualquiera que fuese, el político, el literario, el de las becas, le encanta la gente iconoclasta, la gente crítica, los francotiradores que se autollaman; los marginales, siempre y cuando permanezcan marginales.

Yo tuve largos tiempos de agnosticismo, aunque nunca dejé de ser religioso; eso si quieres lo hablaremos después, pero de todas maneras viene al caso porque yo no entiendo por qué muchos amigos se han escandalizado de que yo me diga cristiano cuando nunca me han oído, ni habrán visto una palabra escrita en un libro o una entrevista en que yo me haya dicho que sea marxista. Entonces, cuando yo ya estaba bien al fondo de mi vida personal, realmente tocando fondo, *Como higuera en un campo de golf* es eso, de golpe sufrí casi la revelación de Saulo en el caballo, y he regresado al cristianismo como motor de coherencia. Pero a este cristianismo renovado, que se llama el cristianismo marxista, los cristianos para la liberación. Pero eso sería largo de conversar y es otro tema. A lo que voy es a lo siguiente: que esto es una especie de vuelta de fe, en mí mismo en primer lugar; y por lo tanto, en la responsabilidad: el no dejarte morir a hachazos, el no dejarte caer a ti de lo que podría ser una familia, de lo que puede ser tu sociedad, tu país. Porque tú puedes plantear una serie de cosas críticas pero finalmente abandonar todo contacto con el objetivo, que es el hombre, no conozco otro. Curiosamente, contra unos cucufatos, del marxismo más bien, mi vuelta a Cristo se convirtió al mismo tiempo en mi vuelta al compromiso político; porque al fin y al cabo los dos son uno y solo: el compromiso ético. Entonces, esa aparente morigeración no es otra que dirigir el suplemento del único diario de izquierda que hay en este país, *El diario de Marka*. Y evidentemente se trata no ya de hacer uno o dos desplantes más o menos aplaudidos por gentes de igual agudeza que tú, y aceptados con beneplácito por el *statu quo* que te quiere marginar, sino que se trata de una propuesta en búsqueda de la coherencia, que evidentemente pierde su gracia. Es mucho menos atractiva, y también vitalmente para mí es menos creativa y menos compensatoria. Pero quizá de eso se trata.

3. SIMPATÍAS E INDIFERENCIAS: POETA EN LIMA (Y BALNEARIOS)

J. O.: *Creo que tienes razón. Vamos ahora a cambiar de perspectiva para seguir con lo mismo. Estuve en un recital de Allen Ginsberg, casi un personaje mitológico de nuestra generación, y fue muy curioso observar el público que había convocado –y esto subraya la relación del poeta y su público– porque como un "revival" de los* "sixties" habían aparecido un poco de las cavernas del presente estos típicos personajes que habían sido marcados por el estilo de los sesenta. Esto me lleva a esta nueva perspectiva que te quiero plantear: ¿qué es para ti esta experiencia poética, vital y política de los años sesenta? Evidentemente, tú eres una de las personas de la "generación del sesenta" que ha asumido sus riesgos; aunque podríamos decir que Javier Heraud, que fue asesinado en la primera guerrilla; y Luis Hernández, que eligió su propia muerte, corrieron otros tipos de riesgos. Es una generación, en este sentido, marcada por dos grandes muertes, y, probablemente, por otra: la de José María Arguedas, su suicidio en 1969. Tal vez hay mucho que aclarar sobre todo esto, y un poco tú te has ido, quizá sin quererlo, responsabilizando de una especie de representatividad (aunque la palabra es horrible) de estos años, que son los de hoy mismo; y quisiera ahora no dramatizar el tema sino verlo en perspectiva. ¿Qué es lo que tú percibes hoy acerca de las marcas y probables definiciones que te construyen o que te constituyen como un poeta de esta generación?

A. C.: Aunque yo me siento partícipe de un grupo de amigos y de inquietudes, me siento mucho más partícipe de una época en la cual los amigos no necesariamente son los poetas –"la generación del sesenta"–; o sea, la "Generación del sesenta", que ha quedado de hecho definida más por los críticos que por nosotros mismos, a mí personalmente no me dice mucho. Sin embargo, no me puedo hacer el idiota: me doy cuenta de que es una época, los sesenta, que son los "sixties", además, en el mundo: John Lennon también es de la generación, y la insurrección armada es parte de la generación, y el Che también. Y también toditas las extravagancias de la época, desde el hippismo hasta el seudohinduismo. Teniendo en cuenta, además, todo lo que significa el reconocimiento interno del Perú: el triunfo relativo, y en gran medida desafortunado, de las ciencias sociales, son del sesenta.

Pero, claro, la vida sigue, estamos en 1980, 1981, y para mí es muy difícil imaginarme con relación a "la generación del sesenta" porque "la generación del sesenta" es un punto en el tiempo y mi vida ha seguido transcurriendo; y transcurriendo solo, como estamos solos al fin al cabo. Probablemente me unen ciertos gustos en común, o me unían en su momento gustos en común, pero ahora no sé cómo pueda haber sido porque, además, tú me estás hablando justamente de muertos. Entonces, con Heraud me une lo que me unía mientras vivió, y después me une probablemente ese terrible sentimiento de culpa, yo no sé por qué de culpa, que no debería haber realmente, y de cariño y de admiración por el héroe. Pero evidentemente la aventura vital veinte años después ya no puede tener mucho que ver con lo que hubiese poder haber sido y no fue, como dice el bolero. El caso de Lucho Hernández es tan distinto, porque Lucho realmente abrió su pan; y exacerbó el individualismo, cada vez más el contacto consigo mismo en detrimento del contacto con la realidad externa. Pero, en el fondo, es también un héroe a su manera.

J. O.: *Entonces tú encuentras puntos coincidentes con ellos.*
A. C.: Definitivamente, el punto de partida es coincidente y, de hecho, además, el rechazo a este mundo, que en el caso de Javier se traduce en una acción heroico-política y en el caso de Lucho se transforma en una acción heroico-personal, heroico-doméstica. En eso estamos juntos, pero ellos están muertos y yo estoy vivo y no quiero morirme y, además, no quiero que nadie se muera. Probablemente siempre fui un poco más pragmático que ellos y lo sigo siendo; claro, dentro de una acepción muy curiosa del pragmatismo, que no significa aumentar las riquezas –tener riquezas o abandonar ideales–, sino ver cómo se pueden viabilizar estos viejos y eternos sueños de que el mundo cambie. Lo cual, si pienso en César Calvo, César, dónde andará, ¿no?

J. O.: *Ahora bien, si en esta generación nuestra hay opciones vitales muy marcadas; la de Javier, por ejemplo, es definida; la de Lucho Hernández, muy clara; la de Rodolfo Hinostroza, no menos decidida.*
A. C.: Rodolfo es una versión de Lucho Hernández que no quiere morirse.

J. O.: *¿Tú sientes que por razones epocales hay una opción tuya, en diálogo con estas otras? ¿Cómo ves ahora tu propia relación con estas gentes, en tanto modelos distintos, digo?*
A. C.: Yo creo que ya no existe, simplemente. Javier es el héroe, es la persona querida, es uno de los símbolos que tiene la izquierda en este país.

J. O.: *¿Dirías que Lucho es la víctima, tal vez?*
A.C.. Lucho es en parte víctima, pero en parte él también esco-

gió su muerte. Lucho también es la realización de una opción. Porque el problema es que cuando uno es víctima como Javier, porque lo mata el enemigo, se convierte en un ángel protector; pero cuando uno es víctima en el sentido de Lucho Hernández, donde él es su propio enemigo, se convierte en ángel acusador.

Un caso extremo es el de César Calvo, también amigo, también muy querido, que ha escogido evidentemente otro camino; la poesía me parece que la ha relegado a un segundo plano, a cambio un poco también ya ni siquiera del desenfreno vital, que pertenece al pasado, a cambio de otras opciones que deben, me imagino, gratificarlo y compensarlo mucho más. En resumen, me cuesta mucho trabajo pensar en "la generación del sesenta". Eso es lo que hace rato quiero decir. No creo que exista.

J. O.: *No obstante, se ha construido a partir de esta generación del sesenta una periodización por décadas, y se habla de la "generación del cincuenta" y de una "generación del sesenta". Es revelador el hecho de que mientras nosotros redescubrimos a los poetas de los treinta, como César Moro y Emilio Adolfo Westphalen, que fueron los poetas marginales, los del setenta quieren volver a serlo pero curiosamente en contra de la tradición anterior. Quieren volver a comenzar todo de nuevo. Su cuestionamiento pasó casi por todos los poetas anteriores, pero si no me equivoco la puntería de ellos primero pasaba por ti. Lo cual es paradójico porque tú eres, evidentemente, el poeta de los sesenta que más ha influido en ellos. ¿Cómo ves tú esta secuencia de promociones, es algo que tiene sentido o te parece simplemente una indulgencia de la retorica autodefensiva de los más jóvenes?*

A. C.: Bueno, mira, evidentemente en sus manifiestos sobre quien más han puesto la puntería es en mí. Lo cual, sin dejar de afeartarte, porque a nadie le gusta que lo castiguen, lo insulten, le digan cosas, si lo miras sobre otra perspectiva, porque además la cháchara pasa, evidentemente el reconocimiento que ellos no hacen en positivo lo hacen en negativo. Pero, por otro lado, me parece que es un parricidio un poco idiota, porque los parricidios se hacen contra el padre pero no contra el hermano que te lleva un año y medio de edad, más o menos; porque ni uno es tan viejo ni ellos son tan jóvenes. Allí pasamos a un tercer nivel que es mucho más banal. Me parece que en esto hay mucho de problema promocional, o sea, es mucho más banal que una buena pregunta. Pero lo que realmente me preocupa es que yo no he visto los resultados de la gran mayoría de ellos, y los más vocingleros son los menos productivos; parecería que yo estoy respirando por la herida pero no es verdad, hablo de una manera sumamente objetiva, sobre todo ahora que no me toca nada de todo esto. Su aparente identificación con los marginales es poco menos que un absurdo porque los marginales son eso, marginales. Tú no puedes lanzar una edición de tres mil ejemplares para proclamar que eres marginal.

J. O.: *Sin embargo, si por un minuto tomamos en serio la necesidad polémica de autodefinición que los distinguió, y creo que los distingue todavía, uno piensa mirando en frío e imparcialmente que es más difícil hoy en el Perú ser un buen poeta que cuando empezaste a escribir. Lo que percibo es una enorme autoindulgencia y una permisibilidad que nosotros creo que no teníamos. ¿Es realmente más difícil hoy ser un buen poeta que en el comienzo de la década de los sesenta? ¿Qué cosas son las que han cambiado?*

A. C.: La primera falacia está en el nombre: grupo "Hora Zero". Nada nace a partir de cero; se ha perdido la base, la perspectiva histórica. Y no es que uno naciese como violeta para modesto, sino que había una idea muy coherente, entre las miles de ideas incoherentes que uno tenía, y es que había poesía anterior. Me parece que es un problema de proceso; todos asumimos una tradición nacional y extranjera; y tratamos de superarla, no por un problema de carrera de caballos, sino para poder decir algo nuevo; porque al fin y al cabo, volviendo a la definición de Eliot, la poesía no es tanto que dices algo distinto sino que lo dices de una manera distinta. Me parece que ellos, muy preocupados por la promoción pública, han perdido la perspectiva en gran medida de lo que significa la tradición histórica. Pero no basta decir que las cosas no existen para que dejen de existir. El primero y más grave error está en esa falta de la perspectiva histórica. Sin querer echar mano de eslogans revolucionarios, no tengo nada de miedo de decir que es simple y llanamente reaccionario. Es reaccionario el obrero que no conoce la historia del movimiento obrero; es reaccionario el sindicalista que no asume la tradición del sindicalismo; es reaccionario el peruano que cree que el mundo comienza en el "roller buggy"; como es absolutamente reaccionario, aunque el arsenal de vocabulario pertenezca a la estirpe más gloriosa de Lenin y de Marx, el que cree que está comenzando de cero. Eso es lo que te va a impedir caminar y marchar adelante: si no asumes tus influencias menos vas a asumir tus innovaciones.

Pero, por otro lado, yo creo que el panorama social, cultural, político, tuvo variantes muy importantes. La gente del sesenta nace con la revolución cubana, con la perspectiva insurreccional ante el frente popular, con la creación de la Nouvelle gauche o la New Left; con todas las posibilidades que daba el mundo de ser revolucionario sin necesariamente pertenecer a un partido determinado. La superación de la estrategia, la técnica y la componenda por la entrega, el arrojo y la veracidad a veces ingenua, pero total, íntegra. La gente del setenta tiene que ver mucho con otro Perú. Nosotros estábamos en un Perú de buenos y de malos, de capitalistas y de socialistas, de reaccionarios y de revolucionarios, que aunque pertenecía a una minoría, porque no existía la conciencia más o menos extendida que tenemos ahora en que nos damos el lujo de sacar de repente el 38% de una votación, las cosas eran más claras; como siempre ocurre, mientras más restringidas son más claras. Los del setenta aparecen en un Perú seriamente trastocado. Es el momento del nacionalismo militar reformista del presidente Velasco, a quien por lo demás no dejo de respetar y, para mí, sigue siendo el último presidente que ha tenido el Perú. Pero de todas maneras todo lo que significaba izquierda, que era reforma agraria, nacionalización del petróleo, cultura popular, etcétera, bien o mal hecho, con fines buenos o torcidos, bien o mal asesorado, en ese nivel ellos tenían muy pocas cosas que decir. El romanticismo de Cuba había pasado; Vietnam no era un problema de ética sino un problema militar: cuántas bombas más podía aguantar Hanoi y cuál era la capacidad de Giap de hacer la gran guerra del Téh y barrer realmente con los helicópteros norteamericanos; pero eso no es privativo de ellos. Nosotros también estábamos en lo mismo; la diferencia es que estábamos premunidos y mucho más llenos de cosas; teníamos más espacio, en otras palabras, que ellos. Ellos no encuentran otro espacio que el de los escritorios del Sinamos. Evidentemente, yo no estoy proponiendo que deben estar en contra a la loca o a la mala; pero mala suerte si les tocó vivir una vida organizada no por los revolucionarios sino por los militares, que copaban de algún modo las banderas básicas, externas, visibles, de lo que era el ideal revolucionario anterior. Creo que en gran parte ésa es su tragedia, su desgracia. Por otro lado, a nosotros nos costó mucho trabajo muchas cosas: somos gente instruida, gente que nos gustó y nos costó instruirnos. En ese espontaneísmo, que caracteriza a varios de ellos, hay una *époque rimbaudiana* completamente desfasada, que se parece mucho a la idea de las señoritas de la Universidad Femenina que escriben poesía y que dicen que no leen poesía para no ser influidas. Entonces, no se ha perfeccionado un tercer elemento: la tecnología. Porque la poesía, como construir un puente, es un elemento de tecnología acumulada que se aprende de la tradición; que vive de las tensiones personales, por supuesto, a nadie se le puede enseñar a ser poeta, pero, eso sí, un poeta en ciernes puede aprender a ser más poeta. Al principio, quisieron hacer de lo que era una desgracia un mérito. Decirte que ellos no estaban influidos por la poesía inglesa, como si vivieran en una isla; claro que por la inglesa no estaban: estaban influidos por los que habíamos asimilado la poesía inglesa.

J. O.: *Toño, esta clarificación que tú haces sobre tu relación e interacción, yo creo que paradójica finalmente, con un grupo, una parte de los poetas jóvenes del setenta, me lleva a otra cosa. Me lleva a preguntarte un poco directamente, a quemarropa, sobre esta situación tuya que yo percibo al volver a Lima en la cual por un lado hay, evidentemente, un fácil o cómodo reconocimiento de tu calidad poética; y, por otro lado, una suerte de resistencia del medio, no exactamente derogativa o simplemente criticona, sino una necesidad del medio de ubicarte en algún nivel más legible para probablemente complacer su propia relación con la poesía. Tal vez el medio de alguna manera busca domesticar al poeta para no ser cuestionado por su trabajo y de algún modo ubicarlo en una marginalidad pacificada. ¿Tú percibes esto, o es simplemente un desfase de percepción?*
A. C.: Bueno, en todo lo que dices percibo unas cosas y otras me parece que son demasiado elaboradas; no digo que no sean reales pero sí que no las percibo. Hay cosas elementales de las que me doy cuenta.

J. O.: *¿Tú sientes una resistencia?*
A. C.: Hay una mezquindad, pero una mezquindad, además, que yo creo que me he ganado. Cierta gente, en todo caso, no es que te niegue valores, pero prefiere no darse cuenta.

Por otro lado, yo creo que hay otros elementos igualmente poderosos. Sin dármelas de heroico ni de social-realista, ni de militante a ultranza, que no lo soy, porque tengo todas las caídas y las dudas de Job y las desesperaciones de Jeremías; con intervalos, pero desde hace mucho tiempo, últimamente con mucha más claridad, desde 1975 exactamente, formo parte de la intelectualidad de izquierda militante. A mí me horroriza la misma frase que acabo de decir, porque como tú sabrás, al mismo tiempo yo tengo muchos problemas con ciertos sectores sectarios, absurdos, obtusos, de los realismos más chatos de la izquierda militante. Pero yo creo que, de hecho, entre el crítico a ultranza, el iconoclasta marginal pero elegante o por lo menos agradable al *establishment*, en este momento soy una persona que cuando escribo no escribo literatura sino escribo política. Dirijo *El caballo rojo*, suplemento de *El Diario*; y, claro, la burguesía te castiga, los *establishments* te castigan. Los ingleses no te invitan más a su embajada y los franceses tampoco, eso es muy claro. Yo durante muchos años me resistía a creer que eso existiera, creí que era la demagogía de los eternos genios desconocidos que creen que los maltratan porque son genios. Pero evidentemente funciona.

J. O.: *¿No será que has simplemente saturado las expectativas del medio?*
A. C.: También. Todas las cosas se usan, y pasan de moda eventualmente. Yo no creo que ciertos valores que yo planteo en poesía y en el lenguaje, por ejemplo, hayan pasado de moda. Pero lo que sí creo es que la novelería pasa, y la gente es novelera.

J. O.: *Toño, pero si es cierta la tesis hipotética de que tú has saturado las expectativas del medio, tiene que venir una segunda instancia en que el medio quiere probablemente esperar de ti aquello que pueda controlar. Y te cobra si no se lo das. Espero quizá la pacificación de tu propia capacidad de cuestionar.*
A. C.: Pacificación significa domesticarme. Pero el medio, en realidad, no me tiene. Como te dije hace un rato, no creo, no me parece. En todo caso, qué importaría finalmente si mi figura fuese domesticada cuando mi actitud es de lo más contraria, y lo contrario de doméstico es indómito. En la medida de las cosas reales y prácticas que hago, periodismo, y también en otros niveles de intransigencia, la idea básica es el socialismo. Por otro

lado, desgraciadamente, yo remito muchas de estas cosas a la mezquindad y al mismo tiempo a la novelería. Se cree que las cosas deben necesariamente renovarse, ni para bien ni para mal, simplemente renovarse. Pero sobre mi capacidad de renovarme y no saturar espacios hay muchas cosas en juego. Había un artículo de Carlos Delgado que escribió en *Amaru*, en 1967, que era una teoría del espacio infinito. La idea que tiene la gente de que el espacio es infinito, justamente, y se puede también parcelar y ocupar como un objeto físico, con linderos determinables; de manera que el espacio que tiene uno no se puede superar si no es quitándoselo al que lo tiene; y la palabra saturación tiene que ver con eso porque saturación es también un cubículo cerrado. Nadie puede hablar de saturación marina, pero sí se habla de saturación de sal en un vaso de agua. Entonces, yo creo que hubo por allí una primera deformación, que tiene que ver más con la realidad objetiva, con las propuestas objetivas de la gente. Pero por otro lado, claro, saturación tiene en este caso otra connotación, y es mi propia saturación. O sea, en qué medida doy vueltas sobre la misma noria. Eso yo no sé, eso les toca a otros juzgarlo. Yo creo que mantengo una línea de coherencia creativa, lo que es el estilo, en lo cual siempre hay algo de parecido a lo anterior; pero también hay una línea de búsqueda, en lo cual hay diferencias con lo anterior.

En esa medida yo no sé realmente si alguna gente joven espera que hagas algo nuevo o sólo espera que te derrumbes. Porque realmente si esperasen que hicieras algo nuevo, también podrían estimular lo que consideran de valioso y existente. Por lo demás, yo sigo escribiendo, publicando. La primera mención del concurso de Nicaragua que gané, que pudo haber sido el primer premio también, aparte de que Fernández Retamar es un excelente poeta, no tuvo más resonancia que un cohetón reventado en una esquina en año nuevo. Por lo demás, ha pasado un año y nadie lo ha publicado. Yo no esperaba nada, y casi no espero nada; me he resignado. Lo que no quiere decir que mi afirmación humana no requiera, evidentemente, estímulos, palmaditas, que te digan "qué bien has estado, zambo". Entonces, no sé qué más puedes realmente hacer. Qué más puedes ofrecer; tu cabeza, para que te quieran más. Yo creo que esto llega a un *impasse*, definitivamente. Y es que cierta gente no quiere a los que hacen ciertas cosas bien hechas, y en la mayoría de los casos esa gente llega a la opinión pública. Pero, además, como te decía hace un rato, en mi caso particular me parece percibir, sin ninguna vanidad, francamente te lo digo, una actitud política concertada frente a una persona que de algún modo quiere utilizar cierto prestigio que se supone tiene para formular propuestas de izquierda dentro de la exploración de lo que es la realidad nacional. Bien hechas, mal hechas, es un riesgo que todos corremos; peor es no hacer nada, simplemente.

4. TEXTO Y CONTEXTO: LÍNEAS DE FLOTACIÓN

J. O.: *Quizás esto nos lleva a otra lectura, que no se refiere necesariamente a la secuencia de tus libros, en la cual se establece ese discurso en construcción que es tu trabajo poético. No vamos a intentar ver cómo compites contigo mismo de libro a libro y cómo se demuestra cada vez una mayor penetración, intensidad y eficacia, si se quiere, en la capacidad de rehacer el lenguaje que tienen esos textos. Más bien, convendría ahora, para situar este proceso en su contexto y en su evolución, conversar, otra vez sobre lo mismo, a partir del prisma que se abre con* Comentarios reales. *En lugar de una secuencia cronológica de un texto a otro, yo preferiría, por ejemplo, situar* Comentarios reales *frente a* Crónica del niño Jesús de Chilca. *O sea, un texto,* Comentarios reales, *fundador, liminar, donde se revisa críticamente la historia, y donde se lo hace con nueva poesía, que es aquí lo fundamental, frente a* Crónica del niño Jesús de Chilca, *que es otra manera de releer la experiencia nacional. Y quizá podríamos establecer un puente entre estos dos textos y ver de uno a otro qué es lo que cambia y qué es lo que persiste, y cómo tú mismo te sitúas frente a esta experiencia ganada desde la poesía.*

A. C.: Coincido en que está bien planteada la relación entre uno y otro libro. Aunque tú dices que mejor no plantearlo en secuencia, es que a mí me cuesta trabajo imaginarme *Comentarios reales* sin *David*; *Destierro* podemos dejarlo de lado, podemos hablar de él o no; mi primer librito. Pero *David* sí ya me interesa. *David* es un libro muy chiquito también, pero un libro que plantea decididamente una tónica narrativa relativamente inédita en el medio, y donde también se quiere contar la historia oficial al revés, en este caso la historia del rey David de la Biblia.

En *Comentarios reales* hay un problema; de hecho, es uno de los libros más queridos no tanto por mí sino por los lectores; es casi el libro que el lector más alejado de lo que es realmente el fenómeno del proceso poético nacional de algún modo te reclama: "allí sí tú que escribías, allí sí que sabías escribir". Ése normalmente es el lector cuyos intereses políticos están muy por encima de los intereses estéticos o literarios; o por encima de lo que es un proceso de integración, finalmente. Yo no puedo dejar de decir que también me gusta *Comentarios reales*, pero muy relativamente. *Comentarios reales* es la revisión de la historia del Perú, la historia del Perú contada al revés, casi la visión brechtiana de la historia. Se cuenta desde el punto de vista popular y no desde el punto de vista de las efemérides, de los generales y las batallas. Pero al mismo tiempo *Comentarios reales* es la historia de la gran ambición: la historia del Perú en ochenta páginas. Por esa misma razón, por tener que flexibilizar tu capacidad poética a un esquema previo, que es desarrollar las cuatro historias clásicas de la historia del Perú: antiguos peruanos, conquista y colonia, emancipación, república. En *Comentarios reales* hay dos carencias básicas; la primera es esta que digo, yo creo, la ambición que no llega a redondear buena parte de los textos; y la otra es la incapacidad que yo tenía en ese momento, no sé si tanto técnica como ideológica, de integrar mi vida personal, doméstica, al mundo histórico-social. De allí que se hable de las cosas como si no tuviera nada que ver con ellas; y sólo al final, en una pequeña sección que se llama "De mi casa y sus alrededores", hablo de mí mismo. Año 1964, años terribles para el Perú; se había derrotado a la primera guerrilla, se venía la segunda, donde voy a participar de algún modo en Ayacucho. Si bien no creía en la perspectiva del realismo socialista, como no sigo creyendo hasta ahora, que es una de las cosas que también me ha causado dificultades, que es lo que pasa cuando tú tienes una posición relativamente crítica, equidistante entre varios sectores a la vez. Sin estar en el aire; muy escogido, definido, el campo de la izquierda. Y es que la izquierda no tiene por qué ser bruta y beata: allí es donde está la historia.

Entonces, yo creo que después hay otros libros, como *Canto ceremonial*, donde llego a integrar, o trato por lo menos de integrar, el todo en uno. Pero el *Niño Jesús de Chilca*, que es el último, que está listo hace tiempo, tiene un aire de familia con *Comentarios reales*. Otra vez prefiero objetivar a través de la poesía un sector concreto de la realidad peruana poniéndome yo al margen; al margen entre comillas, no hay poeta que esté al margen de lo que escribe. La diferencia fundamental está en que *Comentarios reales* es la historia de todos los lugares del Perú en todas las épocas. La *Crónica* de esta comunidad que se llama Niño Jesús de Chilca solamente habla de una comunidad muy concreta, costeña, por lo tanto afín a mí en el idioma, que sólo se encuentra a cien kilómetros al sur de Lima y con la cual tengo una familiaridad empírica directa, por muchas razones. Así como *Comentarios reales* es crónica, basada un poco en la idea de las crónicas españolas de dar testimonio de una realidad, aquí también ensayo la crónica, pero con un *approach* antropológico casi. Las malditas ciencias sociales, de las cuales realmente reniego en el noventa por ciento de los casos, terminan enviciando, impregnando una época. Aquí más bien se trata casi de informantes, y de la utilización y la transcripción de su lenguaje. Cumple así una función de crónica pero mucho más directa, mucho más restringida. Un mundo no basado tanto en la comprensión general de la cultura que se puede tener sino en un nivel mucho más empírico, más directo.

Pero también el centro es la liberación del hombre desde el punto de vista fundamentalmente político. Yo creo que todo tiende a la liberación del hombre, aunque sea del mismo poeta que escribe, pero en este caso también se trata de hacer una cosa, entre comillas, objetiva, una crónica de los demás; es el nacimiento, vida y muerte de un pueblo, de una comunidad, y el fin de un modo de vida comunitario. Poesía donde esta vez me aventuro en un camino nuevo; por eso yo no entiendo cuando la gente dice que me saturo a mí mismo; es relativo. Camino inédito, que es utilizar el lenguaje de los demás ordenado por ti mismo. Este libro está escrito no en jerga sino en chilcano, como habla la gente. *Comentarios reales* es un libro muy rabioso y la *Crónica de Chilca*, sin dejar de serlo, tiene un elemento esperanzador. Porque en el otro hay topadas a ciegas, acá no; acá existe una comunidad basada en una idea religiosa, pero no es la religión lo que me importa sino la armonía que puede haber en un pueblo, en un mundo que se disuelve, pero que tiene la posibilidad de reconstruirla también. Con eso no estoy haciendo ningún programa de optimismo, ni positivismo.

J. O.: *Ahora, ¿cómo llegas tú a esta nueva apertura de* El niño Jesús de Chilca? *¿Son las fuerzas sociales y los cambios sociopolíticos del país los que te sitúan en una nueva lectura de tus propios materiales? En comparación, por ejemplo, con* Canto Ceremonial, *cuya dimensión probablemente sea más intelectual por su significancia crítica. ¿Hay una opción cultural en* La crónica del niño Jesús de Chilca?

A. C.: Definitivamente, la opción es por allí. Con la edad, la vida se reduce y se agudiza: se trata de agarrar un segmento mucho más breve de la realidad, pero al mismo tiempo mucho más conocido. Como te dije, *Comentarios reales* tiene que ver con una ambición más que con una realización. Claro, la *Crónica del niño Jesús de Chilca* ya pertenece al periodo en que yo vivo pensando, si no maniqueamente, de todas maneras casi en términos de izquierda y derecha, lo cual corresponde al crecimiento de la fuerza popular en el Perú; que yo lo refleje en ese libro o no, ya es otro cantar. Pero, de hecho, necesitaba sobre todo, después de *Como higuera en un campo de golf*, y en parte después del *Libro de Dios y de los húngaros*, reflejar otra vez la realidad sociopolítica nacional. Una necesidad personal interiorizada, no un programa. Nadie me va a premiar por eso, al contrario, probablemente es de lo más heterodoxo. Pero sí, de hecho, se inscribe en un nuevo acto de fe, después de haber tenido tiempos de descrecimiento, que no de negación.

J. O.: *Si hubiese que calificar lo que finalmente has hecho con el lenguaje en la poesía, probablemente habría que empezar diciendo que tu trabajo poético se sitúa en aquella dimensión de lo cotidiano, que es recobrada en esa misma materialidad de las cosas que huyen; y que tu lenguaje es por ello el lenguaje de una conciencia de lo transitivo. De allí su capacidad evidente para resituar la experiencia como lo más material que de ella puede quedar verbalmente. Esto sólo es tentativo como definición de un estilo, pero también es evidente que cualquier lector de poesía podría reconocer un texto tuyo. Creo que ese reconocimiento proviene no sólo del hecho de que hayas proveído al lector de un discurso en construcción a partir de lo cotidiano, sino que también hay una voz, una marca evidentemente tuya, propia, que de uno a otro libro no ha hecho sino incorporar y relacionar más materiales no menos específicos. ¿Cómo te sientes ahora frente a tu propia ganancia estilística? ¿Tú*

ahora trabajas como el beneficiario en primer lugar de tu propia escritura, o siempre sientes la necesidad de una exploración y de una apertura? Te repites a ti mismo en la parte beneficiada de tu estilo, o sientes nuevas perspectivas, aperturas, a las cuales este mismo estilo y su probada eficacia te llevan?
A. C.: Bueno, eso es bastante relativo. Aunque me repitiese a mí mismo no tendría por qué haber un juicio malévolo sobre eso, sería como echarle en cara a alguien que ha hecho algo el haberlo hecho y aplaudir al que no lo ha hecho. Pero dejada de lado esa cosa que es tan personal, parece que he sido muy impregnado de quejas y lamentaciones, yo siento la necesidad de buscar nuevas cosas. No de buscar nuevas cosas para contentar al espíritu novelero, o a la supuesta saturación del medio ambiente; sino porque nuevas experiencias requieren nuevos lenguajes. Pero evidentemente hay formas del lenguaje, que es básicamente la integración de todos los lenguajes: coloquial, jerga, regional, culto, neutro, literario, dentro de un discurso narrativo además, pero más te corresponde a ti o a otros el ver cómo funciona esto. Formas que tampoco voy a desechar, por afán de cambiar.

Entonces, claro, yo reconozco que echo mano de recursos ya probados pero no tanto porque me han dado gratificaciones, como dicen los psicoanalistas, sino porque funcionan para de allí pasar a cosas nuevas. Este libro de que hablábamos, la *Crónica del niño Jesús de Chilca*, tiene de hecho innovaciones y riesgos; si alguien se molesta en verlo, lo va a encontrar, pero si alguien *a priori* no quiere verlo porque dicen que hay mucho Cisneros en el aire, eso ya es problema suyo, yo por eso no me muero. Probablemente, eso sí, reconozco que cada vez es más difícil innovar, y sobre todo innovarte a ti mismo. Ésa es una realidad casi biológica, pero ganas no me faltan. De ningún modo he sido asentado en los laureles, que son tan precarios, y tan irreconocidos, además.

J. O.: *Evidentemente uno de los momentos más realizados de esta escritura poética es el* Canto ceremonial; *tanto que probablemente sea el libro de la "generación del sesenta", si eso significa algo; pero no solamente eso, sino que además es un libro que puede ser leído en cualquier horizonte lingüístico, independientemente de toda su temática y materias históricas situables, como un libro cuya calidad poética es autónoma, suficiente. Es muy interesante esto porque el* Canto ceremonial *en realidad no es, creo yo, el proyecto de un libro como la postulación de una estética. Hasta cierto punto, es un libro inocente, diría yo, en el cual los poemas se suman desde una perspectiva vital muy clara, que es la del hombre del Tercer Mundo, discerniendo y optando en el mundo occidental; y tiene, sin embargo, esa final calidad de un texto quizá fundador o divisorio de las aguas, probablemente, muy cerca de la sensibilidad propia de este nuestro tiempo. En el* Canto ceremonial *contra un oso hormiguero has hecho algo que coincidía con la época; de alguna manera, has proveído al lector de una cierta contextualidad convertida en poesía que después no es repetible, porque es un libro que culmina en sí mismo. La pregunta tendría que ser, ¿qué es lo que ocurrió para que todo eso se convirtiera en lenguaje?; y, ¿cómo ves hoy ese proceso que parece tan fácil y tan dado?*

A. C.: Bueno, yo creo que el *Canto ceremonial* es un lindo libro; allí yo participo del lugar común, o sea, me parece que salió redondo, y no tanto como libro, porque después he tenido otros más estructurados, y antes también. Sin embargo, lo que es el poder del lenguaje en un libro es sumamente notable: escapa a uno, escapa a lo que tú crees que va a salir o no. Hay varios factores en *Canto ceremonial*, y de hecho temo que tenemos que referirnos a otra cosa; yo te dije al principio que no me siento poeta sino que escribo poesía; sin embargo, voy a entrar en una aparente paradoja. Yo mucho recuerdo cuando una vez le pregunté a Emilio Adolfo Westphalen por qué no escribía –pregunta hecha en 1966–, no solamente por qué no escribía como antes sino por qué no escribía simplemente; me dijo con una mezcla de ternura y rabia simultáneamente contenidas: "para escribir poesía hay que vivir en poesía". Yo creo que algo de eso pasó con este libro.

Canto ceremonial es el primer libro que yo produzco fuera; íntegramente fuera, salvo tres poemas breves de la sección "Animales domésticos" que es la menos significativa del libro, que los hice antes de salir; y el poema final, la "Crónica de Chapi", que lo hice bastante antes de salir, sobre mi experiencia directa del contacto con la guerrilla. Pero el núcleo de *Canto ceremonial* es la sección de ese nombre que ocupa dos tercios del libro o más. De allí tendríamos que volver un poco a este extraño equilibrio de poesía y vida. Yo salía por primera vez para un tiempo largo y lejos de Lima, del Perú, de golpe a Inglaterra, sin más intermediarios que un barco carguero griego de mineral de hierro que me llevó desde Marcona a Dunquerque y de allí a Londres. Si me pongo en plan de

Charles Dickens, te contaré que este libro lo escribí en el invierno, congelado, sin plata para poner los pennies, que en esa época se ponían en las estufas automáticas de los barrios de Londres, enfundado en un abrigo, del cual sacaba una mano para escribir a máquina y después la volvía a guardar; después sacaba la otra hasta que se ponía azul, y la iba renovando. Ésa es la anécdota que tienen todos; no es significativo pero forma parte de algo. *Canto ceremonial* realmente es producto del choque de culturas, no del conocimiento de culturas; es el choque vital. Ahora, yo iba sedimentando un lenguaje; no lo inventas de la noche a la mañana. Pero probablemente Londres fue la voz de alarma de la libertad. Por primera vez me sentí libre para hablar de todas mis cosas, mis miasmas, y hablar de Lima, y hablar de Inglaterra. Tú dijiste que hay hasta una cosa un poco ingenua; efectivamente, porque es la primera vista de algo que, independientemente de tu capacidad de analizar o no una realidad, puede reflejarse poderosamente en la palabra. Un imbécil del *Times Literary Supplement* hizo un juego de palabras con mi libro: "Inturist", o sea la agencia soviética de turismo e *in tourist*, el tipo que habla de Inglaterra a los primeros seis meses de llegado; pero no era Inglaterra, era yo. Era la reacción del buen salvaje con el mundo desarrollado. Ésas son un poco las circunstancias. Por otro lado, yo creo que en ese momento la crisálida del puritanismo que me acompañaba en *Comentarios reales*, de ser incapaz de hablar de mí mismo, se rompe. Entonces, bombardeado por múltiples experiencias, que probablemente van desde conversaciones en un *pub* con un asistente de sastre sudafricano negro, que era uno de mis eternos amigos gratuitos; cosa que yo siempre he pensado de Mario Vargas: él aparentemente nunca tuvo un amigo gratuito, todos tenían que tener finalidades literarias; y muchas cosas más. Era una época muy rica, muy importante en el mundo. Mis preocupaciones por otro tipo de liberación, sea el feminismo, sea el amor libre, sea el comunitarismo, sean todas las heterodoxias posibles para coadyuvar a una izquierda no rígida y no moribunda; todo eso funcionaba. Pero probablemente el gran factor, y volvemos a la frase de Emilio Adolfo Westphalen, era que estaba viviendo en poeta; no como un elemento de prestigio, pero sí con los poros abiertos, todo a flor de piel. La palabra es libertad, yo creo. Absolutamente libre. Y, entonces, lo que necesitaba hacer era el vericueto del desenfado, para lanzar lo que sí estaba en ti y que era absolutamente tuyo. No aprendí ni el lenguaje, ni aprendí a escribir; no aprendí los conceptos ni las relaciones entre los conceptos. Todo eso lo tenía guardado, casi reprimido diría. Eso es impresionante, y eso me preocupa; me preocupa ahora, por ejemplo. Yo sé lo bonito que fue ese libro, y cómo me gustaría volver a hacer no ese libro, sino volver a plantear esa circunstancia poética. Como me doy cuenta de que entre racionalismo y racionalismo vas impidiéndote a ti mismo estas grandes posibilidades. Desde preocuparte por los seres domésticos más cercanos que tienes, que deben ser reflejados de un modo u otro en el libro, hasta las expectativas de los compañeros de cómo no debe ser planteada la lucha de liberación. No creas, yo lo siento; y me doy cuenta. Creo que de eso se trataba, en el fondo.

J. O.: *Toño, también había en ese libro el descubrimiento dramático, pero al mismo tiempo irónico, de ser un hombre del Tercer Mundo, cosa que significaba mucho en esa época, no sé si ahora. Te daba una especie de perspectiva de lectura de la realidad, de descodificar los hechos y situarlos en otro contexto, crítico, corrosivo, disolvente. ¿Es lo mismo ser un hombre del Tercer Mundo en ese libro que serlo en los otros?*

A. C.: No, definitivamente; has dado en el clavo. En primer lugar, en esa época significaba mucho. Yo no sé si significaba mucho desde el punto de vista de las expectativas de los demás; pero concretamente para cada individuo, que éramos todos, que somos, significaba mucho. Claro, parte del desenfado son dos elementos mezclados, si tu quieres: el liberarte de tu medio, que es tan duro en poesía; los novelistas no saben de eso; a los novelistas después les encanta que les pregunten "¿usted era Zavalita?, ¿usted era esto?, ¿usted era lo otro?"; después dicen: "Pues, yo soy mitad y mitad, porque todos tenemos de Gog y Magog", ¿no? Pero lo que casi nadie dice es que los poetas están en su libro: completos; y, al fin y al cabo, la impudicia tiene un límite. Pero también, al mismo tiempo, había la otra libertad del Tercer Mundo que en gran parte nos venía coronada por Cuba. Yo me acuerdo mucho de haber asistido a esa famosa Exposición del Tercer Mundo en La Habana, en 1968, después de que escribí el libro; me acuerdo de una serie de cosas, por ejemplo la famosa Creación de Adán, de Miguel Ángel, puesta en neón; en unos grandes paneles luminosos aparecía la cara del Che y un mensaje: "El deber de todo revolucionario es hacer la revolución." Cosa tan importante para nosotros que hasta ahora nos dura; no es inscribirte en el partido sino hacer la revolución, ése es el deber. Eso es una constatación posterior, a lo que voy es que había todo una patente de corso y toda una expectativa gratificada, relativamente hablando, de la que era ser tercermundista. Tanto en esa época, y durante años, yo proyecté y guardé mucho material, pero no lo llegué a hacer en parte por ocioso, en parte porque, con tu perdón, tengo mucha desconfianza de la literatura crítica no creativa. Yo quería hacer un libro que se iba a llamar, y lo anunciaron varias veces, te acuerdas: *La crónica del buen salvaje*, con imágenes recortadas de la publicidad de periódicos ingleses y muchas cosas más. Y llegué a tener mucho material, y pude haber hecho el gran libro (creo que hubiera sido un gran negocio ahora, porque ése es el libro que se vende, pero nunca lo hice), de lo que significaba el Tercer Mundo con relación al Primer Mundo. Todo eso iba muy acompañado de los movimientos de liberación, de la idea del Tercer Mundo en China; era una cosa epocal. Y también en el Primer Mundo los desafueros de los Beatles y los Rolling Stones, de Bob Dylan en el otro lado del Atlántico, sin olvidar varios franceses, como Georges Brassens. Se trataba de eso: redimir al buen salvaje, pero no para el "punk" sino para la revolución.

J. O.: *Después de este libro y de esa circunstancia epocal privilegiada probablemente, y característica de nuestra generación, escribiste* Agua que no has de beber *y* Como higuera en un campo de golf. *En estos dos libros, con igual eficacia expresiva pero probablemente con un correlato distinto de orden creo que biográfico, pasaste a construir un poco lo que vendría a ser una mitología personal, que es una mitología probablemente agónica y dramática, ironizada por supuesto, relativizada, en unos poemas que, aparentemente, eran de tono menor pero cuyo trabajo corrosivo se situaba frente al edificio mismo de lo represivo. ¿Tú ves así esos dos libros?*

A. C.: Es algo parecido a lo que has dicho pero, evidentemente, cuando hablo de *Canto ceremonial* hablo con un entusiasmo que ya no le deparo a estos dos libros de que hablamos ahora. Están bien hechos pero el problema también es de mediciones; son buenos porque hay tantos libros malos; y están bien hechecitos, con buena factura, buena técnica. *Agua que no has de beber*, concretamente, es un libro simpático; en algunas *interviews* me he cebado contra ese libro; no es para tanto. Pero ahí, en *Agua que no has de beber*, yo veo un poco el anuncio de lo que va a ser *Como higuera en un campo de golf*. Antaño era incapaz de hablar de mí mismo, y después seguí en *Canto ceremonial* a sintetizar lo que era mi vida personal con mi vida pública, y lo que eran nuestras vidas vividas e imaginadas con las vidas de los demás, sin olvidar el correlato de hacia dónde vamos: la revolución, en lo cual insisto, aunque parezca de un verbalismo consolador. Me parece que en estos libros me fui un poco a lo otro, que era tratar de afirmar lo que había de individuo. En Europa también perdía la perspectiva que tuve en *Comentarios* y que he recuperado en el *Niño Jesús de Chilca*. Como que te olvidas, como que te pierdes en el maremágnum y te vuelves sumamente individualista; porque, al fin y al cabo, aquí en este país y en este mundo cuando tú eres individualista normalmente estás en negación con una idea de una sociedad solidaria; pero en esos países del Primer Mundo la gente, en general, tiene la cara dura de ser individualista y al mismo tiempo creer que pertenece a una comunidad cualquiera. Ejemplo típico, los norteamericanos, que hacen una manifestación contra la bomba nuclear y son incapaces ni siquiera de tocar en la epidermis la "13 proposition" de California, que en este momento no es nada menos que la camita en la que se acuesta Ronald Reagan. Los ingleses eran perfectamente capaces de hacer solidaridades con los mineros bolivianos e incapaces de hacer un mitin más o menos coherente contra Powell, un racista feroz. Entonces, ese individualismo, esa libertad, que en un momento digo con cierto entusiasmo cuando hablábamos de *Canto ceremonial*, también es el *permissiveness* anglosajón, y francés también, que hace perder ciertas perspectivas. De repente no se pierden, pero cada uno se debe finalmente a un rincón de la vida en el planeta. Te hace perder perspectivas nacionales, bueno, nacional es una palabra que suena tan fea, pero es tan real. Cuando hablo de muertos de hambre de una barriada no hablo dela pobreza de Bangladesh sino de este país, de esta ciudad y de este barrio que está al lado de donde vivo.

J. O.: *Después de estos dos libros que fueron como de reordenamiento de tu biografía y de tu necesidad de situarte desde la poesía ante tu propia experiencia, libros llenos de fantasmas por cierto, viene otro, totalmente imprevisto por los anteriores, el* Libro de dios y de los húngaros. *En primer lugar, hay cosas en este libro que no has hecho antes. Hay poemas de una autonomía que no debe nada al contexto, a la situación histórica o política, y que son casi poesía por sí misma. Por otro lado, está la parte política, la parte religiosa, la parte de los viajes, todo ese material que alimenta tu poesía. Y, al mismo tiempo, es como tu primer libro de una cierta madurez vital, donde aquella palabra que te alarmó al principio, tolerancia, aparece subrayando percepciones, y es también un libro transicional, donde dejas a tu lector un poco como al borde del abismo, donde probablemente tú mismo has llegado. Y ahora convendría, en beneficio de la coherencia, que dijeras cómo fue que llegaste a esta parábola a veces bíblica, a veces purista, de una transparencia elemental y directa en los textos.*

A. C.: Me alegro realmente, porque por ejemplo ese libro estuvo en plan de los perros y gatos menores en que uno cae aquí. Claro, ese libro, a diferencia de *Canto ceremonial*, que sacó roncha, y *Comentarios reales*, que sacó mucha, sacó una roncha democrática porque horrorizó a los compañeros de cierta izquierda, en la cual me sigo inscribiendo de una manera vital y activa, y también a los señores de la derecha que, como se sabe, son adoradores del becerro de oro, que también es enemigo de Dios. Unos por liberales y otros por dogmáticos se sentían defraudados.

Independientemente de lo que tú señalas y que en parte yo lo veo, creo que efectivamente en este libro hay poemas que no le deben nada, en resumen, a mi previa retórica de prestigio. Al fin y al cabo habían pasado cuatro años sin publicar un libro; para un poeta más o menos en funcionamiento es algo. Cayó mal. Ahora, la verdad es que este libro me interesaba mucho publicarlo. Éste es el libro donde realmente empiezo a esbozar algunas de las formas de la armonía, que ahora le llamamos madurez, y coincidimos, y que antes le llamaste tolerancia y no coincidimos con la palabra. Hay un espíritu religioso que traspasa todo el libro; hay poemas que son deliberadamente de tema religioso, y la mayoría no lo son; pero hay otros enfrentamientos como la muerte y el tiempo; cosas que, dichas así, suenan realmente a paja, pero que están planteadas en el libro más bien como muy concretas, muy vitales y cotidianas.

Éste es un libro muy libre; yo no sé por qué nadie se dio cuenta, o pocos se dieron cuenta. Es uno de los libros más serios que he hecho; y lo escribí, en relación con los demás, de una manera muy distinta. Los otros libros yo los he escrito en directo: vida vivida, vida escrita. Este libro no. Este libro lo hice durante mis dos años de estadía en Budapest, en Hungría. Yo en Hungría no tenía lenguaje, porque yo he aprendido algo de húngaro y quiero mucho a los húngaros pero durante mucho tiempo y, en general, la mayor parte del tiempo me la pasé viendo imágenes y no letras. En resumen, yo no tenía la palabra. La había perdido y, por lo tanto, no escribí. En Hungría no escribía; apuntaba en cajetillas de cigarros, en papelitos, a veces llegué a tal nivel de pereza que le decía a la Negra, mi esposa: "Negra, apunta tal cosa", que no eran ni siquiera imágenes sino ideas. Yo he tenido que regresar al Perú en el año1977, para organizar dos años después, cosa que nunca he hecho en mi vida, ni antes ni después, un sobre de manila lleno de apuntes cochinos y cajetillas de cigarros y fósforos que no querían decir nada; y tener que reconstruir lo que yo creía que iba a ser un libro, y fue un libro. Probablemente, el libro más orgánico que he hecho. Es bien curioso el caso.

J. O.: *Es también, curiosamente, un libro en el cual por primera vez aparece una persona poética sumamente vulnerable. Porque se puede decir que en los libros anteriores, sobre todo* Como higuera en un campo de golf, *aparece el poeta desamparado, marginal, pero aquí, en el* Libro de Dios y de los húngaros, *aparece otra persona poética, una persona que está como apenas sobre la realidad, con un pie en el abismo y como cuestionada; o sea, un poeta que de alguna manera recomienza.*

A. C.: Yo no tenía palabras, pero por otro lado probablemente había llegado (no vamos a darle un matiz metafísico, místico, que sería ridículo), había vuelto a ese estado que dice la Biblia, donde eres tan vulnerable como un niño en los brazos de Dios. Muy dispuesto a la entrega; y si hay algo evidente en ese libro es que tiene una gran carencia de ironía y de humor. Porque el *Canto ceremonial* es muy gracioso, muy seguro y muy conchudo; y si bien *Como higuera en un campo de golf* es un libro donde abro mis impudicias a la humanidad, en el fondo hay un tipo que se está riendo de sí y del lector al mismo tiempo. Acá no, y no tenía ninguna necesidad de hacerlo, además, porque se iba acercando a la palabra armonía. Sin embargo, creo que como no se trata de disquisiciones ni religiosas ni psicológicas, desde el punto de vista de la poesía es un libro que, a mi modo de ver, es el más ajustado de todos los que he hecho; y donde no necesitaba ni un ápice más ni un ápice menos de ironía o maldad, ni contra mí mismo ni contra nadie. Estaba en su sitio. Lo que no quiere decir que sea un libro cómodo, porque es sumamente incómodo como libro.

J. O.: *Con José Emilio Pacheco, hace poco, coincidíamos en nuestra lectura de este libro. El cual, por otra parte, permite revisar ahora una de las grandes incomodidades propuesta por ti a tus lectores últimamente. ¿Cómo converge tu cultura política, aunque no marxista en el sentido literal, evidentemente progresista en el sentido político, con esta aparición del sentido cristiano, que no es definitorio del libro pero que está en el trasfondo, y que forma parte de aquel pequeño escándalo local de tu famosa conversión al cristianismo?*

A. C.: Bueno, en primer lugar, el escándalo local es muy relativo, no hay conversión ni aparición sino reaparición y reconversión. Siempre he sido cristiano. En mi segundo librito, *David*, el tema que busco está en torno a la Biblia y al tema de Dios. Yo me acuerdo que tuve muchas luchas con algunos amigos poetas de la época para poner Dios en mayúscula cuando ellos me decían que hay que poner Dios en minúscula; parece mentira, y hablo del año 1962. En *Comentarios reales* hay unas diatribas feroces, anticlericales, donde reivindico finalmente a la imagen de Cristo en uno de los cuatro poemas de "Oraciones de un Señor arrepentido". Vale decir, en resumen, que es la obsesión, el tema que nunca me abandonó. La convergencia es el momento de la conversión, o la reconversión si tú quieres, que es el momento realmente indescifrable, alguna vez lo he tratado de decir, pero ya no hablo más de eso porque la gente no entiende o no quiere entender. Tampoco hago propaganda de nada. Es algo tan personal, tan íntimo, que realmente con almas no delicadas no puedes tú insistir en delicadezas. Yo no sé si será conversión o reconversión. De iluminación, de revelación, francamente te lo digo, Julio, es difícil, se entienda o no se entienda, es un acto de fe.

Pero yo decididamente sentí alguna vez en mi vida esa extraña armonía, que me acompañaba y me sigue acompañando (aunque no estoy sentado en las rodillas de Zeus tampoco), que encontró un punto en común, casi a partir de asistir a una misa en la iglesia de Santa Cristina de Budapest, que es el primer poema del libro, y cualquier buen lector no de poesía sino de sinceridad puede ver que el poema no tiene nada de artificial, su fluidez es total. Por lo demás, ése fue el único poema que escribí en el momento, a diferencia del resto del libro, que lo hice dos años después con papeles; y ese poema es de los pocos poemas que he escrito casi de un tirón, revisando sólo dos artículos, sin corregir. Entonces, como te decía, yo no entiendo el escándalo de los amigos marxistas o supuestamente marxistas, porque si se trata de conocer cuál es la metodología de la técnica de la utilización del marxismo para la liberación de los hombres, creo conocerla como el promedio de los que la conocen; y la utilizo, por supuesto. Yo no voy a trabajar ni con positivismo ni con idealismo. Creo que el marxismo es una excelente metodología, la más valiosa que conozco hasta ahora; superable, de hecho. Pero no entiendo el escándalo de estos marxistas o marxistoides de que yo me dijese cristiano cuando yo nunca dije que fuese marxista. Puedo, ya racionalizando, decirte que este amor en Cristo es el amor que parte del precepto básico: "Amar al prójimo como a ti mismo", y el prójimo es la liberación de la inmensa mayoría, y no la inmensa minoría; en esa medida se ha realmente trabajado codo a codo con los hermanos revolucionarios creyendo que estamos cumpliendo un verdadero precepto de Cristo.

J. O.: *Para terminar esta conversación convendría ahora, por razones de simetría simplemente, pasar a ese nivel un poco más especulativo, en el cual una poética, que es la que finalmente se deduce de tus textos más allá de tu control, y la construcción de una persona del poeta, se encuentran. Es decir, y a pesar de tu posición un poco derogativa del poeta, ¿qué es lo que tiene sentido en la relación siempre problemática entre aquello que tú llegas a ser a partir de tus textos y aquello que tus textos dicen que la poesía es? ¿Cuál es el sentido en este momento de tu proceso de trabajo poético –para no usar esa palabra horrible "carrera poética" – y cómo te sitúas tú como poeta hoy en el Perú en relación con el lenguaje y a la vida peruana? Por último, ¿qué es lo que sabes ahora que no sabías antes gracias a la poesía, y qué es lo que está por hacerse en ella a partir de lo que has hecho en ti?*

A. C.: Si hablamos de la horrible palabra carrera: nada. Estoy a fojas cero. Nunca la hice, pero se fue haciendo, y en este momento lo que yo voy viendo es un desconocimiento nacional y un reconocimiento internacional, casi directamente proporcionales, que si bien me toca en cierta medida, en el fondo no me va ni me viene, porque yo ya no tengo nada que hacer con eso. Ahora, ver dónde está el poeta, cómo está. Yo no sé, simplemente agudizando lo que te dije al principio: debe ser, simplemente, que sigo viviendo; que la poesía me fascina, y al mismo tiempo la considero un producto externo, incluso de mí mismo; mas se trata de lo que estoy haciendo, y te puedo decir: yo hago traducciones, traduzco de tres idiomas poesía; garabateo unos papeles por ahí para hacer poesía; yo mismo me he constreñido a hacer poesía por dedicarme a un periodismo metódico y riguroso que es sacar cada semana el Suplemento. Vivo bombardeado por la idea de que hay urgencias, como siempre viví; el problema es que cada vez tengo menos capacidad de ser versátil, probablemente. Entonces, más me ocupa la circunstancia que la esencia. Sin embargo, las ganas, el vuelo de águila, digamos, guardado, que todos tenemos, no sólo el poeta, el zapatero también, me acompaña; y qué más quisiera, sentirme definitivamente libre sobre todo de mí mismo para poder escribir alegremente, como digo con todo desenfado en el *Canto ceremonial,* un nuevo libro que sea jubiloso para mí y para los demás, y que al mismo tiempo coincida con mi individualidad y con la sociedad; que sea útil y que sea inútil al mismo tiempo; que alegre y amargue.

J. O.: *Si por un instante pensamos en lo que pueda significar hoy un poeta importante, ¿tú dirías que hay una especie de gratuidad en el hecho de que alguien pueda serlo, o hay una responsabilidad en ello?*
A. C.: Debe ser una responsabilidad. Pero no creo que sea una responsabilidad sistemáticamente buscada y encontrada; eso es una confluencia de fuerzas que sabrá Dios cómo se da. Mira que los grandes poetas de repente dejan de serlo mañana o pasado; incluso los más cercanos, como Neruda o Paz, Guillén o Cardenal.

J. O.: *Si pensamos en Pound o en Dante, vemos que están llenos de pequeñas historias y grandes errancias que quizá coincidieron con un proyecto de escritura que excedía su proyecto vital, ¿o tú crees que era al revés?*
A. C.: No, se daban juntos; lo que pasa es que yo no creo que la gente tenga proyecto vital, lo que tú puedes hacer es reflexio-

nes sobre la vida vivida, pero los proyectos vitales son elementales: cómo tener un mejor trabajo y cosas así. Pero tú has puesto dos ejemplos perfectos. Pound era poeta, vivió y murió poeta; Dante no, Dante era, en mucho, un intrigante, un politiquero de lo peor, un tipo muy metido en los intereses del estado; y no sé cómo se daba tiempo para escribir, por lo demás. Ya ves tú que no se necesita estar en poeta para ser poeta.

J. O.: *Le das, entonces, un margen de beneficio casual a lo vivido para convertirse eventualmente en un texto importante, cualquiera que sea el significado de esa palabra. Está visto que no crees tú en una especie de sacerdocio del lenguaje como un compromiso radicalizado del sujeto que escribe. En el sentido de Mallarmé, por ejemplo.*

A. C.: No, para mí es difícil, imposible casi, imaginarme el sacerdocio del lenguaje. Incluso, sacerdocio del lenguaje sería mucho decir; incluso con una perspectiva como la de Mario Vargas, de creer que, en gran medida, la vida es literatura, tampoco podría. Pero no estoy planteando el azar por el azar mismo. Yo me imagino que esos poetas querían hacer coincidir su obra con su época. Es también por una búsqueda no tanto de su perfeccionamiento poético sino del perfeccionamiento de la armonía con su época. Entonces, yo creo que es al revés.

EDGARDO RODRÍGUEZ JULIÁ:
EL ESPEJO BARROCO

Julio Ortega: *Edgardo, mantuvimos una primera conversación en Puerto Rico en 1983; seis años después, te encuentro consagrado como uno de los nuevos narradores latinoamericanos de más aliento y promesa. Evidentemente,* La noche oscura del Niño Avilés *(1984), que a mí me resultó la mejor novela latinoamericana de ese año, ha hecho su propio camino, y no creo que hayamos todavía acabado de leerla; y me refiero, claro, no a su extensión y densidad sino a su ambicioso proyecto de reescribir la historicidad, no la historia, y de reconstruir nuestra relación con el imaginario social de Puerto Rico. ¿Cómo ves la recepción de tu novela? ¿Cuáles son tus reacciones a sus diversas lecturas?*

Edgardo Rodríguez Juliá: Es una novela cuya recepción siempre la vi como lenta, azarosa. Pagué con el dinero que había ganado de otros libros con acogida popular –*Las tribulaciones de Jonás* y *El entierro de Cortijo*– la mitad del costo de la edición, o sea, que el editor puso la mitad de fe y yo la otra mitad de esperanza. Aparte de haber intuido desde un principio que *La noche oscura* sería una novela que muy, muy lentamente iría descubriendo y allegándose su público lector y crítico, la experiencia de haberla escrito ya está lo suficientemente lejana de mí como para entender que yo, también, he quedado perplejo ante su existencia. Veo así, en la letra pequeña de su primera edición (estreñimiento característico del ambiente editorial puertorriqueño), una especie de clave, o "cifra", de su significado último. Me explico: *La noche oscura* se convirtió, con su publicación, en un libro secreto, arcano. Entiendo que la letra pequeña ha alejado a muchos lectores; pero esa letra es, en sí, como una advertencia de lo que contiene su lectura. Hay aquí una curiosa justicia poética, sin duda. Cuando reviso el manuscrito original de la novela también me encuentro con una letra pequeñísima. No hay tachaduras, no hay correcciones. Yo era otro escritor. Era, sobre todo, un escritor joven. Aún no existían dudas, todavía la escritura no conocía la irresolución. El texto nacía de un atrevimiento puro, de una

coherencia que difícilmente pueda reproducir hoy, cuando tengo otra relación con el lenguaje.
Mi reacción a las diversas lecturas críticas es de timidez y extrañamiento. La novela se me ha ido convirtiendo en dato anecdótico de mi biobibliografía. Las interpretaciones me parecen todas válidas, y eso es lo mismo que decir que todas son un poco justas y también arbitrarias. No sé... Cuando el autor juzga a su crítico cae en la apología de la propia obra, algo que yo detesto. Es justo y bueno que la obra se aleje cada vez más de las intenciones del autor, convirtiéndose en objeto, en puro objeto de lecturas, críticas y comentarios. Anhelo que mi obra alcance ese estado de concreción absoluta. Sólo así se podría ver su significado real.

J. O.: *Esto nos permite recordar que* La noche oscura del Niño Avilés *es parte de una trilogía, y me has dicho que estás preparando para la imprenta los dos tomos siguientes e independientes de esta* Crónica de Nueva Venecia. *¿Corrigen esos nuevos tomos nuestra lectura de* La noche oscura...? *¿La amplían, diversifican? Te ruego adelantarnos una caracterización comparativa de esas nuevas salidas.*

E. R. J.: En realidad, para propósitos específicamente editoriales, sería una tetralogía que contiene los siguientes tomos:
I. *La noche oscura del Niño Avilés*: (metáfora originaria de todas las ciudades)
–Amplificación de esta metáfora:
II. *El camino de Yyaloide* (la ciudad arcádica)
a] Formación del Niño Avilés.
b] "Viaje menino" a los caños de San Juan. Desencanto amoroso al modo de la novela romántica.
c] Regreso a San Juan; surgimiento de su estado melancólico, nacimiento de la inquietud andariega y de su vocación utópica.
III. *1797* (la ciudad histórica). Después de un "viaje filosófico" a La Habana, regresa a San Juan. En 1797, el Niño Avilés participa destacadamente en la defensa de San Juan durante el ataque inglés de ese año.
IV. *Pandemonium* (la ciudad utópica). Crónica de la fundación de Nueva Venecia y de las distintas vicisitudes de la ciudad como falansterio convertido en burdel, utopía natimuerta, palenque...
Esta larga *Crónica de Nueva Venecia* la escribí entre 1972 y 1978. Para la publicación está ya listo, algo preliminarmente, el

tomo II. Los otros están aún en el manuscrito original, manuscrito también para mí secreto, que no reviso desde hace once años.

Pienso que estos nuevos tomos completan las lecturas, aclarando, sobre todo, algunas dificultades que los críticos han tenido dado el hecho de que *La noche oscura* es, en cierta medida, un fragmento de una obra mayor. Doy como ejemplo lo siguiente: en el prólogo de la novela se menciona Nueva Venecia, pero no es sino hasta el último tomo cuando asistimos a la fundación de esa utopía. Algunos críticos han confundido el episodio de "la ciudad de las Quimbambas" con la fundación de la propia Nueva Venecia. Ésta no es sino una especie de metáfora amplificada de la ciudad que sí aparece en *La noche oscura* y que se sitúa en El Morro.

Si quieres una caracterización comparativa, podríamos decir que se trata de *La noche oscura* como el semillero de varias metáforas (ciudades) que se amplifican en los otros fragmentos. Por ejemplo: *El camino de Yyaloide* es la metáfora amplificada de la ciudad arcádica, del episodio de "la Reina de África". *1797* es la metáfora amplificada de la ciudad histórica, de la reconquista de San Juan por el obispo Trespalacios. *Pandemonium* es la alegoría amplificada de la utopía como "palenque", espacio de la libertad, desarrollo de "la ciudad de las Quimbambas".

J. O.: *Volvamos a* La noche oscura. *Lo primero que uno constata en esta escritura y reescritura, ucrónica y utópica, es la complejidad de su linaje literario. Aparte de las coincidencias con el barroco prolijo de Carpentier y con el mesianismo de Vargas Llosa en su cinemascópica* La guerra del fin del mundo, *coincidencias no sustanciales, son más interesantes las articulaciones del relato al discurso mesiánico, al debate cultural y nacional, a la filosofía política de la utopía social. ¿Crees tú que los orígenes, reales o imaginarios, son una fuerza subversora? ¿Debemos rehacer nuestra gestación para rehacer la normatividad impuesta a nuestro presente?*

E. R. J.: Es importante aclarar que un libro como *La noche oscura* es una agregación a veces sistemática, a veces caótica –pensemos en el patrón de virutas de hierro en torno a un imán–, de ocupaciones, preocupaciones y lecturas del autor en un momento determinado. Antes que nada, la novela fue concebida como un intento de explicación de esa mirada melancólica que el Niño

Avilés tiene en el cuadro de José Campeche. Esa mirada es la del Mesías como arquetipo, pariente lejana de la del "ángel" de Walter Benjamin, su comentario del *Angelus Novus* de Paul Klee. Es la mirada de quien obligado a la "salvación" tiende su mirada compungida sobre el desorden del mundo y la crueldad de la historia. Por aquel entonces me fascinó la figura del *Sabbatai Sevi*, estudiada por Scholem, esa fusión de mesías y pecador que se cuela en la caracterización del Avilés adulto, y la consecuente escatología disparatada, fuera de sí, tan delirante como las construcciones barrocas del maestro Lezama Lima. Por aquellos años también leía mucho sobre el misticismo judaico y el gnosticismo, sin olvidar mi interés en los distintos modos de concebir la utopía durante el Renacimiento y el siglo XVIII. También me provocaba mucho el estudio de la emblemática barroca durante el siglo XVII, la obra, por ejemplo, de Saavedra Fajardo. Todo esto influyó decisivamente en la escritura del *Avilés*, desde su textualidad paródica hasta sus esfuerzos por convertirse en metaficción, obra de convergencia carnavalesca y exploración de límites narrativos.

Coincidiendo con todo esto que podríamos llamar algo pedantemente –¡ya lo sé!– la "constelación intertextual" de la novela, estaba mi afán por crear una imagen certera de los orígenes de nuestra historia puertorriqueña. Puerto Rico nació de la marginalidad del contrabando y de la debilidad del estado español sobre nuestro suelo. Esa visión autárquica y anarquizante que prevalece en algunos pasajes de la obra –"Tratado sobre los criollos", por ejemplo– es lo que ha llamado Quintero Rivera, en años recientes, la "cimarronada blanca". Esa imagen me sigue fascinando como explicación de nuestra historia, como comienzo de una historiografía que explique, ¡de verdad!, nuestra aversión a la "independencia nacional". El puertorriqueño es anarquizante por la naturaleza misma de su historia marginal, de su empobrecido papel como bastión militar. El estado nacional no nos cautivó porque en nuestra realidad histórica éste fue siempre muy débil, aun en los momentos de mayor opresión. Si a esto le añadimos la lenta y azarosa formación de nuestra burguesía nacional –también las sucesivas emigraciones a nuestro suelo–, el panorama está completo. La presencia de un estado metropolitano moderno como el norteamericano –pero a la vez distante, por cultura y situación geográfica– corrigió esto y, a la vez, muy dialécticamente, lo reafirmó. El puertorriqueño andariego es dependiente y también goza de un afinado y antiguo instinto para la libertad personal: coge los cupones de alimentos (USA *Food Stamps*), los cheques de bienestar público, las ayudas nutricionales del WIC y, al mismo tiempo, prefiere seguir viviendo en barrios de montaña adentro, todavía picando leña como en el siglo XVIII y, de vez en cuando, tomando el avión para New Jersey a visitar a la parentela y "apuntarse" para las inspecciones periódicas de estas ayudas federales, ¡también recibidas allá! Nuestra historia le debe más a la picaresca que a la tragedia, como puedes ver. Éste es el sentido real, vital, de nuestra actual relación con Estados Unidos, y la razón de la posible petición al Congreso de Estados Unidos para convertirnos en Estado 51. ¡La locura, sin duda, pero jamás la tragedia!

La historiografía tradicional, el historicismo, el positivismo histórico, aún modelan esa gran vaca sagrada que conocemos como historia. La novela *La noche oscura* es irreverente con esa historia porque se niega a mirar el pasado desde el pasado. Mi novela intenta un diálogo con ese pasado como significación para nosotros, para el presente. Ese diálogo, esa interlocución tiene que ser, por lo tanto, sincrónico y ucrónico, un espacio de congregación para todas las voces y poses, actitudes y modos, que me explique la actual agresividad y resentimiento de un joven lumpen y mulato de Villa Palmeras desde las coordenadas de una revuelta de esclavos en el siglo XVIII. La historiografía tiene sentido sólo desde esta perspectiva. Por eso siempre he dicho que *El entierro de Cortijo* pude escribirlo porque ya había escrito *La noche oscura*. Y, en realidad, no me atreví a tanto. En vez de nombrar a mis héroes Obatal y Mitume, los debí llamar Rafael Cortijo e Ismael Rivera. Mi novela subvierte la historiografía tradicional porque ésta apenas ha comenzado ahora, muchos años después de publicada *La renuncia del héroe Baltasar* y escrita *La noche oscura*, a crear una imagen certera de nuestra historia. Y esta novela también la concebí como una pesadilla pancaribeña, donde convergen distintas imágenes del Caribe, como lo es el palenque, las grandes revueltas de esclavos, etcétera.

Rehacer la gestación nacional es algo que le corresponde a todo país, sobre todo a los nuestros, con su pasado colonial y su gran carga de *resentimiento*. Hasta ahora nuestra historiografía ha sido la de las biografías de los próceres o la corregida por el materialismo histórico. Ninguna de las dos puede integrar la complejidad de un proceso que empieza siempre con el recuerdo de la memoria destruida (Comentarios reales del Inca Garcilaso) y culmina en la imborrable huella de una explotación tan inmisericorde que no sólo mediatizó la memoria ancestral, sino que obligó a los hombres de estas tierras a replantearse "el cuerpo", su propia corporeidad. Esto último es la esclavitud y su recuerdo. La humillación de quedar desposeídos de la imagen propia es algo que prevalece en La noche oscura, y también recurre mucho la imagen del frenesí erótico, de la erotomanía, como recuperación de un cuerpo casi borrado por la explotación esclavista. El materialismo histórico es incapaz, a mi modo de ver, de integrar esas grandes imágenes a su análisis, que sí están presentes en mi novela, donde hay memoria, pero siempre de un pasado fantasmagórico, donde notamos el enfrentamiento a formas degeneradas, degradadas, empobrecidas, de la memoria ancestral. Es principalmente por esto que las utopías fracasan en mi novela. Son la recuperación imposible de una memoria y una libertad de las que sólo se tienen noticias vagas. Pienso que la historia de América es así. El *resentimiento* como resultado de la humillación que implica la pérdida de la memoria, y la extremosa explotación del cuerpo en tanto conversión en objeto (esclavitud), sólo produce efímeros, casi "orgásmicos", espacios de libertad.

J. O.: *Pienso que las novelas de nuestra historicidad, y* La noche oscura del Niño Avilés *comparte ese linaje con* Terra Nostra *de Carlos Fuentes y* Memorias del Imperio *de Fernando del Paso, son posibles desde una puesta en crisis de la historia misma, de sus registros y códigos. ¿Cómo es ese diálogo con la historia de Puerto Rico en tu novela?*

E. R. J.: De acuerdo. Toda novela histórica en nuestras tierras es algo más que una recreación de época, o una indagación en motivaciones y personalidades, o un análisis de las relaciones de producción. Nuestra historicidad implica un adentramiento en ese mal llamado "encuentro" de utopías anheladas y pasados destruidos, de grandes imágenes empobrecidas por la humillación de la memoria y la explotación del cuerpo. Se trata de una colisión, o encuentro catastrófico, de fuertes cosmogonías como la europea, la indoamericana, la africana. El esfuerzo por un espacio narrativo que logre elocuencia respecto de estas confrontaciones es, para mí, la verdadera novela histórica nuestra. No puede ser "realista" del todo precisamente por la historia alucinante que la ocupa, pero esto ya lo vio Carpentier en el prólogo a *El reino de este mundo*. Necesariamente tiene que ser *mítica*, porque sí es una búsqueda de unos orígenes siempre escamoteados por las potencias hegemónicas. En América hemos tratado de reconciliar la naturaleza de sueños dispares, conviertiéndolos en pesadillas: Los proyectos de salvación marxista de Sendero Luminoso se maridan con el mesianismo de Tupac Amaru. La erotomanía de una sociedad como la brasileña tiene su fundamento en el replanteamiento del cuerpo que implica la esclavitud, como bien lo vio Gilberto Freyre. El puente interlocutor entre todo ello es lo que llamo *resentimiento*, esa paciente ocultación del odio necesario para sobrevivir cualquier hegemonía, o la catástrofe con que identificamos el mundo ancestral y su memoria.

J. O.: *La notable alteridad de un registro enciclopedista, donde un cronista pone en orden el desgarramiento de los hechos, y la naturaleza quizás irrepresentable de la subversión, se dan en tu novela como una tensión fecunda. Ese racionalismo impecable del recuento enfrentado a la ruptura radical del mesianismo evoca las lecciones de la sátira tanto como las de la crónica, las de la utopía como las de la historia taxonómica. Swift y Defoe, Diderot y Voltaire asoman en esa tensión, que Carpentier había percibido en los monstruos de la Ilustración que vio Goya. ¿Por qué el siglo XVIII se convierte en el horizonte retrospectivo de tu novela?*

E. R. J.: *Cándido* de Voltaire es la crónica de una pesadilla que hemos sufrido desde el siglo XVIII, pero de la que aún no hemos despertado. El siglo XVIII es el "Siglo de las Luces" y de las tinieblas, de los grandes sistemas filosóficos y también de Piranesi, de la proclamación de los Derechos Universales del Hombre y de la brutalidad de la Revolución francesa y haitiana. Es el siglo que inaugura, al mismo tiempo, el optimismo del progreso y también ese pesimismo existencial que parece justificado por el manicomio que ha sido el siglo XX. Que yo sepa sólo Walter Benjamin fue capaz de concebir, en su bello comentario en torno al *Angelus Novus*, esta catastrófica tensión dialéctica que ha hecho crisis en nuestro siglo. En *La noche oscura* –salvando las debidas distancias y tolerando las impertinentes pretensiones– está presente esta visión. No en balde mi obra tiene unas evidentes coordenadas judaico-cristianas, que también fueron fundamentales para el pensamiento materialista y teológico de Benjamin. Volvamos a la mirada del Niño Avilés en el cuadro de José Campeche: qué es la melancolía sino un otear sobre la perfecta extrañeza del mundo devorado por el tiempo y los hombres. Desde esa mirada el mundo es narrado temblorosamente. El Saturno de Goya hace su aparición. La utopía es sueño y pesadilla de la historia, su consecución sobre la faz de la tierra sólo conduce al "sendero luminoso" del *hombre como lobo del hombre*. Es una visión pesimista de la historia, de acuerdo. En ella está incluida la idea del pecado original y la redención. En mi visión del mundo el contenido católico y cristiano es muy fuerte, de ahí la conjunción de lo mesiánico y lo catastrófico.

J. O.: *¿Cuáles dirías que son los puntos de articulación del ciclo de la Nueva Venecia? ¿Pertenecen al relato o a la cultura, forman parte de la estrategia narrativa o se desarrollan por las necesidades mismas del texto? ¿Es éste un proyecto que nos demanda releer la textualidad misma de Puerto Rico desde su punto de vista?*

E. R. J.: El punto de articulación de Nueva Venecia es, de nuevo, esa visión de la historia como pesadilla, también como delirio. Esta metanarración, o búsqueda de los límites narrativos y de la imaginación, pretende, de este modo, articular a la vez una manera de narrar y una visión de la cultura. La estrategia narrativa –como la utopía, también fracasada desde sus inicios– se desorienta y crea su propia pesadilla; así también la historia recala en esos momentos en que Saturno devora a sus propios hijos. Pero las pesadillas siempre son elocuentes respecto de los sueños y la vigilia, obligando los hechos narrativos hacia una epifanía o revelación. La novela se devora a sí misma y nos entrega una imagen fundante y reveladora. Como puedes ver, se trata de una estructura muy barroca, recargada de intenciones y, por qué no decirlo, también de fracasos.

La novela nos obliga a releer la textualidad misma de Puerto Rico, pero también la de todo el Caribe.

J. O.: *Pasemos, si te parece, a la novela que acabas de concluir y que te ha tomado exactamente estos últimos cinco años. Me dijiste que era la historia de tu generación. Supongo se trata de los años sesenta, vividos desde Puerto Rico. ¿Cuáles son los círculos de celebración* *y de purgación que recorres de esa experiencia? ¿Dirías que hay un lenguaje, una entonación, distintivos de esa generación?*

E. R. J.: Como siempre, no cambio. Esta novela *Cartagena* es una especie de trilogía. Me acerqué a ella a través de un arriesgado libro de relatos que he titulado *Las peras de san Agustín*. Entonces llego a la novela propiamente, *Cartagena*, y luego remato con un libro de ensayos y narraciones apócrifas en torno a la fotografía erótica. Este último libro lo he titulado *Cámara secreta*, cuyo primer trabajo ya ha salido publicado en el periódico *El Nuevo Día* bajo el título de "Zola y Amante". Estos libros tratan sobre el erotismo, la sexualidad libertaria en una sociedad caribeña en vías de transformación, los mapas de nuestras preferencias y gustos sexuales; también toco algunas obsesiones de mi generación y sociedad, como lo son el alcohol y las drogas. Son múltiples tonos, y múltiples acercamientos, los que presento en ese ámbito lleno de culpabilidad y conflictos que es la transformación social y el devenir afectivo.

Sí, definitivamente. Nuestra generación pequeñoburguesa, neocolonialmente desarrollada, la de 1968, tiene el tono distintivo del espacio libertario y su crisis. (Nueva Venecia no ha sido vista de esta manera; sólo la crítica de Marta Aponte ha señalado esto.) Y ese espacio libertario, que una vez tuvo implicaciones políticas y sociales, fue reduciendo su proyecto utópico hasta recalar en el ámbito neurasténico de la promiscuidad, del alcohol, de las drogas y la persecución de una sabiduría macrobiótica. La fábula de esta trilogía sería ésta: cómo hemos llegado a los 40 años de nuestra madurez, a la quinta década de vida, con tantas utopías, ensoñaciones, alucinaciones desvencijadas y explotadas, y con el agridulce sabor de la sobredosis tentada, probada y sobrevivida. Además, la culpa de lo vivido o no vivido en Vietnam... Y todo ello expresado en ese lenguaje del desclasamiento, mitad lumpen y mitad balbuceante.

J. O.: *¿Qué proyectos de escritura te ocupan ahora? ¿Puedes seguir viviendo, trabajando y escribiendo en Puerto Rico? ¿Cuál es ahora la relación del escritor con su medio en la isla?*

E. R. J.: El principal proyecto de escritura que me ocupa ahora es la revisión de *Cartagena* y *Las peras de san Agustín*. También estoy escribiendo *Cámara secreta*. Una tercera parte de este libro ya está lista.

Puedo seguir viviendo, trabajando y escribiendo en Puerto Rico. A pesar de todo, es mejor que escribir en Panamá, Perú, México, Argentina... en muchos de estos países las palabras resultan o muy peligrosas o poco valoradas. ¿Podrías, por ejemplo, escribir sobre la droga en Colombia? El silencio de García Márquez sobre este asunto resulta elocuente. En Estados Unidos jamás podría vivir. Necesito a mi gente como el pez necesita el agua. En Europa estaría demasiado distante –aun en España– de mis raíces y mi lengua, que no es el español peninsular sino el caribeño. Puerto Rico es un extraño país frontera. Todos los países latinoamericanos se parecen progresivamente, más y más, a Puerto Rico: cada vez menos libres, cada vez más asociados políticamente y dependientes del Chase Manhattan, el FMI o los rublos. La independencia de Latinoamérica es, hoy por hoy, un gran chiste, incluyendo a Cuba y Nicaragua. Explicar a Puerto Rico, en esta etapa de hegemonía neocapitalista e imperial, es un reto y una ampliación necesaria del objeto de conocimiento. Como Puerto Rico, todos los países neocoloniales y en desarrollo, o endeudados, se enfrentan al tema de la *Memoria*, sí, con mayúscula. La emigración masiva de latinoamericanos y puertorriqueños al norte ha convertido a Miami en una especie de capital supracaribeña, y a Nueva York en la Tierra Prometida y la Babilonia de toda nuestra cuenca Caribe. Somos, los puertorriqueños, por tantas vicisitudes del destino histórico, un punto de avanzada y convergencia en esa colisión Norte-Sur. Y ese puente tendido no sabemos si es de fuga o de esperanza, o de ambas. Toda emigración es un replanteamiento de la memoria; y así volvemos a los temas anteriores, a la degradación de lo ancestral y el *resentimiento*, por ejemplo.

El escritor puertorriqueño sale poco a poco de su concha existencial y política. Escribo mensualmente para el *Nuevo Día*, el diario de mayor circulación en Puerto Rico. Pienso que he sido, hasta ahora, uno de los más arrojados en esto de establecer mi voz testimonial y polémica como un punto necesario de coincidencia o discrepancia.

J. O.: *La polémica difusa en que fuiste envuelto hace unos meses giró en torno al nacionalismo, ¿de qué nacionalismo se trata? ¿Cuál es la herencia del gran nacionalismo puertorriqueño? ¿Cómo plantear una nacionalidad crítica y moderna desde los discursos en disputa?*

E. R. J.: El nacionalismo fue una fantasmagoría que creó la pequeña burguesía marginada por el proceso de modernización que sufrió el país con la llegada de los norteamericanos. A diferencia de los cubanos, por ejemplo, los puertorriqueños nunca hemos sido nacionalistas, ni independentistas. Quizás podríamos caracterizar nuestra tendencia política fundamental diciendo que hemos sido colonialmente anarquistas y civilistas; el contenido partidista concreto de esto ha sido, hasta ahora, el autonomismo, aunque también pienso que éste está en sus últimos aleteos. Ancestralmente hemos luchado por la libertad a nuestro modo, y éste ha sido siempre, también, de unas complejidades y sutilezas exasperantes, a veces difíciles de captar por el extranjero.

La herencia del gran nacionalismo puertorriqueño ha sido la invención de un país que resulta más irreal que mi "ciudad de las Quimbambas". Sería algo así como una Cuba venida a menos, de tono menor. Con ello ha soñado la izquierda nuestra. Ésa es su fantasmagoría.

La nacionalidad crítica y moderna sería aceptar que Puerto Rico, como todo el mundo latinoamericano, cada vez está más seguro de su imagen cultural y, al mismo tiempo, fatalmente resulta más y más dependiente en lo económico. Del reconocimiento de esta paradoja puede resultar un diálogo fecundo, sobre todo dado el hecho de que la emigración masiva de latinoamericanos a Estados Unidos, y la posible petición de la Estadidad por los puertorriqueños en el cercano plebiscito, nos formula nuevos retos, y la posibilidad de proyectos políticos inconcebibles hace una década.

RODOLFO HINOSTROZA:
ADIÓS A LACAN (Y VUELTA A MALLARMÉ)

Julio Ortega: *Podríamos empezar conversando un poco sobre tu trabajo en la nueva edición francesa de* Un coup de des *para que lo expliques con algún detalle; y después podemos seguir discutiendo sobre las implicaciones posteriores que podría ello tener en tu trabajo poético.*

Rodolfo Hinostroza: Lo del *Coup de des* es en realidad una continuación de una especie de especulación personal, de orden si tú quieres lingüístico. Lo que pasa es que de este poema había interesado mucho más el significante, toda la serie de significantes. Se había descuidado, se dejaba de lado lo que podía ser significado, y se atenían a la descripción clásica de Saussure. La "imagen mental": no han ido mucho más allá de esto. Entonces yo personalmente puse el énfasis en el lado del significado, que es muy misterioso; me parecía que no se había trabajado bien porque faltaba un dato esencial para la comprensión del asunto, dado el triunfalismo del significante. Yo tomé la contrapartida, y a raíz del trabajo, digamos en breve, decidí que el significado era el vacío. O sea, volteando la definición de Saussure de la "imagen mental", yo decía que el significado más bien es un archipiélago de imágenes sostenido por un silencio y un vacío que articula. Y de ahí pasé luego a la noción de que el significado era el vacío articulante, aquello que articulaba. Lo que está más o menos de acuerdo con una serie de cosas no solamente en lingüística sino también en matemáticas, como la noción del conjunto vacío por ejemplo. Me parecía que era más o menos justo, y de ahí pasé a estudiar a Mallarmé. Porque el *Coup de des* era justamente la ilustración más perfecta de este vacío articulante. Era el eje vacío lo que articulaba el poema. De donde seguí a los posibles ejes de la lectura. De manera que esto coincide exactamente con lo que yo pensaba. En realidad era un terreno de aplicación muy bueno para esta teoría, digamos entre comillas. Entonces en el ensayo y en la conferencia que hicimos sobre la edición, traté de probar que esa misteriosa articulación del *Coup de des* está fundada sobre el eje vacío.

J. O.: *Tú hablas de un eje vacío articulante como generador de significado, ¿no está eso mismo de alguna manera previsto en todo poema como centro generador de un sentido?, ¿o funciona de un modo especial en el* Coup de des?

R. H.: En Mallarmé sí funciona de un modo especial. Es el caso de las trazas que quedan después de que se ha normalizado algo que por ejemplo se designa como "mallarmeano"; donde los incisos producen las inversiones, que son relaciones complejas. En el caso de Mallarmé se habla por ejemplo de la "frase latina". Cuando se normalizan estas inversiones quedan trazas, y estas trazas anuncian una hiperarticulación que produce por ejemplo Mallarmé. Cuando hay una hiperarticulación, yo decidía que había demasiado significado. Puestos a la par, frente a una hiperarticulación hay hipersignificación. Ahora, este hipersignificado tendía al vacío; y, bueno, hay coherencia en el pasaje de la frase de Mallarmé al vacío de la página blanca. Con este método analítico se podría demostrar que la frase de Lacan, también hiperarticulada, conduce en efecto a una especie de vacío, porque verdaderamente hay un fondo de metafísica, hay un centro de vacío en el pensamiento mismo de Lacan, que se puede detectar únicamente a causa de la figura de estilo, cómo es que hay una tendencia fantasmática hacia ese vacío.

J. O.: *Ahora, según una definición lingüística clásica, el significado sería aquello que es pensable y decible. El vacío en primera instancia sería lo impensable y lo indecible. Para ti sería lo articulante únicamente. ¿Pero eso mismo no te produce una pluralidad de significados, o eso es justamente el sentido: la pluralidad?*

R. H.: Eso es el sentido. El sentido viene de allí, creo. En un artículo anterior, titulado "Silencio Sombra Arcano 22", yo trataba de definir lectores fantasmáticos dentro de la lengua. O sea, partiendo del nacimiento mítico del lenguaje, que nadie ha podido constatar y que es inconstatable, entre lo que yo llamaba OM –la palabra llena, el lleno de palabras, el hipersignificante– y el vacío articulante; encontramos estas dos sustancias míticas, porque no tienen ninguna realidad fuera de la lengua, que producían un campo, el campo de la lengua. Pero allí no había solamente estos dos posibles lectores sino cuatro lectores. Esto es, el campo de la lengua tenía lectores fantasmáticos: uno de ellos tendía hacia OM, otro tendía hacia el vacío. Otro tendía hacia lo que yo llamo la sombra de la lengua. La sombra de la lengua sería la cantidad de fonemas posibles dentro de una lengua y los modos de articulación que le corresponden, pero que no son utilizados. Es como si usásemos de la lengua nada más que la punta del iceberg y quedara una cantidad enorme de posibilidades que no son casi utilizadas. Y el cuarto factor sería lo real en la lengua. Lo real sería la opacidad, la catacresis, que lo que hace es englobar, que es una especie de constante de entropía en la lengua. Una nota entrópica en la lengua.

J. O.: *¿No te refieres a la representación en la lengua, verdad?*
R. H.: No, es la anulación del uno por el otro, más bien, lo que produce una especie de entropía. Lo que se produce en los lugares comunes, lo real más bruto, lo real más opaco. Bien, yo decía que leyendo un texto literario uno puede saber hacia dónde está orientado un escritor. Por ejemplo, se puede constatar que es hacia la entropía hacia donde Flaubert está orientado. La sombra de la lengua puedes encontrarla en Joyce, que crea palabras, en Lewis Carroll, que crea palabras. En Vallejo puedes encontrar un vector que más bien va hacia el silencio, hacia el vacío. Y se podrían combinar estos elementos, porque un escritor no tiene sólo uno de ellos.

J. O.: *Y Mallarmé, ¿hacia qué eje ves tú que se orienta?*
R. H.: Iba hacia dos ejes, quizás opuestos; uno hacia el eje, digamos lleno, o sea OM, y otro hacia el vacío.

J. O.: *Ahora, ¿tú ves en la jerarquización posible de esos ejes en un poeta también coordenadas culturales?*
R. H.: Yo creo que son puramente fantasmáticas, que dependen del empleo personal del lenguaje por cada poeta. Eso no lo decide el poeta mismo; puede ser que al final lo elabore, pero no lo decide: es su relación íntima, personal, con la lengua.

J. O.: *O sea, tu lectura del* Coup de des *vendría a revisar la tradición de la lectura de este poema –que es más del significante: de la puesta en páginas, y el poema espacial que remplaza al universo, etcétera; tú lo verías más bien articulándose en un doble sentido: metafísico y al mismo tiempo sustentado en el vacío. Una suerte de tensión polar, que es una sola al final.*

R. H.: Sí, porque la metafísica creo que conduce al vacío. El vacío metafísico. Mientras que la mística puede ser llena. La diferencia creo que es interesante.

J. O.: *En ese sentido sería un poema que no predica nada.*
R. H.: No, no predica. Justamente porque hay anulación.

J. O.: *¿Qué consecuencias tiene para ti esta relectura del poema? Primero, yo creo que lo pone en circulación otra vez: diríamos que lo saca del museo de la poesía moderna, donde lo había situado incluso la lectura de Kristeva, que sería la más moderna, como lectura del poema de vanguardia o de ruptura. ¿Qué consecuencias ves tú para tu propio trabajo?*
R. H.: La consecuencia primera es que es un poema de fundación. Un poema de fundación donde aparecen, digamos, los predicados, que se pueden llamar anales en el mundo industrial. Yo creo que había una necesidad histórica para que esto ocurra, para que aparezca con tanta nitidez el eje vacío, el vacío dentro de la sociedad occidental, que se ve como articulante. La cultura occidental se rearticula en torno a un vacío, a la noción de vacío; y hay ejemplos. Hay elementos orientales que entran con facilidad a Occidente por esto mismo. Entonces, yo creo que el *Coup de des* es un poema inagural, que precede o está casi en el mismo momento en que se comienzan a reanudar muchas cosas, incluso desde la pintura otra vez se lanza la noción del vacío. También ha habido una recuperación, en la pintura, de la estructuración en torno a esto. Son líneas paralelas que ocurren a fin de siglo casi todas. Bueno, siendo una fundación, hay prolongaciones posibles de este poema, que yo creo no han sido realmente explotadas. Creo por ejemplo que hay otra tendencia espacialista en poesía que viene del letrismo, y que no tiene nada que ver con la *démarche* mallarmeana. Conocí algunos poetas en Francia que trabajaban un poco sobre el *Coup de des* y que hacen la misma *mise en page*. Pero como está insuficientemente estudiado el método, porque hay una metódica en Mallarmé, de estructuración del poema, no pueden ir más lejos que Mallarmé. Se limitan más o menos a imitarlo, a parodiarlo, sin poder poner en práctica algunos de los conocimientos básicos de este poema sobre la misma *mise en page* por ejemplo. Entonces, para mi propia poesía se trata de asimilar esta metodología de *mise en page* para llevarla

mucho más lejos; no para hacer un mejor poema que ése, que me parece... sino para abrir un terreno espacial que además está muy mal explorado.

J. O.: *Cuando tú piensas en un terreno espacial para explorarse en ese espacio inagural del* Coup de des, *te refieres, supongo, a la exploración de la página en blanco como vacío posible y al uso de la grafía y de la línea en distintos sentidos.*
R. H.: Sí, claro, pero dentro de un sistema de *mise en page* coherente. Todavía no tengo resultados probantes pero es un trabajo inmediato.

J. O.: *¿Qué correlatos o materiales o referentes tú crees que corresponderían a tu experiencia de un poeta de hoy en esa misma metodología? Porque parecería que los correlatos de Mallarmé son cósmicos, naturales y al final metafísicos.*
R. H.: No te puedo decir, supongo que mi propio bagaje va a pasar allá adentro en este trato formal. Pero no estoy en condición de predecir qué es lo que puede pasar. Pasará sin duda un tipo de estructuración, en un principio, en todo caso, por lo menos es lo que estoy haciendo, un modo de estructuración mítica en el poema. Es curioso porque en Mallarmé también hay eso: al mismo tiempo que hay el eje vacío que articula la *mise en page*, hay la articulación mítica del poema.

J. O.: *El poema, entonces, como mito él mismo.*
R. H.: El poema como mito. Entonces, creo que voy a incurrir en una cosa semejante aunque no la misma.

J. O.: *Es curioso, porque ahora que tú mencionas la posibilidad de ver a Vallejo también desde un eje articulante en el vacío, pienso en este instante...*
R. H.: Por ejemplo, en Trilce.

J. O.: *Y también después de* Trilce, *en el papel que cumple en su poesía toda la imaginería del cuerpo, y su repensar el cuerpo y la materialidad misma, coincidente por otro lado con Artaud, pienso que tampoco se ha ido más allá de eso en la poesía moderna. Al menos, no he visto otra exploración en ese sentido.*
R. H.: No, más allá de Artaud no creo que se haya ido. Pero

también es una especie de recomposición del cuerpo a partir de ciertas parcelizaciones que había habido, una recomposición de la imagen.

J. O.: *¿Tú crees que hay una reevaluación o relectura de la propia materialidad del cuerpo desde el psicoanálisis? ¿O el psicoanálisis es otra moderna mitología del vacío?*

R. H.: El psiconálisis *es* la mitología del vacío, porque finalmente el discurso psicoanalítico es más o menos lo mismo, equivale al vacío estructurante, es realmente eso. La palabra del analista no es palabra; es vacío estructurante.

J. O.: *¿Pero no cumple una función saturadora del vacío al mismo tiempo? ¿Suscita un vacío o más bien busca llenarlo?*

R. H.: Al contrario, suscita la emergencia de nudos de significantes que van hacia ese significado vacío y se abren. Quien ha trabajado mejor el discurso psicoanalítico es finalmente Lacan porque está orientado al vacío.

J. O.: *Las culturas se definen por aquello que definen como no cultura. Por ejemplo, las culturas "civilizadas" se definen en primer lugar definiendo aquello que llaman "bárbaro", aquello que ellas no son. Alguien dice que aquello que corresponde hoy a la no cultura es el inconsciente, que es aquello no codificable aparentemente. Esto supondría que es visto como una especie de vacío presente, significante. ¿Tú crees que sabemos hoy más de ese inconsciente o que es todavía otro vacío?*

R. H.: Sabemos más, pero yo no sé responderte a esto; por lo menos lo que dice Lacan es que el inconsciente está estructurado como un lenguaje. Finalmente, forma parte del mundo del lenguaje. O sea, un inconsciente que perteneciera al prelenguaje, que fuera un punto vacío estructurante, esto no sé si se pueda determinar.

J. O.: *Pero, el inconsciente ¿no es todavía una mitología cultural?*

R. H.: No, es una realidad el inconsciente, de todas maneras. No creo que sea una mitología cultural. Los que tienen acceso al inconsciente son los que lo han mitologizado, en todo caso.

J. O.: *Vamos a tratar de relacionar esta conversación con tu último libro,* Aprendizaje de la limpieza *(1978), que es un relato autobio-*

gráfico de tu larga experiencia con el psicoanálisis lacaniano y, al final, tu ruptura y abandono del mismo. *De mis primeras impresiones, lo más elemental para mí fue la rica emotividad del libro y el logro que tú realizas de poder hablar tan directamente de cosas tan elusivas. El haber encontrado ese lenguaje supongo que es un trabajo especial para ti, y quizá podríamos empezar por tu acceso a ese lenguaje que parece tan directo y probablemente sea dramático por sí mismo.*

R.H.. El modelo de ese lenguaje es realmente el lenguaje hablado que se usa en el psicoanálisis; de manera que si he sido capaz de escribir diciendo tantas cosas directas es porque yo lo había dicho en la sesión del psicoanálisis. De modo que hay una gran libertad de lenguaje. En el psicoanálisis aprendes un poco esto, la enorme libertad del lenguaje frente justamente a ese vacío. A partir de allí vinieron también notas, muchas notas; porque me interesaba también en la historia del lenguaje en el análisis. Por ejemplo, había largos fraseos, digamos, en una sesión yo comenzaba o se esbozaba un tema que aparecía sólo por asociación de ideas, y al cabo de cinco sesiones estaba hablando sin ton ni son. Me daba cuenta de que de pronto era como un salto en el vacío: pasaba una curva y caía sobre mis pies; y de repente todo tomaba sentido en un punto, para luego recomenzar; había otro nudo, otra opacidad del lenguaje y otro caer sobre mis pies. Esto ocurría completamente sin ninguna intervención consciente mía. Constataba que había una frase que formulaba en cada momento y que llegaba a cumplirse a través de un montón de vagabundeos.

J. O.: *Pero tú al desplazar el remitente de este mensaje, que ya no es el psicoanalista sino el lector, ¿no tuviste que vencer la misma naturaleza permisible del lenguaje en la sesión, y pasar a otro nivel de escritura?*

R. H.: Bueno, lo que hice fue simplemente darle una representación al lenguaje hablado; porque en realidad hay muchísimos más rodeos, hay muchísimos más errores, más desperdicio en lo que dice uno en el psicoanálisis. Entonces, lo que traté de hacer es colocarme dentro de un lenguaje hablado también, y cuando cogí la manera de decir, digamos los parágrafos, pude marcar justamente silencios, porque el silencio me iba a dar el ritmo de la frase, de la frase analítica. Hice un trabajo de condensación realmente. Porque son pocas páginas pero son casi cinco años de análisis, en que había muchos casetes. Puse el énfasis en el ritmo, tratando de que sea un libro que a pesar de su densidad se pueda leer con gran facilidad, a causa del ritmo. El trabajo literario que yo hice está despojado de una cantidad de retórica porque busqué reducirla al mínimo, y lo único que hice fue limitarme al ritmo y a la articulación de la frase. Buscar un tratamiento limpio dentro de la complejidad que hay en este libro.

J. O.: *¿Y ese proceso de transferencia hacia la escritura se convertía en una especie de nivel analítico él mismo?*
R. H.: Sí, claro, porque había nuevos contenidos que aparecían, sobre todo al final del libro; y también había, claro, ese desplazamiento del acento, del referente, que era la recuperación de mí mismo, en tanto que escritor quiero decir. Era como decir que un escritor finalmente vive por el lenguaje escrito, no por el hablado. Era como retomar las cosas con mis propias armas de escritura.

J. O.: *Pero, si no me equivoco, hay un tiempo posterior desde el cual tú reconstruyes un tiempo anterior: de tal modo que cuando empiezas a escribir el proceso ha terminado; ¿o prosigue mientras escribías?*
R. H.: Casi terminaba, porque mientras escribía aparecían cosas nuevas. No estaba todavía terminado, porque los últimos capítulos son, por ejemplo, yo solo hablándole al lector, que sustituye al psicoanalista. Son cosas que el psiconanalista no escuchó. Hubo una especie de desplazamiento.

J. O.: *De manera que en el libro hay de todos modos un nivel de escritura que es una aventura del sujeto.*
R. H.: Sí, de eso estoy convencido. Yurkievich no piensa lo mismo, pero yo estoy convencido de que es un trabajo literario.

J. O.: *Podríamos ahora discutir las relaciones y diferencias entre el documento de análisis puro y el momento en que eso se transforma en un texto literario. Inevitablemente esto se define en términos del lector.*
R. H.: Claro, porque hay un trabajo consciente de que sea un texto literario; hay una voluntad consciente de este trabajo. Pero respetando la cuestión central; porque, fíjate, si hay un sujeto en esto

es el inconsciente, no soy yo. No soy el "yo" que tú conoces, que los demás conocen; quien habla es el inconsciente. Yo tengo que darle la salida y tengo que acomodarme a él, ahora ya con mis armas, tengo que preservar la salida de esta voz. Eso es lo que hago. Tú me habías hecho notar que había un problema de sujeto, que había un "sujeto creado", tú decías. Un sujeto creado es justamente un sujeto inconsciente que habla, me parece. Tiene referencias biográficas a mí, a la persona que tú conoces, pero que en realidad es un discurso del inconsciente.

J. O.: *O sea que tú cedes la palabra al inconsciente, y el inconsciente –que es el protagonista– es el que encuentra un nivel que supera tanto al documento como a la ficción, tal como lo hace, porque éste es un texto totalmente diferente, no previsto. Porque no es un documento, evidentemente, pero tampoco es un mero texto literario. Sin olvidar que lo poético es para ti resolutivo en tus dos libros epocales:* Consejero del lobo *(1965) y* Contranatura *(1970).*

R. H.: Se sitúa en medio camino entre varias cosas. Por eso tiene dificultades este texto. Incluso con la crítica, porque hay algunos críticos que se han inclinado sobre el asunto y no sabían por dónde tomarlo, debido a la ambigüedad que presenta.

J. O.: *Ahora, si volvemos al título mismo* Aprendizaje de la limpieza, *¿tú consideras que el texto es un aprendizaje, o sea un proceso formativo de conciencia finalmente? ¿Qué consecuencias tiene eso para ti?*

R. H.: En efecto. Las consecuencias son siempre consecuencias que se decantan con el tiempo. O sea que es bien difícil determinar cuáles son las consecuencias. En lo que se refiere, por ejemplo, al plano literario, las consecuencias pueden ser simplemente la conquista de una libertad de lenguaje mucho más amplia que la que yo podía tener. Haber hablado frente a este vacío articulante me ha dado una gran posibilidad de expresarme; me ha quitado el miedo a las palabras. Tengo mayor gama, y mayor libertad, yo diría, de lenguaje. No tener miedo a algunos excesos y a algunas cosas.

J. O.: *El valor de usar el lenguaje es impresionante en el libro. Es una de las cosas, creo, evidentes. Ahora bien, al final del libro hay algo que queda como hipótesis flotante: lo suplementario del libro.*

En lo suplementario del libro podría estar, claro, este potencial de libertad. Pero podría ser también la posibilidad de que sea un libro que nunca termine; y que sea una trampa al mismo tiempo. ¿Cómo ves tú esto?

R. H.: Sí, es evidente. Porque es un libro que de cualquier manera no está cerrado. A veces he intentado agregar capítulos, escribirlos para mi propio consumo, para tener la impresión de que se cerraba, de que la curva estaba cerrada. Pero yo creo que hay dos maneras de cerrarla verdaderamente. Una, escribiendo el capítulo, la línea, que falta en el libro. Otra, escribiendo otro libro, donde lo que falta aparezca, pero bajo una forma literaria, si tú quieres, más elaborada. Este libro me ha escrito a mí; no es que yo haya querido escribir un libro así. Durante el tiempo que hice el psicoanálisis casi no escribí nada. Estuve prácticamente impedido de escribir; tomaba notas, hacía cosas, pero no podía realmente escribir. Digamos que la palabra hablada se había devorado a la escrita.

J. O.: *Supongo que es también un modo de tomar en serio el psicoanálisis, no podía ser un material literario simple.*

R. H.: Claro. Yo dejé que el libro se escriba; bueno, llevándolo y todo ello. Pero lo que pasa es que mi manera de escribir, cuando no estoy en este proceso, es una manera donde hago uso de aparatos retóricos. Todo lo contrario a este libro. Un aparato retórico que puede ser impresionante y que yo armo. Y en este caso yo me había reducido a no armar ningún aparato retórico. Entonces, si hay una continuación, y un fin de este libro, va a aparecer dentro de un aparato retórico.

J. O.: *En ese sentido sería un libro cerrado. Desde un punto de vista literario. Sin embargo, es curioso porque pensando otra vez en el aparato retórico, se me ocurre que hay un nivel, digamos, proustiano en el libro, que es la parte donde la memoria trata de tener un papel. Y su papel solamente puede ser ambivalente: o esto o aquello, pero casi siempre se elige por una u otra cosa. Pero no sé si eso es parte del libro o del análisis: el tratar de recordar.*

R. H.: El tratar de recordar es un proceso analítico, es lo que se llama la anamnesia en el psicoanálisis. Es justamente forzado y puede ser una cosa muy angustiosa, cuando piensas que has perdido una palabra. Por ejemplo, una palabra perdida que iba a articular el curso. Yo durante mucho tiempo traté de acordarme del nombre de una especie de alfajores que había, y nunca me acordé, y siempre lo consideré una parte irreparable. Porque no es como en Proust, donde, en efecto, los recuerdos son núcleos articulantes, del cual parten cosas. Esto es una especie de búsqueda un poco sin fin, hacia un punto donde justamente no hay palabras. Uno se da cuenta, de una manera muy angustiosa, de que siendo escritor estás viajando hacia el prelenguaje. Es muy difícil asumirlo porque si te defines por algo es por la palabra.

DIAMELA ELTIT:
RESISTENCIA Y SUJETO FEMENINO

Julio Ortega: *Permítame empezar diciéndole que al plantear un diálogo con su obra nada se le aparece a uno como resuelto y, más bien, varias inquietudes remiten a una zona de conflicto. Me interesa esa dimensión conflictiva de su escritura, ese espacio donde el lector es retado a desleerse, como si debiese confrontar sus hábitos de lector complaciente o gananciso y tuviese que arriesgarse a un territorio inusitado, sin espejos gratificantes ni cómplices implicados; y donde leer es entre-ver y ser entre-visto. Digamos que ésta es una entrevista del entrevistado y que le pido por una explicación de mi papel de lector ideal, esto es, de lector en dificultades. ¿Cómo ha imaginado mi propia función de lector óptimo?*

Diamela Eltit: Para responder a su pregunta preciso apuntar a lo que parece ser un lugar común en la relación obra y lector. Quiero referirme al aspecto que tiene que ver con la seducción, con ciertos sentidos que operan tocando al que lee y que se lee allí. Usted es mi lector óptimo y de manera mucho más compleja que el lector común –si lo tuviera–, por cuanto es capaz de desmontar los procedimientos utilizados en el texto. En ese sentido, es mi lector más próximo y también el más peligroso.

J. O.: *Me apresuro a decirle que en* Lumpérica *(1983), su primera novela, el trabajo de la lectura va parejo al "placer del espectáculo", ya que las ocupaciones sucesivas de la plaza pública son trazadas aquí con buen humor festivo, y no se le escapa a uno la ironía que recorta las figuras del drama. Ahora bien, me interesó en primer lugar el despliegue de la escritura, esa estrategia de ocupación de la página que es paralela al ensayo de fundar la ciudadanía desde el espacio de lo colectivo. ¿Cómo fue el proceso de escritura del libro? ¿Se produce la escritura desde puntos de vista alternos o desde una sintaxis visual articulada?*

D. E.: En verdad, estoy convencida de que no soy del todo responsable de mis textos. Esto coincide con el hecho de ser una autora bastante irresponsable. No trabajo con esquemas previos, ni siquiera hago anotaciones concretas con respecto a los personajes. Me dejo llevar por una idea temática general y la articulo desde la escritura misma. *Lumpérica* –mi primera novela– fue escrita en un momento en que sentía simultáneamente gran aversión y atracción por la narrativa.

Fue un proceso muy complicado –que no vale la pena detallar– pero llegué a pensar en una literatura sin literatura. Empresa imposible y ciertamente juvenil. Estuve seis o siete años trabajando en el libro, más que nada frenética por los dilemas teóricos que –en un sentido muy personal– me atravesaban. Pienso hoy que lo más tenso fue enfrentar el problema de las diferencias de sus partes y percibir que no obstante existía un hilo que las encadenaba y, tal vez, ese hilo –no estoy segura– era ese respiro visual que me permití, que quizás es una temática, la impostura técnica al interior de un drama a la manera de un salvataje: la extensión sobreviviente de la novela.

J. O.: *Ahora bien, ¿cómo plantea este texto las disyunciones del centro y los márgenes? En la sociedad chilena de la dictadura, ¿hemos pasado de la polaridad tradicional cultura urbana-cultura popular a una más interna entre poder y marginalidad? ¿Cuál sería la actividad "lumpérica" que genera un contradiscurso frente al hegemónico?*

D. E.: Como dato sociológico, *Lumpérica* fue escrita enteramente bajo los tiempos más rígidos de la dictadura, incluso en esos años los libros chilenos debían pasar por una oficina de censura para su publicación. Pienso que ese dato –aunque fantasioso en mi caso por el tipo de proyecto narrativo– operó en algún nivel agravando la crisis represiva que el lenguaje y el decir con el lenguaje sufre bajo una dictadura como la chilena.

Por otra parte, sin minimizar mi posición política contingente, lo que me resultaba un desafío, una apuesta, era operar dentro de la institución narrativa de mi país. Como usted debe saber, la narrativa chilena en particular es extremadamente monolítica en su forma y utilitaria en su lenguaje –desde luego hay excepciones–, aun así, era ese poder central el que constituía mi objetivo, por decirlo de alguna manera, político. Producir no una revolución allí, sino más que nada una alteración y eso hasta hoy lo considero un logro. Es en esta relación fuerte en la que trabajé desde una literatura límite –por las condiciones de producción que presuponían una recepción mínima– y por ello marginal.

J. O.: *En una instancia de transposiciones y equivalencias, la plaza se abre en el libro como una fuente de tinta; una, digamos, matriz de escritura. Se lee: "Para que esos dedos entintados la trazaran entera, estamparan su indeleble huella y así el fugaz rayado de la plaza se seriara sobre sí y ella misma acudiera entonces a los bancos, los árboles, los faroles, el pasto, toda esa plaza al fin pudiera almacenar la tinta para repetir otros escritos" (106). En efecto, la serie "los grafitis de la plaza" proclama que la intimidad de la escritura se desdobla en palabra pública. Pero luego viene una fotografía de la autora del libro con los brazos vendados, y una secuencia sobre los "cortes" que se advierten en la foto. ¿Es el cuerpo la fuente "natural" de la letra? ¿Hay una biografía de la escritura que se trama como un hilo de sangre?*

D. E.: En estos años he experimentado sucesivos cambios en mi percepción literaria. Pero, remontándome a las razones que motivaron la inclusión de la fotografía en Lumpérica, recuerdo que obedeció a un gesto dual; egocéntrico y homicida a la vez de la biografía. Una ambigüedad. La fotografía –y creo que así está referida en el texto– fue un pre-texto, un hilo de sangre antiguo y privado, para detonar –en el libro– un texto en torno a la sangre que sí es un tema que me convulsiona y que aún no logro construir plenamente.

J. O.: *El sujeto femenino que se manifiesta desde los márgenes adquiere la entonación de su propia voz entre este libro y el siguiente,* Por la patria *(1986), mucho más complejo y persuasivo. Pero esa voz no es la de un narrador sino la de un sujeto paradigma, signo de la mujer internalizada por la escritura y traspuesta por el diálogo. Éste sería un sujeto puramente escritural (sin otro espacio que el texto que lo documenta profusamente) si no fuese, además, una energía articulatoria, que suma varios nombres y pronombres, y que se inscribe socialmente en el espacio invadido, desalojado y sancionado, en una suerte de* tabula rasa *del espacio social. Desde allí, sin embargo, atraviesa el desierto (el "erial") de la desfundación para adquirir el habla propia, esa diferencia en la indistinción del lenguaje. ¿Cómo concibió las instancias de ese retrazado?*

D. E.: Debo confesarle que Por la patria es mi novela más que–

rida y si tuviera que decir que soy escritora es porque escribí ese libro. Sin pretender de ninguna manera compararme a su coterráneo el gran escritor peruano Arguedas, arrastro un dilema que no deja de atormentarme en mi vida personal. Este dilema es provenir de un sector pobre que me dejó un resentimiento social, que a estas alturas parece incurable, y que me impide, en muchas ocasiones, tener serenidad con los espacios. El privilegio de esta desconcertante biografía, parece ser el haber incorporado en mi psiquis –y a menudo en forma inconsciente– múltiples hablas, sintaxis, percepciones que ni yo me las conozco. Soy una mestiza, en ese sentido, bi o trilingüe de mi propio idioma. Eso fue lo que permitió abordar la novela.

J. O.: *Toda esa elaboración compleja de esta novela se sustenta, sin embargo, en una inmediatez de lo específico, que va desde el espacio hasta el cuerpo, desde la violencia hasta la jerga popular. ¿Cómo concibe usted la capacidad de resistencia y sobrevivencia popular? ¿Cómo ir más allá del discurso ilustrado de la buena conciencia política frente a la experiencia de lo popular?*

D. E.: Nada puede ser para mí más irritante que leer un libro que trata de los márgenes sociales desde una perspectiva compasiva. Ese tipo de aproximaciones me parecen clasistas y reductoras. Voy a usar una expresión; me parece que lo que pasa allí es que le "roban el alma" a esos espacios, a esos habitantes. Mi proyecto fue restituir la estética que pertenece y moviliza esos espacios y dar estatuto narrativo a esas voces tradicionalmente oprimidas por la cultura oficial y estropeadas por una narrativa redentora. Ahora bien, si en algún lugar pudiera intentar explicar o explicarme el apego a la sobrevivencia de los sectores populares y especialmente marginales sería desde el deseo. Cuando se es carente, el deseo se multiplica y en este sentido lo único posible, pese a que no satisfaga, es el otro, aunque sea bajo la forma del odio.

J. O.: *Se me ocurre que luego del feminismo reivindicativo y sus reclamos de justicia igualitaria, en esta novela asoma una especie de posfeminismo, esto es, una visión de la mujer que subvierte el edificio de la discursividad burguesa desde la marginalidad de su propia biografía hecha palabra. Hay, se diría, una actividad política en la verbalización del sujeto femenino: su conversión verbal le da una "heroicidad" discursiva desgarrada y transgresiva. Madres, hijas, cómplices, solidarias, estas mujeres de* Por la patria *se presentan como la hipótesis de un sujeto "épico". Desalojadas del espacio social se alojan en el discurso: desde allí reinician su viaje fundador, entre los discursos autoritarios, entre la violencia y la histeria. ¿Cómo distinguiría la experiencia femenina en la sociedad autoritaria de estos años de dictadura?; ¿es su hipótesis de una nueva épica un horizonte de virtualidad social que la escritura señala o una forma más de las respuestas políticas a la dictadura?*

D. E.: En el nivel social, la mujer chilena en estos años ha debido asumir un peso excesivo y me refiero especialmente a la mujer pobre. Ya se habla en Chile de la crisis de papeles por el desplazamiento de la mujer del espacio privado al público que permitió la fundación de organizaciones debilitadoras para el régimen. Fue una respuesta que generó una remodelación de los circuitos y desde luego se inscribe en el interior de las empresas épicas. He desarrollado un largo tiempo de trabajo en poblaciones (zonas periféricas y marginales de Santiago) para investigar sobre literatura popular. Tengo un cierto conocimiento en torno al tema. Sin embargo, el problema es muy complejo y ocuparía demasiado espacio si me extendiera en torno al sentido épico que a mí me parece que transita en ese movimiento. Pero, aunque resulte un poco caprichoso de decir, hay algo de ferocidad que se levanta y que impide el derrumbe.

En relación con la escritura, en mi caso particular, creo que esa épica que señala, si bien pasa y fuertemente por la dictadura, la excede tanto para atrás como hacia adelante. No puedo sustraerme a nuestro estado de pobreza, colonizaciones, dependencias, vislumbro un sujeto latinoamericano en alto riesgo, amenazado. Es algo con el honor lo que está en juego, por muy anacrónico que parezca este término, pienso que es un asunto de honor y me gustaría tanto llegar a trazar un recorrido escritural que, como usted señala, en el nivel de virtualidad social apunte al honor en sus zonas más oscuras y parceladas por los discursos oficiales y, desde esa perspectiva, se construya una épica.

J. O.: *Desde otra perspectiva,* Por la patria *parecería contener otro discurso paralelo: el del análisis colectivo en las perturbaciones de la violencia. En ese sentido, los deterioros de la violencia estarían resituados desde su potencialidad creativa. Las reafirmaciones de la memoria, de la identidad crítica, de la solidaridad subversora serían, así, como el programa de restauración del sujeto, de suturación del discurso herido. ¿Cuáles fueron las zonas de zozobra en el proceso del libro? ¿Van las reafirmaciones del imaginario colectivo respondiendo a la angustia y la penuria de la historia?*

D. E.: Bueno, debo decirle que en cada libro he estado siempre al borde del naufragio. En *Por la patria* me pasó algo muy curioso, desconocido para mí y que fue una especie de exceso de palabras, de lenguaje. Las palabras estaban adentro de mi cabeza con un ritmo altamente peligroso, apenas contenidas por la mano que escribía. No fueron los aspectos técnicos los que problematizaron, era saber qué iba a hacer con ese lenguaje, cómo administrarlo sin matarlo literariamente y pienso hoy que eso va ligado a lo que usted llama imaginario colectivo. Esto fue, creo, lo que se desbordó más allá de mí misma.

Hubo sí, en lo real, dos hechos colectivos decisivos en mi emotividad. Uno de ellos, la decisión del gobierno militar de llevar a todos los habitantes marginales que tenían prontuarios como delincuentes comunes, pero que habían cumplido condena y estaban en libertad, a un lugar llamado Pisagua. A su vez, este lugar fue un antiguo campo de prisioneros políticos en los años cuarenta. Entendí la delincuencia –ya lo había pensado antes en el nivel subjetivo así– muy ligada a lo político. Como era previsible, esto no impactó especialmente a la opinión pública, hasta la intervención de organismos de derechos humanos que mediaron allí, porque esas personas estaban subalimentadas y muertas de frío. Los sacaban de sus casas con lo puesto y a Pisagua. No corresponde que me extienda en este tema, pero lo que pasaba es que en el país estaban muy desdibujadas las fronteras entre lo legal y lo ilegal.

El otro hecho ocurrió durante un llamado a paro –desobediencia civil–, en que el gobierno respondió implantando estado de sitio y sacaron un contingente de 80 000 soldados a la calle. Esa noche murieron más de cuarenta personas de las poblaciones, lo más terrible es que esas personas estaban dentro de sus casas, pero las casas eran tan frágiles que las balas traspasaban las maderas. Murieron niños, mujeres, jóvenes, jefes de familia. Una de esas poblaciones, para evitar la masacre, se rindió, sacando paños blancos por puertas y ventanas y esto es muy sobrecogedor porque no había ninguna guerra sino una invasión territorial. Estuve casi toda esa noche escuchando las noticias por la radio y creo que allí viví un clímax. Estos dos acontecimientos fueron en el año 1983, a los diez años de dictadura.

J. O.: Por la patria *es también un libro conmovedor, tanto por su poderosa capacidad apelativa como por el desnudamiento emotivo de los sujetos.* Son memorables las instancias del retorno al vientre materno y la elegía por el padre, entre otras de pathos, de elocuencia y balbuceo. Es, qué duda cabe, una novela entrañable en todos los sentidos. ¿Cómo pudo controlar y diversificar la escritura de la emotividad, su escenario más personal y, quizá, testimonial?

D. E.: Usted apunta al centro secreto que hubo de reprimir, esto es el problema del límite que a mi juicio debe existir entre realidad personal y narratividad. Sería inútil decir que la muerte violenta de mi padre no opera en algún lugar de la novela porque yo estaba en pleno duelo mientras la escribía. No obstante, creo que la fractura personal puede derivarla hacia la fractura sintáctica, pero, claro, no puedo ser yo la que evalúe ese aspecto. Hasta donde recuerdo, la escritura de la novela me permitía abstraerme del dolor personal, porque el tiempo diferido de la novela me hacía perder mi propia contingencia.

J. O.: El cuarto mundo *(1988) nos propone otra serie conflictual: la puesta en crisis del cuerpo, la desconstrucción de la familia, la histeria y la neurosis de la desidentidad.* Pero desde estas figuraciones de violencia y desgarramiento se levanta la noción histórica de lo "sudaca", término despectivo que en la España del socialismo capitalista de hoy descarta a los hispanoamericanos (clandestinos del desarrollo, indocumentados, "espaldas mojadas", migrantes). Como otros escritores antes, usted se apropia de la mala palabra descalificadora, y sus personajes se la asignan "a boca llena". A diferencia de sus otras novelas, se diría que ésta ocurre en una dimensión a la vez presocietal y posfreudiana. En un sentido, éste es su proyecto más radical. ¿Cómo percibe usted misma las encrucijadas del relato, los cruces y cruzamientos de su fluidez descodificante, desatada de lo atado?

D. E.: Más adelante abordaré este aspecto, pero luego de la recepción de *Por la patria,* tuve una crisis literaria, me di cuenta de que, en el nivel literario, no tenía nada que perder, desde la convicción de que no tenía nada que ganar. *El Cuarto Mundo* creo que toca aspectos que contiene *Por la patria*, pero en otro registro, quizá más subjetivo y antojadizo; allí quise abordar más calmadamente las políticas familiares, la identidad sexual y de papeles, pero lo que más me importaba era la materialidad de cómo se escribía una novela. La definición sudaca alcanza a la novela, no sólo a los cuerpos latinoamericanos, sino a sus producciones sociales y culturales. Era mostrar la forma en que se escribía una novela sudaca que iba a ser obviamente reprimida por el mercado y la tendencia literaria dominante.

Por otra parte, y esto es anecdótico, algunas veces tuve que responder a la pregunta de que si yo escribía en la forma en que lo hacía era porque no me manejaba con estructuras más tradicionales y como yo no soy de fierro, pues escribí la primera parte de *El Cuarto Mundo* como una señorita, pero utilizando esas estructuras para sentidos que espero sean corrosivos.

J. O.: *La conciencia de la condición sudaca, al final, parece reordenar el relato con una apelación por la "solidaridad sudaca", esa conversión de la escritura en respuesta política. Siendo éste un texto posmoderno en sus disoluciones y desrepresentaciones supone, sin embargo, que la racionalidad del margen es una diferencia. ¿Cree usted que es posible una escritura nuestra (diferente) y contemporánea (descentradora), libre de las sanciones hegemonistas (o antihegemonistas pero no menos etnocéntricas)?*

D. E.: Ah sí, yo pienso que es posible escribir desde un cierto margen y disidencia –diferencia–, pero para productivizar esas escrituras y que no resulten sumergidas del todo se requiere la complicidad –por decirlo de alguna manera– del discurso crítico y teórico latinoamericano. Sólo el conjunto de estos discursos –a mi juicio– puede abrir un espacio para una operatoria literaria verdaderamente descentradora y no estereotipada. Sin ánimos de halagos, pienso que usted está en esa opción, por artículos y ensayos que le he leído; además, usted toma riesgos, de espaldas a las grandes editoriales transnacionales, estas preguntas que me hace, cuando yo estoy en la máxima periferia editorial, son una muestra.

J. O.: *Ahora que termina la dictadura militar, ¿cómo sería el primer balance de su propia navegación en estos años todavía sin relato?*

D. E.: Diría, en un análisis somero, que en lo que respecta a lo literario estoy contenta. Haber escrito cuatro libros bajo dictadura no es poca cosa. Jamás he accedido a trabajar en instituciones formales de educación superior en mi país –que sería mi espacio más próximo– y eso es el costo que pagué. Por otra parte, por la ausencia evidente de demandas hacia mi escritura, pude elaborar mi trabajo literario con un grado alto de libertad creativa y hoy pienso que de alguna manera pudiera abrir paso a otras escrituras chilenas más despegadas de las líneas dominantes. Eso lo encuentro políticamente importante.

Como ciudadana, como persona, me alivia el fin de esta dictadura, pero, claro, me quedan lesiones con las que me voy a morir.

J. O.: *¿Qué significa ser una escritora en Chile y en el mundo de hoy? Carmen Boullosa, la más inquietante de las escritoras mexicanas actuales, me decía el otro día que ser escritora es, al menos en su país, una licencia, una complacencia: a las escritoras se les exige menos, me decía ella, por una suerte de prejuicio al revés, y se les publica y aplaude sin rigor. ¿Cómo es la situación en Chile?*

D. E.: El caso de las escritoras mexicanas no es el chileno. En particular, en la narrativa, hay muy pocas mujeres escribiendo, la mayoría de las mujeres son poetas, que es, por lo demás, el género literario dominante en el país. Desde luego hay rasgos discriminatorios, que van de lo grueso a lo fino. Ahora, con la instalación de un básico y aún inestable pensamiento feminista, el panorama –paradójicamente– se hace más elocuente. Lo que buscaría el sistema sería poner a las mujeres en competencia y dejar abierto y protegido el espacio literario para lo masculino. Esto me molesta mucho, pues aunque pienso lo femenino como especificidad y diferencia me parece que en esta actitud se reiteran y en forma peligrosa las mismas condicionantes ideológicas que modelan las tácticas de la omisión.

Mis problemas al respecto han aflorado fundamentalmente en espacios institucionales. No he podido tener trabajos estables y con estatus académico. Me apenan afirmaciones como: no se entiende, es feminista, estructuralista, anticonvencional y cosas por el estilo, casi divertidas en su conjunto. En cambio, la mayoría de los hombres que han hecho aportes literarios sí cuentan con más posibilidades sociales que las mías. Pero yo no me quejo, entiendo que esas trabas pasan por la opción literaria que he tomado y mi condición de mujer.

J. O.: *Hélène Cixous, en su ensayo* From de Scene of the Unconscious to the Scene of History, *recuerda que "madre" en francés evoca al mar (*la mer*) y que en inglés es mi otro (*m/other*). La madre es un plural en sus novelas (¿*mad-res?, loca cosa...*), un cuerpo agonista, abierto y central. ¿Con qué habla enuncia la madre su propio relato? En la última página de* El Cuarto Mundo *la hija se transforma en madre, ¿cede así la palabra? Patria es femenino en español, no lo es inglés: ¿funde al padre en la madre tierra?*

D. E.: Yo no me considero habilitada para el campo teórico ni crítico, pero sí he pensado, en el nivel de un posible feminismo latinoamericano, que hay que establecer diferencias con los feminismos internacionales y eso porque nosotros para establecer cualquier teoría debemos articularla desde la pobreza y la carencia. Sin conocer mucho la teoría feminista internacional, me parece que ellas no incluyen este aspecto como estructural en sus planteamientos.

En un nivel simbólico, si bien podemos tener el mismo padre –padre europeo– tenemos distinta madre –madre indígena– y ahí, pues, es posible establecer otro registro de pensamiento. Esa madre indígena transformada en indigente por el bloqueo a su propia habla me parece una plataforma teóricamente importante, pero en verdad no es mi campo específico, carezco del rigor teórico para enfrentar una empresa de tal naturaleza.

De seguro lo hice muy mal, pero el intento en *El Cuarto Mundo* fue hacer visible la problemática latinoamericana. Utilicé mi propio nombre como hija para pasar a productora de textos, madre de textos: la novela sudaca ("la niña sudaca irá a la venta", frase final del libro), que desde el punto narrativo elegido va a la venta teñida por su condición de desamparo y resistencia.

J. O.: *En los espléndidos textos de Gonzalo Muñoz, en la poesía y en la crítica de Eugenia Brito, en los análisis lacanianos de Rodrigo Cánovas, en los ensayos posmodernos de Nelly Richard, entre otros escritores chilenos de hoy, creo ver un parentesco reflexivo y creativo de poderosa convicción en lo nuevo. En alguna medida, sus novelas son la otra coordenada, la narrativa, de ese trabajo convergente de indagación. ¿Cómo se siente escribiendo en esa compañía?*

D. E.: Estoy en acuerdo completo con usted. Gonzalo Muñoz,

Eugenia Brito, Rodrigo Cánovas, Nelly Richard, me parecen los autores que mejor han elaborado en Chile las diversas propuestas críticas y literarias. He mantenido en estos años una interlocución permanente con ellos que me ha resultado productiva e incitante. También diría que los dos primeros libros del poeta Raúl Zurita me resultan significativos para completar el panorama de intertextualidades.

J. O.: *Estos años de resistencia han producido una magnífica nueva literatura en Chile; ¿cómo ve el porvenir inmediato desde la página que ahora escribe? ¿En qué proyecto se encuentra ahora?*

D. E.: Pienso, igual que usted, que ciertos textos críticos y literarios producidos en Chile en estos años formaron un cordón refractario y autónomo a lo oficial. Pienso que el cambio social y político va a descomprimir el ámbito literario, aunque no estoy segura si esa descompresión me alcanzará a beneficiar del todo. Chile es un país muy convencional en el nivel narrativo.

Ahora escribo una novela y transitan por mi cabeza el tema del trabajo y del abandono. No he abordado hasta ahora el tema del trabajo en forma obsesiva. Pero todavía nada está resuelto. Acabo de encontrar un título que me parece definitivo: "Vacas sagradas", como verá "Cuerpo contingente" fue desechado.

J. O.: *Mis estudiantes han remontado* Por la patria *con buen pulso y no sin coraje, en la intemperie de la lectura. Nos preguntábamos si usted, al final, se propone la última resistencia posible: resistir al mercado, resistir una lectura que todo lo traduce y consume, hasta no dejar sentido en pie. Ser un objeto inacabable por ser un fragmento de lo inacabado, ¿sería ésa una opción crítica en esta época de la lectura como entretenimiento?*

D. E.: Como usted sabe, he vivido en Chile todo mi tiempo —salvo cortos viajes— y desde aquí he intentado comprender los mecanismos editoriales. Mentiría si no dijera que al terminar *Por la patria* pensé que, quizás, esa novela pudiera llegar a ser publicada por una editorial internacional. Lo pensé así por dos motivos. Primero, desde una cierta convicción de que la novela contenía aspectos en torno a lo latinoamericano reprocesados desde otra óptica productiva. Reconozco que me dejé llevar por la ingenuidad literaria, pero alcancé a vislumbrar un espacio mayor de interlocución para la novela; mi deseo era que la novela participara del flujo narrativo latinoamericano. Lo segundo que organizaba este pedido era ver que editoriales españolas y mexicanas editaban, ocasionalmente, libros que implicaban un fuerte trabajo de lectura.

Cuando comprendí que la novela había quedado recluida entre las fronteras chilenas tuve una crisis un poco infantil, una especie de pérdida de sentido, pero, a la vez, hube de pensar seriamente mi situación literaria. Entendí –creo entender– que lo que ocurre está relacionado con un problema de la no domesticación agravado por el hecho de abordar zonas de lo social, improductivas para el mercado.

Ahí pude tener una mayor claridad y hasta diría madurez sobre lo que hago. Antes me sentía culpable por la insistencia en el "no se entiende", reiterado, agotador, peligroso. Considero que la literatura es mi militancia, y cada libro ha implicado para mí, junto con el placer de la creación, un gran desgaste intelectual y físico.

En este sentido, y pese al costo autoral que implica, me reafirmo en el concepto de que el poder, el sistema, indica, dirige, instaura formas de lectura. Esta tendencia de la literatura "entretenida", bueno, está bien, pero afortunadamente no todos nos entretenemos con lo mismo. Tal vez estoy en la posición equivocada y siga pensando en una literatura que en el orden simbólico y –como usted dice– en el nivel de virtualidad social apunte a nuestra condición de latinoamericanos que me parece crítica cuando ya nos acercamos al próximo milenio. Yo me mantengo en los códigos del honor y allí la determinación del mercado no me perturba. Sólo soy una escritora chilena y quiero seguir viva en eso, en la escritura, ésa es mi batalla, mi épica personal.

J. O.: *Para no dar por concluido este cuestionario, usted podría dar por resuelta esta pregunta retórica: ¿qué autores son los que usted frecuenta? ¿Quiénes son sus autores fieles?*

D. E.: Estudié nueve años literatura en la universidad. Desde los 17 años he estado nada más en lo literario, como estudiante, profesora, escritora. He oído muchas voces que aun en desacuerdo con mi percepción se han depositado en mi cabeza. Curiosamente, valorizo hoy mis estudios de literatura española, releo con asombro *El Cid*, para examinar la constitución de la lengua, el viaje por el español hasta las literaturas regionales de los países latinoamericanos. Por eso me resulta difícil contestar esa pregunta, pero, aun considerando que lo que afirme es parcial, *Pedro Páramo* de Rulfo me parece una obra magnífica; *El zorro de arriba y el zorro de abajo* de Arguedas, conmovedor –los lamentos de las indias prostitutas–. *Cobra* de Severo Sarduy, un libro lujoso como escritura; *Cien años de soledad* de García Márquez, en fin, en el nivel internacional; Joyce y su *Ulises*, el novelista japonés Yasunari Kawabata, Beckett y dejando mucho sin nombrar, quisiera nombrar un pedacito de un libro que ahora mismo termino de leer, que es una autobiografía de Gregorio Condori Mamani, un quechua monolingüe que incluye un relato de Asunta, su mujer. Ella dice: "Así en estos últimos tiempos, después de haber dormido bien toda la noche, me levanto sin fuerzas, con las piernas y los muslos totalmente cansados, como si durante la noche hubiera caminado leguas y leguas. Seguro que mi espíritu alma ya empezó a caminar, porque faltando ocho años para morir, nuestras almas empiezan a caminar recogiendo las huellas de nuestros pies, de todos los lugares por donde hemos caminado en vida. Así nuestra pobre alma se detiene infinidad de veces para penar por lugares donde, por algún descuido, pudimos haber hecho caer al suelo una aguja de coser. Por eso la aguja, al coser o al zurcir, se debe manejar con cuidado. Así, seguro mi alma ya empezó su peregrinación, por eso mis piernas amanecen cansadas no más."

ANTONIO MARTORELL
EN PUERTO RICO

Los días que pasé en el hermoso recinto universitario de Cayey, antigua base norteamericana reapropiada por la Universidad de Puerto Rico en una acto de justicia poética, me permitieron ser vecino de Antonio Martorell, uno de los grandes artistas de y por América Latina. Claro que en Puerto Rico uno es antes que otra cosa vecino, dada la inmediatez de la amistad y la proximidad de los extremos. Visité, por fin, la casa del Maestro, que es un laberinto ferial de la cultura popular latinoamericana, y también un archivo formidable de sus trabajos de artista, cuya atención celebratoria y crítica ha documentado el desvivir puertorriqueño como una épica de la empatía, la memoria y la capacidad de responder. Las máscaras, las sillas, los sombreros, se acumulan entre los paneles, escenarios y módulos que ha construido para sus escenificaciones e intervenciones. Su casa, dice, es una juguetería. Y lo es en el sentido de que cualquiera encuentra en ella materiales para su propio juego.

Por fin contaremos con un catálogo razonado y un archivo exhaustivo de y sobre la obra de Martorell, gracias a un equipo de la Universidad de Puerto Rico que trabaja ahora mismo en esa empresa gigantesca dirigida por el profesor Antonio Díaz-Royo. Permitirá, entre otras cosas, tener una imagen consistente y procesal de los trabajos de un artista cuya estirpe picasseana lo ha llevado de uno a otro medio, entre motivos y formas proteicos, de la gráfica a la instalación, del teatro a la plaza pública, del afiche a la escritura. Ha intervenido la memoria colectiva con apelaciones a la peculiaridad de su isla, ha registrado su flora aérea y su cotidianidad a la vez doméstica y trashumante; y ha reconstruido los espacios de la comunalidad más íntima, aquella que circula entre la casa y la letra, entre la familia y la historia. Cuando podamos concebir el proceso creativo de esta obra multiforme seguramente veremos también su capacidad articulatoria. Me ha parecido encontrar en su casa ese secreto feliz de su arte: su capacidad de sumar lo diverso, de hacerle lugar a los espacios, de darle albergue a la cultura peregrina. Ésa es, creo, la lección madura de su trabajo: el generoso talento de articular, que es la mayor respuesta del arte a la condición política de estos tiempos de dispersión recusadora y resta traumática.

Martorell me mostró la espléndida caja de papeles que ha compuesto, bajo el título inclusivo "El libro de la casa", siguiendo el principio de composición de los patrones de costura, que son matrices de la medición del cuerpo, y que adquieren, en manos del artista, una dimensión insólita y conmovedora. Se trata de una reapropiación de los materiales en torno a una celebración de la máquina Singer, ese monumento de la domesticidad perdida. Pero sobre todo se trata de una recomposición del espacio de la casa a través de la combinatoria figurativa del cuerpo y la letra. Cada pieza juega con las variaciones del título, multiplicando en este libro de la memoria la casa abierta por el lenguaje gráfico.

Su trabajo más reciente está hecho para una escuela de Nueva York, donde la mayoría son niños dominicanos que requieren ayuda didáctica para su aprendizaje del abecedario. Casi el público ideal de Martorell. Le ha permitido fabricar unas banderas del abecedario castellano. Banderolas de colores vivos (¿tropicales?) con escenas de niños jugando todos los deportes (¿el ABC como otro deporte?) cuyos cuerpos componen la figura de una letra (¿el cuerpo como escritura?). Este abecedario de la conquista hispánica de Nueva York demuestra tanto el espíritu solidario del artista como su capacidad de convertir lo cotidiano en una apropiación festiva.

Ambos trabajos, por lo demás, me permiten especular, contagiado por su fuerza articulatoria, acerca del espacio que propicia como lugar común ("demarcación", lo llama él), espacio ya anunciado por su gran obra "La casa de todos nosotros", su celebrada instalación de hace unos años en Nueva York. (Muy pocos pintores latinoamericanos han recibido el reconocimiento crítico de Martorell de parte de la crítica norteamericana, empezando por el *New York Times*.) Se trata de un espacio ganado a la trashumancia, un afincamiento suspenso en el mundo desigual. Gracias a la memoria, a los sentidos, a la contextualidad dúctil de la materia cultural propia, ese espacio afinca en el presente, lo hace más nuestro. Pero ese espacio está hecho por una motivación más profunda que la reafirmación local; está hecha por el apetito de aprender, por la vocación de conocer, que son la fuerza de hacer y rehacer, la mejor forma de compartir. De allí la función propicia de la escritura en la obra de Martorell. Es un excelente escritor, de gozosa comunión con el asombro diario; pero es también un testigo implicado, cuyos afiches conmemorativos y gráfica reescrita declaran que su arte se inscribe en este tiempo para releerlo como nuevo.

Por lo demás, todo es liviano en este profundo trabajo: la materia, la línea, la escena. Por eso recuerda a Italo Calvino y su elogio de la ligereza en contra de las pesanteces de este mundo, sobrecargado de misiones y redenciones. Pero se trata de la materia de filigrana que forjan los fuegos de la historia y la actualidad, y de la gráfica aligerada del museo por su culto fervoroso del presente. Creo ver en ello un rasgo del mejor arte de Puerto Rico, hecho entre las migraciones y los retornos, entre la luz y la lucidez. Como si para un viaje siempre recomenzando tuviéramos que llevar los materiales del sustento seguro, lo que miden el breve tiempo concedido como la intimidad de la mirada mutua. Asumiendo un tiempo precario y un mundo en peligro, este arte vulnerable y gozoso lleva las respuestas de la creatividad del instante salvado a los vientos contrarios.

Pero, sin duda, el arte de Martorell es mucho más que todo esto. Está hecho para sorprendernos, durable y variable. Mi hija Kara no ha estado en una juguetería fantástica como esta casa, y la recorre como otro espacio, ya suyo. Me cuenta Antonio que otra pequeña que recorrió la casa preguntó, ¿dónde está el niño? Gracias a él, el artista está en uno.

MIRKO LAUER:
TRANSCRIPCIÓN DE UNA DANZA

Julio Ortega: *Mirko, desde que Sebastián Salazar Bondy descubrió unos textos tuyos cuando estabas todavía en la escuela, supongo que a los 11 años, ha pasado por supuesto mucho tiempo. Creo que el suficiente como para que conversemos sobre el proceso de tu trabajo poético y la constitución de un lenguaje tuyo que, evidentemente, descartada la sorpresa de la precocidad, es serio y fecundo. Por otra parte, has estado marcado por el hecho de ser el poeta más joven de la generación del sesenta. También eso, felizmente, debe haber pasado. Y, más allá de los condicionamientos generacionales, podríamos empezar situando la relación entre tus textos:* En los cínicos brazos, *que es de 1966; luego,* Ciudad de Lima, *que es de 1967;* Santa Rosita de Lima, *que es de 1972, y el trabajo en que ahora estás envuelto. Entonces, ¿tú como ves ahora, desde esta perspectiva, enfrentado a tu propio trabajo, este proceso de uno a otro texto?*

Mirko Lauer: Comenzaría diciendo que he tratado a la poesía muy mal en mi vida y que, sin embargo, la poesía ha demostrado ser más consecuente conmigo que yo con ella. ¿Qué quiero decir con esto? Que a pesar de ser fundamentalmente un poeta, siempre me he dejado atraer por otras actividades y vocaciones; de alguna manera, postergué las tareas poéticas a lo largo de todos estos años. Las postergué por dos motivos básicos, pienso; un primer motivo, por el atractivo y la urgencia que en los últimos veinte años han tenido todas las otras tareas de la cultura y de la política en el Perú, que de alguna manera no sólo a mí sino a mucha gente de mi generación la han distanciado del quehacer poético sistemático, de la vivencia poética cotidiana, como podría ser entendida en un país como México, por ejemplo, y en una obra como la de José Emilio Pacheco, que debe ser un paradigma de este tipo de dedicación; y lo otro que me distanció de la poesía fue una cierta visión deformada de qué cosa era la poesía en un plano vital. En la medida en que yo he postergado la tarea poética, en esta breve carrera postergué también, en el nivel vivencial de la poesía, las vivencias poéticas que acompañan a esa tarea, y que plantean la escritura de poesía como eso que Auden llama una "fiesta mayor del espíritu". Aunque puedo decir en mi descargo que sólo he escrito en aquellas circunstancias en que realmente sentía que tenía algo importante que decir para mí mismo. Y eso da cuenta simultáneamente de dos cosas: de una producción relativamente breve (porque son muchas plaquetas pero pocas páginas en realidad) y del hecho de que ha demorado mucho y creo que va a demorar todavía, para mí, el que toda mi obra entre en perspectiva, que comience yo mismo a ver efectivamente esas relaciones entre diversos libros, que tú buscas; y que comience a ver eso, tan apreciado en un plano literario, que es la unidad de la obra. Yo no aprecio la unidad de la obra en un plano literario, pero a medida que pasan los años la reclamo más en un plano vivencial, existencial, personal; uno mira hacia atrás lo que ha escrito y ya no quiere que sea una obra "antologable"; lo que uno quiere es que esa obra le diga a uno mismo qué es lo que queda, qué es lo que vive todavía del olvido de los días. Es allí donde debería quizás explicar esta vivencia poética.

Efectivamente, yo vengo de una empranísima experiencia poética, de la cual me separé durante largos años, y ésa es mi primera experiencia de separación de la poesía; desde los poemas vagamente socialrealistas, escritos entre los 10 y los 14 años, yo no volví a escribir; no sólo no volví a escribir, no volví a leer, no volví a interesarme por la cultura, en absoluto, hasta entrar a la Universidad Católica en el año 1966. Ese año hubo un reencuentro con la poesía, con la literatura, con la cultura, en fin, con las letras. Lo que me queda de esta primera experiencia es una vocación radical en las letras y un convencimiento de que literatura y política están íntimamente vinculadas.

La plaqueta del año 1966, *En los cínicos brazos*, es básicamente un ejercicio de estilo; al menos, fue concebida como un ejercicio de estilo; en realidad es un poema, ni siquiera un poema tan largo; y es, como recordarás, un "diálogo de burlas veras", como figura en la portada, en el cual lo más importante para mí es poner sobre el papel una serie de influencias, principalmente la de Dylan Thomas y la de Rafael Alberti, a quienes leíamos con mucha intensidad Luis Hernández y yo por aquellos años. A partir de allí reingreso a una visión profesional, por así llamarla, de la poesía, y me planteo el primer libro con tema, es decir, el primer libro que quiere decir algo más allá de la experimentación con la palabra; y ese libro es *Ciudad de Lima*, que comienza a escribirse en 1966 y se termina de escribir en 1967, y aparece a caballo sobre el año 1968. *Ciudad de Lima* recoge tres o cuatro años de intenso experimentalismo. Tú recordarás que ese experimentalismo, ese deseo de traer un nuevo lenguaje a la poesía peruana, que superara la dicotomía (básicamente hispánica, vemos hoy) entre poesía pura y poesía social. Ese experimentalismo es quizás el signo central de la forma en *Ciudad de Lima*. Pero debajo de eso está la primera puesta sobre papel de una experiencia personal, una experiencia prematura pienso yo. Como tantas cosas que me han sucedido en la vida, la poesía misma ha sido una experiencia prematura. Me refiero a la experiencia del encuentro con la ciudad, hoy casi un lugar común en la temática de la literatura peruana. Y es el desarrollo de dos cosas: la experiencia urbana limeña, la experiencia de un limeño en Lima, casi como diría Vallejo, de un "peruano en el Perú", y un poema largo, que después vería será muy importante para mí, llamado "Sextina Ayacuchana", que es la experiencia de un extranjero en la ciudad, que es la experiencia de una persona de Lima frente a una situación culturalmente nueva, en un momento en que en Ayacucho todavía la tropa de asalto y las fuerzas especiales cuidan una ciudad removida por la experiencia de la guerrilla, que se desarrolló por esas zonas. De todo ese libro lo que yo guardo para mí, lo que me queda, es efectivamente haber sido la primera vez en que me planteo la posibilidad de que la poesía diga algo vital y personalmente relevante para grupos algo más amplios que los cenáculos literarios en los cuales yo me movía. Obviamente, había allí una visión relativamente limitada de qué cosa era llegar a un círculo más amplio, de qué cosa era la relación entre la poesía y la política, la poesía y la sociedad, la poesía y la cultura. Visto hoy, a trece o catorce años de distancia, ese libro es como una ficha, como un guijarro en el mosaico general de los libros escritos por la generación del sesenta. Es un libro que no tiene realmente, yo diría, una autonomía de contenido sino que es un libro cuyo sentido tiene que ser leído a partir de todos los demás libros que se escriben en ese momento. Porque tanto Lima como Ayacucho, como la influencia poundiana y eliotiana, son todas experiencias compartidas; como son experiencias compartidas, en ese momento, las vivencias de ser un poeta culturalista, si no suena mal, un poeta culto, para el cual, o para los cuales, hablando de toda la generación, el vitalismo era ya una experiencia absolutamente agotada en cualquiera de sus manifestaciones, tanto la bucólica como la panfletaria.

J. O.: *Recuerdo bien mi impresión cuando salió* Ciudad de Lima *en 1967. Básicamente había en él una entonación distinta, en ese momento en que se podría ya decir que los estilos, o las tendencias de los principales poetas del sesenta se han definido de uno u otro modo. Yo me atrevería incluso a creer ahora que en este libro evidentemente temprano pero asimismo definido están algunos rasgos, algunas marcas que van a ser luego desarrolladas en textos posteriores pero que persistirán como un trabajo característicamente tuyo sobre el lenguaje. Me refiero al trabajo sobre la textura del poema, por ejemplo, a esta textura rica de modulación y de referencias; me refiero a la apertura a veces narrativa del texto, a la imaginería, y a las tensiones figurativas; al humor a veces ácido del texto y, en general, a la inserción del texto como un trabajo de discusión desde la poesía sobre otras zonas referenciales. Evidentemente, esto se va a desarrollar en una suerte de apertura riesgosa, de cuyos límites a veces no parece el texto estar él mismo en control, en* Santa Rosita, *que será una especie de apuesta que te planteas por probablemente desarrollar tus percepciones, que han sido elaboradas sobre la experiencia de la urbe limeña, ya en un nivel de relato y de implicación latinoamericana. Quizá podrías tú ahora explicar cómo fue este proceso experimental abierto de este libro siguiente.*

M. L.: Mira, Julio, siento que después de cada acto de decir, de cada planteamiento poético, yo he destruido deliberadamente mi lenguaje. Alguna vez esto se me ha reprochado incluso, se me ha sugerido por qué no he tomado alguna de estas fórmulas y no las he desarrollado hasta comvertirlas, supongo, en fórmulas cómodas, elaboradas, en cantos rodados, o cantos robados; esto siempre fue deliberado, pues siempre he pensado, y creo que lo sigo pensando, que así como uno pone su vida dispuesto a que se la destruyan, a que se la cambien, o a que se la magullen (en el caso concreto limeño), una y otra vez para poder seguir viviéndola; igual, uno debe colocar su lenguaje y dejar que el lenguaje sea triturado, no sólo por la misma obra sino por el abandono; es decir, yo veo mi lenguaje como los restos de una experiencia que naufraga entre las palabras. En esa medida *Santa Rosita* es eso; es decir, *Santa Rosita* es antes que nada el intento desesperado de no volver a escribir *Ciudad de Lima* después de haberme pasado cinco años precisamente tratando de hacer eso. Y sí, en ese momento la única manera de no escribir *Ciudad de Lima* de nuevo, de no confundir la experiencia con el lenguaje que esa experiencia había generado, era entrar en una nueva etapa experimental. Sin embargo, yo tengo críticas a ese libro, críticas benignas como suelen ser las de uno frente a su propia obra, pero críticas después de todo. Como si en este *corsi e ricorsi*, que yo identifico en mi obra, hubiera momentos en que la experiencia es la que ha pesado más sobre el lenguaje y otros en los cuales ha sido el lenguaje el que ha primado sobre la experiencia; de alguna manera, al intentar no repetir *Ciudad de Lima*, lo que yo repito es *En los cínicos brazos*; es decir, la construcción de un lenguaje sobre una experiencia que hoy día siento es sólo el lenguaje mismo. Este tipo de actitud literaria es muy apreciada en algunas posiciones y algunas corrientes de la literatura: convertir el lenguaje mismo en su propia experiencia; sin embargo, no es central y va contra el eje de lo que es mi actitud ante la poesía. Es por eso que el texto eventualmente se sale control, como dices tú; lo que yo quería hacer allí era dar una especie de desesperado paso adelante. Era una *fuite en avant*, que me mantuviera dentro de la ética experimentalista con la cual habíamos partido todos los poetas de la generación del sesenta. De alguna manera, supongo que una gran influencia en ese libro es *Contra natura*, que aparece el año anterior, en el cual Rodolfo Hinostroza logra efectivamente replantear su propio lenguaje, presentar una visión radicalmente nueva y distinta, uncida a una nueva experiencia. A partir de eso yo veo que la única salvación real para poetas del tipo que somos, poetas a los que el país hizo de esta manera, era justamente el mantenerse dentro de esta búsqueda de lenguajes nuevos para experiencias nuevas. Pero por una de esas cosas, yo creo que en ese momento mi experiencia no era tan nueva; el libro fue escrito en Barcelona y de alguna manera es un libro de recuerdos de Lima; y es este intento de dar vida a un recuerdo el que crea el tono fantasmagórico del libro, y el que en cierto modo lo descose por las comisuras; el lenguaje da muchas vueltas, creo que por momentos adquiere genuina velocidad, genuino momento en sus desarrollos; pero ese distanciamiento de una experiencia efectiva hace que estas vueltas, como los trompos, terminen invariablemente a veces en medio capítulo, a veces en un cuarto de capítulo. Qué más te podría decir sobre *Santa Rosita*. Que le debe a William Burroughs decididamente mucho, y que de todas maneras me fue muy útil y que no me arrepiento de haber metido todos los largos meses de trabajo en buscar una violentación radical del lenguaje, en tratar de llevar el lenguaje poético generacional a donde pienso yo nunca había estado, donde nunca había llegado; y el problema de frecuentar territorios inexplorados de este tipo es que uno nunca sabe, realmente, qué es lo que va a encontrar, y qué es lo que va a poder traer de vuelta.

J. O.: *Cuando escribías* Santa Rosita *coincidimos en Barcelona, y recuerdo que estabas escribiendo una especie de sátira política sobre un basamento experimental muy abierto; una sátira política acerca de lo que llamabas la "tecnolatina"; y, también, que todo el texto era realmente como una primera apertura de tu trabajo hacia esta visión crítica y política que está en tu percepción poética. Evidentemente, en este libro hay una especie de desgarramiento del discurso que va más allá de lo experimentado en la generación del sesenta, y supongo que es un libro transicional, rico y complejo en sí mismo, que sin duda te estaba llevando a otra parte. También recuerdo la suerte de alegría creacionista con que construías esta especie de edificio suplementario; y, probablemente, eso tenía que ver con otra fuente de tu escritura que es esta relación de necesidad vital que tú estableces entre tu situación personal, tu experiencia y la experiencia misma del lenguaje. Ahora, terminando el libro dejaste Barcelona y volviste al Perú, reclamado por un espacio de experiencias, justamente que se había abierto en lo político, y donde tendrías bastante oportunidad para definir tu propia persona política. Creo que conviene ahora discutir un poco sobre este regreso al Perú y esta apertura no menos vital a tu compromiso político en esos años.*

M. L.: La historia y la cultura fueron las novias de la poesía de los sesenta. La política es su fantasma. Unos se enfrentaron a ese fantasma antes que otros; Rodolfo Hinostroza se enfrentó al fantasma de la política en su experiencia cubana y en su adhesión inicial a la causa guerrillera en esos años. Antonio Cisneros, Marco Martos y César Calvo se enfrentaron también bastante temprano a esa experiencia, posiblemente a través de los recitales en el General de San Marcos y la colaboración con la actividad política radical que se hacía con los ojos puestos en Cuba todos esos años. Creo que tu propio caso es de una implantación bastante más tardía dentro del reino de este fantasma poético que es la política. A mí me tocó, por razones de edad, encontrarme con eso, de una manera efectiva, en términos de política nacional antes de partir a Barcelona; me tocó en el año 1969, y mi presencia en Barcelona es, justamente, un subproducto de eso. Yo ya en 1967 tenía que hacer política, y descubría que era fundamental, realmente, para la conformación de mi identidad y de mi persona, el participar activamente; y desde entonces no la he abandonado y sigue siendo mi segunda naturaleza.

De los tres amores, que yo mantengo en mi vida, la poesía y el socialismo siguen conmigo. Cómo decirlo. La experiencia de *Ciudad de Lima*, en la medida en que es un libro nacional, un libro que entra a debatir problemas nacionales, me lanza efectivamente al ruedo político en la política universitaria, en la formación del Frente Revolucionario de Estudiantes Socialistas, con Javier Diez Cuseco, Manuel Rigueras y otros. Y, después, hacia el velasquismo. Yo trabajé con Velasco primero haciendo la propaganda de la Reforma Agraria desde el año 1969; incluso llegué allí separado del diario *El Comercio* por pedir esa misma Reforma Agraria. Y, por hacer la historia breve, partí a Barcelona en 1971, profundamente defraudado de esa primera experiencia con el velasquismo, en momentos en los cuales el gobierno decide formar esa institución llamada el Sistema Nacional de Movilización Social (Sinamos). Esto para explicar que de alguna manera un libro escrito en Barcelona, como *Santa Rosita*, es también el libro de un momento de desengaño con la política peruana; para mí, en ese momento quizá más vitalista que ahora, la política era la política que yo practicaba. Mi capacidad de entender que podía haber otra política que aquella de la cual yo había derivado mi experiencia era bastante menor que ahora; y quizás eso explique también cierta endeblez vivencial en *Santa Rosita*, cierto deliberado distanciamiento, cierta sátira, como tú lo has dicho, frente a realidades que en ese momento eran ya absolutamente candentes. Yo regresé al Perú en el año 1972 pero por un tiempo muy breve, porque poco después partí a Beijing, donde permanecí un tiempo considerablemente largo; y creo que fue allí donde tuve una suerte de reencuentro con el nivel de experiencia de la política, en que pude ver un rostro mejor de este fantasma de la poesía.

Toda mi escritura y todo mi activismo político han sido un desesperado esfuerzo por unir ambas líneas de experiencia, pero por unirlas bien. Las trampas en la relación entre poesía y política son muy conocidas, y muy profundas. La tentación de poner de manera directa la escritura poética al servicio de la actividad política, así como la tentación de separar la escritura poética de la actividad política, como si fueran dos mundos separados, son quizá las dos tentaciones principales, pero no las únicas; y durante todo este tiempo, a pesar de esos desesperados esfuerzos, me queda la sensación de que yo le he escamoteado la política a mi poesía, y que muchas veces le he escamoteado poesía a mi política.

J. O.: *Podríamos tratar de resumir este complejísmo tema desde una pregunta más directa. Evidentemente, tú eres de los miembros de nuestra generación que ha asumido riesgos muy específicos, no que otros no los hayan corrido, sino que ello forma parte un poco de tu proyecto vital, que es precisamente rehacer ese proyecto cada vez con un nuevo riesgo; y en ese sentido quizás uno de estos riesgos directos que asumiste fue el esperar por esta articulación feliz entre política y poesía, dejando incluso entre paréntesis el acto mismo de la escritura para que las palabras le cedan la iniciativa al acto político; entonces, la pregunta podría ser: ¿tú sientes o piensas que esa articulación se ha posibilitado finalmente, o piensas que la política es un área de experiencia, como cualquier otra, que de una u otra manera finalmente ganará su derecho al lenguaje?*

M. L.: Personalmente pienso que se están articulando. Pienso que es un camino largo, difícil, lleno de tropiezos –por qué no– pero que se está articulando. Y que, probablemente, el secreto de esa articulación sea el de la intransigencia en ambas vivencias. Que cuando la experiencia política y la experiencia poética no cuajan, cuando se encuentran en una relación antagónica, es necesario revisar el carácter de ambas experiencias. Porque no es que en sí la política y la poesía tengan algo que las antagonice; algo anda mal en una política que no se puede ligar a la poesía, y algo anda mal en una visión poética que no puede hacer carne con la actividad política. Mao alguna vez dijo que se necesitaba por lo menos diez años para construir a un revolucionario. No me considero un revolucionario, de ninguna manera, pero tomo el ejemplo de Mao para decir que, en política, los procesos personales son muy largos; de alguna manera el activismo, el ritmo de los sucesos políticos mismos, nos hacen olvidar que dentro de un ser humano todos estos vertiginosos procesos necesariamente tienen que desembocar en un producto final decantado.

J. O.: *O en un nuevo desgarramiento del discurso, no necesariamente en una unidad ideal de ambos términos.*

M. L.: Así es, y que el mismo trabajo de todos estos años de la poesía es el que se viene haciendo en relación con lo político. Creo que sí, creo que las paralelas están empezando a encontrarse, y que hoy ése ya no es en sí el problema. Creo que siempre estuvieron juntas, siempre se llevaron mal, pero que el problema ahora es ¿qué se hace con esa política?, ¿qué se hace con esa poesía? Es decir, qué se hace con la unidad vital de una persona.

J. O.: *Es probable que otro momento de transición –parece que lo tuyo está hecho de momentos de transición, y después volveremos sobre esta transitividad de tus percepciones...*

M. L.: Transitoriedad quizá sería más adecuado...

J. O.: *Lo veremos. Pero otro momento evidentemente hacia otra cosa, esa otra cosa que queda por definir, es el folleto, panfleto o plaqueta, como quieras llamarlo,* Los asesinos de la Última Hora. *Yo creo que aquí tú llegaste a modular un lenguaje distinto, siendo el tuyo, también satírico, también de ácida ironía, y también envuelto en los objetos y sujetos de tu percepción crítica. Esa emotividad nueva que aparece aquí situada sobre un discurso del humor tiene como referente esta especie de convulsión urbana ocurrida en Lima a la luz y la sombra de la crisis económica de los últimos años; de tal modo que* Los asesinos de la Última Hora *viene a ser algo así como el negativo de* Ciudad de Lima, *para mí, con nuevos y más rotundos y dramáticos personajes y situaciones. ¿En qué consistió este texto y qué sentido tiene en esta búsqueda de que las paralelas se acerquen fecundamente?*

M. L.: Es Ginsberg quien dijo alguna vez que quien ausculta su corazón y habla con sinceridad tiene derecho a la profecía. Yo siento que ése es el primer libro en el cual tengo, si me es permitido decirlo, el derecho a la profecía. Es decir, una carrera experimental a lo largo de cinco libros, una relación de postergación de mi propia identidad incluso como poeta; porque yo me he negado casi a ser poeta ante la sociedad durante todos estos años para asumir las personas del militante político, del científico social, del teórico, del deportista incluso; y, de alguna manera, cuando esta negación de la poesía entra en crisis, entra en crisis también el instrumento de esa negación, que era justamente esta huida hacia delante que, hoy lo veo, buscaba más; y que creía que lo real y lo nuevo llegaría de darle tres vueltas más al lenguaje sin darme cuenta de que lo real y lo nuevo me estaban llegando de mi propia experiencia cotidiana. Para limarle un poco el tono de autocrítica que viene teniendo todo esto, diría que hice muy tempranamente una apuesta, que es un poco la que me sostuvo en la poesía mientras yo mismo la iba negando, y era algo que decía el primer Fidel Castro, el Fidel Castro que tenía al Che Guevara vivo, de su lado, y era la importancia del baño social para los intelectuales, y la importancia del baño social para la literatura. Yo he creído en eso y todavía creo en eso. Creo que la necesidad de zambullirse de pico y patas en la actividad política, en la lucha de las masas mismas, es fundamental para acuñar la propia identidad poética de la persona. Mi apuesta todos estos años era que uno podía, efectivamente ser poeta y a la vez concentrarse en ese trabajo. Yo no he dejado de pensar en términos poéticos y en la poesía ningún día de mi vida, a pesar de que he pasado largos años sin escribir, incluso tratando de no escribir, o con una relación conflictiva con la escritura, escribiendo y rompiendo como se suele hacer en este oficio. Pero a partir de *Los asesinos de la Última Hora* siento como que la apuesta comienza a tener algún sentido, como que los largos años de intensa vida política, entendida no como una vivencia política "profesional", sino como una vivencia política social, como una real preocupación por quienes son en última instancia los personajes de los poemas, a partir de *Los asesinos de la Última Hora* comienza a funcionar; entonces, por primera vez, me siento en capacidad de pronunciar un discurso, a partir de la experiencia inmediata y sentir que esta experiencia inmediata y personal tiene un mínimo derecho a plantearse como experiencia colectiva y como experiencia histórica. Y en esa medida, efectivamente, la Lima de *Ciudad de Lima* es *mi* Lima, la Lima de *Los asesinos de la Última Hora* ya no es la mía; desgraciadamente, es la Lima de todos en esos años, y yo diría que es la Lima de las inmensas mayorías de estos años.

J. O.: *Es evidente que este libro demuestra en primer lugar el talento verbal tuyo para capturar ritmos de habla que son reconocibles como modernos, urbanos y nuestros, para modularlos en un discurso crítico y, al mismo tiempo, para comprometer al lector en una relectura de lo que es su propio paisaje cotidiano. Evidentemente, esta fusión de crítica y de lírica; esta fusión de cuestionamiento y de emotividad tienen un desarrollo feliz en esos poemas. Y es claro también que estos poemas tienen un tratamiento cuya eficacia y novedad hacen pensar en un desarrollo más extenso, incluso en el libro de la Lima de hoy, en esa serie en proceso.*

M. L.: Sí, es definitivamente una serie en proceso. Una seria serie en proceso.

J. O.: *Podríamos ahora volver hacia otra de estas fuentes fecundas que tú de una u otra manera has pulsado en tu proceso poético y que tiene que ver con tu propia relación con la tradición poética. Hemos visto que tu trabajo con el lenguaje parece que disuelve experiencias en textos de apertura. Y creo que es importante discutir cómo, al mismo tiempo, esta adquisición de un derecho a un lenguaje libre se articula también, por un lado, con una tradición de la poesía moderna, evidentemente sobre todo poesía anglosajona; y, por otro lado, con esta tradición más nuestra, que nuestra generación rescató o actualizó, que es la de los poetas de la Lima de los años treinta, que cuaja en* Surrealistas y otros peruanos insulares, *la antología que con Abelardo Oquendo publicaste en Barcelona. ¿Cómo ves ahora esta posible doble lectura de la tradición y su incidencia en tu percepción de la poesía?*

M. L.: Mira, es extraño; cuando yo comencé a escribir me reconocía en el lenguaje de los miembros de aquella generación de *Surrealistas y otros insulares*. Me reconocía en el lenguaje parasurrealista de Emilio A. Westphalen, en el lenguaje entonces barroco de Martín Adán, en el paraindigenismo decantado de Carlos Oquendo de Amat. El trabajo sobre ellos fue el inicio de la tarea editorial que emprendimos con Abelardo Oquendo (y que ya tiene más de trece años). Entonces era básicamente rescatar a estos autores que ahora se encuentran todos confortablemente reeditados en el país, lo cual a mí me parece muy bien. Pero diez años después ya no me reconozco en el lenguaje de estos poetas. Creo discernir ya la profunda ruptura que hay en relación con estos poetas, a partir justamente de la generación del sesenta. Creo discernir el papel fundamentalmente distinto que tienen estos dos momentos históricos: la generación de *Surrealistas y otros peruanos insulares* es el nacimiento de la primera y única, diría yo, tradición peruana alternativa a las dos tradiciones de hispanismo e indigenismo que existían en este país; es la única tradición moderna que no nace de una veta ni de la otra. En cambio, si pensamos en la generación del sesenta, como fundadora de tradiciones (sino inevitable para toda creación en un país como el Perú) es ya una tradición radicalmente distinta; es la tradición, precisamente, del reencuentro de la modernidad con una fuente de lo nacional y de lo social, que ya no es hispanista, que ya no es indigenista, pero que tampoco busca erigirse como tradición alternativa al país, como fue el caso en los años veinte; sino que se plantea casi por un proceso de *grass roots*, por un proceso capilar, como una síntesis de procesos sociales mucho más complejos que el hispanismo, que el indigenismo y que el propio cosmopolitismo de aquellos años; que busca beber de ellos, es decir, construir una modernidad con la poesía "ignorada y olvidada", con la cultura postergada y nonata del Perú. Pienso que no es ésa la lectura directa, al primera, cuando uno se enfrenta a los textos del sesenta. Ahora, te decía que yo antes me identificaba mucho con su lenguaje, y ya no más; sin embargo, sí me identifico con su experiencia, porque lo que nos queda de Oquendo, de Adán, de Moro, del propio Abril, es esta capacidad de resistir las presiones del medio limeño, de trabajar dentro y en el núcleo mismo de la cultura dominante sin hacerse cómplice, sin hacerse partícipe de la cultura oficial de la burguesía. Creo que se quedaron cortos en su protesta verbal, formal, pero que como ejemplos humanos en lo que puede significar estar presente sin claudicar ante la poesía y ante el compromiso del intelectual con el futuro del país, encarnado en un proyecto socialista, estas personas son ejemplos notables, dignos de todo respeto y toda consideración. Es así como quiero leer en estos días el significado de esa generación.

J. O.: *Quizás otra fuente recuperable de esa generación haya sido, en la nuestra, la capacidad de hacer con el poema objetos casi artesanales; y es probable que en tu propio trabajo esta modelación del objeto poema como un objeto artesanal sea también importante. Ahora bien, parece que en los últimos años entre estas búsquedas y aperturas de tu trabajo poético has encontrado una suerte de paradigma crítico que se prueba en el análisis sociohistórico de la pintura, del arte, de la artesanía popular. Quizá podrías elaborar* *ahora un poco, no necesariamente el área de exploración académica, si se quiere, en que estás envuelto, sino más bien cómo desde tu exploración poética ves el universo casi secreto, y hermoso, de nuestros productos plásticos y artesanales.*

M. L.: Si te paras en una hipotética plaza vacía en el Perú puedes oír dos sonidos: uno que es la voz del lenguaje como instrumento de la dominación en este país desde hace 500 años, y luego como la dominación misma, pues aquí la dominación *es* el lenguaje. Tanto así que cuando en la época de Velasco se quiere "desdominar" a un pueblo como el quechua lo que se hace es oficializar su lenguaje: elevar este instrumento de comunicación al mismo nivel de instrumento de dominación que tiene el castellano en el Perú, es decir, elevarlo a nivel oficial y convertirlo en la lengua del estado. En el Perú, el estado tiene una lengua, tiene una voz, tiene un sonido. Pero en esa misma plaza hay otro sonido, un sonido silencioso, que es la voz de las culturas oprimidas en este país, y eso es la plástica. Todo lo que son las culturas oprimidas, o subalternas, en el Perú, se han expresado desde los más remotos siglos a través de la representación, a través de lo visual, al extremo de no haber desarrollado aquel sistema de convertir lo visual en sonido que es precisamente la escritura. Esta situación se acusa con la llegada de los españoles y se ha mantenido hasta hoy; y un poco en esa búsqueda de qué es lo capilar en el rescate de una cultura realmente socialista, lo primero que atrae nuestra curiosidad es esto. Lo primero que atrae nuestra curiosidad no son necesariamente los cuadros epigonales de la cultura establecida, pero sí las voces, los productos de este cuarto de millón de fabricantes, creadores de objetos y de formas con los cuales invaden la ciudad de tal manera que casi no hay un aposento en el cual sea posible evitar con la mirada la voz de lo que se llama la artesanía y que yo también llamo arte popular, arte campesino, o arte del precapitalismo (allí donde todavía existe). Es éste el interés principal que me guía: por un lado un interés de conocimiento de esa otra voz del país, y por otro un interés político: evitar que la historia siga patas arriba y ponerla al derecho, como se dice, en una tarea que yo veo, fundamentalmente, como un proceso. Inicialmente, como una toma de conciencia de los propios creadores peruanos sobre qué es lo que significa lo que ellos están produciendo, de cómo su propia situación social, humana y cultural atraviesa sus propias creaciones, a menudo sin que se percaten de ello; y, en una segunda instancia, como la posibilidad de que, obviamente, todos estos compañeros que trabajan en las artes plásticas, los populares y también los eruditos, pudieran entrar a participar de una manera nueva y dinámica en el proceso de organización del pueblo peruano para la creación del poder socialista. Siempre me preocupó mucho el uso stalinista de la cultura, que es utilizada únicamente como una especie de adorno de lo político, como una ornamentación del discurso ideológico, y cuyo principal exponente posible es un poeta sin ninguna participación recitando frente al buró político en una plaza pública; y por eso mi interés siempre ha sido que los creadores, que en este país somos cientos de miles, participen de la misma manera que participa el resto del pueblo; es decir, con sus organizaciones y con el reconocimiento social de lo que su trabajo significa. Es esto lo que me llevó principalmente a trabajar en la plástica.

J. O.: *Bien, creo que podríamos entrar ahora a discutir la serie de poemas que estás escribiendo ahora mismo, bajo el título explícito de* Sobre vivir, *y de la cual hay un generoso adelanto en* Hueso Húmero *(núm. 5-6). Evidentemente, ya a una primera lectura, éste es tu texto más importante; no sólo porque el largo, complejo y diverso aprendizaje del dominio de una forma aquí da su fruto más claro, sino porque a través de toda una imaginería, virtuosa realmente, logras comunicar esa emotividad desgarrada que ha estado de uno u otro modo configurando por dentro tu búsqueda expresiva. Es, evidentemente, un texto difícil, y sólo en una segunda lectura sus claves se van entregando. Todavía no advierto las articulaciones, puesto que es un trabajo en marcha, pero por lo que ya se conoce se puede ver con evidente claridad que éste es tu trabajo poético mayor, no sólo de la madurez, como se suele decir, sino de la fecunda posibilidad de convertir en palabras, en lenguaje propio, una experiencia obsedida por esa misma necesidad expresiva.*
M. L.: *Sobre vivir* es también mi poema favorito; y la experiencia y su escritura y lo que el poema dice y narra están todavía tan cerca de mí que se me hace difícil hablar sobre él. Yo diría que es un poema que reúne varias cosas: en lo formal recoge, de un lado, la experiencia de la "Sextina Ayacuchana" del año 1967, el trabajo con el sexteto y el trabajo con el verso largo, recoge en el tono del lenguaje y la impostación, por qué no decirlo, de un per-

sonaje que habla, las experiencias realizadas en la redacción de *Los asesinos de la Última Hora*; y que logra algo que yo perseguí durante tanto tiempo y es la autonomía del lenguaje castellano coloquial respecto de la intensa, rica y fecunda elaboración de la poesía anglosajona. Debo decirlo como homenaje, porque también se encuentra en el subtítulo del poema, que ese camino de autonomía para mí está encarnado hoy por hoy en la excelente poesía de José Lezama Lima.

J. O.: *¿Es un poema de configuración o también de desgarramiento?*
M. L.: No, es un poema de configuración; es decir, es un poema en el cual una experiencia personal que constituyó un desenlace de una serie de procesos anudados a lo largo de toda mi vida pasada produce simultáneamente un desenlace literario. En medio, entre el desenlace vital y el desenlace literario, se produce algo que nunca me había pasado: comencé a bailar, comencé a hacer danza por mi cuenta, y logré desarrollar una danza, concretamente. Y comprendí que en ese baile, en esa danza yo estaba bailando la solución, por así llamarla, la aclaración, de todos los nudos vitales en los cuales yo había estado atado hasta ese momento. Por decirlo de alguna manera, bailé mi verdad; y este poema, como dice el subtítulo, es un "comentario a una danza del autor". Es decir que intento, a través de treinta y nueve estrofas, describir ese baile, de tal manera que en una hipotética lectura ideal una persona pudiera, leyendo el poema, imaginar o seguir mis evoluciones físicas y a través de la constatación de esas evoluciones leer la experiencia a la que me refiero. La experiencia no está directamente en el poema, la experiencia está codificada en la danza. ¿Qué significa esto, en términos prácticos? Significa que por primera vez en lo que escribo el lenguaje no es el único mediador entre la experiencia y la poesía; hay un mediador no verbal, un mediador visual, por así decirlo, que es este baile. Entonces, yo comento y, de pronto, en este comentario descubro una libertad que nunca había tenido. Incluso la libertad de ser cursi, y huachafo por momentos; la libertad de ser oscuro o la libertad de ser banal. Es un poema que no es en sí el escenario de un paradigma, ni de la búsqueda de un nivel de excelencia, sino simplemente del recoger de manera casi directa una experiencia codificada en otra actividad. Es parte de mi proyecto escribir esa danza, transcribirla; estoy estudiando notación coreográfica para

poder transcribir esa danza. Y el poema ha sido escrito para ser recitado con esa danza, pero recitado de tal manera que las palabras pasen al oído de la persona que presencia la danza no como sentido sino únicamente como sonido. Las palabras son a su vez la música que acompaña; la danza es bailada al son de estas palabras. Eso es, diría yo, la esencia de esto que llamas la configuración.

J. O.: *Evidentemente, en este poema entran a reformularse varios niveles. Los más visibles son, me parece, el tipo de fraseo coloquial fragmentario, que viene de John Berryman, a quien haces un homenaje en el epígrafe; por otro lado, también es evidente una cierta figuración libre, asociativa, que remite a Lezama Lima, en otra suerte de homenaje empático; es percibible también el control del poema a través de una voz narrativa, que provee la dramaticidad necesaria al desarrollo del texto; es también claro que el poema danza e invita a una danza, y el ritmo del poema, que es envolvente, casi salmódico, lleva al lector a través de esta riqueza imaginista y a la vez dramática. Y por otra parte, también está una libertad creativa e intensa que requiere, curiosamente, y ésta quizá no sea la única paradoja del texto, un cierto hermetismo que funciona como una especie de discreción al mismo tiempo que de otro modo de control. Hermetismo que intriga y cautiva; o sea, un hermetismo "realizado" diríamos; y que de ninguna manera saca al lector del texto sino que lo hace buscar claves, aunque no estoy seguro si tú en esta suerte de suma y resta estás aguardando al lector para proveerle de mayores sentidos o si simplemente lo estás llevando a someterse a tu propio código en esta plenitud expresiva que vas logrando.*

M. L.: Es temprano para responder. El proyecto total es de 365 estrofas, de las cuales éstas son las primeras 39.

J. O.: *Una especie de calendario, entonces.*

M. L.: Un calendario, tal vez. Mi intención es decirlo todo. Mi intención es que en relación con el nudo de experiencias que se desamarran, que se desatan, con este primer poema, no quede absolutamente nada por decir; tanto así que tengo ya una serie de poemas, de estrofas, sobre el síndrome de abstinencia, que ya comienzan a explicar algunas de las imágenes herméticas en este momento de la primera serie, concretamente toda la problemática del oso y del oso en Góngora, que yo paso a desarrollar en las siguientes estrofas.

J. O.: *O sea que es un poema que se remite a sí mismo, como buen calendario.*

M. L.: Efectivamente.

J. O.: *Y que, por lo tanto, haciendo circular el tiempo quizá busca perpetuarlo.*

M. L.: No, mi opinión es que busca cancelarlo más bien. Yo quisiera que este poema inaugurara un *nuevo* tiempo.

J. O.: *Un tiempo mítico, tal vez.*

M. L.: Ojalá. Necesitamos todo el tiempo mítico de que podamos echar mano. Pero el otro planteamiento, que es algo que yo siempre busqué, y que comienzo a encontrar como embrión aquí, es una poesía que no haga concesiones en el terreno de lo intelectual; es decir, este poema aspira a ser un planteamiento; lo que en inglés se llama un *statement*. Esto es, es un poema que dice una cosa muy concreta y que está escrito en poesía porque es la mejor y a estas alturas sospecho que la única forma de argumentar a la cual yo he llegado.

JULIÁN RÍOS:
ALGARABÍA DE UNA NOCHE DE SAN JUAN

Julio Ortega: *Acabo de leer* Algarabía, *nombre que describía, como sabemos, el sonido del árabe, un parloteo para el oído castellano. Y, en efecto, entre otras cosas este texto es un himno a esa parte del idioma que por su origen puede anticipar una verdadera algarabía. Esa sonoridad líquida, esa ligereza vocálica, remite aquí a las memorias eróticas. Y en ambas lenguas crece este poema, diría yo, del habla latente en este idioma: su propia extrañeza y belleza, esas zonas sonoras que atesoran los alí babá o blá blá de este mundo. ¿Cómo llegaste a este solo de minarete?*

Julián Ríos: Siguiendo el compás de mi Ibn Batuta. Bromas viajeras aparte, quizá deberíamos empezar situando "Algarabía" en el contexto babélico de la novela, de este primer volumen larvario titulado precisamente *Babel de una noche de San Juan*, que se desarrolla en Londres durante la noche de San Juan, en esa *Midsummer madness* y *party* loco en el que participan casi todos los personajes del ciclo narrativo de *Larva*, que, como sabes, constará de varias novelas autónomas, aunque comunicantes. Y como son personajes de múltiples nacionalidades residentes en Londres, cada uno aporta, digámoslo así, el óbolo o a veces la falsa moneda de su propio idioma que el protagonista, Milalias, se encargará de cambiar, en "beneficción" propia, por las palabras constantes y sonantes de su idioma materno. Este flujo babélico acaba siempre pasando por el filtro del castellano. Estas palabras de múltiples idiomas, que van del japonés al finlandés o al checo, se transforman en el laberinto del oído del protagonista en palabras españolas. Y, a la inversa, a veces las palabras españolas se traicionan o se traducen homofónicamente a otros idiomas. Por ejemplo, cuando un militar hace un brindis pinochetista por Chile, inmediatamente va a saltar una persona italiana que ha comprendido "pocilga", *porcile*. Las frases también usan disfraces en esta mascarada. Por medio de este enredo babélico se ve que un idioma, incluso el mero español, que diría Borges, podría llegar a ser todos los idiomas. Así, en un momento de exaltación, en una noche de "esperpentecostés", el protagonista llegará a afirmar ambiguamente: "Y todas las lenguas van a hacerse lenguas de mi lengua." Pero este panhispano revela ante todo su carácter mestizo, su original hibridismo. En esta estereofonía o polifonía de idiomas distintos, resonando en el castellano, una parte importante, lógicamente, tenía que corresponder a nuestro pasado lingüístico. Y dentro de este pasado, como se sabe, el árabe es fundamental. Y para resaltarlo –y rescatarlo– toda esa parte titulada "Algarabía" está escrita con palabras de origen árabe. Indudablemente, ahí hay palabras que hoy día los filólogos discuten si son o no son etimológicamente árabes. En toda etimología, ¿verdad?, suele haber algo de timo; pero lo que me interesaba era que esas palabras, sean o no sean indiscutiblemente árabes, durante un tiempo marcaron el idioma con su pretendida "arabidad". Por eso esas palabras figuran en mi texto, independientemente de las discrepancias que pueda haber en torno a ellas, por ejemplo, entre el diccionario etimológico de Corominas y el de la Real Academia Española.

J. O.: *¿Podrías contarnos algo más acerca de la arquitectura o "arquitextura", de la fábrica mora de "Algarabía", y de las dificultades que entrañaba la empresa?*

J. R.: Al disponerme a escribir un texto que recogiere la aportación del árabe a nuestro idioma, se me presentaban varias dificultades. Yo diría que, de entrada, todo eran dificultades. Cómo escribir un capítulo, que además es bastante extenso, solamente con palabras de origen árabe. Tuve que confeccionarme previamente un diccionario de arabismo, de palabras españolas de etimología árabe. O más bien hice una selección de palabras que podrían servir para mi relato, porque descarté las excesivamente arcaicas y en desuso, y también todas aquellas demasiado especializadas, correspondientes a determinados oficios, instrumentos o actividades que no venían a cuento. Se trataba de arabizar el texto, sin que éste fuera incomprensible o pareciera escrito en arábigo o en chino, ¿no? Y sobre todo había que conseguir que esas palabras, como piezas de un rompecabezas, no se ensamblaran disparatadamente, sin pies ni cabeza, sino que configurasen un argumento. O fuesen adaptándose al diseño argumental que yo había escogido previamente. Aunque debo señalar en honor de la verdad y de la fuerza de las palabras, que éstas introdujeron a veces variaciones y hasta desencadenaron historias que no estaban previstas. Este ensamblaje tuvo, en fin, algo de trabajo de taracea. Dos dificultades, al trabajar en ese texto, me hicieron a veces desesperar. La primera se refiere a aquel famoso *dictum* de Wittgenstein que dice: "Los límites de mi lenguaje son los límites de mi mundo"; y aquí los límites del lenguaje eran más bien estrechos porque me tenía que limitar a unos pocos centenares de palabras. Y esas palabras, como en una serie musical o como en un caleidoscopio, debían irse recombinando para dar una sensación de gran variedad. A veces el juego de los significantes me permitía aludir a significados que, por razones etimológicas, me estaban prohibidos. La segunda, realmente curiosa, es que me vi obligado a gongorizar, por decirlo así, no por razones estrictamente poéticas sino por fuerza mayor: para ensanchar esos límites estrechos de mi lenguaje. No se podía llamar al pan pan y al vino vino, cuando los necesitábamos. Si quería presentar una escena marítima, por ejemplo (y ese pasaje está contaminado por una visión alucinada o alucinógena de Simbad, que es la máscara principal que adapta el protagonista en "Algarabía"), no podía mencionar la palabra mar. Entonces, el mar se transformaba, con el cabrilleo de las olas, en "una alfombra añil con cenefas de azucenas". Así que se producía esa metaforización continua, por tener que romper o ampliar esas limitaciones del lenguaje, para decir cosas que no se podían decir directamente; pero sí por medio de esas traslaciones metafóricas. Luego, aparte de eso, en el trabajo de taracea de "Algarabía", me interesaba también incrustar una serie de alusiones culturales, muy diversas, que se refieren a nuestro pasado y la formación cultural de los protagonistas. Estas alusiones, a veces muy enmascaradas, pueden ir de un célebre verso de Machado a un refrán popular o a ciertos clichés folklóricos de España. También me interesaba mostrar el espejo, las mutuas reflexiones, los guiños que pueden hacerse Oriente y Occidente. Si antes aludimos a que un idioma puede llegar a ser en apariencia todos los idiomas, podríamos añadir que una cultura, cualquier cultura, es también en cierto modo las otras. Convendría explorar mejor los "orientes" que hay en Occidente y también los "occidentes" de Oriente, ¿no crees? A propósito de este juego de coincidencias y confluencias, podría indicarte, por ejemplo, que Bottom, "Lanzadera el Tejedor", de *El sueño de una noche de verano*, entra con toda naturalidad en "Algarabía" guiado por el poeta sufí Ibn al-Farid. A lo largo de la novela, que se desarrolla en la noche de verano de la famosa obra de Shakespeare, aparece con frecuencia un borracho con careta de burro, disfrazado de Bottom. Y si al comienzo de la novela recita su extraño sueño: "El ojo del hombre no ha oído, ni el oído del hombre ha visto, ni la mano del hombre podría gustar, ni su lengua concebir, ni su corazón referir lo que era mi sueño", esta experiencia sinestésica aparecerá traducida en una nota de "Algarabía" con las palabras de al-Farid: "Mis ojos hablan, mientras mi lengua mira, mis oídos hablan mientras mis manos oyen..."

J. O.: *También convendría señalar la importancia del erotismo en ese capítulo árabe de* Larva, *la sensualidad de su lenguaje.*
J. R.: El frote de las sílabas quizá facilita, en esa ficción, la fricción de los cuerpos... Ahí lo obsceno se mezcla con lo puramente lírico y hasta demasiado poético, en continuos contrastes. De las licencias en las costumbres a las licencias poéticas, sin transición. Una presencia muy importante en ese texto es la del poeta arábigo andaluz Ben Quzman. También hay una serie de referencias a textos eróticos árabes, y a ciertos estereotipos eróticos que solemos considerar como árabes. Incluso las descripciones físicas de los personajes femeninos corresponden muchas veces al ideal estético de los poetas árabes. En la mascarada de la noche de San Juan de mi novela, que es también la de Don Juan, ya que éste es la "larva", o máscara fundamental del protagonista, aparecen transpuestas, más o menos fantasmalmente, sus aventuras amorosas. En el caso de "Algarabía" los "amores moros" del protagonista en Londres, y sobre todo su encuentro con una generosa muchacha marroquí, que él apodará "Zoraida", en doble alusión al personaje de un tebeo de infancia, "El guerrero del antifaz", y a la historia del cautivo y de la bella Zoraida del *Quijote*, van a desencadenar una serie de recuerdos de lecturas infantiles, de *Las mil y una noches* sobre todo, van a tender una red de asociaciones en las que se entretejen citas literarias y descripciones eróticas, fantasías y experiencias. Toda una lacería de arabescos en la que se entrelazan inextricablemente lo poético, lo popular y hasta lo francamente obsceno.

J. O.: *Esta Zoraida, que es una hermosa árabe que recuerda a Ana Livia Plurabelle, parece también un emblema de lo femenino, de la* búsqueda de la mujer, en ese recuento erótico que es la parte más narrativa de "Algarabía". ¿Qué relaciones hay entre las "Notas de la almohada" como relato y el hecho de que el juego verbal remita al árabe?

J. R.: El título, "Notas de la almohada", es un homenaje a una de mis escritoras favoritas, Sei Shonagon, la famosa dama japonesa del siglo XI. Lógicamente, la palabra almohada venía perfecta para un episodio árabe. Estas "Notas de la almohada", que figuran al final de la novela, tienen una función predominantemente narrativa, suelen ser bastante realistas y representan en cierto modo eso que ustedes los linguistas y críticos llaman el referente. O sea la "realidad", entre comillas, que aparecerá transfigurada literariamente en los textos que remiten a estas notas. En el caso concreto de "Algarabía" las "Notas de la almohada" aclaran muchas alusiones e ilusiones, permiten identificar mejor a las máscaras de una noche de mil noches.

J. O.: Hay todavía otro nivel en "Algarabía" que me pareció decisivo, y que convertía al texto casi en un poema. Y es obviamente en el nivel del juego fónico.

J. R.: Claro, la aliteración es constante. Aliteración en su sentido más literal. Ten en cuenta que el porcentaje de palabras árabes que empiezan por "al" lleva a una aliteración casi forzosa. Y en este punto convendría resaltar lo siguiente: al hablar de la importancia del árabe en nuestro idioma, por regla se suele hablar sólo del número de palabras que nos ha dejado. Pero la contribución del árabe al español no es sólo léxica, sino también de diversidad de ritmo. El árabe le dio al español mayor potencial rítmico. En este sentido, el español es, entre todas las lenguas romances, el más afín al inglés. El hecho de utilizar solamente palabras de origen árabe iba a permitir, por otro lado, que cada significado mostrase su "significante jondo", ¿no? Pero además "Algarabía", por su carácter muy rítmico, con fragmentos que pasan rápidamente de una situación a otra, por esa coloración del instante, que adquiere un sentido casi autónomo, quizá no esté lejos de la poética árabe. En cualquier caso, "Algarabía" intenta retomar estas posibilidades rítmicas, sin traicionar al castellano, porque éste es quizás el texto menos babélico de *Larva*. Todo el texto central está escrito con palabras españolas, tan añejas a veces que se transforman en un irónico "españolé".

J. O.: *De una España de pandereta, ¿no?*

J. R.: O de "adufe" (un pandero morisco), como se dice en *Larva*. Pero aparte de explotar o hacer explotar el color local, me interesaba aprovechar las posibilidades rítmicas que subyacían en esas palabras, un tesoro verbal enterrado en los diccionarios casi desde, digamos, el tiempo de los moros. Y además, claro, estaba el juego. Las dificultades de construcción que planteaba un texto así, porque es casi como un juego hipogramático en el que hay que escribir un texto sin poder utilizar ciertas letras. Eso te lleva a esas perífrasis y metaforizaciones de las que hablábamos antes. En cualquier caso, la lección práctica que saqué de "Algarabía" es que el escritor debe intentar ampliar los límites de su lenguaje. Para el protagonista de *Larva* se trataba de la intentona de que el llano castellano fuese cada vez más ancho. Y aquijotado. También a él le hubiese gustado pretender que su novela, o al menos "Algarabía", estuviese traducida del árabe.

J. O.: *Es una contaminación del español por esa tradición cultural latente que ahí se convierte en una fiesta.*

J. R.: ¿Una zambra? Ojalá.

ALGUNAS HORAS CON MARIO

1

Tal vez en 1966, en el Instituto Porras, en Lima, me encontré con Mario Vargas Llosa al final de una conferencia. Abelardo Oquendo nos presentó, aunque nos habíamos visto antes, y Mario me miró con una intensidad anticipatoria, obviamente tratando de recordarme.

—Tú antes usabas bigote— me dijo, excusando su memoria.
—No —respondí—, el que usaba bigote eras tú.
No me había reconocido porque él se había afeitado.
Reímos todos, aliviados.
Después he pensado que ese ameno malentendido presidiría nuestros encuentros y desencuentros.

2

En Barcelona, donde viví en 1971 y 1972, Mario le dijo a un amigo común que había dos Ortega, el bueno y el malo. Y que yo era el bueno.

3

Un día le llevé un ejemplar de *Plural*, la revista dirigida por Octavio Paz, donde yo colaboraba, pensando que la encontraría si no frívola sin duda ligera. Por entonces, estaba él embarcado en una feroz polémica con Ángel Rama. Las convicciones de ambos eran incólumes y sus razonamientos prolijos, pero creo que discutían si los demonios del escritor eran románticos o realistas, y no llegué a interesarme. Me sorprendió muchísimo que *Plural* le gustara. Se lo comenté a Paz, con entusiasmo.

[381]

4

Más bien, Mario me invitó a colaborar en el número de la revista parisiense *Libre* que le tocaba dirigir. Eran los años de las largas polémicas con Cuba, y me temí un número dado a las explicaciones. Como quien difiere, entregué una nota sobre los cuentos fantásticos de Luis Loayza.

5

Julio Cortázar solía decir que Mario era "recuperable". Yo lo aprobé, pensando que se refería a Bataille, al surrealismo; pero se refería a la política, a las izquierdas.

6

En 1974 visité Lima, me sumé a los cambios, renuncié a un puesto académico en Estados Unidos, creí ser recuperado por los hechos. Seguramente me convencieron la fe apasionada de Carlos Delgado, viejo amigo, y el ejemplo de los escritores de mi generación. Mario apoyó algunas reformas (entonces llamadas "revolucionarias", hoy conocidas como "sustitución de importaciones") pero la de la prensa lo separó, no sin buenas razones. Un año después esa reforma fracasó, y volví a mi exilio académico en Estados Unidos con una experiencia civil de zozobra, que incluía errores y dudas; además del costo de mi biblioteca, que ya no pude recuperar de un almacén. Carlos Monsiváis me contó que cuando tomó la decisión de comprometerse con la oposición mexicana recordó esa arriesgada vuelta mía. Antes, sólo José Lezama Lima me había dado ánimo, pitagóricamente.

7

Pero diferí de sus críticas cuando sumó en el mismo río revuelto a todos los que colaboramos en la frustrada reforma de la prensa. Con todo, lo que más me sorprendió del párrafo que me dedica en *El pez en el agua* es que me acuse de comunista al suponer que mis modelos para el Perú eran Cuba y China, que yo nunca he visitado y él cultivó. Seguramente creyó que sería un mal lector de *Vuelta*.

8

Cuando era seguro ganador de las elecciones a la presidencia, escribí una nota, "Por qué no votaré por MVLL". Fue una reacción inmediata a un encuentro con Julio Ramón Ribeyro en El Escorial. Me contó cómo Mario lo había maltratado, con una fría violencia que todavía le hacía temblar. Irónicamente, el único amigo que le restó valor a mi nota fue Julio: no convencerás a nadie, me escribió. Pero yo sólo hablaba de un voto.

9

Con todo, hubo tanto candor en Cortázar como en Vargas Llosa; sólo diferían en la voluntad de verdad, extraordinaria en Mario. Pero me complace contradecir a los detractores menores que ayer le aplaudieron su elogio de la libertad bancaria y hoy lo censuran por su crítica de la guerra patriótica. Un escritor tiene derecho a vivir donde quiera, votar por quien desee, condenar a cualquier gobierno, descreer de su propio país, y hasta cambiarse de nacionalidad. Como cualquier ciudadano.

10

Ya no sé si es la literatura o la política la que me ha deparado este formidable desencuentro. Pero creo que nunca estuve peleado con el escritor (aunque sus últimos libros me interesen poco) y ni siquiera con el político (aunque difiero punto por punto del fundamentalismo del mercado), sino con ciertos gestos, énfasis, y, como él mismo lo llama, "úcases" lanzados desde un Olimpo de rancho limeño. La ironía mayor es que con los años, y cotejando el paisaje humano y político actual, uno cree entender la pasión y el riesgo de esos pies de barro. De modo que a sus 60 años todavía le doy el beneficio de una larga, elegante duda, y aún espero que escriba su mejor libro.

MARÍA ZAMBRANO EN MADRID

Su piso de Antonio Maura, cerca del Retiro, es de ventanas dobles, y gracias a que hace esquina recibe una luz también doble. Ella aparece de la mano de su criada, anciana de 80 años pero con un rostro tranquilamente vivo. Hace poco que ha vuelto a vivir a España, de donde salió hacia México, Cuba, Suiza, exiliada a la caída de la República en 1939.

Su pensamiento esencialista, marginal, está dominado por la pasión central del arte y la poesía. Su gran libro *El sueño creador* así lo demuestra, tanto como su reciente *Claros del bosque*, verdaderas iluminaciones o poemas del pensamiento y del pensar. Como filósofa, María Zambrano, probablemente la mejor, por más independiente, de los discípulos de José Ortega y Gasset, es de una íntima actualidad. Sus libros comunican esa autoridad amable que emerge de toda obra genuina.

La filosofía debe ser alegre, dice. Incluso el señor Kant, con lo difícil que es, me ha producido alegría. También Hegel. Pero el señor Julián Marías me ha apenado profundamente, bromea. Su ironía es de un sarcasmo travieso.

Quiero hacerla recordar de la guerra civil, de Vallejo, y su memoria es asombrosa. De todo ese dolor, evoca una noche de bombardeo en Barcelona; luego de la alarma se interrumpe el fluido eléctrico y ella deja de escribir porque tampoco se puede encender una vela: desde la ventana de su casa en la avenida Diagonal ve las luces de bengala del enemigo en busca de los blancos, y de pronto una explosión en un depósito secreto del poco petróleo republicano. Pero cree haber podido soportar porque lo encontraba irreal: un espectáculo que ocurriera en otra parte. A Vallejo lo vio una sola vez en Valencia, durante una tertulia del congreso de intelectuales antifascistas. En la mesa coincidieron varios escritores pero ella tuvo todo el tiempo sentado al frente a Vallejo; no hablaron nada, ni él habló con nadie. Lo vio serenamente reconcentrado, y se dedicó a observarlo, impresionada por sus rasgos indígenas y la extraordinaria finura de su cráneo, me dice, por su presencia absorta. *España, aparta de mí este cáliz* es lo más grande que se ha escrito sobre la guerra civil, añade. Vallejo amaba profundamente a España, y para amarla así hace falta ser extranjero o haber sido zurrado, como ella, más de una vez por España. Recuerda haber recibido de manos de Emilio Prados un ejemplar de *España*. Vallejo no requería la ética, me responde: era un evangelio, y tampoco requería los evangelios. Alude así a su cristianismo peculiar y profundo. Le pregunto por el trotskismo de Vallejo (es señalado como trotskista en algunas memorias de la época), y ella recuerda que Antonio Machado le dijo a Emilio Prados, luego de que se quedaron un instante extasiados ante el repentino canto de un pájaro de Barcelona: No nos vayan a tomar por trotskistas. Con su especial pronunciación, él decía "tronkistas". María le llevaba al poeta patatas y aceite, para socorrer sus privaciones, que todos padecían.

Hablamos de José Lezama Lima, su gran amigo habanero. Ella se alegra y enternece con su memoria. Su madre, sus hermanas, me dice, le dieron un ámbito materno y protector. No es, aclara, la autoridad de la madre sobre el hijo sino el amor que lo sostiene. Recordó la época de *Orígenes*, la espléndida revista lezamiana, su obra, sus amigos. No se explica, en cambio, que Lezama en *Paradiso* tuviera que nombrar actividades eróticas cuando él tenía tan grande talento metafórico. A Lezama, concluye, lo amaron y cuidaron las mujeres. También ella, amorosa amiga en filosofía y poesía de esa "Cuba secreta" que se concibió a sí misma como una metáfora paradisiaca en las obras de *Orígenes*.

Recuerdos de México: sufrió mucho enseñando todos los cursos de filosofía en Morelia, una ciudad preciosa, pero estaba ella muy lejos de España, sola y deprimida. Alfonso Reyes, con su cortesía refinada, le dijo: Todo ser humano llora hoy por usted. Le dijo así que entendía su tristeza española. De la guerra civil, todavía la conmueven la tuberculosis y el hambre. Recuerda que a poco de salir de España le dijo a alguien: los españoles no se suicidan individualmente, lo hacen colectivamente. Un instante después le llegó la noticia del suicidio de un republicano. El exilio es otra dimensión para concebir a España.

La evocación del pasado nos lleva al conocer, reflexiona ella, porque la memoria es la fuente. La raíz está dentro y debemos extraerla para revelarnos.

No quiere que nos marchemos, animada. Estábamos alegres, dice, y al alegría es un don.

Doy gracias a los dioses del viaje que pude encontrarla, bajo esta luz, viva.

JOSÉ EMILIO PACHECO: DESPEDIDAS

José Emilio Pacheco pasó el otoño de 1981 en Austin, como profesor visitante de la Universidad de Texas, y hace poco, ordenando unos papeles, encontré las páginas que escribí para presentar el recital con que se despidió de nosotros. No me sorprende que yo siga pensando exactamente lo mismo, pero sí su actualidad, que subraya la de su obra. Las doy ahora para marcar con su destiempo ese otro tiempo, intacto, el de la lectura.

Dábamos ayer la bienvenida a José Emilio Pacheco y hoy empezamos a despedirnos de él. Y todo ocurre como en un poema de José Emilio. Estos saludos y adioses imitan el arte de quien, aparentemente, se ha propuesto difundir las famas del tiempo. Y para que el poema sea imitado con precisión seguramente Pacheco nos exigiría que demos al tiempo el fácil trabajo del olvido. Pero los días que ha vivido entre nosotros nos han beneficiado de tantos modos que nuestra gratitud y nuestra nostalgia son ya, más bien, virtudes de la memoria. Su visita nos ha hecho contar con un maestro del arte de compartir la literatura, como atestiguan sus estudiantes; nos ha permitido también renovar el diálogo con su obra literaria, sobre la que él afirma saber menos que nosotros,. pero que hemos visto adquirir nuevas resonancias y moverse hacia nuevas conexiones gracias a ese diálogo, y a su tolerancia.

Hace quince años se decía en México que José Emilio Pacheco sería el próximo Alfonso Reyes. Más tarde, que sería el próximo Octavio Paz. Hoy sabemos que, felizmente, sería él mismo. Esto es, un escritor que es el proyecto de otro escritor, siempre virtual; un texto que es el proyecto de un libro haciéndose; una poesía que es ella misma siendo su recomienzo incesante. Así, José Emilio convierte a la obra en una hipótesis sobre su propia naturaleza literaria: el texto pregunta por sí mismo en el espacio de la lectura, y viene de la literatura y a ella retorna.

En la nueva escritura hispanoamericana, Pacheco es el escritor por excelencia. El escritor vocacional, que ha hecho de la literatura su lugar del habla. Su trabajo, animado por las formas elaboradas y exactas de la precisión, por la inmediatez y la lucidez de la perfección formal, es de una constante y segura innovación. Su poesía reunida en *Tarde o temprano* lo demuestra en su rica diversidad; veinte años de trabajo poético giran en torno a las obsesiones que nutren su percepción: la temporalidad, la literatura, la historia, la vida cotidiana, la belleza, apremiados por la materia huidiza de la palabra instantánea que las asedia, tentativa. A la vez, es notable la variedad formal de esta poesía. Se mueve del himno al epigrama, de la versión al poema en prosa, de la fábula al apócrifo, de la elegía a la notación descriptiva; pero no simplemente para diversificar su registro sino para rehacerlo en tanto discurso y repertorio que son del acto poético. Distintos registros de la tradición son liberados por una suerte de precipitado verbal que, a la manera de una sustancia química transparente, operase la magia tranquila, y el placer inteligente de suscitar en nuestro espacio de lectura el horizonte de la tradición. De este modo, la poesía es una experiencia de sus propias formas, de su textualidad gozosa; una vida vivida a través del repertorio fabuloso de sus espejismos, ecos, transformaciones y operaciones formales. La teoría poética de Pacheco es persuasiva: todo puede ser poesía, no porque todo sea decible sino porque puede derivar en un texto. Esa teoría revela la clave de su factura: la capacidad articulatoria que, en sus manos, tiene no la palabra sino la textura; la textualidad en que, finalmente, el mundo es un libro infinito. Inútil establecer aquí alusiones y referencias: unas remitirían a otras, porque todo se dice con todo, y el instante articulatorio es el milagro poético. Porque el poema es un tránsito, una huella que en el lenguaje deja el paso de la literatura. Y basta, por eso, con reconocer la inteligencia cómplice del poema: ser, en el instante de la lectura, el dilatado horizonte de nuestra existencia hecha escritura. Esa memoria que es la tradición es también aquello que al transformarse permanece: somos fugaces, nos dice el poema, pero la forma de esa fugacidad es memorable. Como en toda poesía mayor, el tiempo habla en el poema.

Pero a la vez que este movimiento de formas en tránsito, hay en la poesía de José Emilio Pachecho otro, paralelo: el de los discursos en registro. Esto es, hay aquí una verdadera partitura del habla; porque el habla es modulada por el poema que conversa, narra, canta, elogia, evoca, ironiza; y lo hace explorando esas dimensiones de la enunciación con nitidez y fluidez. Todas estas entonaciones del decir, este manejo del coloquio como un instrumento dúctil del hablar fraterno, fluyen también a través de las formalizaciones del discurso. De la epístola al testimonio, de la postal al soliloquio, de la sentencia al refrán, de la adivinanza al retruécano. Sin dejar de utilizar, por cierto, fórmulas que provienen de los medios de comunicación; así como figuras del repertorio de la comunicación emotiva, tal como ocurre con el bolero, esa lengua franca de nuestra educación sentimental.

Cualquier página de José Emilio Pacheco, desde su poesía del habla fugitiva y grabada, hasta su ficción del enigma indagatorio, desde sus crónicas que dicen la historia hasta sus traducciones que familiarizan otras voces, nos pone en relación inmediata con el centro de la literatura, con su misma naturaleza de formas rehaciéndose; y lo hace a través de alguna vía no prevista, de algún acceso que renueva el acto y el papel de la lectura, convocándonos no sólo al placer de leer sino a su revuelta. Porque la literatura para él es este juego de las formas que se despliegan como una construcción fascinante en cuya hechura y recorrido hay siempre una indagación. En primer lugar, del juego mismo, de esa actividad combinatoria serial y expansiva; en segundo lugar, de la lectura, de su carácter espectral, reflejado en lo escrito como en un espejo mutuo de la verdad compartible; y, en tercer lugar, de las conexiones que nos relacionan con los paisajes de la memoria, de la historia, de la ciudad, del habla de la mitología cotidiana. A través de su escritura podríamos reconstruir, como en un mapa de nuestra subjetividad, una parte del sentido que le dimos a este tiempo.

Esta exploración crítica y analítica de la forma es en José Emilio Pacheco una opinión finalmente moral. La conciencia formal del texto literario es un compromiso con la inteligencia del lector y con la responsabilidad social del uso de la palabra. También esta lección clásica hay que agradecérsela. Es esa fidelidad suya a la poesía lo que sustantiva, junto a su calidad intrínseca, los riesgos de este juego de las formas que, al final, propone una apuesta por conocer, esto es, una versión de nuestra identidad haciéndose.

No menos certidumbre hay en la conciencia social y crítica de quien no ha negado sensibilidad a su lectura de la suerte dramática y quizás irredimible de América Latina. También le debemos reconocimiento por haber preferido, en estos tiempos del mercado universal, ser un escritor importante a ser meramente un hombre de éxito.

Para terminar, diré que he seguido en esta presentación el ejemplo de su obra: me he aprovechado del discurso convencional de esta forma ditirámbica para decirle nuestra admiración, y no he utilizado un solo adjetivo demás.

CARLOS FUENTES:
LA TRADICIÓN DE LA MANCHA

ENCUENTROS CON CARLOS FUENTES

Conocí a Carlos Fuentes en mi primera visita a la ciudad de México, en el verano de 1969. Por entonces, Carlos todavía se rehusaba a viajar en aviones, y aún le estaba vedado el ingreso a Estados Unidos. Me contó la famosa historia de su último viaje aéreo: tenía que ir a un congreso de escritores en alguna ciudad mexicana y lo habían convencido de volar con el argumento inapelable de que un avión con cincuenta escritores no se puede caer. Pero le tocó sentarse al lado de Juan Rulfo, quien, mirando por la ventanilla, sentenciaba, "Estamos pasando por Querétaro", y al rato, "Estamos pasando por Guanajuato", "Y tú como lo sabes", preguntó Fuentes; y respondió Rulfo: "Las reconozco por el cementerio."

No menos sepulcrales eran, por entonces, los compartimentos ideológicos, propagados por la guerra fría. Fuentes había sido declarado peligroso para la seguridad de Estados Unidos por el Departamento de Estado; y peligroso para la buena conciencia burocrática por los stalinistas que endurecieron la joven revolución cubana.

Esa noche, después de cenar, Carlos nos llevó, a José Emilio Pacheco y a mí, a conocer lo que calificó de monumento mayor de la cursilería mexicana, el reciente hotel Camino Real. En efecto, tenía paredes falsas pintadas de morado y unas muchachas que vendían cigarrillos vestidas de astronautas. Pero cuando entrábamos, Carlos nos dijo: "Nos hemos cruzado con el hombre más odiado en México." Era Luis Echeverría, el próximo presidente mexicano, que había sido secretario de Gobernación durante la matanza de estudiantes en la plaza de Tlatelolco, el año anterior. Ambos habían intercambiado un hielo profundo, y sospeché que Carlos, que se había quedado sin Estados Unidos, y que había perdido Cuba, se estaba quedando también sin México. Éste es un escritor, me dije, que sacrifica países a sus opiniones, aunque se trataban, claro, de convicciones libérrimas, aquellas que configuraban su personalidad más propia, hecha en una independencia solidaria y en la polémica deportiva. Años más tarde, Fuentes sería embajador en Francia del gobierno de Echeverría, una decisión que hasta hoy le echan en cara sus antagonistas, pero que él asumió en las pocas opciones de la hora, que pasaban por afirmar las aperturas o arriesgar las líneas duras.

Estaba escribiendo, me dijo, una novela de mil páginas en la cual Felipe II dialogaba en los infiernos con el infame Díaz Ordaz, el presidente de la matanza de Tlatelolco. Justamente cuando Echeverría nombró a Díaz Ordaz embajador en España, Fuentes renunció a su encargo parisiense. Aunque debe haber recuperado el odio de Echeverría, o sea, regresado a la normalidad. Esa novela es *Terra Nostra*, tan larga que en México decían los amigos que se requería una beca para leerla.

Se me ocurre ahora que las novelas de Fuentes son, en cierta medida, la biografía de una transferencia: en ellas recobra una geografía simbólica. Contra el discurso esencialista de una identidad fatal, Fuentes se adelantó a ensayar las aperturas de una identidad trashumante, que hoy llamaríamos posmoderna. La ciudad de México, que conoció a los 16 años, después de pasar la infancia en Chile, la pubertad en Argentina y la adolescencia en Washington, es el escenario de *La región más transparente* (1956); esta novela representa a una ciudad de México que apenas nacía a la modernidad y se despedía ya de la misma, porque estaba dejando de ser transparente para hacerse ilegible. Mientras que *Cristóbal Nonato* será la pérdida anticipada de un México invadido y desmembrado. *La Campaña*, va de Argentina a Chile; como *Gringo viejo* de Washington a la frontera mexicana. *Una familia lejana* es la novela de un París recuperado en la luz de la isla de San Luis, y extraviado en las trampas del linaje. *La muerte de Artemio Cruz* es, por cierto, la biografía de la Revolución mexicana perdida; y *Terra nostra* el extravío de España en el Nuevo Mundo, y el recomienzo de la modernidad en la novela. La narrativa, para Fuentes, está hecha por este desbasamiento de las representaciones, que zozobran y se sustituyen, como si lo real no tuviese otro cuento que su permanente mutación.

Ese año de1969, Carlos Fuentes escribía la apoteosis de la historia como una fábula política recontada desde una lengua latinoamericana canibalizadora y barroquizante; y descubría que, en efecto, si la literatura era su patria, la cultura era ya su ciudadanía. Pero vivía también la novela que iba a escribir 25 años después, *Diana o la cazadora solitaria*, como una vida anticipada, que se escribiría frente a las prohibiciones norteamericanas, refutadas por el placer. Quizá no sea casual que para recuperar el arrebato de esa relación haya tenido que desnudarse, literalmente, en la confesión, como si comenzara a hablar de sí mismo en una página en blanco. Siempre he sospechado que Fuentes escribe, cada vez, su primer libro.

Por lo demás, he llegado a creer que Fuentes practica una irrestricta novelización, la cual nos incluye y, en la lectura, nos toca descifrar. Nos ha dado un papel en las operaciones de la lectura, y varias veces me ha parecido encontrarme con capítulos de una novela que Fuentes no ha escrito aún. Es el caso de los políticos mexicanos, que parecen estar buscando su lugar en alguna página apocalíptica y jocosa de *Cristóbal Nonato*. Y qué decir de los recientes funcionarios poderosos que han fatigado la infamia y la familia como si fueran de la estirpe de Macbeth y de Artemio Cruz. Por lo demás, casi todo lo que escribe habría que leerlo como la saga de un relato que convierte a la historia en ficción, a la política en esperpento, a la biografía en enigma, y a la novela misma en el discurso que hace y rehace a nuestro tiempo como si pudiese ser otro, siempre en proceso de configurarse, a punto de ser más libre. Leer a Fuentes es exceder límites, cruzar fronteras, ensayar la hibridez, y reconocer, en esos umbrales, un nuevo espacio de reconstrucciones. Comunica una energía inquieta, una complicidad tan imaginativa como crítica.

Por eso, todo encuentro con Fuentes y su obra ocurre en una temporalidad paradójica, hecha de varias instancias y destiempos. Su "edad del tiempo", el reordenamiento de sus novelas, incluye a la historia (curso temporal) y al mito (decurso de las edades); pero como se rehúsa al orden cronológico en que fueron escritos esos libros, noveliza también nuestra lectura. Así, propone que esos libros empiezan con *Aura* (donde un joven lector, historiador de oficio, traduce las memorias que lo remplazan y perpetúa así a una mujer sin edad) y culminan con "Las dos Américas" de *El naranjo o los círculos del tiempo* (esto es, con un Cristóbal Colón del todo reescrito, cuyos Diarios de a bordo serían la primera novela del *boom* latinoamericano). De modo que si esta obra no se ordena por la cronología de la escritura y mucho menos por la histórica es porque organizan otra temporalidad, hecha de anticipaciones y anacronismos, consumando y consumiendo los escenarios de su energía empática y su traza barroca. El orden es aquí el recomienzo, el proyecto de una lectura donde los textos se releen renovadamente, en una suerte de tiempografía, donde discurren las fuentes de Carlos, es decir, la juventud de la letra. Pero ya ese encuentro temprano con Fuentes era un largo reencuentro, porque yo había frecuentado su obra, sobre la que empezaba a escribir como si descifrara en ella no sólo la actualidad literaria más nuestra, que es, después de todo, una de las formas de nuestra identidad, sino también ese porvenir de la lectura que late en todo lo que Fuentes escribe, signado por la fuerza de la innovación, abierto a la ocurrencia de lo nuevo. Por entonces había salido el manifiesto literario de la novela del *boom*, *La nueva novela hispanoamericana*, un breve y brillante alegato que anunciaba la mayoría de edad, pero también la juventud vehemente de ese periodo de optimismo creador. El libro nacía bajo un doble signo: el ejemplo innovador de Julio Cortázar y la culminación feliz de la obra maestra de Gabriel García Márquez. Entre *Rayuela* (1963) y *Cien años de soledad* (1967), Fuentes encontraba las pruebas de nuestra diferencia y las razones de nuestra universalidad. Y ese movimiento de incorporaciones felices permitía incluir a Juan Goytisolo, escritor de ambas orillas.

Cortázar y García Márquez le hicieron concebir la noción, característicamente fuenteana, hay que decir, de que todos los novelistas del *boom* estaban escribiendo la misma novela, con capítulos nacionales, y que cada gran novela del otro era no sólo un triunfo personal sino un alivio: lo eximía a él de escribirla, y le permitía ahondar en su propia página. En una carta, Julio Cortázar le comenta a Fuentes uno de sus ensayos sobre la nueva novela, y le discute la inclusión de Alejo Carpentier en la constelación de los nuevos. "Tendrás que reconocer –le escribe– que el hombre que escribió *Rayuela* no puede aceptar *El siglo de las luces*, que es absolutamente su polo opuesto en materia de actitud estética... Tú, que citas ese pasaje de mi libro donde me declaro 'en guerra con las palabras', tienes que comprender que mire sin alegría a alguien que está en plena cópula con ellas" (1964). Pero a Fuentes la obra de Carpentier se le aparece como la representación de una representación, donde si el nombre es adánico la reescritura es barroca; y, siguiendo la fuerza inclusiva de su lectura, lo incorpora a su galería del cambio. En 1966, Fuentes lee las primeras 80 páginas del libro que está escribiendo García Márquez, y de inmediato escribe una crónica anunciando el nacimiento de una obra maestra. Al año siguiente, cuando sale la novela, le escribe a Cortázar: "Te escribo por la necesidad imperiosa que siento de compartir un entusiasmo. No sé dónde anda en estos momentos GGM y puesto que no puedo escribirle al autor, te escribo a ti, a quien todos debemos tanto (ese TANTO indefinible que es un aire nuevo, un campo más ancho, una constelación que se integra). Acabo de leer CADS [*Cien años de soledad*] y siento que he pasado por una de las experiencias literarias más entrañables que recuerdo..." Y añade Fuentes: "Y qué sentimiento de alivio, Julio; ¿no te sucede que cada buena novela latinoamericana te libera un poco, te permite limitar con exaltación tu propio terreno, profundizar en lo tuyo con una conciencia fraternal de que otros están completando tu visión, dialogando, por así decirlo, con ella?"

Se suman, así, los tres amigos en el intercambio profundo propiciado por la generosidad de Fuentes. Por eso he dicho que cualquier retrato de Carlos Fuentes sólo puede ser un retrato de grupo. En esa foto familiar, la presencia de Cortázar sólo se ha hecho más actual y más íntima. García Márquez prosigue despertando a los muertos a nombre del amor fabuloso, o sea escribiendo contra el tiempo. Y Fuentes debe haber hecho un pacto azteca con algún dios propicio porque su edad del tiempo, la saga de su obra incompletable, es cada vez más joven, más reciente y más nuestra. Carlos Fuentes es, qué duda cabe, el corazón del grupo.

I. UNA FILIACIÓN CERVANTINA

Julio Ortega.: *Carlos, podríamos empezar esta conversación hablando del curso que estás dictando aquí, en la Universidad de Harvard, sobre las tradiciones culturales en América Latina. ¿Se relaciona este tema con el de historia y novela, que discutiste el semestre pasado en Cambridge, y es esto parte de una nueva reflexión tuya sobre los textos latinoamericanos y la historicidad?*

Carlos Fuentes: Hablábamos hace un rato de Bajtín y su idea de la novela como un género inacabado, perpetuamente abierto, que es por tanto testimonio de que la historia no ha terminado; precisamente, he querido reinterpretar algunos textos fundamentales de la cultura española e hispanoamericana a la luz de la filosofía de Vico y de la crítica de Bajtín. Es decir, la historia como nuestra creación, y como la historia de la cultura, empezando por la historia del lenguaje y del mito, en que la historia y la poesía son documentos inseparables, como lo vio Croce en relación con la *Ilíada*. Y a partir de la idea del texto inconcluso, en virtud de que la historia, y la voz de los hombres y las mujeres no ha concluido. Desde estas dos premisas me he propuesto, con los estudiantes, ver a la América Latina como una región policultural y multirracial, que no puede reducirse a una sola interpretación, a un solo texto, a pesar de los tremendos esfuerzos que ha hecho el mundo político, el mundo del estado, empezando por el estado azteca, siguiendo con el estado español, y luego los estados republicanos, de reducirnos a un solo texto, a una sola voz. Trato de interpretar en contra de la noción de Moctezuma con el Tlatoani, el hombre de la gran voz, el hombre que ejerce el monopolio de la palabra; también en oposición a la Contrarreforma, que nos impone un texto único, dogmático y ortodoxo; y lo hago planteando una lectura pluralista, heterodoxa en la vocalización; y aun en la vociferación frente a estos poderes verticales, dogmáticos, que han generalmente regido los destinos del área latinoamericana.

J. O.: *Evidentemente esa relectura que haces del texto histórico latinoamericano como un texto polifónico viene de tu propio trabajo sobre el texto literario desde la ficción; y remontándonos ahora al centro generador de la heterogloxia en español, que es Cervantes, podríamos discutir la apertura cervantina de tu trabajo creativo. Si resultas hoy el escritor más cervantino en español seguramente es porque eres también el más novelesco, por definición. ¿Cómo has sentido esa evolución cervantina, después de tu libro sobre Cervantes, Joyce y la lectura, más allá de la coincidencia con el premio que lleva su nombre?*

C. F.: Bueno, más acá o más allá de esa coincidencia, para mí el texto del *Quijote* no sólo es un deleite permanente y renovable, la definición misma del texto bajtiniano, porque es un texto que leo casi todos los años y que leo como si fuese la primera vez, con una sorpresa y con un sentido de descubrimiento extraordinario, sino también el texto fundador de la modernidad. Para mí la modernidad empieza en el momento en que el Quijote sale de su aldea, de su refugio de libros, y se lanza a ver el mundo; sale impulsado por la lectura y termina actuando su propio texto. Y la lectura de la cual sale es la lectura de la unidad, una lectura medieval donde todo tiene un sentido y las palabras indican la realidad de las cosas; pero quiero ir más allá de la visión foucaultiana, y ver que al salir del mundo de la unidad y la analogía se encuentra con un mundo de diversidad y diferencia. Y se crea un problema para el novelista moderno a partir de Cervantes, que es cómo mantener un cierto grado de unidad sin sacrificar la diferencia que nos rodea, y cómo mantener esa diferencia sin sacrificar la unidad que nos permita comprenderla. Pero tenemos también el tema de la pérdida de la ilusión, el tema de la diferencia entre realidad e imaginación, porque todos los grandes temas de la novela contemporánea los plantea Cervantes. Para mí es el primer escritor moderno; y sin embargo, alguien como Ian Watt hace venir la novela moderna de los escritores ingleses del siglo XVIII, porque obedecían a una sociedad con capacidad adquisitiva de libros, a una situación política que permitía mayor libertad, el parlamento, la prensa, la clase media en ascenso. O tienes a Malraux, quien creía que la primera novela moderna era *La Princesse de Clèves* de Madame de la Fayette porque es la primera novela construida en torno a problemas personales y la interioridad psicológica. Pero yo creo que es Cervantes la fuente de la polifonía de la ficción, y que lo más interesante es que ninguna de estas realidades internas o psicológicas, sociales o políticas, juega en el caso de Cervantes; escribe en el centro de la Contrarreforma española y no precisamente como un ataque contra ella sino como una afirmación de otros valores; es una novela hecha a deshora, a contratiempo, en oposición al Zeitgeist dominante; y eso también la hace una novela moderna. Es una novela crítica en el sentido más profundo, crítica y antiépica; porque si la épica, como dice Bajtín y lo vio Ortega y Gasset, es estar de acuerdo con la sociedad en la cual se escribe, finalmente, a pesar de sus elementos críticos, Fielding, Richardson y Madame de la Fayette están de acuerdo con el desarrollo crítico de esa sociedad. Pero oponer la imaginación a la realidad, como hace Cervantes, y convertir a la imaginación misma en la crítica de la sociedad, eso es extraordinario; es lo más moderno y revolucionario que ha ocurrido en la historia de la novela. Por eso soy cervantino.

J. O.: *Hay, claro está, varias tradiciones de lectura del Quijote, desde el modelo de lectura del romanticismo alemán a la lectura filosofante, entrañable y nacional de algunos españoles. Me parece que los latinoamericanos hemos añadido otra lectura, que es la cernida por la risa. Seguramente todos recordamos nuestra primera lectura del Quijote casi como una señal de identidad. La mía está marcada por la risa. Y me cuesta aceptar, por ejemplo, la lectura de Nabokov, que detestaba la novela acusándola del libro más cruel. Guy Davenport ha tratado de descifrar ese mal humor del maestro, a nombre de la comedia de la lectura. ¿Cómo has leído tú entre esas lecturas?*

C. F.: Bueno, estás hablando de una tradición rusa de leer el *Quijote*, porque lo que dice Nabokov viene de Dostoievski, quien creía que era el libro más triste de todos porque es el libro de una desilusión. ¿Y cuál es la desilusión de Cervantes? Es la pérdida de la realidad de los libros que leyó don Quijote. Don Quijote se creía instalado en el mundo de la realidad, donde la analogía permite decir que los molinos son gigantes; como la ciencia en tiempos de Aristóteles permite afirmar que la salamandra o el centauro existen, y luego la biología los niega; esto lo hace notar Ortega y Gasset. Esta pérdida de un realismo donde todo coincidía con todo, donde las palabras y las cosas coinciden, es lo que convierte al *Quijote* en una novela triste para los rusos. Nuestra visión es más bien de una novela de humor, y en eso coincidimos con Bajtín, que al hablar de la carnavalización literaria de Rabelais, incluye también el *Quijote*, que pertenece a esta categoría del carnaval, que se basa en la diferenciación del discurso social, ya que hace notorios los distintos discursos en lugar de un discurso homogéneo y único. Cervantes hace patente el hecho de que la novela es un género de géneros en el que los protagonistas no se entienden entre sí; en la épica clásica los héroes se entienden, los doce pares de Francia o El Cid y sus compañeros se entienden perfectamente; pero en el *Quijote* los protagonistas hablan lenguajes dispares, heteroglósicos; Quijote y Sancho no se entienden, los Duques no entienden al Quijote, y estamos así en un mundo de diversificación verbal, lo que es otro elemento fundamental de la novela, y de allí en adelante los hermanos Shandy no se van a entender y Jacques y su amo tampoco, como tampoco Emma Bovary con su marido ni Ana Karenina con el suyo. Estamos así en el mundo del conflicto del lenguaje, que para mí es el mundo propio de la novela.

J. O.: *Y en esa heteroglosia, ¿qué función le atribuyes a la risa?*
C. F.: Una función enorme. El otro causa risa, porque habla distinto. La comedia se basa en eso; por eso nos reímos de Cantinflas, ¿verdad? Hace la parodia de nuestra lógica verbal. Y gran parte de la comedia moderna se basa en eso mismo. El cómico es un juglar de la palabra que parodia las retóricas.

J. O.: *Juan Goytisolo dijo hace un tiempo que en Madrid hasta los choferes de taxi hablaban como Unamuno. Viendo la televisión uno diría que en México mucha gente habla como Cantinflas, ¿no crees?*
C.F.. Algo hay de eso. Finalmente la realidad imita al arte. Cantinflas en verdad hizo la parodia del político mexicano, del discurso político mexicano, y latinoamericano, por eso tuvo tanto éxito en toda América Latina. En cada país podían reconocer ese discurso; pero era tan simpático, tan cálido, tan abierto a la simpatía que mucha gente terminó por adaptarlo olvidando que Cantiflas hacía la parodia del discurso político. Quizás el PRI sea el único beneficiario de todo esto.

J. O.: *El año pasado, en México, pude ver la destrucción que el terremoto hizo en el centro de la ciudad, y pensé que si uno no veía el grado de ese deterioro sería imposible tener una imagen real del sismo, ya que las palabras no podrían representarlo cabalmente. Pero quizás el lenguaje sea insuficiente para representar la misma ciudad de México, una realidad que cambia todos los días, y que las palabras ya no pueden decir.*
C. F.: El lenguaje es insuficiente, en efecto, y esto es algo que yo vengo viendo desde hace mucho; y de allí el lenguaje de *Cristóbal Nonato*, precisamente, que es un intento de adaptarse a las mutaciones camaleónicas de una realidad que avanza con mucha más rapidez que la capacidad verbal para aprehenderla. En *Cristóbal Nonato* hay una acumulación de lenguajes, una búsqueda de conexiones con otros lenguajes, incluso extranjeros, una crítica del lenguaje propio, toda suerte de mutaciones carnavalescas del lenguaje, palabras *portmanteau* a la Joyce, la invención de lenguajes, la mezcla imposible del inglés y el azteca, o la mezcla de francés y español, una serie de acoplamientos monstruosos como puede ser el del águila y el toro. ¡O el águila y la serpiente!

J. O.: *Yo encontré fascinante ese radicalismo de* Cristóbal Nonato, *que se plantea una suerte de mapa posible de las hablas de la ciudad de México. Por otro lado es también una novela que da un habla a la crisis, que es el nombre que damos a lo que a veces no entendemos, y en este sentido su crítica es también radical. En una entrevista dijiste que la ciudad de México está cubierta de mierda, y se podría decir lo mismo de varias ciudades nuestras, depredadas por todas las crisis. ¿Cómo ves tu ciudad ahora?*

C. F.: Fíjate que yo contra todo lo que se dice soy bastante optimista sobre mi país y trato de exorcizar muchos de sus males, que es una manera de ser crítico y optimista. El silencio es pesimista, lo mismo que el elogio, porque significan que no te importa un carajo nada, ¿verdad? A mí me importa. Pero quiero decirte que sobre todo hablo de la ciudad de México porque yo siento que la ciudad de México es mi invención, que a mí me toca mantenerla, y me toca también exorcizar sus males. Como yo no crecí en la ciudad de México, y sin embargo la ciudad de México creció en mi vida de un millón a diciocho millones, entonces, tengo que responder a esa ciudad que no habité de niño con una imaginación de la ciudad. De allí *La región más transparente*, que no es más que el testimonio de la divergencia entre mi imaginación de la ciudad de México y la realidad de la ciudad de México. Yo no soy un escritor realista de la ciudad, yo soy un inventor de la ciudad para mi consumo personal. Siento que la ciudad de México es mi gran invención, se parezca o no se parezca realmente a lo que yo imagino. Por eso es un tema central de mi obra, como puede serlo la sociedad parisina en la obra de Balzac, o Londres en la obra de Dickens. Yo creo que el Londres de Dickens nunca existió, es una invención de Dickens, que acabó pareciéndose a lo que describió en *Bleak House* o *Our Mutual Friend*.

J. O.: *La noción de que la ciudad de México es el eje de tu narrativa, y que el lenguaje novelesco es una invención paralela a la ciudad hace pensar en que la naturaleza misma de la novela es una forma de la experiencia urbana, como es evidente en* Cristóbal Nonato. *La novela es el discurso de la ciudad, y también seguramente una forma de las relaciones humanas en la ciudad. ¿Cómo ha evolucionado tu diálogo con este tema?*

C. F.: Mucho tiempo antes de leer a Donald Fanger, que ha escrito un brillante estudio sobre la novela y la ciudad, simplemente a través de la lectura de tres textos fundamentales para mí, tres textos iniciáticos, que son la introducción a la *Historia de los trece* de Balzac, que es la gran sinfonía de París; el capítulo inicial de *Our Mutual Friend* de Dickens, cuando el padre y la hija están en la noche del Támesis, en una barcaza, pescando cadáveres para robarles; y el narrador de "La avenida Nevski" de Gogol, viendo la ciudad de Petersburgo. Estos textos me abrieron la posibilidad de la ciudad. En seguida leí a Dos Passos, el *Manhattan Transfer*, leí *Berlin Alexanderplatz*, leí Joyce; y luego leí a Fanger, que dice que la ciudad es la protagonista de la novela moderna porque es el lugar del artificio, es el lugar antinatural, donde el género de la novela, que es el género en contra de la naturaleza, aunque tiene pactos, añadiría yo, que son pactos mortales, tiene que verse a sí misma como un artificio. La novela nos revela la ciudad como el centro del artificio moderno, y a sus maestros de ceremonias, que son Vautrin, Raskolnikov, y también Ixca Cienfuegos. Yo leí de niño algo que me impresionó mucho, y es que en toda la creación hay un solo ser que no duerme, nunca duerme; y uno puede pensar *a priori* que es Dios, pero no, Dios se la pasa en la siesta; es el diablo, que está condenado a no dormir, y que vive de la ciudad, del artificio; porque si se duerme el diablo, el artificio se desploma y volvemos a la naturaleza y nos invade la selva. En *El recurso del método* hay un momento memorable, cuando el dictador exiliado empieza a invadir su departamento parisiense con monos, cacatúas, lianas, hamacas, lo empieza a convertir en San Salvador, ¿verdad?

J. O.: *De la ciudad de México en* La región más transparente *al México de* Cristóbal Nonato *evidentemente la ciudad es otra; los agentes que construyen el espacio urbano son distintos y las imágenes de la ciudad en disputa dentro de cada novela son asimismo otras. La ciudad es también un espacio de democratización, de intercambio horizontal de información, como lo es la misma novela. Ahora bien, la ciudad de México, ¿tiene futuro en* Cristóbal Nonato *o se consume en una imagen apocalítica?*

C. F.: No, yo creo que sí tiene futuro. Y el final lo dice. Cuando Ángel y Ángeles se niegan a acompañar al Huérfano y su hermano a la nueva utopía, que es Pacífica, optan por la ciudad. Es una novela sobre el destino de las utopías también. Nosotros fuimos la utopía de Europa en el siglo XVI; en el XIX les devolvimos el favor y convertimos a Europa en la utopía de la América Latina. Ahora yo creo que se abre una utopía nueva; la utopía del año 2000 van a ser Japón, China, el Pacífico, el elemento no sólo de riqueza y avance tecnológico sino de redención moral frente a la corrupción de Occidente, y particularmente de Estados Unidos; vamos a mirar hacia esa nueva utopía. Eso está pronosticado en *Cristóbal Nonato*. Pero Ángel y Ángeles prefieren quedarse en México. Se dicen vamos a terminar lo que hay que hacer aquí, vamos a hacer no la utopía sino la posibilidad, simplemente. Somos hijos de Tomás Moro, de una utopía, de Maquiavelo, de la negación de la utopía, de la afirmación del poder; pero también de Erasmo, que dice intentemos esta posibilidad humana y tolerante. Yo quisiera que *Cristóbal Nonato*, a pesar de su apariencia, fuera una novela erasmista, al final de cuentas, un elogio de la locura, *ad usum* año 2000.

J. O.: Cristóbal Nonato *también produce una inquietud en el lector acerca de su papel o lugar en la lectura. También el lector podría a partir de la novela cuestionar la tradición utópica, ya que la novela se alimenta de los restos de las utopías, en su gran apocalipsis urbano y discursivo. Me pregunto si ésta no es la suerte de los textos posmodernos, que es destruir la imagen de una totalidad, y dejarnos simplemente con una magnífica inquietud.*

C. F.: Por lo menos decir aquí está la utopía pero la utopía está enferma, ¿no? Pero me interesó lo que dices sobre el lugar del lector en la novela. Estaba releyendo en estos días a Borges, y en particular *Pierre Menard, autor del Quijote*; y veía en Borges esta increíble capacidad para construir arquetipos metafísicos, platónicos, como el tiempo absoluto de *El jardín de senderos que se bifurcan*, el espacio en *El Aleph*, la biblioteca total de Babel; y luego destruirlos con humor, sacarnos de la prisión del absoluto con humor a través de la lectura; y releyendo el *Pierre Menard* me decía, claro que Pierre Menard puede reescribir el *Quijote* releyendo el *Quijote*, porque es lo que hace al texto más rico, increíblemente incomparable en relación con el texto del siglo XVI, porque hoy lo estamos releyendo como un texto contemporáneo de Kakfa y Borges. Entonces, concederle un lugar al lector es decisivo, porque es el único que puede escribir la novela finalmente; de allí la creación de un personaje fundamental en *Cristóbal Nonato*, que es Elector, el lector que elige y que lee, y que ocupa ese espacio. Que acepte la invitación a ocuparlo es otro problema, pero mi deseo es reservarle ese espacio.

II. UNA PASIÓN POR EL RIESGO

J. O.: *Cristóbal Nonato es evidentemente una extraordinaria provocación, como tus mejores novelas. Es un sistemático desbasamiento de códigos, hábitos, discursos, representaciones; empezando por tu propia narrativa, ya que ésta es la novela más radical que has escrito. Una pregunta más inmediata sería, ¿cómo aparece* Cristóbal Nonato *después de* Una familia lejana, *que es una de tus novelas más íntimas y enigmáticas, siendo* Cristóbal Nonato *la más desenfadada y expansiva?* Una familia lejana *es una de mis novelas favoritas por su rigor y a la vez su extraordinaria libertad asociativa.* Cristóbal Nonato, *en cambio, es como una dispersión de un sistema narrativo, es un acto tan lúdico que uno lo asociaría con los inicios de un narrador. Es tu novela más joven, lo que seguramente también te hace un novelista reciente.*

C. F.: Está al principio de mi trabajo literario, tienes razón. Es mi primera novela. Sí, *Una familia lejana* para mí es una novela muy clave porque en cierto modo es la novela sobre mis procedimientos artísticos. Es la novela donde yo me hago las preguntas sobre qué es para mí escribir novelas y llego a una conclusión, y es que la novela no termina nunca. La narración tiene que ser pasada inmediatamente a otras manos, es su destino. Entonces, una de las novelas producto de esa estética es *Cristóbal Nonato*; es la novela en virtud de la cual, habiendo llegado a una cierta concepción de lo que es la novela, descubro que lo que me queda es escribir mi primera novela. Entonces, vamos a escribirla. Vamos a escribir la novela original, porque ahora entiendo esto y no lo entendía cuando escribí *La región más transparente*. Y yo creo que es una lección que aprendí de algunos de los viejos jóvenes que he conocido. Luis Buñuel, por ejemplo, hizo a los 70 años las películas que no pudo hacer a los 30. Picasso hizo cosas en su madurez que no sabía antes cómo hacerlas. Lo mismo le pasa a un novelista.

J. O.: *Sin embargo, aunque entiendo la relación estética de apertura que abre* Una familia lejana, *y que permite el espacio heterogé-*

neo y festivo de Cristóbal Nonato, *la alegría desmadrada y jocosa de esta novela es tal que su escritura libérrima cita a Quevedo y Joyce en la sátira que empieza como calambur.*
    C. F.: No quiero hacer comparaciones inmerecidas, pero *Félix Krull* es una obra de la madurez de Mann, ¿verdad? Tiene que haberse escrito mucho para poderse reír de esa manera. Yo intenté muchas veces la novela cómica, digamos, pero no me salía porque no sabía cómo hacerla. No me podía reír todavía con la libertad con que puedo hacerlo en *Critóbal Nonato*.

J. O.: *Es cierto que en tu proceso narrativo hay tal energía potenciada, tal latencia creacionista, que de pronto* Cristóbal Nonato *fue un estallido natural, espontáneo. Ha ido trabajando su propia libertad, diríamos.*
    C. F.: Es una novela que me ha tomado cuarenta años escribir. ¡No creas que la escribí en tres años!

J. O.: *Tus novelas tienen a veces un sustrato o un correlato mítico. Aunque la gestación y el nacimiento son el pretexto y el postexto de* Cristóbal Nonato *¿hay aquí una referencia mítica?*
    C. F.: Si hay una estructura mítica yo creo que estaría en el mismo lenguaje, y en ese sentido qué novela no la tiene. Sobre todo con un lenguaje que se enuncia por primera vez. Asistes al nacimiento de un nuevo lenguaje, lo que es concurrente siempre con el mito, que quiere decir palabra.

J. O.: *Tiene también una circularidad, esta noción del nacimiento y gestación, que plantea el recomienzo del mundo mismo.*
    C. F.: Sí, es una forma que he usado mucho. *La muerte de Artemio Cruz* y *Cambio de piel* son novelas que se muerden la cola.

J. O.: *En ese mismo sentido, es también una novela sobre la novela. Los personajes todo el tiempo declaran su condición de personajes. Hay una evidenciación del hacerse en el leerse.*
    C. F.: Es una novela consciente de sí misma. Yo sostengo que hay dos grandes tradiciones en la novela occidental. Una es la tradición de la Mancha, que es la tradición quijotesca, consciente de sí misma, en la que la novela hace notar que es una novela, donde los personajes son nombres, donde todo es una creación verbal; y ésta es la novela potencial que va de Cervantes a Dide-

rot. Y luego hay la novela que yo llamo de la tradición de Waterloo, que es la novela napoleónica, que nace de la figura de Napoleón, en la que la acción en la historia es lo que cuenta, el individuo afirmándose en la acción histórica; y eso es muy serio. Stendhal y Balzac te dicen esto es serio, esto no es una broma, esto es la realidad, esto es un espejo que se pasea a lo largo de un camino reflejando la realidad, etcétera. Yo creo que hay una crisis de ambas nociones en la novela contemporánea. Borges es la mejor indicación de ello. Nabokov sería otra. Estamos viendo cómo quizá rebasar las dos tradiciones pero no sacrificando ninguna. Y creando una novela potencial, una novela del futuro, que tenga que ver con las dos tradiciones pero que sobre todo, para mí, recupere la tradición cervantina, la tradición de la Mancha, que es la que hemos perdido. Cuando Milan Kundera habla de la novela potencial, en su precioso libro *El arte de la novela*, se detiene en Diderot y dice cómo va a estar muerta la novela si toda la promesa que encierran *Jacques le fataliste, Tristram Shandy* o *Don Quijote* no se ha cumplido realmente. Y esto es un problema, yo creo, para muchos novelistas contemporáneos. Lo era para Calvino, lo es para Kundera y lo es para mí.

J. O.: *Eso que dice Kundera me hace pensar en la definición de la modernidad que da Habermas: la modernidad como el proyecto de lo moderno que no acaba de realizarse.*
C. F.: Nunca se va a realizar. Su premisa es el futuro, creer en el futuro, y el futuro nunca llega por definición.

J. O.: *Y la novela es el género de lo moderno, ¿verdad?*
C. F.: Y es el género de lo moderno porque predica un futuro que no se va a cumplir nunca. Es siempre una promesa. Contra eso afirmar el valor del presente, la consagración del instante, como dice Octavio Paz, es la función de la literatura.

J. O.: *Carlos, en* Cristóbal Nonato *y ya en* Gringo viejo *la usual lista de otras obras del autor aparece como un reordenamiento de tu trabajo narrativo, como una propuesta nueva de lectura. Este mapa de tu obra lleva un título,* La edad del tiempo, *que sugiere la doble dimensión temporal de ciclo y fluidez, mito e historia, memoria y olvido. Tiempos que encarnan en la plenitud de tu escritura, ese presente ocupado por el cuerpo, como había observado Oc-*

tavio Paz. ¿Podrías explicarme el sentido de este reordenamiento no cronológico, de esta edad no lineal de tus tiempos narrativos?
   C. F.: Sí, la edad del tiempo es un juego de palabras, y el eje, como acabas de decir tú, más que la ciudad, un país, México, es el problema del tiempo, la manera como estructuramos el tiempo humano, cómo nos relacionamos con la historia, con el tiempo de los demás. Parto de la premisa de que hay muchos tiempos en la historia, no hay un solo tiempo irreversible, futurizable, sino que hay tiempos que predican un regreso al pasado, una salud en el origen, una acumulación, la consagración del instante de que habla Paz. Éste es el eje mayor, digamos. Bajtín nos hace ver que no hay novela sin tiempo y espacio, sin cronotropía. Yo iría más allá para decir que aunque quizás ha habido tiempo sin novela nunca ha habido una novela sin tiempo. Puede haber novela sin espacios, pero no puede haberla sin el elemento temporal. El elemento de duración es indispensable desde el momento en que te sientas y escribes porque ya hay un tiempo finito en el que escribes con la esperanza de que haya un tiempo infinito en el que lees. Éste sería el trueque que hacemos con el lector. De allí nuestra fuerza, que es una fuerza a partir de la debilidad, en que tú te sabes finito. El tiempo es finito pero el tiempo tuyo, lector, es infinito. Mira, le dice el novelista, el regalo que te hago. Es a partir de consideraciones como éstas que he ordenado las novelas sobre el eje temporal, y como tú dices no es una ordenación cronológica, aunque a veces hay concesiones a la cronología, cuando la historia de México determina alguna de mis novelas; pero por algo el ciclo debuta con un subtítulo, *El mal del tiempo*, que incluye tres novelas, *Aura*, *Cumpleaños* y *Una familia lejana*, que son un poco mi estética de la novela, mi concepción de la duración novelesca. De allí parto, y el segundo título es *Terra Nostra*.

J. O.: *Al considerar esta reordenación que propones lo primero que pensé es qué diferentes son tus novelas, y cómo resultas por eso ser de los pocos narradores que no se ha beneficiado de la retórica probada del éxito de una novela, diríamos. Y que ha cambiado en cada novela, aun poniendo en riesgo la retórica ganada por la anterior.*
   C. F.: No sólo la retórica, ¡también la audiencia ganada!

J. O.: *¿Cómo sientes esta necesidad de riesgo, de cambio? ¿Es connatural a ti o es connatural a la novela?*

C. F.: Es connatural a la novela y a mí. Yo no concibo la vida ni la libertad ni el arte sino como riesgo. Sin riesgo no se obtiene absolutamente nada, y me horroriza la idea de tener un éxito, entre comillas, y dormirme en él, y repetirlo. Si yo hubiera repetido el éxito de *La región más transparente* o *La muerte de Artemio Cruz* mi vida hubiera sido tan triste como la vida que rechacé de abogado rico mexicano, con Cadillacs, casa en Acapulco y en las Lomas de Chapultepec. Yo no quise eso. Lo tenía a la mano. Podría haber tenido otro tipo de éxito literario si hubiese repetido esos éxitos iniciales, pero como yo creo profundamente en la literatura, en el poder de la novela, comprendí que lo que importaba era que yo en mi vida supiese arriesgarme en explorar las posibilidades de la novela. Es lo único que me hace sentir bien. Fracase o no, eso no me importa; claro que a veces vas de narices y te partes la crisma, pero eso es parte del riesgo mismo. De manera que no estoy en esto por el éxito, la fama o el dinero sino por un compromiso fundamental con la escritura, con las posibilidades de la escritura de ficción. Eso es lo que me importa. Y no voy a tener tiempo para acabar de explorar esto, y espero todavía cambiar mucho, y hacer muchas otras cosas, y pegar muchos saltos en el vacío.

J. O.: *Carlos, es fascinante que en* Una familia lejana, *que es uno de tus textos más intrigantes, propongas la noción de que una historia es agotable; de modo que lo que se dice o se sabe de la historia son interpretaciones parciales. Al mismo tiempo, cada novela tuya es la versión de un argumento posible. Ello sugiere acaso que una versión totalizante a través de la novela es improbable. ¿Piensas que nos quedan sólo versiones fragmentarias e interpretaciones libres?*

C. F.: Sí, yo creo que hay novelas que aspiran a una unidad y a veces la consiguen, y están en consonancia con su visión del mundo, con una fe religiosa o política. No es mi caso, de ninguna manera. Haces muy bien en citar *Una familia lejana*, porque si esa novela tiene destinos múltiples es porque tiene orígenes múltiples. Estoy convencido de que el origen de la ficción es múltiple por definición, no hay un origen unitario. La ficción no viene del Nuevo Testamento ni del Manifiesto del Partido Comunista ni del Concilio de Trento, viene de una pluralidad de orígenes. En *Una familia lejana* me interesaba plantear que si ese origen es múltiple su destino lo debe ser también. Por eso hay una especie de sindéresis, casi una geometría, entre el origen y el destino de esa novela, que trata de dramatizar ese proceso.

J. O.: *Creo que esa novela logra también algo que muy pocas logran aunque varias plantean, sobre todo Cortázar y Calvino, y es comprometer realmente al lector. Porque en* Una familia lejana *el lector queda tan comprometido en la suerte del relato mismo que resulta responsabilizado de su papel de lector, porque la novela está pluralizada y depende de su lectura, de su interpretación.*

C. F.: Depende de que él sea capaz de asumir la historia, de continuarla, y de pasársela a alguien.

J. O.: *¿Y cómo te afectó esto como narrador? Porque el narrador aparece muy problematizado, ¿verdad? ¿Qué ocurre con el Carlos Fuentes, responsable o irresponsable del relato transferido?*

C. F.: Es una entidad pasajera. Es tan problemático que es puramente pasajero. ¡Y eso es lo que soy!

J. O.: *¿Pero tenías como narrador un control de la novela o se iba ésta modificando a lo largo de su escritura?*

C. F.: No, por definición no tenía control alguno. Muchos incidentes iban surgiendo de una manera prácticamente espontánea. Supongo que no era del todo espontánea, pero yo tenía esa impresión. Pensaba mucho en Buñuel y en Dalí, y en la manera en que Buñuel me había dicho que hicieron *El perro andaluz*, que fue negándose *a priori* a cualquier consecuencia lógica, a cualquier relación de causa y efecto, y a cualquier simbolismo. Claro que no lo podían evitar. El principio de composición era que si esto es lo que debe venir ahora en una novela "bien hecha", lo voy a evitar, voy a hacer otra cosa, lo contrario o algo distinto. Por lo menos eso sí me lo propuse.

J. O.: *Casi en todas tus novelas se plantea o desarrolla una catástrofe. Un modo de leer por dentro esas novelas sería buscar el sentido de esas crisis, transformaciones y rebeliones que afectan al mundo representado y a los personajes que lo viven. Hay que decir que tu entusiasmo por las metáforas apocalípticas es evidente. Claro que lo que para unos personajes o grupos es la destrucción para otros puede ser un principio de construcción. Este catastrofismo, ¿es una percepción tuya de la historia desde la novela?, ¿una puesta en crisis de nuestras representaciones? ¿O es más bien una definición latinoamericana de la novela como habla de la crisis?*

C. F.: Sí, sí, yo creo que sobre todo *Terra Nostra* y *Cristóbal Nonato* son notablemente novelas de catástrofe. Pero lo que te puedo decir es que desde el momento en que expulsamos la visión trágica de la historia y de la literatura en aras del progreso, de la posibilidad de la felicidad, ocurre que en lugar de la catarsis nos queda la catástrofe. Es decir, la catástrofe aniquila y aísla. La catarsis permite que la falta se repare en el seno de la comunidad, que el público, la ciudad, participe de nuestra tragedia, y nos ayude a reconstruirnos. La maravilla de Dostoievski como novelista es que potencia esto a partir de premisas que pueden ser horribles como la misión de Rusia, la tercera Roma, pero está allí esa posibilidad. Lo que estoy tratando de decir es que mientras no se reconstruya la comunidad tenemos que terminar en la catástrofe y en el suicidio.

J. O.: *Pero si se reconstruyese la comunidad no escribirías novelas...*

C. F.: No, escribiría otras novelas, o me convertiría finalmente en poeta, ¿verdad? ¡O podría escribir *El elogio de la locura*!

J. O.: *Tú no podrías ser un escritor del XIX, donde la realidad está del todo hecha por los códigos sociales...*

C. F.: No, pero podría ser un escritor del siglo XVI, eso sí...

J. O.: *Lo que yo quería decir es que la catástrofe es una posibilidad, pero que lo que te atrae es lo excepcional, lo que en la novela rompe lo que aparentemente es estable...*

C. F.: Sí, hay una ruptura de los códigos; pero en eso volvería a Sterne y Diderot porque en un siglo racionalista y optimista como es la Ilustración hay sin embargo estos dos juglares, que se llaman Jacques y Tristram, que son capaces de jugar y lanzar al aire las pelotas del progreso, y de decir que hay otra posibilidad y no sólo esta que ustedes predican.

J. O.: *Por cierto, Carlos, me sorprendió favorablemente ver que las reseñas de* Cristóbal Nonato *en España y México reconocen los modelos de Cervantes y Sterne. ¿Crees que las aperturas cervantinas, luego del predominio de las versiones social o históricamente orientadas de la novela tiene un estatuto más propio?*

C. F.: Yo creo que sí; aunque creo que en la América Latina lo que está ocurriendo es que se están cumpliendo hasta el final las posibilidades de la personalización de la novela, de la ruptura del género, de la ruptura a la adhesión a un programa preestablecido. Entonces, lo que hay es una enorme variedad. Hay que encontrar un orden en esa variedad para ver las direcciones que esto toma. Es el resultado también del llamado *boom* de la novela, una consecuencia necesaria. Cuando pienso en la variedad que suponen una María Luisa Puga, un Gustavo Sainz, un Luis Zapata, un Aguilar Camín en México, un Alfredo Bryce y un Isaac Goldemberg en Perú, un Luis Rafael Sánchez en Puerto Rico, estamos hablando de una variedad fantástica. No somos víctimas ya de las escuelas, de los géneros que nos encasillan. Porque yo recuerdo que cuando empecé a escribir se hablaba todavía de la novela de la Revolución mexicana, de la novela del indio, de la novela del campo, de la novela de la ciudad...

J. O.: *De pronto tú que se dice inventaste el* boom *has inventado también un* postboom, *para darle un lugar a* Cristóbal Nonato.
   C.F.. Como un puente, ¿no?

J. O.: *Esto nos devuelve a lo que mencionábamos antes sobre cómo tus novelas cambian de una a otra. Y me hace pensar en el hecho de que el lenguaje estereotípico no tiene lugar en esas novelas, a tal punto que en* Cristóbal Nonato, *una novela también sobre las muchas hablas de la ciudad de México, me sorprendió no encontrar el habla del metro mexicano: "chavo", "mano", "qué mala onda"; ese coloquialismo que suena ya a una parodia del mexicano está expulsado deliberadamente, supongo...*
   C. F.: Está expulsado deliberadamente. Si la novela pasa en un 1992 hipotético, ocurre también en un postulado hipotético del lenguaje. En consecuencia, el lenguaje va a ser distinto y toda la novela está predicada sobre el hecho de que para describir esta realidad se necesita un lenguaje distinto que no tiene nada que ver con chavo ni mano o cuál es la onda. Pero hay algo más, algo muy realista en esto. Tú recuerdas que cuando Balzac escribió *Esplendores y miserias de las cortesanas* incluyó el habla del presidio por primera vez en la novela francesa contemporánea, y eso fue un escándalo, pero un escándalo para quién, para los presidiarios, que se dijeron Balzac ha revelado nuestro lenguaje, hay

que cambiarlo rápidamente. Otro ejemplo es el de los movimientos artísticos interesantísimos que en este momento tienen lugar en la barriada de Tepito, en México; son movimientos para decir ya basta que nos parodien, de que nos cantinflicen, de que los novelistas de la colonia Roma o de las Lomas de Chapultepec nos imiten y mimeticen nuestra habla; vamos nosotros a expresarnos más personalmente. Y el resultado es un habla mutante, proteica. Y eso me da una clave para el habla de los cuatro Jodiditos en *Cristóbal Nonato*. Seguramente que el lenguaje que se va a hablar en el metro en 1992 no será el lenguaje de chavos y manos.

III. UNA RESPUESTA LATINOAMERICANA

J. O.: *Carlos, algunos críticos parecen haberse alarmado ante la idea de que tú en algunos ensayos, y quizás en* La nueva novela hispanoamericana, *hayas propuesto una suerte de optimismo en la modernización; seguramente sin entender que tu obra es también una crítica de las modernizaciones dirigidas e incautadas, una crítica hecha a nombre de la modernidad, lo que es distinto. Es evidente que eso te permite no sólo el cuestionamiento del desarrollo y el progreso homogeneizador, sino también la recuperación de las fuerzas que responden en el fondo de los mitos, en la identidad nacional, que es plural y heterogénea. Esta exaltación tuya por la heterogeneidad, por lo mixto y diferente nuestro, informa, creo yo, tu percepción de las culturas hispánicas. ¿Cómo ves estas relaciones de lo tradicional y lo moderno, este proyecto de la modernidad diferido o demorado en América Latina? ¿Qué has pensado sobre esto últimamente?*

C. F.: Muchas cosas. Sé a lo que te refieres, sé de las críticas que se me han dirigido a veces; si no estoy enajenado a la moda, por ejemplo; por qué hablo de pastas de dientes, refrescos y Kótex. Bueno, porque están ahí. Tal como un satirista latino se refería a las cosas más banales de la ciudad de Roma bajo los Augustos; o como Rabelais incluye todo lo que produce y vomita la Edad Media, todo su detritus está allí. Es por eso, y no por un afán de celebrar la máquina dispensadora de Pepsi-Cola ni nada por el estilo. Pero, en fin, hay gente que tiene una idea de la literatura como pureza, que es una idea que yo no comparto. ¿Nosotros deberíamos estarle dando a la literatura latinoamericana los nobles productos de la literatura clásica y romántica europea, que no hemos tenido? ¿Por qué no permitimos que nuestra burguesía, por ejemplo, se vea reflejada en los avatares de la burguesía europea, en su sentimentalismo, sus dramas, sus pequeños adulterios? Pues porque esta burguesía es muy distinta a las burguesías europeas. Es una burguesía subdesarrollada que fundamentalmente, y de allí la crítica y la introducción en mis novelas de estos artefactos del consumo contemporáneo, ha adoptado los modos de consumo de las burguesías extranjeras pero no sus modos de ahorro y de producción. Es una diferencia muy grande. Y por eso merece ser criticada y hasta caricaturizada. Pero hay algo más en todo esto. La modernidad ya no es una opción en América Latina, es una realidad. Allí está, y no vamos a poder regresar a una pureza idílica, a una arcadia que por otra parte nunca existió. ¿De qué mundo estaríamos hablando? ¿Del mundo de la hacienda, de la mina, del mundo de los sacrificios humanos? Hay la gran pureza de algunas culturas indígenas en mi país, por ejemplo; tenemos la realidad mítica de los huicholes, los tzotziles, los yaquis, que viven en un mundo de una gran coherencia, hermético, donde lo sagrado impera, y los mitos no son repetidos sino vividos. Pues qué bueno que sea así. Y ojalá en esto hubiese una reserva para nosotros. Por el momento estamos lanzados en la carrera de la modernidad, y la modernidad no está esperando para ver si nos ponemos al día. Creo que las dos Américas, la América Latina y la América anglosajona, le han dedicado una enorme energía, han hecho una enorme inversión vital en definir la identidad nacional. Queremos saber primero qué es la identidad mexicana, peruana, norteamericana, y en seguida cuál es la identidad latinoamericana. Pero estamos entrando rápidamente a un mundo que no nos va a permitir ya que nos hagamos esa pregunta. Nos va a presentar las cuentas del desarrollo diciéndonos: No pueden ustedes vivir más de las nostalgias del subdesarrollo; ¿cuál es su identidad?, es la que tienen en este momento; ya no van a tener que buscarla, van a tener que enfrentarla a los medios masivos, a los transportes inmediatos, a la diseminación de las ideas, al desarrollo geométrico de la tecnología. Y sean ustedes peruanos, mexicanos o paraguayos, ¿cómo responden a eso? En otras palabras, ¿cómo van a afirmar su identidad nacional en un mundo de alteridad creciente? Ése es el desafío enorme que tenemos. Y yo creo que uno de los grandes valores del arte de América Latina, de su música, de su pintura, de su literatura, de su cine, es haberse adelantado a este hecho. Yo creo que ya en un Borges, en un Cortázar, para recordar dos nombres nada más, tenemos un proyecto para enfrentarnos a esta diversidad del mundo, a esta alteridad, sin perder nuestra personalidad propia. Pero va a ser un desafío gigantesco y muchas gentes van a sucumbir en el camino. Es un proceso difícil y desafiante, pero inevitable.

J. O.: *Quizás el gran desafío de la modernidad sea la democracia, que es lo más difícil de lograr.*

C. F.: También, porque no va a haber modernización de la economía, de la tecnología, de las comunicaciones, sin una modernización política paralela. Esto en México es sumamente claro; a veces hay la ilusión de que nos podemos modernizar económicamente y mantener el aparato del PRI; no va a ser posible; va a ser necesario modernizar la política. Pero modernizarla en qué sentido. Allí es donde diferimos profundamente de los norteamericanos, que ven la democracia como *su* democracia, la democracia como *su* sistema; salvo, claro, cuando los dictadores les sirven de rodillas y entonces no les importa la democracia. Nunca le pidieron democracia a Somoza en 40 años, pero se la piden a los sandinistas en un año. Pues bien, vamos a encontrar una democracia dentro de nuestra tradición. Y aquí yo creo que el proceso español es fundamental para nosotros porque España encontró una solución democrática suya. Hemos denigrado tanto a España, a la España autoritaria, la España de los Austrias, la España de la Inquisición y la Contrarreforma, pero nos olvidamos que España tenía una tradición democrática. Porque la actual democracia española yo no creo que haya salido de la nada; salió de la experiencia democrática de la Edad Media, de la rebelión de comuneros de Castilla, de la Constitución de Cádiz, de la experiencia del 98, de la República española; son experiencias muy importantes, sin las cuales no habría hoy democracia en España. Eso es lo mismo que vamos a pedir para México, Perú o Chile. Y es que la democracia va a ser nuestra, va a venir de nuestra tradición, no va a ser importación de la democracia bipartidista norteamericana.

J. O.: *Por cierto, es curioso que en estos años de realismo político, luego de los ejercicios utópicos de los años sesenta, uno descubre que México, quizá como en los años treinta, vuelve a tener un papel no sé si de líder pero sí de punto de referencia muy claro para América Latina, empezando por el hecho de que la existencia política del Estado mexicano requiere en su relación con Centroamérica, por ejemplo, tener como interlocutor legítimo una revolución nacional como la sandinista y no dictadores, porque obviamente la competencia con Estados Unidos se haría intolerable, y México quedaría aislado, ya que los dictadores centroamericanos son clientes de Estados Unidos; y en estos años de intervención armada y contrarrevolucionaria lo son también algunas supuestas democracias. ¿Cómo ves el papel de México frente a América Latina?*

C. F.: Por lo pronto hay un acercamiento que no habíamos tenido nunca, ¿verdad? Un acercamiento dictado entre otras cosas por la necesidad. México era un país orgullosamente solo. En Caracas todo el mundo, salvo México y Uruguay, votó la resolución contra el comunismo que fue la base para derrocar al gobierno de Arbenz. Y en Punta del Este todos menos México votan la expulsión de Cuba de la OEA. Es una posición orgullosamente solitaria que se afirmó durante los años del auge petrolero. No sólo teníamos autoridad moral sino autoridad financiera para esas posiciones. Pero cuando esto se vino abajo, después del portillato, tuvimos que elaborar una política exterior acompañados por otros, de allí Contadora, y de Contadora el Plan Arias. De manera que ha sido una política de éxito ir en compañía de los otros países latinoamericanos, y hace poco ha habido la reunión de los ocho presidentes latinoamericanos en Acapulco. De manera que nos integramos cada vez más a América Latina. Pero, pero... somos el país frontera, tenemos la frontera con Estados Unidos, y tenemos el sentimiento de que América Latina empieza en México. Y esto nos da una conciencia muy particular. Y al mismo tiempo tenemos que modernizarnos, tenemos que entrar a la economía internacional. Yo sugiero que lo hagamos precisamente por el conducto del Pacífico, a través de China y Japón, y no necesariamente por el norte a través de Estados Unidos.

J. O.: *¿Cómo ves el papel político de América Latina en el escenario internacional? ¿Piensas que se ha reforzado y que tenemos una palabra que decir, finalmente?*

C. F.: Muchísimo. Yo creo que ha habido un cambio extraordinario. Tenemos ahora la posibilidad de identificar unidos metas comunes, de actuar cada vez más en conjunto, en el problema de la deuda, en el problema de América Central, en problemas políticos y en otras maneras de unirnos. Creo que estamos actuando cada vez más unidos, sin duda alguna. Y es que intuimos que vamos a ser una de las grandes constelaciones de poder del siglo XXI, en que el mundo bipolar nacido de Yalta se va a transformar en un mundo multipolar, y una de las voces va a ser la nuestra, junto con otras como son China, Japón, la India, el mundo árabe, África negra, y las dos Europas, aparte de Estados Unidos y Rusia.

J. O.: *¿Tú encuentras que Estados Unidos y algunos otros países centristas siguen practicando una política hegemonista impunemente, o ves que hay diversificaciones y resistencias nuevas?*
C. F.: Bueno, el hecho es que cada vez menos dependemos de los norteamericanos, y tú ves el descenso de las inversiones norteamericanas; dependemos cada vez menos de inversión y de ayuda norteamericanas. Diversificamos mucho, tenemos fuentes de apoyo exterior en Europa, la Unión Soviética, Japón; de manera que hay un descenso enorme de la influencia norteamericana, y ellos se engañan a sí mismos, y adoptan actitudes valentonas, provocadoras, en las regiones más débiles, como en la América Central; pero no podrían hacer lo mismo en Argentina, en Brasil o México, en Colombia o Perú. De manera que a pesar de todos los intentos de Reagan por instaurar una hegemonía, la realidad niega esa hegemonía. Ahora no habrá hegemonía, habrá cooperación o confrontación. Yo espero que haya cooperación, que Estados Unidos entienda que la época de la hegemonía ya pasó y que ahora nació la época de la cooperación, y de la competencia con otros centros del mundo.

J. O.: *Y en este escenario que describes, ¿cómo ves la actividad y la participación de los intelectuales latinoamericanos? ¿Crees que respondemos a las crisis, que estamos siguiendo la marcha de los acontecimientos?*
C. F.: No sé si en el nivel propiamente de la inteliguentsia, pero sí en el nivel de la creación artística. Allí sí creo que hay una respuesta impresionante. Si tú ves el cine argentino, por ejemplo, o el brasileño, la pintura en Venezuela o en México, la novela, son formas que dicen sí, que responden por lo que somos, y que lle-

gan al mundo. En ese sentido, desde la creación cultural estamos respondiendo maravillosamente. Esta producción además viene de la continuidad cultural de América Latina. Muchas cosas han fallado en América Latina, se han interrumpido, se han atomizado, pero la cultura no; la cultura tiene una continuidad maravillosa desde sor Juana Inés de la Cruz hasta nuestros días. De manera que en ese sentido creo que hay una respuesta formidable a la crisis. Basta visitar Río de Janeiro, Buenos Aires, Caracas o la ciudad de México para darse cuenta de ello. En mi país hay una respuesta cultural impresionante, trátese de la novela, de la pintura, del cine, de la crítica, de la historiografía. Es una enorme respuesta a los problemas que confrontamos.

J. O.: *O sea que nos seguimos alimentando de la crisis.*
C. F.: Sí, pero tú sabes que crisis en chino es un ideograma que quiere decir dos cosas: peligro y oportunidad. Estamos en eso.

IV. EL LINAJE BARROCO

J. O.: *Carlos, lo primero que me resulta fascinante en* Constancia y otras novelas para vírgenes *(1989) es, diríamos siguiendo a Bajtín, el carácter de la novela barroca, que aquí recuperas; es decir, la libertad de la intriga, que transgrede los marcos temporales y naturales, y al mismo tiempo el rigor de las simetrías, el entramado audaz del diseño. Ese carácter barroco de estas novelas es en sí mismo una forma de la intriga. Evidentemente, el lector comparte el gusto del narrador en ese juego laberíntico. ¿Cómo fue escribir estas novelas? ¿Cómo lograste controlar el placer del arabesco frente a los enigmas del drama?*
C. F.: Una de mis primeras lecciones narrativas la recibí, en la adolescencia, leyendo a Dashiell Hammett. Lo que más me llamó la atención leyendo *Cosecha roja* fue el contraste entre la transparencia de la prosa y la opacidad temática. Hammett levantaba un muro de vidrio entre el lector y una realidad de sangre y tripas. Como si de esta manera pudiéramos ver mejor el horror de ese mundo de corrupción y pesadilla. Claro, llega un momento en que la tensión es tal que la barrera de cristal desaparece. Pero ésta es otra ilusión. Terminamos la novela y sólo entonces nos

damos cuenta de que el propio cristal está manchado de sangre. La forma se convirtió en contenido, el contenido en forma, pero sólo gracias a un planteamiento inicial indicativo de la separación entre ambos. La prosa magra, "minimalista", de Hammett es, de esta manera, una decepción más. Es sólo la óptica engañosa de un barroquismo que no se atreve a decir su nombre –porque las policías literarias, siempre protectoras de lo *light*, se lo llevarían al pobre Hammett a la cárcel de Alcatraz, donde, desde luego, tendría que compartir una celda con Joel Cairo y sus perfumados pañuelos de pachuli. Ahí es donde hay que poner un hasta aquí. ¡Yo no quisiera pasar una noche en prisión con Artemio Cruz o Ixca Cienfuegos! Aunque con Aura, quién sabe... Philip Roth, con su humor famoso, dice que él haría cualquier cosa con tal de no ir a la cárcel: asesinar, robar, violar... Se le olvidó decir: escribir una novela. Bueno, tienes razón, Julio. Los enigmas dramáticos de *Constancia* sólo lo son porque los oculta una gran fachada barroca, comparable a las de Puno o Zacatecas. Somos culturas enigmáticas, disfrazadas, como dice Lezama Lima en *La expresión americana*, para dilatar los prohibidos placeres de la inteligencia. El barroco americano es la gran concesión de la Contrarreforma al placer de los sentidos, como la música es la concesión de la Reforma a la desnudez de sus iglesias sin santos... ni vírgenes. Lo que pasa en *Constancia* es que el juego barroco está elevado, por lo menos, al cubo. El exterior barroco oculta una intriga dramática que podría corresponder a la fachada formal, como el bosque es absorbido, dice Lezama, por la piedra, en la capilla de la virgen del Rosario en Puebla. Pero el buen lector se dará cuenta de que las capillas internas de las vírgenes que pueblan las páginas de *Constancia* están hechas a base de elipsis, no de "frondosos chorros de trifolias". Quisiera que esta paradoja se distinguiese. Cada una de estas novelas está narrada con base en lo que no está allí, en su invisibilidad narrativa, no de sus apariencias narrativas. Por lo menos la mitad, cuando no más, de cada historia, no está dicha. El barroco oculta la desnudez, los abismos o ausencias de la elipsis.

J. O.: *No impresiona menos en este libro de sobresaltos los riesgos que no sin brillo asumes en la exploración de la misma fábula. Contar una historia parece ser, para ti, una interrogación sobre el acto mismo de empezar a contarla. De modo que el cuento pone en crisis la estabilidad del sujeto y los ordenamientos de la realidad. Empezar a contar, se diría, es ponerlo todo en duda. Este arte de transmutaciones, de cajas chinas, ¿supone que la realidad, como la novela, carece de código determinante? ¿Es la novela, entonces, el arte de la relativización por excelencia?*

C. F.: Toda la crítica posmodernista concurre en declarar la muerte de los proyectos de liberación metafísica de Occidente. Esta muerte del "metarrelato", para emplear la fraseología de Derrida, significa, por lo menos, la multiplicación de los relatos, la aceleración de las diferencias. Pero no creo, como Derrida, que por ello todo se transforme en texto. Más bien diría que la muerte de los proyectos totalizantes augura la vida de los proyectos parcializantes. Lo que sucedió es que el proyecto totalizador, de Platón a Marx, era excluyente, sobre todo en su manifestación "ilustrada": La historia es sólo occidental, el centro es Europa. Muchos de los personajes y situaciones de *Constancia* son el producto de una dinámica contraria, por la cual el centro es invadido por la periferia y todo se vuelve excéntrico. El flujo de refugiados que protagoniza *Constancia* es una prueba: rusos y andaluces, norteamericanos y centroamericanos, se desplazan fuera de sí, hacia el otro, hasta culminar con el exilio y muerte de Walter Benjamin en Port Bou. Estoy seguro de que Benjamin (el más joven: otra vez, como en la aurora, el filósofo trágico) murió, en efecto, contemplando a su *Angelus Novus*: la perfección es la ruina. Por eso, como tú dices, empezar a contar es tan difícil. ¿Te has fijado en la complicación formal con que el aeda da inicio a su canto, diga "Arma virumque cano" o "Año de mil novecientos, muy presente tengo yo..."? Claro: está naciendo un mundo y el poeta es el partero. Hay un capítulo de *Cristóbal Nonato* donde el personaje, encerrado en un huevo de aluminio, imagina otra manera de empezar el *Quijote*, *Anna Karenina* o *La historia de dos ciudades*. Fracasa cada vez, porque pretende sustituir una relativización afortunada por una alternativa que, negando a aquélla, sería una abstracción. No se puede nunca recordar ese lugar de la Mancha... Por lo menos desde Joyce, ficción y relatividad van unidas de manera consciente. La posición de los objetos en el espacio sólo puede ser definida en su relación-relativa con otros objetos en el espacio. El orden temporal de dos eventos no es independiente del observador del evento. De esta manera, no puede haber sistemas cerrados, porque cada observador describirá el fenómeno de una manera distinta. Necesita, para hacerlo, un lenguaje. De allí que espacio y tiempo sean sólo elementos de un lenguaje usado por el observador para describir su entorno. El espacio y el tiempo son lenguaje; son nombres en un sistema descriptivo abierto y relativo. Si esto es cierto, el lenguaje puede dar cabida a diferentes tiempos y espacios. La relatividad narrativa es la nuestra, porque gracias a la concepción de tiempo y espacio como lenguaje, el de Iberoamérica, en el mismo movimiento, se manifiesta en su particularidad y se universaliza. La universalidad es sólo la manera concreta de una narración.

J. O.: *Ya en* Aura *habías explorado el carácter incisivo y a la vez sumario de la novela corta, que aquí diversificas como un espacio que se abre por dentro a otras dimensiones, haciendo así del género uno de implicaciones. Se me ocurre que* Constancia *puede ser también un homenaje al maestro del género, Henry James. Y que tal vez* La desdichada *saluda las novelas breves de Nerval, inquietadas por mujeres no menos improbables. ¿Cómo sentiste este carácter proteico de la novela breve al ensayar distintas estrategias en cada una de éstas?*

C. F.: La diversidad narrativa de las cinco novelas breves de Constancia disfraza, como tú te has dado cuenta también, la unidad profunda que las relaciona. Las cinco son novelas sobre la creación. El doctor Hull, en Constancia, es un profesionista de la salud, adscrito a un gran hospital de Atlanta. Pero curar es hacerse cargo de la salud de otro. ¿Practica esta obligación el doctor en casa también? La llegada de los salvadoreños le hace ver que si Constancia le ha sido desleal, él también la ha traicionado negándose a curar el pasado de la mujer. En *La desdichada*, el poeta lo crea todo, menos la palabra de esa mujer radicalmente *otra*. Nicolás Sarmiento es un hombre de negocios moderno. ¿Crea realmente riqueza, bienestar, comunicación, o es sólo un eslabón en el círculo vicioso de la modernidad: dinero muerto, trabajo muerto, producción inerte, siempre nueva y siempre igual? En *Viva mi fama*, ¿qué crean Goya el pintor, Romero el matador y Elisia la cómica? No hay respuesta a esta pregunta si no se sabe quién los crea a ellos. ¿Cómo es creado el creador? Esta pregunta abre un abismo en el que sólo cabe un sueño: el de la razón engendrando monstruos. No; lo cierto es que Hull el médico, Sarmiento el *businessman*, Bernardo el poeta, Goya el pintor, Elisia la "tragediante", Romero el torero y Ferguson el arquitecto, sólo son capaces de crear en su relación, consciente o inconsciente, pero siempre misteriosa, con lo irracional, lo sagrado, lo que sueña. La figura virginal es la correspondencia enigmática al esfuerzo creativo de cada uno de estos personajes. Se llama Constancia, la Desdichada, Lala, Catarina Ferguson o la Virgen de Triana. No importa. Sin ella, no hay creación. Aceptarlo, negarlo, y al cómo de nuestras admisiones o rechazos, es la materia dramática de este libro.

J. O.: *El amor y el arte se imponen en estas novelas y no sólo como argumentaciones sino como escenarios y procesos llevados a límites, abismados, donde el sujeto adquiere o pierde su entidad mejor. En ese sentido,* Gente de razón *me resultó uno de los más innovativos tratados no de la arquitectura, sino de la architextura, diríamos, esto es, del texto cuya hipótesis de construcción es sustituir o reordenar el mundo insuficiente. Si el muro separa el espacio sagrado del profano ¿dirías que la palabra los hace coincidir en el relato? ¿Cómo nos ayuda el arte a enfrentar un mundo trivializado por el progreso y deshumanizado por la desigualdad?*

C. F.: No; todo lo contrario. Creo que Santiago Ferguson el arquitecto quiere mantener a todo trance una diferencia, una distancia, entre la palabra y la realidad, entre la realidad y el deseo, entre el proyecto y el edificio. Teme, con razón, que la coincidencia perfecta sea sinónimo de la muerte. Desea una separación mínima entre lo imaginado y lo realizado para que el deseo se mantenga siempre insatisfecho y ansioso de nuevas empresas. Lo malo es que aplica este principio en su vida personal, en su relación con su esposa y con su hija, y esto, nos advirtió ya Crisóstomo, es un pecado: el amor que no se consuma mantiene siempre viva la perversidad sensual. William Blake lo dijo, de manera distinta, para nuestra modernidad: quien desea y no actúa, engendra la peste. Luis Buñuel le dio su más inquietante forma dramática a este dilema eterno: ¿vale más desear y consumar el deseo, o dejarlo para siempre intacto, objeto inmarcesible de la volición? Pero quizás estos dilemas son los que le permiten al arte advertirnos de lo siguiente. La naturaleza, con razón, nos rechaza. La hemos explotado y ensuciado. Pero nosotros tememos por igual ser expulsados que ser devorados por ella. Expulsados, somos entregados a la historia, que es el reino de la muerte. Entre la naturaleza y la historia, creamos el arte. Ferguson le está enseñando esta lección a sus jóvenes discípulos, los hermanos José María y Carlos María Vélez, que, siendo gemelos, no pueden verse. Al separarse, se desconocen (uno se vuelve primera persona del relato, el otro tercera persona). El maestro sólo se funde con la arquitectura al morir. Se convierte en una catedral. Pero la catedral, les recuerda Catarina a los Vélez, está siendo carcomida, día a día, por las brisas saladas del mar de Irlanda... La naturaleza, de todas maneras, vence.

J. O.: Viva mi fama *recupera al fantasma de Goya no sin humor para una vivificante inmersión en las fuentes culturales españolas. ¿Somos, acaso, ciudadanos de nuestra cultura? ¿Cómo ves en esta modernidad de derroches e incumplimientos la hechura cultural del individuo?*

C. F.: Baudrillard ha escrito que en cierto modo Nietzsche ha puesto de cabeza a Marx: la cultura, y no la economía, es lo determinante. Esto, para nuestro horror, lo entendió Hitler. Wilhelm Reich nos hace notar cómo los comunistas y los socialistas alemanes despreciaron la "superestructura" cultural a favor de la "infraestructura" económica determinante, y perdieron ambas. Hitler secuestró efectivamente la cultura alemana: la quemó, la exilió, la mató, y levantó su reino sobre las cenizas. Siempre me ha llamado la atención que Franco, en España, no logró hacer lo mismo. La cultura española mantuvo, a pesar de la dictadura, un amplio margen de resistencia. Y no sólo afuera, sino adentro, con Berlanga y Bardem, Hierro y Otero, los Goytisolo, Sánchez Ferlosio y García Hortelano... No quiero olvidar a nadie y mejor le paro. Pero, en efecto, todos estos artistas acudieron a su ciudadanía cultural y la convirtieron en arma sin respuesta por parte de la dictadura. El nacionalismo en las artes no tiene sentido; perteneces a lenguas, a culturas y a sueños. Mientras más variada la estirpe cultural, mejor. España tiene la extraordinaria fortuna de ser griega, romana, celta, gitana, goda, árabe y hebrea. Con una riqueza así, se acaba derrotando a todo sistema que pretende ser totalitario a partir de la reducción a un par de dogmas ridículos. Espero que *Viva mi fama*, con sus pintores, toreros y cómicas, sea entendida, más allá de la anécdota, como un fervoroso homenaje a la salud cultural de España y a mi propia ciudadanía cultural en lo español. Gracias a esta salud, España pudo pasar con naturalidad a su actual sistema democrático. Ahora bien, puede perder en la banalidad lo que conquistó en la desgracia. ¡Cuidado con los Disneylands comunitarios!

J. O.: *Carlos, éste es uno de los libros más gratificantes que has escrito, tanto por la contagiosa alegría creacionista de su escritura como por los enigmas que trazas con bravura. ¿Cómo concibes tú al lector de estas novelas? ¿Qué esperas de su complicidad y su empatía?*

C.F.. Para escándalo y horror de mi excelente agente literaria, Carmen Balcells, me resulta imposible (salvo como humorada ocasional) escribir para un público preexistente. Carmen dice que no puedo escribir un libro popular, aunque me lo proponga. En cambio, comparto con Julián Ríos la convicción de que es más interesante contar con adhesiones tan fervorosas como ensañados son los rechazos. ¿Dónde estarán los lectores de *Constancia*? Sólo *Constancia* los puede inventar.

tipografía: teresa báez
impreso en publimex, s.a.
calz. san lorenzo 279-32
col. estrella iztapalapa
dos mil ejemplares y sobrantes
19 de febrero de 2000

www.ingramcontent.com/pod-product-compliance
Ingram Content Group UK Ltd.
Pitfield, Milton Keynes, MK11 3LW, UK
UKHW041415180426
11947UKWH00007B/144